KB178618

사회인문학총서 ❷

한국 인문학의 형성

한국 인문학의 형성

대학 인문교육의 제도화 과정과 문제의식

지은이 · 김재현 김현주 나종석 박광현 박지영 서은주 신주백 최기숙
펴낸이 · 김언호
펴낸곳 · (주)도서출판 한길사

등록 · 1976년 12월 24일 제74호
주소 · 413-756 경기도 파주시 교하읍 문발리 520-11
www.hangilsa.co.kr
E-mail: hangilsa@hangilsa.co.kr

전화 · 031-955-2000~3   팩스 · 031-955-2005

상무이사 · 박관순 | 영업이사 · 곽명호
책임기획 · 백영서 김성보 김현주 박명림
편집 · 박희진 이지은 임소정 | 전산 · 김현정
경영기획 · 김관영 | 마케팅 및 제작 · 이경호 박유진
관리 · 이중환 문주상 장비연 김선희

CTP 출력 및 인쇄 · 예림인쇄 | 제본 · 광성문화사

제1판 제1쇄 2011년 7월 25일

값 25,000원
ISBN 978-89-356-6188-6 94300
ISBN 978-89-356-6189-3(세트)

이 도서의 국립중앙도서관 출판시도서목록(CIP)은 e-CIP홈페이지(http://www.nl.go.kr/ecip)와
국가자료공동목록시스템(http://www.nl.go.kr/kolisnet)에서 이용하실 수 있습니다.
(CIP제어번호: CIP2011003081)

이 저서는 2008년도 정부재원(교육과학기술부 학술연구소성사업비)으로
한국연구재단의 지원을 받아 연구되었음(NRF-2008-361-A00003)

사회인문학총서 ❷

한국 인문학의 형성

대학 인문교육의 제도화 과정과 문제의식

김재현

김현주

나종석

박광현

박지영

서은주

신주백

최기숙

한길사

사회인문학총서 발간에 부쳐

또 한 번의 문명사적 전환시대를 맞아 새로운 학문에 대한 요구가 드높다. 이 시대적 요청에 부응해 우리는 '21세기 실학으로서의 사회인문학'이란 과제를 수행하고 있다. 피로감마저 느끼게 하는 인문학 위기 담론의 비생산성을 단호히 떨쳐내고, 인문학을 혁신하여 대안적 학문을 실험하고 있는 나라 안팎의 값진 노력에 기꺼이 동참하여 그 한몫을 감당하고자 한다.

사회인문학(Social Humanities)은 단순히 사회과학과 인문학의 만남을 의미하지 않는다. 인문학의 사회성 회복을 통해 '하나의 인문학', 곧 통합학문으로서의 인문학 본래의 성격을 오늘에 맞게 창의적으로 되살리려는 것이다. 학문의 분화가 심각한 현실에 맞서 파편적 지식을 종합하고 삶의 총체적 이해와 감각을 기르는 인문학의 수행은 또한 '사회의 인문화'를 이룩하는 촉매가 될 것이다.

이 의미 있는 연구는 연세대학교 국학연구원 인문한국(HK)사업단이 한국연구재단의 지원을 받아 2008년 11월부터 10년 기획으로 추진하고 있다. 우리 사업단에 참여하는 모든 구성원들은 학문 분과의 경계, 대학이란 제도의 안과 밖을 넘나들며 뜻을 같이하는 모든 분들과 연대하여 사회인문학을 널리 알리고자 한다.

'사회인문학총서'는 우리가 그동안 치열한 토론을 통해 추구해온 세 가지 구체적 과제의 보고서라 하겠다. 인문학이 사회적 산물임을 확인하는 자기 역사와 사회에 대한 이중의 성찰 과제, 학문 간 또는 국내외 수용자와의 소통의 과제, 그리고 제도의 안팎에서 소통의 거점을 확보하되 문화상품화가 아닌 사회적 실천성을 중시하는 실천의 과제, 이를 잘 발효시켜 숙성된 내용으로 한 권 한 권 채워나갈 것이다.

지금 사회인문학의 길에서 발신하는 우리의 전언에 뜻있는 분들의 동참과 편달을 겸허히 기다린다. 관심과 호응이 클수록 우리가 닦고 있는 이 새로운 길은 한층 더 탄탄해질 것이다. 그로써 우리를 더 인간다운 문명의 새 세계로 이끄는 축복의 통로가 될 수 있기를 바란다.

2011년 7월
연세대학교 국학연구원 인문한국사업단장 백영서

대학과 인문학의 미래를 향하여

■ 책을 내면서

대학과 인문학을 둘러싼 위기담론이 무성하다. 동시에 이를 해결하려는 방안 또한 다양하게 분출하고 있다. 대학의 인문학과와 인문강의들은 폐과와 폐지를 반복하고 있음에도 불구하고, 대학 밖에서는 여러 수식어가 붙은 새로운 인문학들이 탄생하고 있고, 대중강좌와 출판물에서 인문학은 어느새 인기 아이템이 되었다. 인문학의 위기와 활황이 공존하는 기이한 현상이 아닐 수 없다. 대학들 역시 퇴출 위협, 높은 등록금, 낮은 취업률과 사회적 역할 부재에 대한 질타와 동시에 세계적 경쟁력을 갖는 발전 방안들이 속속 발표되고 있고 순위상승에 기여한 업적과 기록들이 쏟아지고 있다. 인문학과 대학을 둘러싸고 벌어지는 이 착잡한 이중 풍경은, 어쩌면 막다른 곳까지 내몰린, 그래서 더 이상 물러설 곳이 없는 인문학과 대학의 기묘한 현실을 대변하는 듯하다.

신자유주의적 시장논리와 경쟁담론이 전일화된 세계에서 효율성과 경쟁력은 오늘날 가장 중요한 가치로 부상하였다. 이제 시장제일주의는 기업은 물론이고 학문과 교육, 문화와 예술을 포함한, 인간과 사회와의 관계 모두를 잠식해버렸다. 이 시스템하에서는 수량적으로 환산할 수 있고, 가시적으로 확인 가능한 능력과 범주만이 존재의 가치를 인정받을 수 있다. 인문학도 예외는 아니다. 인문학이 소통 능력을 상실한 채 고립되어 인간과 사회에 대한 총체적 이해와 감각을 상실한 것은 매섭게 비판받아야 하지만, 시장논리에 포섭되어 인문학 본연의 성찰성이나 비판성을 계량화시키는 현재의 접근법 역시 결코 바른 해법이 될 수 없다.

시장의 지배와 더불어 디지털 기술의 확산에 따른 문명사적 패러다임의 변화도 인문학 위기를 초래한 중요한 환경으로 꼽을 수 있다. 즉 지식의 생산과 소비의 메커니즘이 전면적으로 변화하고 있는데, 과거의 방식에 안주하여 이러한 변화에 유연하고도 지혜롭게 대응하지 못하는 인문학 내부의 무능력도 문제를 어렵게 한다. 그러나 현대 인문학이 대학이라는 제도 속에서 자기의 위상을 정립하고 성장해왔던 점을 고려하면, 인문학의 위기는 무엇보다 대학 내부의 요인과 함께 고찰되어야 할 것이다. 인문학의 위기가 대학의 위기와 무관하지 않은 이상, 인문학에 대한 성찰은 대학 제도 및 이념, 그것의 사회적 위상에 대한 비판적 성찰을 수반해야 함은 당연하다. 말을 바꾸면 인문학의 위기는 곧 대학이 직면한 위기의 다른 표현이기 때문이다.

따라서 대학에서의 인문학 교육·연구와 관련한 제도적 기원과 출발 지형은 대안 모색을 위한 필수적인 사전 분석대상이 되지 않으면 안 된다. 특히 문학·역사학·철학 등 인문학의 핵심 분야들이 현대 한국의 대학제도가 형성되는 초기에 다른 분야와 구별되는 자기 학문의 독자성을 어떻게 확보했고, 근대적 학문으로 어떻게 체계화·전문화되었는지를 주목하여 분석할 필요가 있다. 그 과정에서 학문 내부의 분화가 심화되고, 서로 다른 연구의 관점과 방법론이 구축되면서 폐쇄성과 배타성도 동시에 강화된, 긍정과 부정의 이중 측면을 규명하지 않으면 안 된다. 이 문제들에 대한 분석을 담고 있는 이 책의 논의를 통해, 근대적 학문으로서 자기존재를 확보하고 제도화하기 위해 인문학의 분과학문들이 자기 경계와 범주를 강화하는 동시에 축소함으로써 어떻게 인문학 본연의 보편적 총체성, 비판적 성찰성으로부터 멀어졌는가를 확인할 수 있을 것이다.

이 책은 한국의 국민국가 건설과 연동하여 대학 인문학 체제가 본격적으로 성립되는 해방 이후부터 1950년대까지의 시기에 초점을 맞춰 인문학의 역사적 출발과 기반을 탐색한다. 이 시기에 대한 그동안의 제도사적 접근은 최근 문학 · 문화 연구에서 어느 정도 성과를 내고 있지만, 전체 지형을 그려내기에는 아직 크게 부족하다. 역사학 연구는 주로 이념적 지향과 내부 분립에 대한 분석에 집중하고 있으며, 철학 분야는 학술 제도사적 접근 자체가 전무하다고 해도 과언이 아닐 정도로 빈약하다. 분과학문의 제도에 초점을 맞춰 분석하는 과정에서 한국 인문학의 초기 등장과 형성의 인식론적 · 제도적 · 사회적 · 학문적 맥락에 대한 총체적 조망은 간과되어왔다.

대학에 대한 연구도 거의가 식민지시기나 해방 직후 미군정기에 집중되어 있고, 그것도 교육정책과 교과분석에 초점을 맞추고 있다. 이런 사정을 고려할 때, 현대 한국 대학의 제도적 토대와 이념적 성향 등이 실질적으로 체계화되는 1950년대를 탐색하는 이 연구는, 식민지시기와 미군정, 국가건설, 분단, 한국전쟁을 관통하는 단절과 연속의 중층적 시각에서 학문 제도 및 담론을 통합적으로 분석한다는 점에서 새로운 접근이다. 정직하게 말해 새로운 접근이라기보다는, 학문 내부로부터의 자기반성적 비판이요 성찰이라고 하는 표현이 더 정확할 것이다.

사회인문학은 인문학과 사회과학의 단순한 교류를 넘어 인문학의 사회성 회복과 사회의 인문성 제고를 지향한다. 오늘날 한국의 인문학이 당면하고 있는 위기를 인문학 내부로부터 성찰하고 인문학의 새로운 가능성을 모색하기 위한 기획이요 구상이다. 이 책에 수록된 글들은 새로운 융합학문으로서 사회인문학을 창안해야 하는 필요성을, 한국 인문학의 역사적 기원과 초기 제도화 과정으로부터 찾고자 한다. 요컨대 대학을 중심으로 형성된 인문학의 제도적 토대와 전개 과정을 비판적으로 분석함으로써 현재 직면하고 있는 인문학 위기의 기원을 찾아내는 동시에, 그에 기반하여 사회인문학의 방향을 정초하려는 것이다.

인문학의 초기 제도화 과정을 분석하는 작업은, 불가피하게 분과학문의 경계 안에서 출발할 수밖에 없다. 실증적 자료에 기초한 선행 연구가 거의 부재한 상황에서, 개별 분과학문 내부의 역사적 전개과정의 실상을 최대한 사실로서 복원하는 작업이 무엇보다 우선하기 때문이다. 그런 한계를 인지하면서도 이 책에 수록된 연구들은 개별 분과의 독자성을 고려한 학제 간(學際間, inter-disciplinary) 접근과, 새로운 분석 범주를 설정하여 탈경계의 지향을 강화한 학제적(學際的, trans-disciplinary) 방법의 결합을 시도하려 노력하고 있다.

제1부 '인문학과 분과학문 체계'는 문학·역사학·철학이 인문학의 분과학문으로서 대학제도 속에 정립되는 과정에 초점을 맞추었다. 여기에는 식민지 대학제도와의 연속과 단절이라는 문제의식이 전제되었고, 새롭게 개입된 미국식 교육 제도의 영향이 고려되었다. 1부의 논의를 통해 인문학의 분과학문이 내부적 분화와 체계화를 거쳐 자기정체성을 구성해 나가는 역사적 과정을 살펴볼 수 있다. 한국 인문학의 역사를 그 제도적 분화라는 맥락에서 점검하는 작업은, 탈경계적 시야에서 전체에의 통찰을 지향하는 사회인문학의 구축에 의미 있는 토대를

마련해 줄 것이다.

최기숙의 「국어국문학 과목 편제와 고전강독 강좌」는 대학의 국어국문학과에서 '현대문학'과 구분되는 '고전문학'의 배타적 정체성이 형성되는 계기를 역사·사회적 맥락에서 규명한다. 원전 해득력을 전공 소양으로 하는 강독 과목을 배치하고 정전(正典)의 목록을 구성해냈던 제도적·문화적 과정을 분석한 점은, 그간에 초중등 교과서나 대중 출판물을 대상으로 전개된 정전 연구의 제한성을 뛰어넘는 성과라 하겠다. 신주백의 「역사학의 3분과제도 형성과 역사연구」는 일본의 제도인 국사·동양사·서양사라는 역사학의 3분과제도와 문헌고증사학이 해방 이후 1950년대를 거쳐 현재까지도 잔존하는 현실을 탈식민의 관점에서 비판적으로 고찰한다. 경성제국대학을 매개로 제국의 관점과 연구 방법론이 식민지의 학자들에게 이식·전수되고, 이것이 1950년대 대학에 인적·제도적으로 계승·고착되는 과정을 논증해내고 있다. 김재현의 「철학의 제도화, 해방 전후의 연속성과 단절」은 식민성과 근대성이 맺고 있는 복합적이고 중층적인 관계, 식민지 학지(學知)의 연속과 단절의 문제를 학제와 인맥, 문헌 등에 기반하여 논증함으로써 철학 분야 학술제도사의 공백을 채워주고 있다.

제2부 '인문교양의 지형과 구성'에서는 대학의 인문학 강좌, 교재, 대학신문 등을 통해 '교양'이 구성되고 배치되는 양상을 분석한다. 교양지(教養知)를 통해 분과학문의 고립성을 극복하고, 성찰과 소통의 장을 마련하고자 하는 사회인문학은 대학제도와 교양의 긴밀한 관련성에 주목한다. 이 장에 실린 글들은 한국 대학의 교양교육이 보편성의 이름으로 서구적 근대성의 가치를 전면적으로 수용했던 역사의 명암을 분

석하고 있다. 인문학 교양지가 제도와의 역학관계 속에서 어떻게 생산·소비되었는지를 살펴봄으로써 인문학과 교양의 관계성을 이해하고, 그것을 둘러싼 현재의 위기를 성찰하는 데 유용한 시사점을 제공할 것이다.

서은주의 「문학개론과 '지'의 표준화」는 문학이 인문학의 분과학문으로서 제도화되는 맥락을 과학화·표준화의 문제와 결부시켜 고찰한다. 문학개론이라는 교양지의 형식이 가치중립성을 담보하는 것으로 제도화됨으로써 서구문학을 보편성으로 확정·유포하는 데 기여한 측면을 비판적으로 분석하고 있다. 신주백의 「'문화사' 강의와 역사인식」은 서구문명의 근대 기획을 주요 내용으로 하는 문화사 강좌의 성격을 분석하고 있다. 서구 추수주의(追隨主義)를 내장한 역사교육이 이승만 독재권력에 대한 저항을 가능케 함과 동시에 박정희 정권의 경제개발을 동의하게 만든 지적 기반으로 작용했음을 규명하고 있다. 나종석의 「교양으로서의 실존주의」는 1950년대 한국 대학 및 지성계에서 실존철학이 지식인의 교양으로 수용되는 과정을 검토한다. 자유민주주의의 옹호와 확산이라는 당대의 저항 담론 및 근대화 담론과 결합시켜 실존주의를 이해함으로써 1950년대 상황에서 실존주의의 정치적 의미를 조명해내고 있다. 최기숙의 「대학생의 인문적 소양과 교양 '지'의 형성」은 1950년대 대학신문을 자료로 삼아 교양의 문제를 대학생과 대학문화와의 관련 속에서 고찰한다. 당대의 대학신문은 학문적 공론장이자, 대학생의 인문적 지식 및 품성, 미적 감수성 차원의 교양을 함양하는 문화적 장이었음을 논증하고 있다.

제3부 '인문학 장의 형성과 지식 유통'에서는 개별 분과학문의 경계를 넘어 보다 통합적인 학술 장을 분석의 대상으로 삼았다. 구체적으로 해

방 이후 등장한 '문리과대학'의 역사적 성격, 대학의 한국학 연구소가 설립·발전하는 과정, 미국의 원조와 국가정책하에 진행된 인문서 번역과 출판에 의한 지식의 유통 등을 다루었다. 제3부의 글들은 분과적 경계를 가로질러 새롭게 통합·구축되는 학술 장을 주제화했다는 점에서 사회인문학의 구상과 지향을 반영하고 있으며, 지식의 생산과 유통의 메커니즘을 학제적으로 접근함으로써 학술제도사 연구의 수준과 범위를 심화·확대시켜줄 것이다.

박광현의 「'문리과대학'의 출현과 탈식민의 욕망」은 해방기 남한 사회에서 탈식민화를 지향했던 조선인의 욕망이 미군정의 제어 속에 진행되었던 '대학교'를 둘러싸고 어떻게 분출했고, 어떤 갈등 양상을 초래했는지를 살펴보고 있다. '국대안'을 통해 출현한 '문리과대학'이, 진리나 문화, 민주주의 같은 보편 지향적 개념들과 결부되면서도 과거 경성제국대학이라는 제도로부터 자유롭지 못했음을 상상력의 한계라는 차원에서 비판적으로 접근한다. 김현주의 「대학 연구소의 학술지를 통해 본 '(한)국학'의 형성사」는 한국학연구소를 둘러싼 객관적인 관계구조와 그 안에서 연구소들이 자기 존재의 의미, 즉 '(한)국학 연구의 정체성'을 구성해간 과정을 학술지를 통해 추적한다. 무엇보다 한국학연구소의 학술적 실천을 분과나 전공으로 분절·환원하지 않으면서 그것의 역사적 궤적에 접근한다는 점에서 연구사적 의의가 있다. 박지영의 「인문서의 출판과 번역정책」은 1950년대 인문서의 번역과 출판을 둘러싼 국가적 개입 및 이념적 자장을 고찰하고 있다. 미공보원이나 문교부의 원조로 이루어진 번역서들이 대학 연구·교육 제도의 형성에 어떻게 관여하고, 나아가 지식인의 의식체계를 주조하는 데 어떤 역할을 담당했는지를 밝히고 있다.

기실 사회인문학은 대학과 학자 자신들의 엄정한 자기반성을 전제로 한다. 오늘의 대학은 인간과 사회의 문제를 해결하려는, 창조적 대안의 제안자이거나 디자이너가 아니라 그 자체가 숱한 문제를 양산하는 주체가 되어버린 지 오래다. 말을 바꾸면 현금의 대학과 인문학이 직면한 문제들은 외부의 요인으로만 치부하기에는 대학과 학자들 내부의 문제가 심각하다는 것이다. 우리는 앞으로 지식과 학문을 매개로 사회와 소통하는 학자와 대학의 문제점을 더욱 비판적으로 공유하여 공통의 문제해결자로 나서고자 한다. 우리가 한국 인문학의 초기 형성과 대학의 문제를 역사적으로 검토한 연유도 여기에 있다.

향후 사회인문학 기획은 잡지(소통), 번역, 지식의 공공성, 공적 지식인, 해외의 새로운 지적 시도들에 이르기까지 대학 및 국민국가의 안과 밖을 넘나들며 사회인문학의 자원과 역사, 사례와 계보, 전개와 전망에 대한 광범위한 탐색을 통해 대안 학문의 지형을 제시하려 노력할 것이다. 특별히 현대 한국 인문학의 역사적·제도적·사상적 지형을 총체적이고도 밀도 있게 그려낸 연후, 학문과 지식의 공공성 및 공적 지식인의 문제로 나아가 탈경계적인 동시에 보편적이며 지구적인 인문적 공공지식의 생산과 확산을 위해 역량과 자원을 집중하고자 한다. 인문학과 대학제도의 자기성찰과 혁신에 바탕해 새로운 통합학문으로서 사회인문학을 창안하고 그에 걸맞은 교육·연구 단위를 구축하는 것이 사회인문학 기획의 궁극적인 목표이다.

사회인문학총서는 전체적으로 네 명의 책임기획위원(백영서·김성보·김현주·박명림)이 편집책임을 담당하였고, 이번 제2권은 서은주 연구교수가 편집실무를 맡아 수고해주었다.

끝으로 한국학문의 새롭고도 조심스러운 첫 걸음을 떼려는 사회인문
학의 정신과 취지에 동의하여 출판을 맡아준 한길사에 감사드린다.

2011년 7월
사회인문학총서 책임기획위원회

5 사회인문학총서 발간에 부쳐

7 대학과 인문학의 미래를 향하여

제1부 인문학과 분과학문 체계

21 최기숙 국어국문학 과목 편제와 고전강독 강좌

61 신주백 역사학의 3분과제도 형성과 역사연구

101 김재현 철학의 제도화, 해방 전후의 연속성과 단절

제2부 인문교양의 지형과 구성

141 서은주 문학개론과 '지'(知)의 표준화

193 신주백 '문화사' 강의와 역사인식

235 나종석 교양으로서의 실존주의

279 최기숙 대학생의 인문적 소양과 교양 '지'(知)의 형성

제3부 인문학 장의 형성과 지식 유통

339 박광현 '문리과대학'의 출현과 탈식민의 욕망

391 김현주 대학 연구소의 학술지를 통해 본 '(한)국학'의 형성사

421 박지영 인문서의 출판과 번역정책

457 찾아보기

466 필자 소개

제1부

인문학과 분과학문 체계

국어국문학 과목 편제와 고전강독 강좌

최기숙 · 한국문학

1. 국어국문학의 학적 정체성과 제도화

현재 대학의 국어국문학과의 세부 전공 구성은 대체로 국어학·고전문학·현대문학의 3분과체제로 형성되어 있다. 이러한 세부 전공은 상호 타자화를 유지하며 전공 학문으로서의 학적 지위를 구축하고 있다. 국문학 내부 세부 전공의 영토화에 따른 상호 타자화 현상은 연구 범주·개념·방법론에 이르기까지 영향을 미쳐, 전공으로서의 학적 정체성과 전문성을 확보하는 방향의 학술 내러티브를 구축하고 있다. 예컨대 고전문학과 현대문학은 국문학의 하위 범주를 구축하며 문학이라는 공통분모를 공유하지만, 학적 영역으로는 상호 배타적 전문성을 구축하는 것으로 간주되며, 의식적인 소통이나 공동 연구를 지향하지 않는 한, 독립된 전공 영역으로서의 연구사를 축적하고 있는 실정이다.

현재 국문학 연구의 한편에서는 그간의 연구가 일국사적 관점이나 표기문자에 따른 일률적인 구분, 문학사의 시대 구분이라는 단선적 논리로 전개되는 것을 경계하며 새로운 연구의 시각과 방법론에 관한 성찰과 모색을 시도하고 있지만, 국문학 세부 전공 간의 상호 타자화나 영토화의 현실적 영향력은 여전히 막대하다. 이는 국문학이라는 범주와 영역이 대학 내부에 하나의 제도로 정착하고, 학회나 연구소 등의 학술활동과 전공별 학회지를 통해 세부 전공의 영토화 현상이 확산된 결과이기도 하다. 따라서 현재의 국문학이 이미 하나의 확정된 제도로서 고착되는 과정을 재검토할 필요가 있는데, 이는 국문학의 형성에 대한 기원의 서사를 규명하고, 그 과정에 개입된 제도사적 문제, 연구의 참여 인력과 연구 의제의 문제 등 다차원적인 접근을 요청한다. 그 중에서도 제도적 차원의 문제는 대학의 국어국문학과에서 전공 편제가 형성되는 과정, 세부 전공 영역에 따른 강좌 구성과 커리큘럼에 대한 이해, 전공자에게 요청되는 소양과 능력에 대한 학적 이해와 사회적 승인에 대한 해명, 연구 의제의 형성 과정과 공유화의 매개 및 대중적 확산 경로 등에 관한 다층적이고 동시적인 접근이 필요한 것이다.

현재 대학의 국어국문학과에서의 세부 전공에 대한 학적 구분이나 강좌 구성 등은 사실상 1950년대 이후 한국의 대학이 재정비되는 과정에서 '제도'로서의 국문학의 정체성이 구축된 상황과 긴밀한 역사적 관계를 맺고 있다. 1950년대 대학의 국어국문학과에서는 교육 과정, 강의 요목, 문학 정전 그리고 그것을 통한 교육과 연구활동이라는 구체적인 물질적 차원을 통해 학적 정체성을 구축하고 확산해갔다. 국문학의 세부 전공인 고전문학 · 현대문학 · 국어학은 1950년대부터 상호 타자화를 의식하며 전공으로서의 고유한 영역을 구축해갔으며, 그 중에서도 특히 고전문학은 고선 텍스트에 대한 리터러시(literacy)의 확보를 필수적으로 갖추어야 할 학적 소양으로 간주하는 문화를 형성하면서 학적 정체성을 형성했다. 이는 경성제대에서 수학한 1세대 국문학자의 학적 경험에 기인한 것으로서 강의 시간에 교수의 지도나 안내로 텍스트를 학생과 함께 읽는 강독 수업을 통해 강화되었다. 강독 과목은 일본에는 편성되지 않은 과목 형태였지만, 경성제대에서 일본의 고전문학을 대상으로 하는 강독 과목이 편성된 이래로, 현재까지 한국 대학의 국어국문학과 내부의 고전문학 전공 분야에 편성되는 주요한 과목으로 자리하게 되었다. 이는 문과대학 전반에 걸쳐 원전 읽기 능력을 학적 소양으로 간주하는 대학문화의 풍토 속에서 현재까지 이어지고 있다.

국어국문학 · 영어영문학 · 불어불문학 등 문학 관련 전공 분야의 고유한 능력으로 간주되었던 '텍스트 해석'은 번역과 해석의 문제로 양분되어 강독이나 이론 강좌를 통해 교육되었던바, 학과에서는 특정 과목의 이수를 통해 고전 해석 능력을 일종의 전문적 소양으로 간주하는 전통을 형성했다. 특히 국어국문학과의 고전문학 분야는 강독 강좌를 통해 고유한 세부 전공으로서의 학적 정체성을 형성하며 정전의 형성과 인문교양으로서의 고전에 대한 인식을 확산하는 역할을 담당했다. 이는 1950년대 대학에 국어국문학과가 편제되고 세부 전공으로서 고전문학이 제도적으로 영토화되는 과정에서 발생한 현상이기도 하다.

1950년대에 개설된 국어국문학 강좌들은 여전히 제도로서의 국어국문학의 성격을 규정하는 영향력을 발휘하면서, 비록 담당교수의 재량에 따라 자율적으로 운영되었다고는 해도, 학부는 물론 석 · 박사 과정을 이수하는 '자격 요건'의 필수과목으로서의 지위를 확보하면서 전공의 정통성을 지탱하는 주요 기제로 작용했다. 그 중에서도 고전강독 과목은 1950년대부터 존재했지만, 텍스트 선정을 둘러싼 학자간의 공적 토론이나 분석 및 읽기 방법론에 대한 보편적 범주에서의 학적 접근은 현재까지도 적극적으로 해명된 바 없다('읽기'를 둘러싼 학적 연구는 주로 초중등학교 국어 교과목과 관련된 것이 중심을 이룬다). 고전강독 과목은 국어국문학만의 고유한 강좌로 존재하지 않으며 외국문학·철학·신학 등의 분야에서 현재까지도 지속적으로 운영되고 있다.

이러한 학적·역사적 상황은 고전 해득력이 축자적인 번역의 문제 이전에 텍스트 선정의 문제, 번역, 비평적 분석과 해석이라는 다층의 리터러시 장악력을 요청하는 학적 소양으로 간주되었음을 보여준다. 동시에 이에 대한 비판적이고 전면적인 재점검이 국어국문학 내부 고전문학 전공은 물론이고 문과대학 전반, 대학문화 전반에 걸쳐 필요하다는 문제의식을 제기한다. 이는 이러한 학적 관행이 학문의 권력화 과정, 학문 주체로서의 학자층과 인문교양 수용자로서의 대중의 위상을 구별짓는 문화적 위계화의 요건이 되기 때문이다.

2. 국어국문학의 세부 전공으로서 고전문학의 위치

대학 내부에 제도화된 학적 영역으로서 국문학의 편제와 그 세부 전공으로서의 고전문학 영역은 한국 대학이 제도적으로 재정비되는 전후 1950년대 대학의 학과 담당교수의 강좌 운영, 학회활동, 글쓰기를 통한 연구 결과의 축적 등의 형식을 거쳐 형성되었다. 이러한 과정을 구체적으로 해명하기 위해서는 고전문학에 대한 학문사적 지위와 '고전문학연구방법론'이 형성되는 과정상의 특수한 문화적 조건들을 규명할 필요가 있다. 해당 시기에 고전강독 과목은 고전문학의 전공 정체성을 형성하는 유력한 요인으로 작동하는데, 이는 해당 과목이 고전 읽기를 둘러싼 전공 학문으로서의 특성을 구축하고, 국문학 내부에서 현대문학 연구와 구분되는 배타적 정체성을 형성하는 강좌로 간주되었기 때문이다. 고전 텍스트에 대한 읽기 능력을 배양하는 학적 소양이 고전문학 강독 · 강좌를 통해 구현되는 것으로 간주되면서, 고전강독 과목은 학과 내부의 전공 강좌로 편제되는 제도화 현상을 보여주었다. 따라서 그 과정에서 어떠한 역사 · 사회적 맥락이 개입되었는지를 해명함으로써, 고전문학 강좌의 학적 정체성의 형성 과정에 대한 역사적 이해가 가능할 것으로 보인다. 그리고 이러한 해명은 현재까지도 대학에 개설된 국문학과의 세부 전공으로 '고전문학-현대문학-국어학'의 전공 구성이 일반화되어온 상황에 대한 역사성을 이해하는 계기를 제공할 수 있을 것이다. 이에 대한 해명은 '고전문학연구방법론'의 형성을 둘러싼 학술사적 의미와 그 문화사적 의미를 재성찰하는 데 필수적으로 요청되는 제도사적 이해의 필수적 관건이기도 하다.

고전문학 연구란 문학 연구라는 보편성 속에서 고전의 문학성을 해명하는 동시에 고전 연구의 테제 속에서 문학의 역사성에 대한 이해를 충족시켜야 한다는 이중의 문제를 함축한다. 따라서 고전문학 연구는 텍스트의 문학성에 대한 이해와 더불어 전통성과 역사성을 해명해야 한다는 요구 속에서, 당대성[1]에 대한 이해를 전제로 한 현대문학 연구와는 구분되는 세부 전공으로서의 학적 지위를 확보해왔음에 주목할 필요가 있다. 이러한 과목 편제는 토론과 쟁점의 대상이 되기보다는 확정적으로 구축됨으로써, 고전과 현대의 경계 사유를 둘러싼 문제는 적극적인 논의의 기회를 상실한 채, 그에 대한 문제 제기를 보류하거나 누락시킨 채로 고전문학과 현대문학을 전통과 근대 또는 역사성과 당대성의 이항대립적

---

1) 물론 현대문학 분야도 현존 작가에 대한 연구 제한의 관례가 작용하여, 온전한 의미의 당대성으로는 보기 어려운 면이 있다.

관계로 자리매김하는 학적 관습을 구축해왔던 것이다.

그러나 고전문학의 범주가 실제로는 상고시대로부터 조선시대까지 근 5천 년을 망라하고 있으며, 현대문학이 주로 20세기 문학으로 한정된 점을 고려한다면, 고전문학과 등치되거나 상관어로 간주되는 전통과 역사의 문제가 현대의 대척점에서 하나의 맥락으로 균질화되는 모순을 고전문학 연구, 나아가 국어국문학 연구는 오래도록 간과했다는 것을 묵과할 수 없게 된다.[2]

한편으로 국'문학' 내부에서 이러한 양분화가 이루어진 가운데, 국어국문학과는 고전문학·현대문학·국어학의 3분과를 유지하면서 서로를

---

2) '조선'이라는 역사적 실체를 단일한 코드로 해명하려는 시도가 국어국문학의 경우에는 '조선심' '조선소' 등의 요소를 통해 국어국문학 범주 및 역사를 재구성하는 방식으로 구체화된 바 있다. 조선적 심성을 추출하려 했던 초기의 국어국문학 연구, 또는 국학 연구에서부터 민족·언어를 매개로 한 동질성을 전제로 하는 관점 등이 그 예이다. 김태준은 사회경제사적 시각을 바탕으로 계급론적 이해를 문학사 서술에 투영하려 함으로써 민족적 정체성을 부정하는 듯했으나, 이 역시 표기문자를 준거로 하는 문학사 서술에 관심을 기울였다는 점에서 전체성에 대한 인식이 작용했음을 부인할 수 없고, 그가 관철시키고자 했던 계급론적 이해도 민족의 내부적 위계를 설명해내는 방식이었음은 부인할 수 없다.

'조선학'에 대한 연구는 대체로 민족·국학·전통이라는 키워드를 중심으로 한 모종의 동일성을 전제하는 가운데 전개되었다고 보아도 무리가 없을 것이다. 이는 백남운·안재홍 등이 민족주의적 시각에서 '조선심'이나 '조선아' '조선정신' '조선의식' 등을 상정하는 조선학에 대한 정의에 대해 일정한 비판을 가했다고 하더라도, 조선의 대립항으로 '지나' '일본' 또는 '세계/국제'가 상정되는 한 '조선학'의 기억을 형성하는 역사·문화적 동일성과 단일성을 규명하려는 작업이 중심축으로 작용했음을 부정하기 어렵다(채관식, 「1930년대 '조선학'의 심화와 전통의 재발견」, 연세대 석사논문, 2006, 1장 서론의 연구사 및 21~24, 44쪽 참조).

타자화하는 작업을 지속해왔음에 주목할 필요가 있다.[3] 고전문학과 현대문학은 국어국문학이라는 동일한 범주의 하위 영역으로서 국어학과 대립적 위치를 점유하고 있었지만, 사실상 동일 교수가 두 개의 세부 전공을 교육할 수도, 이에 관해 연구할 수도 없는 '배타적 전공'으로서의 지위를 확보하고 있었다. 오히려 50년대 국문학과 내부의 세부 전공 간 대화와 교섭의 가능성은 고전문학과 현대문학에 비해 고전문학과 국어학에서 찾아볼 수 있었다. 예컨대 고전문학의 강독 과목은 이두와 고대 국어 등의 해독과 관련해 언어학에 의존해 있었으며, 국어사 분야와 교섭관계를 맺고 있었다. 1세대 국문학자인 조윤제(趙潤濟)와 양주동(梁柱東)에게 시가 연구의 방향과 방법론의 차원에서 영향을 끼쳤던 오쿠라 신페이(小倉進平)의 전공은 언어학이었으며, 1959년 이화여대의 국어학강독B의 경우, 텍스트는 「용비어천가」와 「월인석보」로 담당교수의 전공은 국어학이었다.[4]

문학이라는 공통분모를 지닌 고전문학과 현대문학은 소설과 시가 등의 중심 장르를 '역사적으로 해명'해야 한다는 문제의식을 공유하면서 이론적 틀을 마련할 필요에 의해 각각의 세부 전공에 따른 과목 편제를 장르

3) 해당 시기 문과대 세부 학과의 3분과체제에 대한 선행 연구로는 신주백, 「역사학의 3분과제도 형성과 역사연구」, 본서 수록. 여기에 정리된 연구사 참조.
4) 초기 고전문학 연구는 고전 텍스트의 독해와 관련해 고어의 해석이라는 문제와 맞닥뜨린다. 경성제대 조선문학 교수 중 오쿠라 신페이는 국어학자로서, 그에게 수학한 학생들이 이두(吏讀)의 해독을 통해 향가(鄕歌)라는 장르의 텍스트 이해에 접근할 수 있었던 실례는 고전문학 연구가 텍스트의 독해와 관련해 고어에 대한 지식을 필수로 수반해야 하는 과정을 학적 리터러시의 획득 과정으로서 설득했다. 초기의 국어국문학 연구가 고전문학과 국어사 전공자의 교집합을 형성하게 된 것은 이러한 학문연구사적 맥락에 놓여 있다.

중심으로 구성하고 있었음에도 불구하고,[5] 상호 연속성보다는 서로를 타자화하면서 배타적인 전공 영역을 공고화하는 방식을 채택해왔다. 그 과정에서 상호 배타적 독점성을 확정하는 가장 큰 변수는 고전문학의 표기 체계 및 텍스트 이해에 필요한 리터러시의 문제였다.

1950년대 대학에서 학문적 자질, 교육 내용으로서의 리터러시의 확보 문제는 세 가지 측면에서의 역사적 · 제도적 맥락을 함축하고 있었다. 첫째, 고전문학이 강독 과목의 편제를 통해 고전에 대한 '리터러시의 확보'를 가장 긴요한 학문적 자질로 간주해온 학적 전통이 수립되는 과정에 있었다. 둘째, 그러한 학적 전통은 대학교육을 받은 1세대 국문학자의 교육적 경험과 학문적 배경과 긴밀한 관련성을 맺고 있었다. 셋째, 텍스트 이해 능력으로서의 리터러시는 외국어 소통 능력과 더불어 교양을 섭렵하기 위한 학적 능력의 표지로 간주됨으로써, 교양과 전공의 양자에서 요구되는 주요한 학문적 소양으로 인식되었다.

3. 1950년대 이전, 조선 근대고등교육기관의 학과목 편제와 도쿄제대 · 경성제대 국문학의 강좌 구성

국문학이라는 전공, 그 중에서도 고전문학이라는 전공 영역의 역사화(historicize) 과정을 이해하기 위해서는 대학에서의 고전 과목의 편제 및 그것을 가능하게 만든 제도적 요건, 문화적 맥락, 역사 · 사회적 조건들을 고찰할 필요가 있다.[6] 이를 통해 현재와의 거리가 갖는 차이와 불

---

5) 이러한 장르 중심의 학과목 편제는 경성제대를 졸업한 1세대 국문학자들의 교육적 경험과도 연관된다. 이는 4절에서 다룬다.

변의 요소를 파악함으로써 고전문학을 둘러싼 현대적 의미를 재성찰할수 있기 때문이다. 전후 1950년대에 대학이 재정비된 이래로 현재에 이르기까지, 대학생 스스로 강좌를 구성하거나 요청할 수 있는 제도적 요건은 마련되어 있지 않았다. 대학에서 어떤 전공자가 된다는 것은 제도가 마련한 커리큘럼을 충실히 이수하고 대학이 기대하는 인재로 그 자신을 '만들어 나간다는 것'을 의미하는 것이다. 다시 말해 학점 이수의 형식으로 스스로를 제도화하는 과정에 다름 아니다.

이런 맥락에서 국문학 내부에 현재와 같은 고전문학 강좌가 편제된 기원을 해명하기 위해서는 근대적 대학교육이 시작된 식민지시기의 경성제대와 전문학교에서의 해당 강좌 편제를 알아볼 필요가 있다. 그에 앞서 조선 내부의 교육제도사적 변화에 주목하기 위해 1895년 과거제가폐지된 후 당시 최고 고등교육기관이었던 성균관의 개혁 방향에 따른 학과목 구성을 살펴보면, 삼경(三經), 사서(四書) 및 그 언해(諺解), 강목(綱目)-송명원사(宋明元史), 본국사(本國史), 작문(作文)[7] 등이 편제되

6) 이를 위해 대학의 강좌 구성과 학회지 등의 주요 자료로서 1950년대를 중심으로 삼되, 논의의 연속성 및 자료의 한계를 극복하기 위해 부분적으로 1960년대 자료를 활용했다. 연구 과정에서 기록으로 남아 있는 자료만으로는 구체적인 강좌 구성의 내용이나 커리큘럼을 파악하는 데 한계가 있다고 판단하여, 해당 시기의 교육 경험을 가지고 있는 오오타니 모리시게 교수(大谷森繁, 일본 덴리대학 조선어조선문학과 51학번)의 강연 및 필자와의 구술 토론(「1950년대 일본의 한국학 연구」, 연세대 국문과 '이야기와 문화' 사업단 콜로키움, 2010. 7. 2(금), 위당관 301호, 16시)과 서대석 교수(서울대 국어국문학과 61학번)와 필자와의 구술 대화(2010년 6월 26일, 18:00~20:00, 이화여대 ECC관)를 활용했다. 이 자리를 빌려 두 분의 선생님과 오오타니 모리시게 교수의 강연회와 토론의 기회를 마련해주신 연세대 국문학과의 이윤석 교수님께 감사를 전한다.

었음을 확인할 수 있다. 여기서 오늘날의 고전에 해당하는 사서와 삼경은 당대에도 여전히 윤리적 수신서로서의 지위를 확보하고 있었음을 알 수 있다.[8]

한편, 1885년 서양 선교사에 의해 세워진 배재학당의 1890년대 중반 교과목은 성경 · 영어독본 · 영문법 · 만국역사 · 지지 · 수학 · 기하 · 화학 · 물리 · 체조 · 위생 등으로,[9] 성균관에 편제된 사서와 삼경이 없고 성경이 새로 배치되었으며, 역사과목으로는 만국역사가 새로 편제되었음을 알 수 있다. 이들은 근대적 의미의 대학 이전에 고등교육을 담당하던 공적 교육기관으로서 오늘날과 같은 단과대학별 · 전공별 세부 과목을 갖추기보다는 유교적 지식을 습득하거나 세계사로서의 중국사 공부를 중시했으며, 서양의 기초교양에 해당하는 교과목을 다양하게 전수하려는 교육 기획을 마련하고 있었음을 알 수 있다. 여기에는 '(국)문학'이 따로 편제되어 있지 않았다.

한국에서의 본격적인 근대적 대학교육은 식민지시기에 정식으로 대학 인가를 받은 경성제대 예과와 연희전문 등의 전문학교라는 양립 체제로 출발했다. 이들은 전문학교에 대한 (제국)대학의 우위, 사학에 대한 관학의 우위라는 문화적 위계를 형성하고 있었다.[10] 여기서 경성제대 예과

---

7) 우마코시 토오루(馬越徹), 한용진 역, 『한국 근대대학의 성립과 전개』, 교육과학사, 2001, 46쪽.

8) 이는 개화기 윤리학 교과서에 '수신'(修身)이 강조된 점, 〈녀ᄌ소학슈신셔〉에서 '얌전' '존졀'을 중시하고, 방적과 침선 등을 '녀ᄌ의 배홀 것'으로 규정한 점 등을 통해서도 발견된다. 자료는 한국학문헌연구소 편, 『한국개화기교과서총서』 10, 서울아세아문화사, 1977 참조.

9) 천정환, 『대중지성의 시대』, 푸른역사, 2008, 167쪽 참조.

의 교과 과목은 제1외국어(영어) · 제2외국어(문과의 경우 독어, 이과의 경우 2학년에 라틴어) · 국어(일본어) · 수신 · 한문 · 심리 · 수학 · 체조 등이 문 · 이과 공통이고, 문과는 서양사 · 자연과학 · 철학개론 · 법제 · 경제, 이과는 동물 · 식물 · 화학 등이었다.[11] 오늘날의 국문학 과목이 편성된 것은 경성제대 법문학부였다.

"조선의 학제와 일본의 학제를 동일하게 한 내지준거주의"[12]에 따라 설립된 경성제대는 1926년 법문학부[13]에 17개 과목에 23개 강좌를 개설했다. 당시에 다카기 이치노스케(高木市之助)가 담당했던 국어국문학 강좌는 일어일문학을 말하는데, 기기(記紀)가요강독, 국어국문학강독연습(1931), 만요슈(萬葉集)연습(이상 1933), 고지키(古事記)강독, 근고(近古)문학연습(1936) 등의 강좌가 편성되어 있었다.[14] 당시의 국문학

10) 이에 관해서는 이준식, 「연희전문과 근대교육」, 연세대 국학연구원 편, 『근대학문의 형성과 연희전문』, 연세대출판부, 2005, 19쪽 참조.
11) 이충우, 『경성제국대학』, 다락원, 1980, 70, 71쪽.
12) 정선이, 『경성제국대학 연구』, 문음사, 2002, 35쪽.
13) 경성제대는 법문학부와 의학부, 2개의 학부로 출발했는데, 이는 경비 절감이 주요 요인이었고, 이후 법문학부 졸업생들의 관료 지향성을 증폭시켰다는 판단이 제안된 바 있다(정선이, 2002, 105, 106쪽). 실제로 1934년에 예과 3년제를 실시하면서 문과 A조는 법학계 진학, 문과 B조는 문학계(철학과 · 사학과 · 문학과) 진학이라는 진학구별 규정을 철폐하자, 조선인 학생들은 학부 진학에서 법학과로만 몰리고 문학계 학과는 선과생(選科生)들이 자리를 채웠는데, 15회(1938)에는 1명을 제외한 모든 문과생들이 법학과로 진학했다고 하며(같은 책, 138쪽), 관료로 나아가기 위해 문학부를 졸업하고 다시 법학과를 졸업한 경우도 12명이 있었다고 한다(같은 책, 161쪽).
14) 박광현, 「식민지 조선에 대한 '국문학'의 이식과 다카기 이치노스케」, 『일본학보』 제59집, 한국일본학회, 2004, 248, 249쪽.

(=일문학) 강좌의 대부분이 일본의 고전문학이었고, 그 주된 교육 내용은 텍스트 읽기에 대한 강독과 연습이었다. 강독이란 텍스트 읽기이며, 연습이란 학생들이 텍스트를 스스로 조사해서 발표하는 심화된 수준의 보고서 발표 수업이었다.[15] 즉 교수와 함께 해당 텍스트를 읽는 수업을 통해 학생 스스로 텍스트를 이해하고 분석할 수 있는 것을 최고의 목표로 상정했음을 알 수 있다.

그렇다면 경성제대 국어국문학과에서 강독 과목이 중요한 위치를 점하고 있는 정황이 일본 본토에서의 '(일본의) 국문학'의 과목 편제와 어떠한 상관성을 지니고 있었는지 살펴볼 필요가 있겠다.[16]

표1을 보면 도쿄제대의 문과, 그 중에서도 국어국문학에 해당하는 과목에는 강독 과목이 존재하지 않는다. 소화 17년에 쑤루이청(蘇瑞成) 교수가 담당했던 '겐지이야기'(原氏物語) 과목이 강독으로 구성되었을 가능성을 상정해볼 수 있지만, 대부분의 강좌명은 '○○○ 연구'로 되어 있어 직접 텍스트를 읽기보다는 분석적인 '연구'에 초점이 맞춰져 있음을

---

15) 일본의 덴리대 조선어조선문학과 51학번인 오오타니 모리시게 교수에 따르면 당시 일본에서의 '연습' 과목도 학생들이 텍스트를 스스로 조사해서 발표하는 심화된 수준의 보고서 발표로 진행되었다고 한다. 1957년 이화여대 국문학과에서 이태극 교수가 담당했던 고전문학연습(1)의 교과 과정 서술에 "특출한 고전작품을 감상 음미하여 실제적인 조사 연구의 바탕을 삼음"으로 되어 있는 바, 연습 과목이 학생들의 발표 중심의 수업으로 진행되었음을 짐작할 수 있다.

16) 아래의 자료는 각각 1940년, 1942년 도쿄제대 문과의 커리큘럼 중에서 '국어국문학'(=일문학)과 관련된 강좌를 정리한 것이다. 자료에는 '대학원 강좌'라고 표기되었는데, 해당 강좌들은 모두 대학에 개설된 것이라고 한다. 이 자리를 빌려 해당 자료를 제공해주신 연세대 국학연구원 HK사업단의 신주백 선생님께 감사드린다.

표1 1940, 1942년 도쿄제대 문과대 국문학 관련 개설강좌 목록

강좌명: 소화 15년(1940)	담당교수	학위
日本詩歌型式の研究 (主トシテ押韻ト音數律トノ交渉)	神田秀夫	東京
德川時代ニ於ケル 京阪語ノ 研究	島田勇雄	廣島
江戶時代 戲曲文學	廣田幸雄	大分
日本音樂ニ關スル古文獻ノ研究	吉川英士	秋田
王朝物語文學	金田一昌三	北海島
王朝物語ノ研究	田中常正	山口
江戶時代ニ於ケル漢文學ノ研究	塩谷桓	東京
日本文學	ハムブルク大 オスカール・ナール	獨國
明治文學研究ノ方法論	寺嶋友之	大阪
萬葉集ノ研究	藤田寬海	埼玉
沙石集ノ語法研究	渡邊綱也	新潟
室町時代文學ノ研究	野口英一	愛知
古代日本文學	北京大 文 王錫祿	中華民國
中古國文學	岸田文男	鳥取
國學ノ研究	西尾光一	長野
平安時代文學ノ研究	萩谷朴	大阪
日本歌謠ノ研究	荻原光太郎	長野
平安朝末期物語ノ研究	寶月宏章	埼玉
五十音圖ト國語學史	森岡健二	東京
日本演劇史	岩城次郎	兵庫
朝鮮語ノ比較言語學的研究	京城 金壽經	朝鮮
朝鮮語ノ音韻的研究	京城 李熙昇	朝鮮

강좌명: 소화 17년(1942)에 추가된 강좌	담당교수	학위
アルタイ語族ノ研究	東北 藥師正男	大阪
國語語法史研究	石垣謙二	東京
江戶時代言語ノ研究	小田切良知	東京
上代民族文學ノ研究	太田善麿	東京
中世文學評論ノ研究	甲田利雄	愛知
日本文學評論ト畫論	淸水孝之	愛知
近世文藝思潮ノ研究	野田壽雄	佐賀
萬葉集研究	松下宗彦	東京
今昔物語集ノ史的研究	庄司三男	由形
國語アクサントノ研究	生田早苗	大阪
原氏物語	北京 蘇瑞成	中華民國
日本文學ノ精神史的考察	井上 豐	愛知
日本文學に於ケる近代の意味	內山宣勇	千葉
國學ノ再建	黑岩一郎	兵庫
中世國語の研究	小杉正五	新潟
東京語ノ歷史的研究	推野正之	東京
謠曲研究	橫道萬里雄	兵庫

집작할 수 있다. 1950년대는 물론 현재 한국 대학의 문과대학 과목 편제가 여전히 강독을 중요시하고 있을뿐더러 대학원 과정에서도 편제된 것과 대조적이다.[17]

　　다시 말해 도쿄제대의 국문학 강좌 구성이 일본의 고전문학에 대한 분

17) 2007~2010년, 서울대 · 연세대 · 고려대 등의 대학원 국문과 학사편람을 보면 고전소설강독 · 국어학선독 · 고전비평선독 등의 강독 과목이 편제된 것을 확인할 수 있다.

석적 연구에 집중된 데 비해, 경성제대의 문학 강좌 구성에는 별도로 강독이 배치됨으로써 일본 문학 텍스트 읽기를 주요한 강의 내용으로 강조했음을 파악할 수 있다. 일본 자국에서는 분석과 해석을 중시했지만, 조선(한국)에서는 강독의 형식으로 강의시간에 텍스트를 읽는 수업방식을 택함으로써 텍스트 읽기를 학생 개인의 역량으로 수행할 수 없는 교육 내용으로 상정한 것이다. 그리고 이는 현재까지도 국문학 내부 고전문학 강좌 구성의 주요한 영역으로 역사화되었다.

이때 강독의 내용도 특히 고전에 치중되어 있었던 것을 하나의 특징으로 규정할 수 있다. 그리고 이러한 고전 중심의 텍스트 읽기를 강좌의 주요 내용으로 상정했던 문제는 '강좌 구성'이라는 학적 제도의 구축 문제로 제한되는 것이 아니라 대학에서 학문연구의 대상 범주로서의 문학을 정의하는 데에도 관련되었을 것으로 보인다. 식민지시기에 대학에서 학적 대상으로서 문학의 범주에는 자연스럽게 현대가 아닌 고전이 중심이 된 것은 이러한 역사화 맥락을 지닌 것이다.

이는 해방 이후는 물론 1980년대까지도 대학의 국어국문학과에서 연구 대상 범주로서 생존작가의 작품을 배제하는 것을 관례화하는 학적 관행을 구축하는 데 영향을 미치게 된다. 다시 말해 일본에서 학적 대상으로서의 문학의 범주를 고전으로 규정하면서 식민지시기의 조선에서의 대학에서도 학적 대상으로서의 문학 연구란 곧 고전 연구를 의미하는 연구사적 관행을 구축하게 된 것이다. 아울러 고전문학의 경우, 분석이나 이론에 비해 읽기 능력 자체를 고유한 학문적 역량이나 범주로 상정하게 되면서 텍스트에 대한 리터러시의 확보를 주요한 학적 능력으로 간주하는 문화를 생성했다.

이러한 과정은 식민지시기에 일본문학을 국문학으로 배우는 조선 대학생들에게 일본인과 문학사적 지식을 공유하게 함으로써 국민으로서의 교양을 습득하는 기회를 제공했을 것으로 보인다. 조선인을 일본의 국민으로 소환하기 위해 일본의 고전문학 강좌를 개설하여 문학사적 공통 지식과 공통 감각을 교육의 대상으로 삼았을 가능성을 고려할 필요가 있다.[18] 이는 사실상 국문학(=일문학)에 대한 학적 소양이 일본의 고전문학에 대한 리터러시의 확보를 요청했다는 것을 의미했다. 그리고 그것은 일본의 '가까운 과거'가 아닌 11, 12세기 중심의 '먼 과거'[19]의 문학에 해당하는 것이었다. 따라서 이러한 문학의 범주 설정으로서의 가까운 과거에 대한 공부가 환기하는 근대와의 접속 문제, 곧 식민지 상황에 대한 현대적 이해로부터 일정한 거리 두기가 존재할 수밖에 없었던 것이다.

---

18) 박광현은 국문학 강좌가 조선문학 강좌에 비해 비교적 왜소하게 출발했지만, 국사학과 함께 국민의식과 국민확장이라는 내지연장주의 이념을 대표하는 국가학으로서의 규모를 확대해갔다고 평가했다(박광현, 2004, 240쪽).

19) '먼 과거'라는 개념은 '근고'(近古)의 상대 개념으로 사용했다. 1951년, 일본의 덴리대학 조선어조선문학과에 입학했던 오오타니 모리시게 교수의 회고에 따르면, 당시 일본의 본토에서는 일본문학 강좌로 '먼 과거'뿐 아니라 17~19세기의 일본문학도 배웠다고 한다. 이는 앞서 제시한 표1의 도쿄제대 대학원의 국문학 관련 강좌 구성에서도 드러난다(오오타니 교수의 강연, 2010). 그렇다면 '먼 과거' 중심의 문학 강좌 편제는 일본 본토와는 구분되는 식민지시기의 일본문학 교육의 특징이라 할 수 있고, 그 이유에 대해 숙고할 필요가 있을 것이다. '먼 과거'를 교육 대상으로 삼았을 경우, '가까운 과거'에 대한 교육이 불가피하게 함축해야 했던 일본의 식민지 통치라는 정치적 상황에 대한 고려를 배제할 수 있었음은 물론이다.

4. 1세대 국문학자의 학적 경험과 1950년대 이전 대학의 국어 국문학과 강좌 구성

1) 도쿄제대 조선어조선문학의 강좌 구성과 고전 과목의 위상

식민지시기에 경성제대에서 일본문학을 대상으로 한 국문학의 개념은 조선어조선문학의 과목 편성과 대응관계를 갖고 있었다. 경성제대 본과가 개학한 1926년에 문학과 강좌는 조선어학조선어문학 강좌가 2개 과목인 데 비해 국어학국문학 1강좌였고, 이는 지나어학지나문학·외국어학외국문학 등의 과목 수와 같았다. 경성제대의 국문학 강좌 구성에 조선어조선문학의 양적 비중이 높은 것이다. 이때 편제된 조선문학이란 곧 오늘날의 한국의 고전문학 과목과 일치하는 함의를 형성하고 있었다.

당시 법문학부에서 오늘날의 국문학에 해당하는 조선어조선문학의 담당자는 다카하시 토오루(高橋亨)와 오쿠라 신페이였다.[20] 다카하시 토오루는 1930년 경성제대에 '조선문학강독 및 연습'을, 1933년에 '조선상대문학선강독 및 연습'을 개설했다. 조선의 고전문학을 '조선어조선문학' 강좌의 중심에 두었던 것이다. 다시 말해 국문학이든 조선문학이든 그 중심 영역은 오늘날의 고전문학에 해당하는 것이었다.[21] 따라서 대상

---

20) 박광현, 「식민지 '제국대학'의 설립을 둘러싼 경합의 양상과 교수진의 유형」, 『일본학』 제28집, 동국대 일본학연구소, 2009, 212쪽. 정선이에 따르면 법문학부는 25개 강좌로 구성되었으며 문학 관계가 19강좌, 법학 관계가 6강좌라고 하여 약간의 차이를 보인다(정선이, 2002, 109쪽).

21) 이것이 내지의 국문학 강좌 구성의 조선적 이식의 결과인지, 아니면 조선인들에게 내지의 문학사적 전통을 공유하는 차원에서 일본의 고전문학을 주요하게 설정하고, 이에 대한 조선문학적 상황을 대응시켜 조선의 고전문학을 중심으

텍스트는 한문으로 표기된 것이었고, 국문학(=일본문학)이든 조선문학이든 한문 해득력, 즉 양국의 고전문학에 대한 리터러시의 확보가 주요한 학적 소양으로 요청되었다는 공통점을 지니고 있었다. 강독과 연습이 위주가 되는 강좌 구성을 갖춘 것은 한문 해득력의 확보를 통해 '내지-조선'의 고전에 집중하게 함으로써 '학문으로서의 문학'을 고전학과 등치시키는 학적 관행을 형성했던 것이다.

이는 내지에서의 국문학이 국학의 개념으로 출발한 것과 일정 정도 연관성을 지니며,[22] 조선 내부에서도 국문학이 조선학의 일환으로 출발한 것과도 긴밀한 연관성을 갖는다. 전자가 '국민국가의 형성'을 위해 문학이라는 학문 영역을 재배치한 것이라면, 후자는 전자에 대한 대항 담론으로서 '민족국가의 형성'을 위해 조선학과 국문학 영역을 재배치하려는 운동성을 창출했던 것이다.[23] 경성제대가 국문학과 조선문학의 양면에서 고전을 강좌의 중심에 둔 것은 일본 본토에서의 문학에 대한 학적 범주의 조선적 이식인 동시에, 국민국가의 자기동일성을 문학적 차원에서 입증하고 수립하려는 근대기획의 의도가 관철된 것임은 분명하다.

그러나 국문학이든 조선문학이든 그 개념이 고전문학에 집중되었던 것이 당대성에 대한 학적 토론과 사유의 기회를 배제하기 위한 식민지 교육

로 강좌 구성을 한 것인지 판단할 필요가 있을 것이다. 그런데 이런 판단 여부와 관계없이 조선 학자들이 일본 학자들과 달리 조선문학으로서의 국문학을 개념화하고 교육할 때에도 국민문학 또는 민족문학으로서의 발상이 관여하고 있었고, 주로 고전문학을 중심으로 문학사 서술이 이루어졌다는 점에서도 이러한 영향력이 여전히 힘을 발휘하고 있었음은 분명하다.

22) 후지이 사다카즈(藤井貞和), 『國文學の誕生』, 東京: 三元社. 2000, 1장 참조.
23) 이에 대해서는 조선학 연구 및 조선학 부흥운동과 관련된 선행 연구를 참조할 것. 해당 연구 논저의 목록은 이 글 주2의 논문 등을 참조.

정책의 원리가 작동한 결과든지, 아니면 내지의 국문학 범주와 개념을 둘러싼 학적 관행을 단순히 이식한 결과였든지 간에, 문학 연구를 과거에 대한 연구로 한정함으로써 학문 연구란 당대와 일정한 거리 두기를 요청한다는 합리적 관행을 구축하기에 이른다.[24] 그런 이유로 강독 과목이 국문학과 조선문학 공통의 주요 강좌로 자리매김되는 과정에서 고전에 치중됨으로써, 한문에 대한 리터러시의 확보가 주요한 학적 소양으로 자리매김되는 제도적 편제를 형성하게 되었음은 부인할 수 없다.

그런데 리터러시의 문제는 단지 국문학과 조선문학에 한정된 학적 소양이 아니라 식민지시기의 경성제국대학 예과[25]에서부터 공통적으로 요구하는 학문적 능력으로 간주되고 있었다. 경성제대 예과의 학과 과정표를 보면 문과 · 이과를 막론하고 국어 및 한문과 영어 · 독일어 · 나전어(羅甸語, 라틴어) 등에 강독, 또는 독방(讀方) 과목이 편제된 것을 발견하게 된다.[26] 즉, 국어(=일본어)와 한문, 외국어에 대한 리터러시의 확

---

24) 도쿄제대의 국문학 커리큘럼(이 글의 표1)에서도 '당대문학 연구'가 배제된 것을 확인할 수 있다.
25) 당시 경성제국대학에 입학하려면 대학령 제12조에 따라 2년, 또는 3년제 예과를 수학해야 했고, 이수자에 한해 입학시험 없이 진학할 수 있었다. 예과의 입학 조건은 중학교 4년을 수료한 자의 경우 수업 연한이 3년이었으며, 중학교 졸업자는 수업 연한이 2년인 대학 예과에 입학할 자격이 주어졌다(이는 1934년부터 외국어 학습시간의 절대부족으로 내지 대학보다 한 단계 낮은 특수대학 또는 간이대학으로 취급당할 수 있는 내부적 비판 때문에 3년제로 개정된다). 박광현, 「경성제대 '조선어학조선문학' 강좌 연구—다카하시 토오루를 중심으로」, 『한국어문학연구』 제41집, 동국대 한국어문학연구학회, 2003, 356쪽; 박광현, 「다카하시 토오루와 경성제대 '조선문학' 강좌」, 『한국문화』 제40집, 서울대 규장각 한국학연구원, 2007, 46, 47쪽.
26) 경성제대 예과에 편제된 강독 관련 과목은 국어 및 한문에 국어강독, 한문강독,

보가 대학생에게 공통적으로 요구되었던 학적 소양이었던 것이다.

이를 문과를 중심으로 좁혀보면, 1928년에 강독과 관련된 과목은 국문학(=일본문학)에 국문학강독과 국문학특수강의가, 지나문학(支那文學)에 지나음악강독 및 연습과 지나문학강독, 지나문학특수강의가, 조선문학에 선식한문강독(鮮式漢文講讀)이, 철학 과목에 지나철학 및 강독연습이 편제되어 있었다.[27] 경성제국대학 예과의 입학시험 과목 중에도 국어 및 한문 시험에 국문해석(총 85점)·한문해석(총 60점)이 배정되었고, 외국어 과목으로는 해석(총 100점)·국문영역(혹은 독역)(총 70점)이 배정되어 있었다. 여기서 국어란 일본어를 의미했고, 국문해석이란 일본인 학생에게도 난해하게 여겨졌던 「겐지이야기」(11세기), 「마쿠라조시」(枕草紙, 10세기 이후), 「호조키」(方丈記, 13세기)[28] 등 10세기 전반의 '먼 과거'에 속하는 일본의 고전문학을 현대어로 해석하는 내용이었다. 텍스트 읽기와 읽기 방법론, 번역 등은 텍스트를 학문적으로 이해하는 연구방법론으로서 대학과 예과에 일관되게 관철됨으로써 사실상 텍스트 선택과 이해의 방법에 대한 제도화가 이루어져 있음을 의미한다.

특히 조선문학에 편제된 조선식한문강독 강좌는 조선문학에 대한 교육 내용이 조선 한문학으로 한정되었음을 보여준다. 이는 한글로 표기된 조선문학의 학적 비중을 협소화했을 가능성을 시사한다.[29] 이는 민족의 주

영어와 독일어, 라틴어 과목에 독방(讀方)·석해(譯解) 등이다(『경성제국대학 예과일람』, 1926, 41, 42쪽; 정선이(2002), 81쪽에서 인용-).

27) 『경성제국대학보』 제14호, 1928, 95쪽; 류준필, 「형성기 국문학 연구의 전개 양상과 특성: 조윤제·금태준·이병기를 중심으로」, 서울대 박사학위 논문, 1998, 60쪽에서 재인용.

28) 이상은 정선이, 2002, 67~88쪽 참조.

체성을 강조하면서 주체적 국민문학, 주체적 조선문학을 강조했던 초기의 조선 국문학자들이 표기문자에 주목해 한문학을 조선문학에서 배제하고자 했던 문화사적 맥락을 시사한다.[30] 즉 식민지시기의 조선문학의 범주가 사실상 한문학으로 한정되었던 것을 경성제대 출신 조선인 연구자들이 문제적으로 사고했으며, 국문 표기의 조선문학사를 구축하는 방식으로 이에 대한 저항적 답변을 제안한 것으로 볼 수 있기 때문이다.

당시 경성제대는 '근대 대학제도의 틀 안에서, 그리고 "조선문화 또는 동양문화 연구"라는 이름 아래 대륙 침략을 위한 정보를 제공하거나 식민지 지배 이데올로기를 재생산하는 역할을 맡도록 규정'되었으며, 당시 조선어문학과 교수였던 일본인 오쿠라는 철저하게 실증주의 방법론을 따름으로써 '언어 연구자가 언어 현실의 문제에 실천적으로 개입하려는 노력을 비과학적이라고 배척하는'[31] 연구사적 흐름을 형성했다. 이에 비해 조선어학회 회원들은 한글을 민족정신·민족문화의 상징으로 보고

━━━━

29) 오오타니 교수의 회고에 따르면 덴리대에서 다카하시 토오루에게 배운 조선문학강독의 주요 텍스트는 퇴계 선생의 편지, 『택리지』 등의 조선 한문학이 중심이었다고 하는데, 오오타니 교수는 이를 한문학적 소양을 중시했던 다카하시 토오루의 가학적 전통의 영향이라고 해석했다. 당시 오오타니 교수의 스승이었던 다카하시 토오루는 조선어조선문학을 전공하는 오오타니(당시 학생)에게 조선식 한문이 쉽지 않으니 한글 문헌을 공부해보라고 권유했다고 한다. 실제로 오오타니 교수는 한국 고전소설 연구로 고려대에서 박사학위를 받았다. 다카하시 토오루는 식민지시기에 경성제대 교수를 역임했기 때문에, 오오타니 교수의 구술은 다카하시 토오루의 경성제대 시절의 교육 방식을 파악하는 데도 유용성을 지닌다고 판단된다.

30) 한 예로 경성제대에서 지나문학을 전공했던 김태준은 『조선한문학사』를 저술했음에도 불구하고 조선문학의 범주 설정에서 국문 표기를 주요한 기준으로 설정했다.

한글의 연구, 정치 및 통일, 보급을 주요 내용으로 하는 한글 운동을 벌임으로써 경성제대의 조선어 연구, 또는 언어학 연구의 학적 태도와 대립하는 실천적 맥락을 구축하고 있었다.[32] 이에 따르면 경성제대의 국문학과 조선문학을 고전문학, 특히 '먼 과거'에 해당하는 시기로 한정한 것은 당대적 사유를 차단함으로써 현실과 문학 연구의 실천적 연계 자체를 불가능하게 만들고자 했던 의도가 개입된 것으로 볼 여지가 충분하다.[33]

경성제대의 조선어문학과의 과목 편제나 교육 방법론이 근대 한국대학의 국문과의 학적 편제에 끼친 영향력은 간과할 수 없는 중요한 문제이다. 따라서 경성제대에서 조선문학(조윤제의 경우) 또는 지나문학(김태준〔金台俊〕의 경우)을 전공한 1세대 국문학자가 대학의 국어국문학과의 교수나 강사로 재직하면서 자신의 교육적 경험과 역량을 과목 편성이나 강좌 운영방식에 투사했을 가능성이 크다. 그러나 이에 대한 연구가 1950년대 국문학의 세부 전공의 편제나 강좌 운영에 미친 경성제대의 영향력을 확인하는 데서 그치거나 (국)문학 연구의 '식민성'을 확인하는 데 그쳐서는 안 되며, 향후 국문학, 특히 고전문학의 연구 방법론이나 학적 지위에 대해 경성제대를 수학한 1세대 국문학자들의 영향 관계를 확인하되, 이후 고전문학 연구의 범주와 방법론 등의 방향이 어떠한 담론을 구축하며 자생력을 키워나갔는가라는 '전환'과 '다양화'에 관심을 기울일 필요가 있다.

---

31) 인용은 각각 이준식, 「일제강점기의 대학제도와 학문체계―경성제대의 '조선어문학과'를 중심으로」, 『사회와역사』 제61권, 한국사회사학회, 2002, 200, 303쪽.

32) 같은 글, 204쪽.

33) 이에 대해서는 일본에서의 국문학 연구의 동향으로부터의 영향 관계를 상정해 볼 수 있으며, 별도의 연구 분석이 필요할 것으로 본다.

2) 연희전문 국어국문학 · 조선어문학의 편제와 학적 소양으로서의 고전비평

식민지시기에 정식으로 인가된 유일한 근대적 대학으로서 경성제대는 학문 권력으로서는 가장 유력한 지위를 갖고 있었다고 보는 것이 타당하지만, 조선인 스스로 대학을 설립하려는 움직임이 1920년대 민립대학운동으로 구현되는 한편, 사학재단의 전문학교가 실질적인 대학교육의 역할을 담당하고 있었음에 주목할 필요가 있다.[34] 해당 시기의 연희전문은 조선어 강좌를 개설하고 문과의 입학시험에 조선어 과목을 포함시키는 등 경성제대와 일정 정도 차별성을 형성하고 있었다.[35] 연희전문에서 국문학을 총괄한 정인보(鄭寅普)는 일본 유학의 경험이 없었고, 주로 문학사와 장르 중심의 텍스트 이해를 학적 과제의 중심에 두고 있었다.[36] 특

---

34) 이에 관해서는 이준식, 「연희전문학교와 근대 학문의 수용 및 발전」, 연세대 국학연구원 편, 『근대학문의 형성과 연희전문』, 연세대출판부, 2005, 18~21쪽 참조. 연희전문은 1917년 4월에 일제에 의해 공식적으로 인가되었지만, 실제로는 1914년부터 그 역사가 시작되었다. 연희전문학교는 설립 초기부터 학교 조직의 구성과 개설 과목, 교수의 임용에서 미국식 종합대학 모델을 지향하고 있었으며, 설립 이래로 대학으로의 승격을 염두에 둔 가운데 교과 과정을 짜고 교수진을 충원했다고 한다(같은 책, 26~28쪽).

35) 물론 1939년부터 일제가 각 전문학교에 일본학 강좌를 개설할 것을 강요한 결과. 조선어 강좌는 1940년의 학칙 개정을 통해 폐지되었다(이준식, 2005, 35쪽).

36) 연희전문 문과의 교육 과정은 수신 · 성서 · 국어(＝일본어) · 조선어 · 한문 · 문학개론 · 영어 · 역사 · 사회학 · 법제경제 · 철학개론 · 심리학 · 논리학 · 교육학 · 자연과학 · 음악 · 체조 · 제2외국어와 선택과목으로 문학 전공자는 동양문학 · 영문학을, 역사 전공자는 동양사 · 서양사를 선택하게 되어 있었다. 연희전문 문과대학의 국어 과목(＝일본어)에는 국어(강독, 작문) · 국문학 · 국문학사, 조선어에는 문법과 조선문학, 한문 과목에는 강독 · 작문 · 한문학사가 편제되어 있었으며, 이 중에서 국어(＝일본어)와 한문 과목에 강독 과목이 편제되어 있었다(정선이, 2005, 85쪽).

히 조선어 과목의 경우[37]는 문학사적 접근과 장르에 대한 이해, 고전비평 등을 주요한 강좌 내용으로 상정하고 있었다.[38] 그러나 정인보(한문학·조선문학)를 제외한 최현배(崔鉉培)·손진태(孫晉泰)·민태식(閔泰植) 등의 교수가 일본 유학파라는 점에서 경성제대 교수의 학적 경험과의 유사성을 지니고 있었고, 교육 과정에서 그러한 경험이 지닌 영향력을 완전히 배제할 수는 없다.

따라서 식민지시기 연희전문의 조선문학 강좌는 초기의 국문학 연구의 주요 담론인 '조선문학사'를 구축하는 작업과 무관하게 운영될 수 없었고, 해당 시기 '조선문학' 교육에 영향력을 행사하던 다카하시 토오루의 연구 방법론의 자장에서 자유로울 수 없었음을 고려할 필요가 있다. 이러한 것은 경성제대 '조선어학조선문학' 강좌를 맡았던 다카하시 토오루의 조선문학 수업이 문학 자체를 대상으로 하기보다는 문학사라는 역사 연구의 관점을 중요시했던 것[39]과 일정 정도 상관성을 갖는 것으로 보인다. 다카하시 토오루에게 수학한 조윤제·김태준 등이 문학사 서술

37) 조선어 과목 중에서 문학 담당자는 정인보 교수로, 강의 내용에 대해서는 '조선문학의 다양한 형태를 접할 수 있도록 한다. 소재는 대표적인 시·가사·소설·근세산문, 번역된 중국시가 소개, 비평적 연구와 설명적 강의', '조선문학 발달의 비평적 연구, 고대문학·삼국시대 문학·통일신라문학·고려시대 문학의 중국적 형태와 한국적 형태의 갈등, 문예중흥기와 후기 발달 연구 및 비평, 강의와 독서'로 소개하고 있다(정선이, 2005, 90쪽).

38) 연희전문의 조선어 과목의 경우 문학사 이해와 비평 능력을 강조하면서 텍스트 읽기에서 나아간 비평적 자질이라는 리터러시의 심화 영역을 요구했다고 볼 수 있다.

39) 박광현, 「경성제대 '조선어학조선문학' 강좌 연구—다카하시 토오루를 중심으로」, 『한국어문학연구』 제41집, 동국대 한국어문학연구학회, 2003, 359쪽의 주36 참조.

의 필요성에 대한 자발적 문제의식을 갖기보다는 일본을 '중심'으로, 조선을 '주변'으로 간주하는 교수로서의 다카하시 토오루의 견해에 대한 반발과 저항으로서 각각 시가와 소설 분야에 대한 '조선' 문학사를 서술하게 된 근저의 맥락을 이해할 필요가 있는 것이다.[40]

　이러한 상황은, 이후 조선인 학자들이 일본인 스승의 연구 경향이나 조선문학 인식에 반발하여 국문학 연구를 개진해나갔다고 하더라도, 그와 같은 연구의 안티테제를 구축하는 과정 자체가 일본 학자에 대한 '대타적 의식'을 전제로 한 것이었고, 그런 점에서 원천적으로 일본 대학에서의 국문학 편제로부터의 영향력을 부인할 수 없다는 점을 고려할 필요가 있다. 조윤제의 시가 연구가 시조의 음절수에 대한 고찰에서부터 출발하고 있고, 이는 일본 정형시가 연구에서 자수 통계를 내는 방법을 원용한 것이라는 평가[41]는 국문학 연구의 계보가 식민지시기의 조선학 연구의 계보로부터 자유로울 수 없으며, 국문학 연구 방법론의 독자성에 대한 해명 또한 이전 시기 조선문학에 대한 연구를 완전히 배제하는 것이 원천적으로 불가능함을 보여주는 것이기도 하다.

━━━

40) 이에 대해 박광현은 '"제국" 혹은 "동양" 일체라는 거대 이념 안에서 용인된 지방연구로서의 조선문학 연구가 식민지주의에 대항적일 수 있는 방법은 특히 조선의 고유성·민족성을 탐구하는 데 있다. 그를 위해서는 조윤제가 채택한 방법처럼, 조선문학의 원형＝기원의 고유한 순수성에 확신하면서, 다시금 그 확신을 조선 민족의 순수성으로 환원하기 위해 사(史)적으로 접근하는 것이야말로 무엇보다 중요한 방법이었다'라고 보았다(박광현, 2003, 368쪽).

41) 박광현, 2003, 366쪽. 도쿄제대 칸다 히데오(神田秀夫) 교수의 「日本詩歌型式の硏究」(主トシテ押韻ト音數律トノ交渉, 이 논문의 표1을 참조)라는 강좌명을 통해 시가에서의 음수율, 형식의 문제가 시가 연구의 주요한 방법론이자 논점이었음을 확인할 수 있다.

5. 1950년대 대학에서 고전강독 강좌의 배치와 학적 능력으로서의 리터러시

강독 과목은 국문학의 세부 전공인 고전문학의 주요한 강좌로 텍스트 읽기 능력으로서의 소양을 일차적인 학적 소양으로 상정하게 되었다. 그러나 이는 단지 국문학 내부의 고전문학으로 한정된 것은 아니었으며, 텍스트에 대한 일차적 문해성을 필요로 하는 외국어 과목 일반의 학적 소양으로 간주되었음이 다음과 같은 강독 강좌 편제를 통해 파악된다.

다음 표2~5의 사례는 1959년의 연세대학교 · 서울대학교 · 이화여자대학교의 문과대학 강독 관련 강좌 및 1961년의 고려대학교 문과대학의 강독 과목 목록이다. 고전문학과 현대문학의 구분은 1950년대 한국 대학에서의 국문학 과목 편제에서도 나타나는데, 서울대학교의 경우 고전문학 관련 과목이 주로 여요(麗謠) · 향가(鄕歌) · 한시(漢詩) 등 세부 장르를 중심으로 명명되고 편성되거나 한국한문선설(韓國漢文選說) · 한문소설강독(서울대학교 국어국문학과, 1959) 등 한문이라는 표기법을 통해 고전문학에 해당함을 표시한 반면, 현대문학의 경우에는 현대작품론 · 현대문학연습 등 현대 또는 현대문학을 표제로 내세워 하나의 세부 전공으로 전제하는 강좌명을 택함으로써 세부 전공 체계를 가시화하는 방법을 취해왔음을 알 수 있다.[42] 식민지시기의 국문학과 조선어조선문

---

42) 연세대의 경우 강좌명을 통해 (고전/현대)문학을 정확히 구분할 수는 없으나, 담당교수를 살펴보면 대체로 국문학사와 강독 강좌는 고전문학에 해당함을 알 수 있으며, 시가론의 경우 1 · 2학기의 담당교수가 박두진 · 장덕순으로 나뉘어 있어 해당 과목이 '(고전/현대)시가'를 아우르고 있음을 알 수 있다. 교수의 전공 비율은 '(고전)현대'로 문학개론을 양주동 교수가 담당하고 있고, 소설론은

표2 1959년 연세대학교 문과대학 강독 관련 과목 목록

(『연세춘추』 제159호: 59. 3. 10; 제175호: 59. 8. 31)

학과	과목명
국어국문학과 과목명(총학점) : 담당교수	국어학강독(3): 유창돈, 국문학강독I(3): 양주동, 국문학강독III(3): 장덕순, 훈민정음(3): 최현배
영어영문학과	셰익스피어연구(3): 오화섭, 19세기소설강독(3): 권명수, 17세기영시강독(3): 고병려, 현대희곡강독(3): 오화섭, 영어강독(3): 송석중 · 이맹성, 현대수필강독(3): 이봉국, 셰익스피어강독(3): 오화섭, 현대소설강독(3): 권명수, 18세기영시강독(3): 고병려
철학과	중국철학강독(3): 김홍호, 현대철학강독(3): 김형석, 아리스토텔레스철학(3): 김하태, 서양중세철학강독(3): 김형석

학의 범주에 현대문학이 배제되었던 것과 달리, 1950년대 국문학 강좌에는 현대문학이 포함되었다는 차이가 있다. 그러나 여전히 양적 비중은 고전에 치중되어 있었다.

국문학과의 경우, 특히 강독 관련 과목은 모두 고전이나 국어학에 한정되어 있었고 모두 전근대시기 텍스트와 관련된 강좌 내용으로 구성되었다. 예컨대 1959년 서울대 국문과에 개설된 강독 관련 과목은 모두 전

'미정'으로 표시되어, 전임교수가 없었음을 짐작할 수 있다. 고려대의 경우 국문학개론과 문학개론이 구분되어 있어 담당교수의 전공이 '고전/현대'로 나뉘었을 가능성을 시사하며, 시가강독 · 국문학강독 · 한국한문학강독 등 '강독'을 표제로 한 강좌가 고전문학을 지시하는 기호로 통용되었음을 알 수 있다. 국문학강독 등 강독 과목이 대체로 고전에 해당하며 한국현대문학사 · 현대문학특강 등 현대문학 과목의 경우 '현대문학'을 표제어에 포함시킨 경우가 많은 것은 이화여대의 경우에도 마찬가지다.

표3 1959년 서울대 문리과대학 강독 관련 과목 목록

학과	과목명
국어국문학과 과목명(총학점)	국어학강독(12), 시조강독(6), 가사강독(6), 소설강독(6), 여요강독(3), 향가강독(3), 한시강독(3), 한문소설강독(3), 외서강독(3), 논저해제(3), 자료해제(3)
중어중문학과	중국고문선독(6), 중국역대시선독(6), 중국소설선독(6), 한국역대한문선독(3), 중국현대문학선독(6), 중국사곡(詞曲)선독(6), 중국학술논문강독(6)
영어영문학과	영소설강독(6), 미국소설강독(6), 시강독(6), 셰익스피어(6)
독어독문학과	위란트 극문학(2), G. 레싱의 극문학(2), 괴테 문학(3), 실러 문학(3), 헤벨 문학(3), 독일낭만주의문학(3), 아이헨도르프의 시문학(3), 하우프트만 극문학(3), 하이네의 시문학(3), 케레르 소설(3), 카로사 문학(3), 헤세 문학(3), 카프카 문학(3)
불어불문학과	불문학명작강독(6), 현대불소설강독(3), 몰리에르강독(3), 라신강독(6), 코르네유강독(3), 데카르트강독(3), 파스칼강독(3), 베르그송강독(3), 17세기불문학(3), 18세기불문학(3), 19세기희곡(3), 19세기불시(3), 현대불시(6), 현대불희곡(3), 현대불소설(3)
사학과	국사강독(6), 동양사강독(6), 서양사강독(8), 한국사적 해제(3), 동야사적 해제(3), 서양사적 해제(3), 국사연습(8), 동양사연습(8), 서양사연습(8), 한국금석 및 고문서학(2), 동양금석 및 고문서학(2), 서양금석 및 고문서학(2)
사회학과	사회학영문강독(16), 사회학독문강독(16), 사회학불문강독(16)
철학과	중국철학강독(6)
종교학과	독어성경(4), 불어성경(4), 영어성경(4), 종교학강독(영·독)(4), 신약주석(6), 신약주석강독(영·독·불)(4), 불교원전연구(4), 세계종교강독(영·독·불)(4), 구약주석강독(영·독)(4), 구약신학(영·독·불)(4), 희랍교문학(희·영)(4), 라틴어문학(영·라)(4), 불교경전학(4)
심리학과	잡지강독(8)
정치학과	정치학영문강독(3), 정치학독문강독(2), 정치학불문강독(3)
외교학과	강독(외교제도론)(2), 강독(국제정치이론)(2), 강독(UN Chart)(2)

표4 1959년 이화여대 문과대학 강독 관련 과목 목록

학과	과목명
국어국문학과 과목명(총학점): 담당교수	한문A(4): 조용욱, 국어(4): 이태극, 국문학강독A(4): 안용도, 국 문학강독B－홍부전(4): 손낙범, 국어학강독A－두시언해 · 훈민정 음(4): 이남덕, 국어학강독B－용비어천가 · 월인석보(4): 이남덕, 국문학강독－춘향전(4): 윤원호, 국어학강독C－이두문(4): 강윤 호, 국어학 특강A－외서강독 · 언문지(4): 강윤호
영어영문학과	영소설(4): 나영균, 희곡(6): 김세영, 영시(4): 김선숙
불어불문학과	불어강독(2): 전옥제 · 이진구, 불문학명작강독(4): 최완복, 19세 기불시(2): 박인회, 불국사[원전](4): 전옥제, 자연주의불소설(4): 이진구, 18세기불문학강독(4): 이진구, 현대불문학강독(8), 불란 서고전극(4): 중요 작품
기독교학과	원서강독(6)
사학과	한문(4): 조용욱, 국사강독(3): 김성준, 동양사강독(3): 홍석보, 서 양사강독(3): 김영정

공선택과목으로서 시조강독 · 가사강독 · 소설강독 · 여요강독 · 향가강
독 · 한시강독 · 한문소설강독 등으로 모두 고전문학에 해당하는 것이었
다. 사범대학 국어교육학과의 경우에도 전공필수과목으로 한문강독(1)
이, 전공선택과목으로 한문강독(2) · 고어강독(1) · 고어강독(2) · 고려
가요 · 향가문학 · 한문강독(3) 등이 개설되었다.[43] 이화여자대학교나

---

43) 서울대 61학번이었던 서대석 전 서울대 국어국문학과 교수에 따르면 1960년
대 서울대 국어국문학과 강의는 1학년: 국문학개론 · 국어학개론, 2학년: 강
독, 3학년: 소설론 · 시가론 등 각종 문예장르 중심의 '논'(論), 4학년: 작품에
관해 개인이 조사하여 발표하는 '연습' 과목으로 편제되었다고 한다(2010년 6
월 26일 구술 대화 중에서). 이 중에서 '연습' 과목은 텍스트 독해력은 물론 텍
스트에 대한 서지, 내용 분석 등 비평과 분석 능력이 요청되는 심화학습단계로

표5 1961 고려대 문과대학 강독 관련 과목 목록

학과	과목명
국어국문학과 과목명 (총학점)	한문학강독I(4), 시가강독(4), 근세어강독(4), 한문학강독II(4), 국문학강독(4), 중세어강독(4), 한국한문학강독(4), 근세소설강독(4), 고대어강독(4), 한국한문전기강독(4)
영어영문학과	영미시 I: 19세기(6), 영미소설 I: 20세기(4), 영미희곡 I: 현대(4), 근세어강독(4), 영미시 II: 18세기 이전(6), 영미소설 II: 19세기(4), 영미희곡 II: 18세기 이전(4), 사용극(4), 시가강독(4), 영미시 III: 20세기(4), 영미소설III: 18세기 이전(4), 영미수필(4), 영문강독 A(2), 영문강독 B(4), 독문강독(고급)(4), 불문강독(고급)(4)
철학과	영어원서강독 (4), 플라톤(4), 아리스토텔레스(3), 공맹철학, 양묵철학(2), 한국한문학강독(4), 칸트(4), 헤겔(2), 노장철학(4), 정주철학(4), 육왕철학(2)
사학과	한문학강독I(4), 한문학강독II(4), 국사강독(4), 한국사적 해제(4), 동양사강독(4), 동양사적 해제(4), 서양사강독(4)
교육심리학과	교육학강독(2), 심리학강독(8), 한문학강독(4), 교육학강독 II(2), 교육학강독 III(2), 교육학강독 IV(2)

고려대학교의 경우도 이와 크게 다르지 않았다. 강좌명이 '국문학강독'으로 되어 있을 경우라도, 이는 현대문학작품을 대상으로 한 것이 아니라 고전문학작품을 대상으로 한 것이었으며, 이는 대체로 현재까지도 이어지는 학적 관행으로 정착되었다.

이러한 상황은 고전문학을 전공한다는 것은 결국 문학사에 대한 이해,

간주되어 나중에 대학원 과목으로 옮겨졌다고 한다. 이러한 정황은 '연습' 과목이 전공 학생들에게 가장 심화된 수준의 리터러시 능력을 점검하는 통로가 되었음을 보여준다.

장르론에 대한 인식을 확보하는 일인 동시에 '고전 텍스트에 대한 문해력의 획득'을 의미하는 것이라는 학문적 위상을 갖게 하였다. 그리고 이러한 문해성의 습득은 강독 과목의 이수를 통해 가능한 것으로 상정되었다.

그런데 앞의 표에 따르면, 1950년대 대학에서의 강독 과목은 국어국문학으로 한정되지 않고, 영어영문학 · 독어독문학 · 불어불문학 · 중어중문학 등의 문과대학(인문대학) 소속 어문학과의 강좌는 물론, 사학과 · 철학과 · 기독교학과 · 교육심리학과에도 개설되었음을 확인할 수 있다. 말하자면 '원전 해득력'이 각 학과의 전공 소양 및 능력으로 간주되어 교육 대상으로 편제된 것이다. 연세대학교 사학과의 국사강독의 경우, "고전에서 자료를 선택하여 강독함으로써 사료의 분석과 비판에 도움이 되고자 한다"라는 교육 목적과 취지를 담고 있어, 고전 해득력이 해당 과목의 주요한 교육 목표이자 학습 내용임을 알 수 있다. 또한 연희대학교 영어영문학과의 경우 1952년 1학기에 개설된 '베니스의 상인'(담당: 이종수), 1954년 1학기에 개설된 영시강독(후기)(담당: 이혜구), 1956년도에 개설된 19세기소설강독 · 셰익스피어강독[44] 등은 모두 고전 텍스트의 강독을 교육 내용으로 삼아 개설된 과목들로서, 과목 정체성 자체에 번역과 독해력이 전공 영역의 획득 자질로 간주되었음을 보여준다.[45] 강독 과목은 한 학기에 몇 편의 작품을 통독하거나 부분적으로 강독하는 방식으로 운영되었다.[46]

이러한 맥락은 고전 텍스트를 선별하고 현대어로 이해하는 것이 고전

---

44) 이는 연희대 교무처 발행 『학사보고서』에 따른 것이다.

45) 이에 비해 도쿄제대의 영문학 강좌는 영국근대극 연구, 셰익스피어 연구(シエイクスピア研究), 괴테(ゲーテ) · 바이런 연구(バイロン研究, 모두 1942년 사례) 등으로, 강독을 표제로 내세운 과목이 존재하지 않았다.

읽기에 관한 학술적 태도로 자리매김하는 역할을 담당했다. 문과대학에서는 전공별 커리큘럼에 고전 번역과 관련된 강좌를 마련하거나, 번역과 주해를 다룬 교재를 활용하는 등, 고전에 대한 해득력을 고유한 전공 능력으로 간주하며 규범화해왔던 것이다. 강독의 대상 텍스트 및 귀속 전공은 두 가지 성격으로 나뉜다. 첫째, 당대성과 동떨어진 고전의 영역에 머물러 있어서 텍스트 독해를 가능하게 할 전문적인 번역이나 주해가 필요한 경우였다. 둘째, 텍스트의 언어가 수강생의 모어(母語)와 달라서 텍스트 해석에 전문가의 도움이 필요한 분야였다. 어느 경우든 교수는 학생의 텍스트 독해를 주도적으로 이끌고 도움을 주는 교수자로서 텍스트 해득력에 대한 전문성을 갖춘 존재로 간주되었다.

---

46) 1956~57년에 연희대에서 발행한 *Chosun Christian University Bulletin*에 따르면 영어영문학과의 셰익스피어강독 과목에서는 20편의 희곡을, 19세기 영소설강독 수업에서는 디킨즈 · 새커리 · 엘리엇 · 브론테 · 하디 등 빅토리아 시대의 사실주의적 소설을 선택해 읽는 방식으로 진행되었다고 한다. 송무에 따르면 미국 영문학은 "고대에서 현재까지의 서양 문명의 기원과 발전 과정을 이해하기, 영미 문학과 유럽 문학의 걸작들을 진지하게 읽기, 철학사의 가장 중요한 사상과 논쟁을 이해하기, 충분한 외국어(고대어든 현대어든 상관없이) 능력 갖추기 등"을 핵심적인 교육 내용으로 상정했다고 한다(송무, 『영문학에 대한 반성』, 민음사, 1997, 373쪽).

1957년 이화여대 영어영문학과의 영문학사(이석곤 담당) 교과 과정 소개에 따르면 "빅토리아 시대 초기부터 19세기 말까지의 영문학사, 문학 각 방면의 일반적인 개관, 문학작품을 가급적 많이 직접 읽는 데 중점을 둠"이라고 서술함으로써, 문학사 수업도 텍스트를 직접 읽는 강독이 주요 교수방법론으로 채택되고 있음을 파악할 수 있다. 희곡 강독의 경우 "19세기부터 20세기 초에 걸친 양국 희곡"으로, 영소설의 경우 "영국과 미국의 대표적인 작품을 시대별로 강독함"으로 되어 있어, 분석보다 읽기 자체가 강의의 주요 내용으로 채택되었음을 알 수 있다.

텍스트 읽기 능력은 우선 해당 텍스트의 언어에 대한 장악력의 획득을 의미했으며, 이는 '번역 능력'을 전공 분야의 고유한 능력, 즉 전문적 지식 영역으로 간주하는 문화를 형성했다. 강독 과목에 필요한 텍스트 선정은 교수에게 위임되었으며, 따라서 교재로 선정된 텍스트가 잠정적으로 정전(canon)으로 자리매김되는 제도적 구조를 갖추고 있었다. 학생들은 교수가 선정한 텍스트를 대상으로 한 강의를 통해 번역과 주석을 배우는 동시에 권위 있는 교수가 번역한 주해서를 통해 고전 텍스트를 섭렵함으로써 전공 지식을 쌓아갔다.[47] 동시에 스스로 텍스트를 번역하는 능력을 학부와 대학원 과정에서 습득하여 문화적 · 학술적 결과물로 발표하는 대학문화를 형성해갔다.[48] 그 주요한 매체는 대학 발간의 신문이거나 학회지 등이었다.[49] 이러한 상황은 '텍스트 읽기 방법론'에 대한

---

47) 이가원 교수의 「춘향전」 주석, 박성의 교수의 「송강가사」 주석, 허웅 교수의 「용비어천가」 주석본의 출간이 이에 해당한다.

48) 국어국문학과의 경우, 이는 연습 과목을 통해 수행되었다. 한편, 50년대 대학 문화에는 대학생들이 미번역 작품을 직접 원서로 읽는 문화가 형성되었는데, 『연희춘추』 143호(58. 10. 6)에는 대학원생 이선주 군이 라스웰의 『권력과 인간』을 번역(동국문화사)했다는 기사가 실리기도 했다. 이 책은 1990년에도 번역된 바 있는 고전이다. 171호(59. 6. 22)에는 영문과 1년생 최영순이 찰스 램(Charles Lamb, 1775~1834)의 「꿈속의 아이들」을 번역, 소개했다. 이와 더불어 학생 동아리였던 극예술연구회에서는 학생이 직접 희곡을 번역하여 무대에 올리는 전통을 형성했다(이에 관해서는 최기숙, 「1950년대 대학생의 인문적 소양과 교양 '지(知)'의 형성─1953~1960년간 『연희춘추』/『연세춘추』를 중심으로」, 『현대문학의 연구』 제42집, 한국문학연구학회, 2010 참조).

49) 1950년대 각 전공의 학회지는 학회 창립보다 나중에 발행되었는데, 학술발표나 강연에 대한 요약문 또는 전문을 수록한 대학 발행의 신문이 당시의 주요한 학술적 소통의 매체였다고 볼 수 있다. 이에 관해서는 최기숙(2010)의 발표문 참조.

문화적 독점권을 대학원에서 학위를 받은 교수 및 대학에서 이를 전공으로 하는 학생들이 확보하게 되는 문화적 상징 자본(symbolic cultural capital)의 습득 과정에 대한 관심을 요청하게 된다.[50]

식민지시기 일본어 문해력이 유·무식자의 구별, 사회적 상징 자본의 소유 정도와 밀접한 관련을 맺고 있었다면,[51] 50년대 대학에서 문학을 둘러싼 정황은 고전에 대한 해득력과 문학 텍스트의 해석력이 '학적 전문성'을 담보하는 지표로 작용한 가운데 교양인으로서의 정체성을 부여해주는 문화적 '구별짓기'의 근거로 작동했다고 볼 수 있다. 대학의 인문학 전공 분야에서 강독 과목은 '무엇'을 '어떻게' 읽을 것인지에 관한 학적 규정을 통해 읽기 텍스트를 학술적으로 제도화함으로써 정전의 선별과 읽기의 권력화 현상을 수반해왔다. 그 과정에서 강좌의 읽기 대상 텍스트에 대한 결정권을 행사하는 교수들은 일반 독자들이 읽을 수 있는 번역과 주해서에 대한 텍스트 선정에 관한 문화권력을 독점하게 되었다. 고전의 현대적 독해에는 고전과 현대와의 시간적 거리의 문제가 개입하며, 텍스트의 역사성이 함축하는 정보와 감성의 거리에 대한 현대적 시각과 관계 형성의 문제가 개입된다. 고전문학 연구자는 전공자라는 문화적 위치, 자신의 지식을 학술논문으로 발표하고 대학교육의 현장에서 전

---

50) 천정환은 1930년 당시 전체 조선인의 11%만이 완전한 문해력을 갖고 있었으며, 농촌지역 문맹률은 90%를 훨씬 넘었을 것으로 추정했다(『근대의 책읽기』, 푸른역사, 2003, 84쪽; 노영택, 「일제시기의 문맹률 추이」, 국사편찬위원회, 『국사관논총』 51, 1994 참조). 이를 1950년대 상황을 추측하는 근거로 참조한다면, 1950년대 대학생의 원전 해득 능력은 매우 특수한, 소수의 사례에 해당했을 것으로 본다.
51) 같은 책, 96쪽.

표6 1950년대 각 대학의 국어국문학과에 편제된 강독 관련 과목 목록[52]

대학(연도)	국문학과 전공필수 강독 과목	전공선택과목	교양필수과목
연세대학교 (1959년)	국어학강독, 국문학강독		
서울대학교 (1959년)	국어학강독	시조강독, 가사강독, 소설강독, 여요강독, 향가강독, 한시강독, 한문소설강독, 외서강독	
고려대학교 (1961년)	한문학강독II, 근세어강독, 시가강독, 국문학강독, 중세어강독, 근세소설강독, 고대어강독		한문학강독 I

달하는 입장이 자연스럽게 수반하는 읽기 방법론에 대한 특권적 지위를 정당화할 수 있는 위치에 놓여 있었다고 볼 수 있다.[53]

특히 국문학과 내부의 세부 전공으로서 고전문학 과목 중에서도 강독 과목은 전공필수과목으로 배치됨으로써, 고전 텍스트에 대한 리터러시

---

52) 이화여대의 경우, 학사보고서를 통해서는 전공필수 · 전공선택 등의 구분을 파악할 수 없어서 제외하였다.
53) 이는 논문 · 시험 · 학점 등의 각종 제도화 장치를 통해 독점화 · 특권화 · 정당화 · 권력화된다. 류준필은 1930년대 고전 부흥론의 중심인물 중 하나인 이병기가 문학을 예술적 향유물로 간주함으로써, 감상력에 무게 중심을 두고 그 자신이 시조작가로 활동함으로써 감각적 향유의 자리를 생성할 역량을 갖추고 있었음에 주목했는데(류준필, 1998, 203, 204쪽 참조), 이는 교수의 개인적 취향이나 자질이 제도적으로 배울 만한/배워야 할 자질로 설득되면서 문화 자본화되는 사례를 보여준 것으로 해석할 여지가 충분하다.

의 확보는 국문학 전공자가 필수적으로 갖추어야 할 학적 소양으로 간주되는 제도적 맥락을 형성하고 있었다. 이러한 것은 대학을 중심으로 특히 고전 텍스트에 있어서 리터러시에 관한 위계화가 진행되었다고 판단하는 근거로 작용한다. 대학의 강독 과목을 통해 원전 텍스트를 '직접 읽는' 대학생과, 교수의 번역서나 주해서를 읽는 일반 독자 사이에 '독자'의 위계가 성립하며, 대학 내부에서는 '읽어야 할 텍스트'를 직접 선정하는 교수와 교수가 선택한 텍스트를 공부의 대상으로 삼는 대학생 사이에 교육과 학습의 위계가 성립했던 것이다.

6. 국어국문학의 학문 정체성과 연구 방법론·연구사에 대한 재점검

제도로서의 국어국문학은 대학에 편제된 전공 정체성으로서의 학적 지위를 확보하면서 국문학의 개념과 범주를 둘러싼 정의를 구축해왔고 국문학사에 관한 서술 형태로 그 내연과 외연을 형성해왔다. 현대문학과 고전문학의 구분을 하나의 자의적 체계로서가 아니라 확정된 제도로 수용하게 된 것이나, 근대전환기 문학을 양자간의 공유 영역으로 포섭하는 형식으로 사실상 제도적으로 배제해온 것은 국어국문학의 제도화 과정에 대한 역사적 이해 없이는 해명할 수 없는 문제이기도 하다. 연구의 차원에서도 국문학은 대학 내부의 제도적 편제라는 영향권에서 자유로울 수 없었으며, 근대적 문학 연구의 개념이 출발한 이래로부터 1990년대까지 국문학사 서술과 관련한 일련의 연구사적 추동력을 발휘하면서, 시대별·장르별 연구를 확산시키게 되었다. 연구의 미시적 차원에서 이는 소위 '이본 연구'라는 텍스트 연구의 정당성을 도출해내는 연구사적 근거로도 작용했다. 어떤 면에서는 연구 방법론 자체가 대학과 학회 등의 제도적 기구를 통해 그 자체만으로도 제도로서의 지위를 확보하는 학적 영향력을 구축해왔다고 볼 수 있다. 그 과정에서 문학 텍스트에 관한 연구는 문학사를 구성하는 미시적 차원의 연구로 수용되면서, 서술로서의 문학사 스펙트럼을 촘촘하게 채우는 귀납적 방법의 일부라는 위치를 확보하게 되었다. 동시에 이는 개별 텍스트로서의 이본 연구에 대해 연구사적 지위를 부여하고 그 타당성을 승인하는 관행을 형성했다.

한편으로 이러한 연구사적 흐름의 외곽에서는 그간의 연구사적 흐름을 비판적 차원에서 성찰하며 일국사적 차원의 문학의 개념 규정이나 역사화 과정이 함축하는 문제들을 제기하는가 하면, 민족과 국가라는 범주 안에 문학사가 귀속되는 것이 아니라 오히려 문학이라는 개념이 민족과 국가를 창안하고 구성하는 추동력으로 작동하는 것임에 주목하는 현상이 나타났다.[54] 민족문학사, 또는 국민국가의 문학사 서술을 넘어선 문학사적 가능성을 타진하거나 표기문자 중심의 문학사 서술, 나아가 문자화에 선행하는 구술성에 주목하려는 모색 등이 이에 해당한다. 그러나 이러한 흐름들은 국어국문학이나 국문학사라는 서술 형태로 확정된 기존의 작업에 비해 아직은 선언적 형태로 존재하고 있으며 방법론적 정당성을 제안하는 선에 그치고 있다. 다시 말해 기존의 문학사 서술이 함축하는 모순과 문제점을 극복하거나 초과하려는 대안적 문학사를 서술의 형태로 제안하는 모색은 제시되지 않았다.

이러한 현상은 현재야말로 국가 · 민족 · 언어를 넘어선 분학에 대한 재

---

54) 한 예로 가라타니 고진의 근대문학론과 이를 수용한 한국 내부에서의 일련의 논의를 들 수 있다.

정의를 가능하게 하는 방법론에 대한 토론이 필요하며, 분단과 통일 문제를 포함하면서도 세계화라는 현상을 부정할 수 없는 삶의 문제로 대면하고 있는 현실에서, (국)문학의 기능과 의미, 지향점을 어떻게 재규정할 수 있는지에 대한 총체적 질문과 응답이 필요한 시점임을 시사한다. 그리고 이러한 물음은 국어국문학이라는 제도 자체에 대한 전면적인 재성찰을 요청하고 있다. 1950년대의 국문학 편제가 대학에서의 인문학의 제도화, 분과학문의 제도화 과정에 따른 역사적 조건에 지배된 현상이라면, 지금에 와서는 현재의 대학 제도 및 분과학문별 연구 방법론의 축적 과정에 영향을 미친 요소들에 대해 재점검하면서 문학·문학사·문학 연구 방법론의 상호 관련성에 대한 메타적 차원의 반성과 점검이 필요한 것이다. 현재 진행되고 있는 문화론이나 문학/문화론이라는 형태로 연구 범주와 방법론을 확장하거나 개별적 한계를 넘어서려는 시도를 넘어서, 문학이라는 명제로 해당 문제에 대해 전면적 재검토를 수행할 수 있는 것인가에 대해 근원적으로 질문해보면서 그 응답을 찾아갈 필요가 있다.

이러한 요청은 1950년대 이후 국어학–현대문학–고전문학이라는 세부 전공 체제로 확정된 국어국문학의 제도적 편제에 대한 근원적 차원의 재성찰을 함축한다. 현재 대학의 국어국문학과 내부의 전공 편제는 문학과 언어, 전통과 근현대의 문제를 고유한 학적 영역으로 범주화하기 때문에, 오히려 상호 소통성을 고려한 연구는 예외적이거나 한시적 연구 영역으로 영토화되는 연구사적 관행을 형성해왔고, 그러한 제도적 편제에 따른 연구 대상과 방법론의 분리, 전공 영역에 따른 학적 소양의 이질화를 초래하게 되었다. 문제는 그러한 세부 전공 간의 상호 타자화가 단지 제도화의 결과이기 때문에 확정되고 강화되었다는 사실이 아니라, 국문학 연구를 축적하는 과정에서 연구자 자신이 이를 재론의 여지가 없는 학문 제도적 환경으로 간주하며 이를 고착시키는 사고 체계와 연구 방법론, 연구 태도를 취해 왔다는 점이다. 이는 문학 연구자 또한 제도화의 요건에서 자유로울 수 없는 존재라는 점에서 자연스러운 귀결이기도 하다. 그런데 바로 이 점에 문학의 제도화와 관련된 문제적 지점이 자리하고 있다.

예컨대 1950년대 이후 축적된 국어국문학의 연구 방법론의 관행에 따라 개별 작품론을 진행시켜갈 경우, 또 이를 별다른 방법론적 전환이 없이 이본 연구라는 관행에 따라 텍스트 연구를 수행할 경우, 새로운 자료의 발굴 형식이나 차이 서술로 대체되는 텍스트 연구는 무수히 제목을 달리하며 수행될 가능성이 존재한다. 이것이 과연 연구사적 발전인가 퇴보인가에 대해 정직한 토론이 필요한 것이다. 문학 개념이나 문학사 서술의 가능한 방법론에 대한 근원적 차원의 토론이 부재한 채, 연구사의 축적 과정에서 확보된 특정 연구 방법론을 선택하여 개별 텍스트에 대한 분석을 시도하는 연구의 지속성에 대한 유용성과 타당성을 점검할 필요도 있다. 이는 연구 방법론에 대한 고민이 단지 해당 전공의 연구사라는 범주 안에서 생성되고 전이되는 것이 아니라, 전공 학문에 대한 인식, 그것의 제도적 편제와 연관되게 마련이라는 점에서 문학제도 자체에 대한 재점검이 필요한 이유이기도 하다. 아울러 이러한 과정에서 형성된 연구 결과들이 국문학에 대한 대중적 수용과 고전에 대한 교양으로의 인식, 나아가 정전으로 인식하게 하는 문화적 영향력을 발휘하게 된다는 점을 반성적으로 고찰할 필요가 있다.

따라서 국어국문학에 대한 학적 정의는 단지 제도적 편제나 세부 전공 간의 배타적 특성에 대한 차별화 문제뿐만 아니라 각 분야의 연구 방법론에 대한 근원적 물음을 가능하게 하는 조건으로서 되물어야 할 문제다. 이는 단순히 전공 구성을 둘러싼 행정적 처리의 문제가 아니라 현재라는 조건 속에서 학문의 내용과 형식이 조우하는 메타적 차원의 재점검을 요청하기 때문이다. 고전강독 강좌의 형성을 둘러싼 문제가 단지 국어국문학의 세부 전공으로서 고전문학의 정체성을 형성하는 과정으로 한정되지 않으며, (국)문학의 개념과 범주, 문학사의 문제라는 복층적이고 다선적인 조건을 고려하면서 생성되고 응답되어야 하는 이유가 여기에 있다.

역사학의 3분과제도 형성과 역사연구

신주백 · 한국사

1. 3분과제도의 현재

한국 대학에서 역사연구와 역사교육은 사학과와 역사교육학과를 축으로 이루어지고 있다. 역사교육학과에 개설하고 있는 역사교육 관련 교과목을 제외한다면, 두 유형의 학과 모두 한국사(국사) · 동양사 · 서양사로 나누어 교과를 운영하고 있다. 흔히 이를 3분과체제 또는 3분과제도라 한다.[1] 이 체제와 제도의 역사성을 파악하는 작업은 한국 현대역사학의 형성과 변화를 이해하는 기본 출발점이다.

그럼에도 불구하고 한국에서 3분과제도의 형성과 변화를 전면적으로 분석한 선행 연구는 없다. 특정한 분과학문이 1945년 이전 시기에 제도화하는 과정을 연구한 연구는 있다.[2] 해방 이후 한국에서 3분과제도가

---

1) 여기에 굳이 추가한다면 고고학일 것이다. 그렇다고 필자는 4분과체제(4분과제도)라는 말을 들어본 적이 없다.
2) 백영서, 「동양사학의 탄생과 쇠퇴」, 『한국사학사학보』 11, 2005; 박광현, 「식민지 조선에서 동양사학은 어떻게 형성되었는가?」; 비판과 연대를 위한 동아시아

정착하여 바뀌어가는 과정을 짤막하게 언급한 연구도 있다.[3] 이러한 선행 연구는 대부분 자기 분과학문에 한정하여 지적하고 있으며, 3분과제도 자체와 역사연구의 상관성에 관해 문제를 제기한 글은 더더욱 없다.[4]

이 글은 한국 현대역사학이 현실과 제대로 소통하지 못하고 소수 전문 연구자만의 사유물에 머무는 규범을 제공함으로써 분단 극복과 사회민주화의 진전이란 미래 과제에 제대로 호응하지 못하고 있다는 문제의식 아래 작성되었다. 그래서 한국 현대역사학이 왜 그렇게 되었는가에 대한 역사적 맥락을 추적하는 작업, 곧 한국에서 3분과제도가 어떻게 형성되었고, 해방 이후 한국사회의 변화, 곧 좌우 대결과 분단, 그리고 전쟁과 체제 대결 과정에서 어떻게 바뀌어왔으며, 그것이 역사연구에 끼친 영향은 무엇인지 추적하는 데 글의 목적을 두고 있다. 이를 통해 한국의 역사학이 사회의 요구에 호응하며 대중과 함께 호흡할 수 있는 사회성을 획득하고 인문성을 제고(提高)하는 방향을 모색하는 데 필요한 기초를 제

역사포럼 기획, 도면회 · 윤해동 편, 『역사학의 세기: 20세기 한국과 일본의 역사학』, 휴머니스트, 2009. 박광현의 연구는 경성제국대학에서 동양사학이 형성되는 과정을 고찰한 연구인데, 백영서는 여기에 대만과 중국에서의 제도까지 비교하며 언급하고 있다.

3) 최갑수, 「한국의 서양사학과 근대성 인식」, 『서양사론』 95, 2007, 55~58쪽. 이에 따르면 3분과제도가 서구를 특화시켜주는 동시에 한국 역사학계에 서구의 문명적 근거를 제공했다고 분석하였다. 그 자체는 맞는 지적이지만 그러한 인식은 서구의 우월적 지위를 자기 중심으로 역사화한 것으로 분과제도와 무관하다고 볼 수 있겠다.

4) 가장 최근의 작업이라고 할 수 있는 대한민국학술원의 보고서가 그러한 경우의 하나라고 볼 수 있다. 보고서는 해방 이후 3개 분과학문의 연구 경향을 종합적으로 정리했지만, 3분과제도와의 연관성이란 측면에서 그것을 점검하지 않았다. 대한민국학술원, 『한국의 학술연구―역사학』, 대한민국학술원, 2006.

공하겠다.

이 글에서 필자는 한국의 3분과제도가 일본의 필요에 의해 고안된 역사학 제도로서 한국의 타율성과 서구의 우월성, 일본의 예외성을 고착화한 친일 잔재라는 관점에서 접근하였다. 또 3분과제도가 문헌고증사학의 합법 공간으로 기능함으로써 한국 현대역사학에 내재한 식민성·분단성과 더불어 분과학문 간 또는 분과학문 내에서의 분절성을 확대재생산하는 틀로서 기능해왔다는 입장에서 비판적으로 접근하였다.

2. 일본 역사학의 식민지 조선 이식과 사학(私學)

1) 일본 역사학에서 3분과제도의 성립

일본의 3분과제도는 중등교육 분야에서 외국 역사를 서양 역사와 동양 역사로 구분하자는 제안이 1894년에 제기되면서부터 논의가 이루어지다가, 서양사라는 분야명이 고등사범학교의 교수 과목에 정착한 1898년부터 시작되었다. 서양의 대학에는 없고 일본의 대학에만 있는 3분과제도는, 1907년 교토제국대학에서 사학과를 국사학·동양사학·서양사학·지리학으로 구분하고, 한국을 식민지화한 1910년 도쿄제국대학에서 사학과 내의 지나사학과(支那史學科)를 동양사학과(東洋史學科)로 개칭하면서 정착되었다.[5] 중등교육과 대학에서 3분과제도를 정착시키

---

5) 이해를 돕기 위해 언급하자면, 1904년 도쿄대 문과대학은 9개 학과를 문(文)·사(史)·철(哲) 3개 학과로 통폐합하였다. 이때 1904년 한학과(漢學科)에서 분리한 지나사학과도 사학과에 포함되었는데, 지나사학과는 '지나사학 전공'이란 의미이다. 그런데 '전수학과(專修學科)'라는 의미에서 지나사학과라는 말도 사용하였다. 실제 수업과 학과 운영도 분리하였다. 1910년 지나사학과를 동양사

는 과정은 1894년 청일전쟁부터 1910년 한국 병합까지 일본의 대외침략과 깊은 연관이 있었던 것이다.

현실의 필요성을 제도화하는 과정은 그들만의 필요성이 구체화하는 과정이었다. 그것은 일본적 동양관의 창시에 바탕을 두고 있었다. 즉 일본은 동아시아의 전통적 맹주인 청을 이겨 자신감을 가질 수 있었고, 이어 백인종의 러시아를 물리치자 서양과 구별할 수 있으면서 그들과 동등한 지위를 갖는 자신들만의 동양을 만들 필요가 있었다. 일본 동양사학의 창설자 시라토리 구라키치(白鳥庫吉)는 1906년 다카쿠와 고마키치(高桑駒吉)의 『동양대역사』(東洋大歷史)의 서문을 통해 일본에서 '동양사'의 의미를 다음과 같이 밝혔다.

돌아보건대 메이지시대 초기에 우리나라는 서양 각국을 열심히 모방했으며, 그들의 문물을 동화시킬 충분한 시간도 없이 빠른 속도로 수입하였다. 사학과의 과정에서도 그 나라에서 쓰인 교과서를 그대로 사용하였다. 그런 책들이 세계사나 만국사라는 제목을 달고 있기는 했

학과로 개칭할 당시 문·사·철의 3개 학과에 19개의 전수학과가 있었다. 사학과의 경우 국사학과·동양사학과·서양사학과라는 전수학과가 있었다(자세한 것은 도쿄대학백년사편찬위원회 편, 『도쿄대학백년사 부국사』(東京大學百年史 部局史) 1, 도쿄대학출판회, 1986, 418~423, 624~626쪽 참조).
3분과제도는 일본의 식민지였던 한국에도 있지만, 같은 동북아시아 국가인 중국에는 없다. 중국은 중국사와 세계사, 곧 외국사만이 있을 뿐이다. 일본의 식민지였던 대만도 해방 이후 3분과제도를 철폐하였다. 북한도 조선로동당 역사와 더불어 조선 역사와 서양 역사라는 기본 틀로 역사연구와 역사교육 체계를 구성하고 있다(강성윤, 「북한의 학문분류체계」, 『북한연구학회보』 10-1, 2006; 이영화, 「북한 역사학의 학문체계와 연구동향」, 『한국사학사학보』 15, 2007).

지만, 사실 그것은 유럽 국가의 성쇠에 대한 기록에 지나지 않는다. 동아시아의 사건은 거의 무시되었다. 우리나라 학교에서 공인된 윌리엄 스윈턴의 『세계사 대강』(*Outlines of the World History*) 같은 책은 한때 비백인계 민족은 진정한 역사를 갖고 있지 않다고 주장하였다. 이는 물론 우리 국민을 심각하게 왜곡하는 것이다.[6]

시라토리가 보기에 유럽에서 말하는 세계사(만국사)는 유럽사이지 세계사가 아니며, 동아시아만의 역사는 서양사와 대등하면서도 반대편에 서 있는 동양사로 담아낼 필요가 있었던 것이다. 그의 불평은 대학에서 교육과 연구를 수행하는 동양사학과라는 제도로 정착되면서 현실화하였다. 시라토리에게 있어 동양사학과라는 존재는 아시아에 대한 일본 국민의 지식 수준을 향상시켜 승전의 효력을 높이기 위한 방편의 하나였다.[7]

그렇다고 일본의 역사연구자들이 유럽사를 라이벌로만 간주했던 것은 아니다. 주지하듯이 일본이 지향한 '탈아입구'의 문명화전략은 유럽이 달성한 문명, 곧 서구가 달성한 문명화·근대화를 모델로 하였다. 근대 일본인들은 서양이 꼭 유럽만을 의미한다고 보지 않았지만, 자신들의 지식과 감각, 의식으로 서양이 곧 유럽이고 유럽이 곧 서구이자 동시에 세계로 간주하였다. 그래서 일본의 서양사는 고대오리엔트사, 그리스·로마사, 유럽의 중세사, 그리고 구미의 근대사를 기본 체계로 짜여졌다. 동시에 동방세계와 중근동지역을 근대화·서구화할 수 없는 주변지역이자

---

6) 스테판 다나카, 박영재·함동주 역, 『일본 동양학의 구조』, 문학과지성사, 2004, 81쪽에서 재인용.
7) 백영서, 앞의 글, 2005, 171쪽. 러일전쟁 직후인 1905년 10월 『교육공보』에 실린 글에 근거한 분석이다.

정체한 후진지역으로 간주하고 멸시하는 관점을 갖고 있었다.[8]

따라서 '(서)유럽 중심주의'와 오리엔탈리즘이 '일본적 오리엔탈리즘' 및 침략주의와 만나 일본에서 제도화된 것이 국사·동양사·서양사라는 3분과제도인 것이다.

2) 관학: 경성제국대학에 3분과제도 이식

일본은 1926년 설립한 경성제국대학의 사학과에도 3분과제도를 그대로 적용하였다.[9] 당시 법문학부 사학과에 국사학·동양사학과 더불어 서양사학 대신에 조선사학을 전공으로 설치하였다.[10] 좀더 실증적으로 규명해야겠지만, 일본으로서는 조선이란 식민지에 설치한 제국대학이 조선을 지배하고 대륙팽창에 필요한 연구와 교육에만 종사하면 충분했으므로 서양사학 전공이 불필요했을 것이다. 또한 일본으로서는 서양사 전공을 설치하지 않음으로써 조선인의 세계사적 시야를 원천적으로 가로막을 수 있는 부수적이지만 중요한 소득까지 얻을 수 있었다. 해방 이

---

8) 吉田悟郎, 『自立と共生の世界史學』, 東京: 靑木書店, 1990, 70~77쪽.

9) 경성제국대학 전반의 분위기에 대한 기본적인 이해는 정준영의 박사학위 논문(「경성제국대학과 식민지 헤게모니」, 2009)을 참조하였다.

10) 1926년 5월 1일부터 법문학부는 법학과·철학과·사학과·문학과로 나누어 수업을 개시하였다(『경성제국대학일람』, 경성제국대학, 1931, 26쪽). 1943년 3월까지 몇 차례 개정된 규정에 따르면 4학과체제 대신에 법학과와 문학과를 법문학부에 두는 2학과체제로 바뀌었는데, 문학과 내에 국사학 전공, 조선사학 전공, 동양사학 전공이 있었다(『경성제국대학일람』, 경성제국대학, 1942, 57, 72~74쪽). 이유는 차후 규명을 해야겠지만, 문학과에 기존의 철학과 강좌도 포함되었다. 역사학의 강좌 수는 4학과체제 때와 같았다. 자세한 내용은 별도의 논문을 통해 규명하겠다.

후 제1세대 서양사학자 김성식(金成植)의 회고에 따르면, 서양사 강의는 프랑스혁명과 자유, 민족주의 등을 학생들에게 가르치는 것을 꺼려 했을 것이라고 짐작하면서, 특히 19세기를 가르칠 때 한국인 학생에게 금기인 자유주의와 민족주의 사상을 전달할 수밖에 없었으므로 금기시하였다.[11] 서양사는 사학과 세 개의 전공 이수자를 위해 학점을 주는 형식으로 존재하였던 것이다. 다음 3-2절에서 확인할 수 있겠지만, 경성제국대학에서 서양사를 전공한 사람이 없었으므로 해방 직후 주요 대학의 제1세대 서양사 교수진은 모두 일본에 유학한 사람들, 곧 규슈(九州)제국대학과 와세다(早稻田)대학 출신자들이었다.

그렇다고 학생들이 서양사 강의를 소홀히 할 수도 없었다. 법문학부는 사학과 학생이라면 전공을 불문하고 최소한 1강의 이상의 서양사 수업을 반드시 들어야 졸업할 수 있었다. 예를 들어 1942년 문학과의 역사 전공자들 가운데 조선사학 전공자는 국사학 · 동양사학 · 서양사학의 강의 가운데 각 1단위 이상 합쳐 7단위를 이수해야 하였고, 국사학과 동양사학 전공자는 조선사학 · 동양사학(또는 국사학) · 서양사학 강의 가운데 각 1단위 이상 합쳐 6단위를 이수해야 졸업 자격이 주어졌다.[12] 바로 다음 절에서 언급할 연희전문학교 '문과'의 서양사 강의가 3학년에서 2시간이었던 점과 비교하면 적지 않은 비중이었음을 알 수 있다.

사학과는 국사학 · 조선사학 전공을 각각 2강좌제, 동양사학 전공을 1

---

11) 김성식, 「서양사학의 초창기 사정」, 『사총』(史叢) 27, 1983, 189쪽. 김성식은 규슈제국대학에서 서양사를 전공하고 1935년에 졸업하였다.
12) 『경성제국대학일람』, 1942, 72~74쪽. 1단위가 1강의이다.

강좌제로 운영하였으며, 교양인 서양사는 1강좌제로 운영하였다.[13] 일본으로서는 대륙침략의 교두보로서 조선을 염두에 두고 있는 이상 식민지 조선만이 아니라 대륙-조선-일본을 잇는 연구와 인력 양성이 필요했을 것이다.[14] 1928년에 세워진 타이페이제국대학 사학과가 국사학·동양사학 이외에 대만과 동남아 일대를 중심 대상으로 하는 남양사학(南洋史學)을 전공으로 설치한 것도 같은 맥락에서 이해할 수 있다.

조선사학을 전공으로 설치한 목적이 일본의 제국주의적 의도를 실현하기 위한 것이라는 점은 명확한데, 여기에서 우리가 주목해야 할 점은 그것을 천황만이 명령을 내리는 '칙령'(勅令)으로 제정했다는 사실이다. 이는 조선사학이 제국주의의 관학 아카데미즘에서 시민권을 획득했다는 의미다. 달리 말하면 일본의 제국주의 질서 권역 내에서 조선사학이 독립된 학문체계를 법적으로 보장받았다고 말할 수 있다. 그럼에도 불구하고 도쿄제국대학을 제외하고 제국대학에서 조선사 강의가 있는 경우는 있었을지라도 조선사를 강좌제로 운영한 경우는 없었다는 사실에도 주목해야 한다.[15] 일본 제국주의 역사학 전체에서 보면, 조선사학은 일본

───

13) 『경성제국대학예과일람』, 경성제국대학, 1926, 12, 13쪽. 이후 동양사학도 2강좌제로 운영하였다.

14) 「대학규정」(大學規程, 1925. 4 제정, 1940. 4 개정) 제1조에 따르면, 일본이 제국대학을 설립한 이유는 "국가에 수요(須要)되는 학술 이론 및 응용을 교수(敎授)하고, 아울러 그 심오한 이치를 공구(攻究)하며, 특히 황국의 도에 기초하여 국가사상의 함양 및 인격의 도야에 유의함으로써 국가의 주석(柱石)이 될 만한 충량유위(忠良有爲)의 황국신민을 연성(鍊成)하는 데 힘을 기울여야 한다"는 데 있었다(『경성제국대학일람』, 경성제국대학, 1942, 22쪽).

15) 도쿄제국대학 사학과의 동양사학에 2개의 강좌제와 무관하게 조선사 강좌라는 독립된 강좌가 설치된 것은 1916년이었다. 조교수 이케우치 히로시(池內宏)는

제국주의가 편의대로 설치한 불완전하고 제한된 시민권을 가진 학문 분야로서 모호한 위상을 갖는 존재이기도 했던 것이다.

조선사학은 '국사'와 '지나사', '국사'와 '만선사'(滿鮮史) 사이의 비교사 또는 관계사를 밝히는 징검다리와 같은 존재였다.[16] 조선사편수회와 경성제국대학 관계자들을 중심으로 1930년 결성된 청구학회가 "조선을 중심으로 하고, 만주를 중심으로 하여 극동문화를 연구하고 보급하는 것"을 목적으로 내건 것도 제국주의자로서 식민지 조선에서 역사연구를 하는 의미에 충실한 움직임이었다.[17] 일본은 이를 통해 중화제국을 중심으로 한 동아시아 국제관계와 지역 인식을 해체시키고 지나사·만선사로 동양사학을 재편하여 일본 제국주의 중심의 새로운 동아시아 관계, 곧 수직적 위계질서를 구체화하고 정당화하려 하였다.[18]

3) 사학: 연희전문학교의 3분과제 강의와 사풍(史風)

연희전문학교는 일본이 창안한 3분과제도를 '문과'의 역사 과목 강의에 그대로 적용하였다.[19] 비록 전공 강의는 아니었지만, 1921년도 연희전문학교 문과의 역사학 교과목에 일본사 2시간(1학년), 동양사 2

이때부터 1939년까지 강좌를 담당하고 퇴임하였다. 조선사 강좌는 1940년까지 개설되었다(도쿄대학백년사편찬위원회 편, 앞의 책, 1986, 626~630쪽). 교토제국대학에서는 제1강좌를 맡았던 중국근세사 전공의 나이토 토라지오루(內藤虎次郎) 교수가 조선사를 강의하였다. 1916년 이후는 이마니시 류(今西龍) 조교수가 맡았다(교토대학문학부 50년사편찬위원회 편, 『교토대학문학부 50년사』, 교토대학문학부, 1956, 154~157쪽).

16) 박광현, 앞의 글, 2009, 225쪽.

17) 「靑丘學會の創立」, 『靑丘學叢』 1, 1930, 157쪽.

18) 백영서, 앞의 글, 2005, 175쪽.

시간(2학년), 서양사 2시간(3학년), 근세사 3시간(4학년)을 배정하였다. 연희전문학교는 이후에도 세 분야로 구분하여 교과목 운영을 지속하였다.

서양사 강의는 백낙준(白樂濬)과 이묘묵(李卯默)이 담당하였다.[20] 미션학교이기 때문에 서양사 강의를 개설했다고 치부해버릴 수도 있지만, 오히려 조선과 서양, 전통과 근대를 결합하고 학문의 정통을 세워 연구중심 대학을 표방하면서도 실용 능력을 겸비한 인재를 육성하자는 교육목표에 충실한 강의 개설이라고 볼 수 있겠다.[21]

연희전문학교에 개설된 서양사 강의란 '문화사'였다. 김성식이 백낙준에게 들은 바에 따르면, 백낙준은 서양사 시간에 원시사회, 그리스와 로마, 르네상스, 프랑스혁명 등을 "중점주의(重點主義)로 강의"하는 문화

---

19) 연희전문학교 문과에 관한 내용은 정선이, 「연희전문 문과의 교육」, 연세대 국학연구원 편, 『근대학문의 형성과 연희전문』, 연세대출판부, 2005 ; 연세대 국학연구원 편, 『연세국학연구사』, 연세대출판부, 2005, 44~50쪽 참조.

20) 평양숭실전문학교의 경우에도 서양사 강좌가 있었다(숭실대학교100년사편찬위원회 편, 『숭실대학교100년사 3—학술사·부편』, 숭실대, 1997, 50쪽). 이화여자전문학교·숭실전문학교에서도 당시 문과를 운영하고 있었는데, 서양사 강의를 개설하였다. 두 전문학교의 서양사 교육에 관해서는 차하순, 『서양사학의 수용과 발전』, 나남, 1988, 117~132쪽 참조.

21) 이준식, 「연희전문학교와 근대학문의 수용 및 발전」, 연세대 국학연구원 편, 『근대학문의 형성과 연희전문』, 2005, 30쪽. 백남운이 상과(商科)에 적을 두고 사회경제사적인 측면에서 한국사의 보편성과 특수성을 연구할 수 있었던 것도 연희선문학교의 학풍과 깊은 인관이 있었다고 볼 수 있다.

22) 김성식, 앞의 글, 1983, 191쪽. 김성식은 1983년 7월 4일 백낙준에게서 이런 말을 들었다고 글에 표시해두고 있다. 덧붙이자면, 김성식이 말하는 중점주의란 용어는 1940년대 일본 제국주의가 총력동원의 효율성을 제고(提高)하기 위

사를 가르쳤다.[22] 경성제국대학을 1929년에 졸업한 유진오(俞鎭午)도 백낙준을 통해 서양 문명을 알았다고 회고한 적이 있다.[23] 서양사 강의, 곧 문화사 강의는 한국의 젊은 청년 인텔리들이 서구의 역사와 문화를 이해하는 통로였던 것이다.

동양사 강의에서는 본토의 제국대학들과 달리 조선역사도 직접 언급 하였다. 동양사 강좌를 담당한 사람들로는 손진태(孫晉泰)·이윤재(李 允宰)·이인영(李仁榮)·김윤경(金允經)이 있었다.[24]

정인보(鄭寅普)도 조선문학과 문법 강좌를 통해 조선어와 역사를 강의 하며 연희전문학교의 민족주의 학풍을 세워나갔다. 조선총독부의 엄중 한 감시와 압력에도 굴하지 않고 국학을 진흥하려는 학교 관계자들의 노 력의 결과였다.[25] 황국신민화정책이 강력히 실시되고 있던 1940년에 입

▆▆▆▆

해 흔히 사용했던 말이다.

23) 같은 글, 192쪽. 김성식은 유진오가 1964년 백낙준 박사 환국 환영회에서 환영 사로 했던 말이라고 밝히고 있다.

문과가 없던 보성전문학교도 1937년과 1942년의 교과목을 보면 교양선택과목 으로 2학점의 '문명사'를 개설하였는데, 도서관장을 겸하고 있던 손진태가 강 의를 담당하였다(고려대학교90년지편찬위원회 편, 『고려대학교90년지 (1905~1995)』, 고려대, 1995, 220~222, 255쪽). 1960년대에 이화여대 교수 로 한국사를 가르쳤던 김성준(金成俊)은, 1941년 보성전문학교 상과에 입학한 당시를 회고하며 손진태가 '문화사'를 담당했다고 밝히고 있다(김성준, 「나의 인생과 학문을 말한다」, 『역사와 회고』, 국학자료원, 1997, 69쪽).

24) 손진태가 조선총독부에 의해 연희전문학교를 떠나자, 이인영이 일본사·동양 사 강의를 맡았고, 이홍직이 1941년에 일본사 강의를 담당하였다. 1942년 연 희전문학교에 입학한 이보형(李普珩, 서울대 미국사 교수)은 일본사 강의 때 조의설(趙義卨)로부터 일본문화사라는 제목으로 배웠다고 회고하였다(「학계 원로 인터뷰: 한국 미국사 연구의 개척자를 찾아서―이보형 선생님과의 대 담」, 『서양사론』 102, 2009, 457쪽).

학한 손보기(孫寶基)의 회고를 통해 당시 연희전문학교에서의 한국사 교육 상황과 그것이 갖는 의미를 시사받을 수 있다.

손진태 선생님과 이인영 선생님은 저에게 한국사의 진면목을 일러 주셨지요. 당시 일제는 한국인이 자부심을 느낄 만한 역사는 가르치지 않는 것은 물론 기록에서도 삭제하려고 했는데, 두 분 선생님은 이런 역사를 찾아내어 널리 알리려고 애를 쓰셨습니다.[26]

연희전문학교의 민족주의 학풍은 정인보를 중심으로 뿌리내렸는데, 그는 1930년대 비타협적 민족주의 운동가인 안재홍(安在鴻)과 함께 조선학운동(朝鮮學運動)을 중심적으로 추진한 사람이었다.[27] 두 사람은 1934년 9월이 다산 정약용(丁若鏞)의 서거 99주년이고 이듬해가 100주년이 되는 해였으므로 다산의 방대한 저서를 출판하기로 합의하였다. 이에 따라 1934년 8월부터 1938년 10월까지 두 사람이 책임교열을 맡아 76권의 『여유당전서』(與猶堂全書)를 간행할 수 있었다.

두 사람이 실학, 그 가운데서도 정약용에 관심을 가진 이유는, 조선학의 시작이 조선후기의 실학, 그 중에서도 실학을 집대성했으면서도 "중국을 숭외찬앙(崇外贊仰)만 하기에 여념이 없던 당시 속배(俗輩)의 속에서" "독립 자존적 태도를 선명히 표시한" "근세 국민주의의 선구자"인 다산 정

25) 백낙준, 「종강록」, 『백낙준전집』 9, 연세대출판부, 1995, 484쪽.
26) 손보기, 「한국 구식기고고학의 개척사, 손보기」, 한국고고학회 편, 『한국 고고학 60년』, 사회평론, 2008, 19쪽.
27) 조선학운동에 관한 연구 동향은 신주백, 「'조선학운동'에 관한 연구 동향과 새로운 시론적 탐색」, 『한국민족운동사연구』 67, 2011 참조.

약용에서부터라고 보았기 때문이다.[28] 이미 안재홍은 "조선인은 차선적 (次善的) 최선(最善), 아니 최선(最善)한 차선책(次善策)으로 조선인의 조선인으로서의 문화적 순화·심화·정화 및 그 때문에의 정진(精進)을 공통한 과제"로 하자면서 "조선학을 천명하자"며 조선학운동을 제창한 상태였다.[29] 안재홍이 말한 조선학이란 조선의 역사와 전통, 문화의 특수성을 탐구하여 조선인의 민족적 자아와 주체성을 재정립하는 토대를 마련하는 학문이었다.[30] 국내에서 직접 민족운동에 뛰어들 수 없어 '최선의 차선책'으로 제창한 조선학운동의 학문적 내용을 채운 사람은 정인보였다. 유물사관 계열이지만 정인보의 '외우'(畏友)인 백남운(白南雲) 연희전문학교 교수도 조선학운동에 일정하게 동참하였다. 국학을 진흥하려는 연희전문학교의 민족주의적인 사풍은 1940년대 들어 홍이섭(洪以燮)이 명맥을 유지하였다. 그는 『조선과학사』(朝鮮科學史)를 출판하여 과학사라는 부문사를 통해 한국의 과학적·사회적 발전 과정을 규명하였다.[31]

그러나 연희전문학교는 조선학운동의 기풍을 전문 연구인력 양성으로 구체화할 수 없었다. 일본의 조선인 교육 목표가 보통교육과 실업교육을 통해 자신에 충성할 수 있는 '충량한 신민'을 양성하는 데 있었기 때문이다. 달리 말하면 조선인을 위한 일본의 고등교육정책은 사실상 없었던 것이나 마찬가지였다. 민족주의 학풍을 확대 심화시킬 수 없게 하는 제

28) 안재홍, 「현대사상의 선구자로서의 다산 선생의 지위 ─ 국가적 사회민주주의자」, 『신조선』(新朝鮮) 12, 1935, 27쪽.
29) 저산(樗山), 「조선과 문화운동」, 『신조선』 8, 1935, 2쪽.
30) 저산, 「조선학의 문제」, 『신조선』 7, 1934, 2, 3쪽.
31) 왕현종, 「연희전문의 한국사 연구와 민족주의 사학의 전개」, 연세대 국학연구원 편, 『근대학문의 형성과 연희전문』, 2005, 347, 348쪽.

도적인 제한으로 인해 연희전문학교 자체에서 전문연구인력을 양성할 수 없었다. 때문에 뒤에서 확인할 수 있겠지만, 해방 후 연희대학을 제외하고 역사학 관련 학과의 교수진은 와세다대학 출신을 비롯한 일본 유학생과 경성제국대학에서 역사를 전공한 사람들로 채워졌다.

깊이 있는 학문 탐구를 할 수 있는 민족주의 학풍의 전문 인력이 부족함에 따라 민족사의 고유성과 유구성을 학문적으로 충분히 규명하는 데 어려움이 따를 수밖에 없었다. 식민사학의 주장인 타율성론을 해방되는 그날까지 극복하지 못한 원인의 하나도 여기에 있었다.[32]

그런데 민족의 현실과 소통하면서 연구와 교육을 병행하던 연희전문학교의 사풍과 다른 경향도 비슷한 시기에 있었다. 사실을 사실로서 파악하고 서술한다는 랑케류의 문헌고증적 규명에만 충실하려 했던 진단학회의 역사연구 경향을 들 수 있다.

진단학회는 조선학운동이 펼쳐지고 있을 즈음인 1934년 5월 출범하였다.[33] 회칙에 밝힌 대로 "조선 및 인근 문화의 연구"를 목적으로 내세웠다.[34] 진단학회 스스로 경성제국대학 사학과와 재조일본인 연구자들처럼 조선사와 만선사라는 연구 영역을 벗어나지 않겠다고 명확히 한 것이다. 이후 그들은 일본 관학자들이 정해놓은 연구 체계와 영역을 벗어나

---

32) 김용섭, 「우리나라 근대 역사학의 발달」, 이우성 · 강만길 편, 『한국의 역사인식』 하, 창작과비평사, 1976, 498쪽. 김용섭이 1971년 『문학과지성』 제4호에 발표한 글이다.

33) 백낙준 · 손진태 · 문일평도 참가하였고, 사회경제사학의 박문규도 참가하는 등, 진단학회의 발기인으로 참가한 사람들 모두를 문헌고증 사학자로 볼 수 없다. 그럼에도 불구하고 우리가 주목해야 하는 점은 창립 이후 진단학회를 주도한 사람들의 역사연구 방법과 인식이다.

34) 「진단학회창립」, 『진단학보』 1, 1934, 228쪽.

지 않은 가운데 그들과 사실 대 사실의 측면에서 학문적으로 경쟁하는 것으로 자신들의 민족의식을 드러내었다.[35] 일본 중심의 관계사 연구와 연구 범위의 공간적 제한성은 해방 이후 동양사 강의를 담당한 연구자들의 주된 관심사가 한국사 또는 한중 관계사에서 벗어나지 못하는 중요한 원인으로 작용하였다.[36] 달리 말하면, 한국사 연구의 보조로서 동양사 연구라는 한계를 탈피하는 데는 많은 시간이 걸려야 했던 것이다.

진단학회는 조선학을 연구한 일부의 사람들이 『진단학보』를 매개로 학문적 유대를 유지하며 연구를 계속할 수 있는 중심체였다. 『진단학보』는 근대적 연구 방법에 입각하여 조선인만의 연구 수준을 높일 수 있는 매개물이었다.

다른 한편에서 보면, 문헌고증적인 역사연구 방법과 접근 자세로 인해 『진단학보』의 내용이 조선총독부의 검열에 걸린 적도 없었다. 진단학회의 활동으로 회원들이 경찰의 제재를 받거나 끌려간 적도 없었다. 서울에서 진단학회가 조직된 바로 그 시기에 그곳에서 일어나고 있던 조선학운동에 진단학회원들이 능동적으로 연계를 맺었던 경우도 없었다. 이는 문헌고증적인 실증을 역사연구의 유일한 방법으로 내세우며 식민지 조선의 현실을 직시하지 않고 식민사관과의 직접 대결을 회피하였기 때문에 가능했음을 시사한다. 이병도(李丙燾)가 진단학회의 활동을 '학술적 항쟁'이고 '학문적 저항'이었다고 회고한 대목은 과도한 자기진단인 것이다.[37] 조선학운동 또는 연희전문학교 문과의 사풍과 달리 민족의 현실

---

35) 이에 대한 시사는 유홍렬, 「진단학회와 나」, 『진단학회』 57, 1984, 245쪽.

36) 이와 관련한 구체적 사례는 권중달, 「한국 동양사학에 있어서 연구 시각의 문제」, 『한국사학사학보』 7, 2003, 97쪽 참조.

을 직시하지 않는 문헌고증사학의 연구 태도는 해방 이후에도 그대로 이어졌다.

3. 해방 후 반성적 성찰 없이 재구축된 3분과제도

1) 학회의 등장과 분화

역사학자들은 일본으로부터 독립하자 곧바로 학회를 조직하기 위해 움직였다.[38] 진단학회는 해방된 다음날인 16일에 좌우 세력 모두가 참여한 가운데 송석하(宋錫夏)를 회장으로 선출하고 조직을 재건하였다. 이들은 한때 건국준비위원회와 손잡고 '국사강습회'를 개최하고, 미군정과 교섭하여 '임시중등국사교원양성강습회'를 열었으며, 미군정청 문교부에서 『국사교본』(國史敎本, 1946)이란 중등 역사 교재를 출판하기도 하였다. 식민지하에서 조선인만의 유일한 학술단체에 결집했던 경험이 진단학회의 신속한 복구를 가능케 했다고 하겠다.

하지만 진단학회의 총무를 맡고 있던 조윤제(趙潤濟)가 "진단학회 안에는 친일파가 적지 않아서 이들을 완전히 제거해야 학회가 떳떳이 학회 구실을 할 수" 있다며 친일파 회원의 제명 문제를 제기하였다.[39] 그것은

---

37) 이병도, 「일제치하의 학술적 항쟁―진단학회를 중심으로」, 『내가 본 어제와 오늘』, 신광문화사, 1966, 228~233쪽(원전: 『조선일보』, 1964. 5. 28).

38) 이 글에서 소개하는 학회의 현황에 대해서는 조동걸, 「해방 후 한국사 연구의 발흥과 특징」, 『현대 한국사학사』, 나남, 1988, 322~329쪽을 정리하고, 필자 나름대로 그것에 대해 분석하였다.

39) 이숭녕, 「진단학회와 나」, 『진단학보』 57, 1984, 241~242쪽에 비교적 상세히 언급되어 있다.

학회 내에 '사나운 돌풍'을 몰고 왔다. 더구나 경성대학 법문학부를 구성하는 과정에 9명 이상의 학회 회원이 참가하였다. 새로운 대학을 세우는 문제였으므로 모두들 여념이 없었다.

갈등이 지속되는 가운데 역사를 전공하는 회원들은 크게 둘로 갈라셨다. 이병도·신석호(申奭鎬)·김상기(金庠基) 등은 조선사연구회(朝鮮史硏究會, 1945. 12. 12)를 결성하였다. 조선사연구회는 한국사만을 연구하는 첫 전문연구단체라 할 수 있겠다. 조선사연구회에 참가한 사람들보다 연배가 낮은 젊은 학자들은 좌우 정치이념을 불문하고 역사학회 결성(1945. 12. 25)에 참가하였다. 역사학회는 진단학회와 달리 미술사처럼 특수사를 포함하여 분류사 연구자도 참가한 단체였다.

역사학회는 진단학회 내부에서 조윤제가 제기하면서 일어난 친일파 회원의 제명에 찬성하거나 소극적으로 동조하는 사람들이었을 것이다. 남한 단독정부를 수립하기 위한 5·10총선거가 실시된 1948년 5월의 시점에 35명의 회원 명단을 보면 좌우 성향의 젊은 학자들이 함께 하고 있었다. 이들이 분단을 거부하고 통일을 열망하고 있었음을 짐작할 수 있는 대목이다. 결성 당시 역사학회의 간사 4인——염은현(廉殷鉉)·홍이섭·김일출·민영규(閔泳珪)——은 모두 연희전문학교 관련자들이었다. 염은현(1945~50)과 민영규(1945~80)는 연희전문학교 교수였고, 홍이섭은 연희전문학교를 졸업하고 교사로 재직하고 있었으며, 김일출 역시 연희전문학교 출신이었다.[40] 이는 보성전문학교나 경성대학과 달리 연희전문학교의 재건이 빨라 1945년 12월 5일부터 정규 강의를 시작한

40) 김일출은 이상백이 만든 신문화연구소의 간사이자 역사과학연구소의 운영에도 관여하였다.

데다, 식민지시기부터 내축(內蓄)해온 민족주의 학풍, 연구와 현실의 소통을 중시한 사풍과 무관하지 않은 결과일 것이다. 더구나 식민지시기에 문과가 없었던 보성전문학교는 사학과를 새로 만들어야 할 처지였고, 경성대학 사학과는 조윤제 법문학부장의 임명 문제와 그가 제기한 진단학회에서의 친일파 제명 문제를 둘러싼 앙금, 거기에 내재하고 있던 좌우 갈등까지 얽히면서 1945년 말 내홍에 휩쓸려 있었다.[41]

결국 학회 중심의 연구 활동은 해방공간에서 제대로 기능하지 못하였다. 진단학회는 11월부터 월례발표회를 5회 개최하고 중단하였고, 식민지시기에 제14호까지 발행했던『진단학보』를 해방 이후 5년 동안 두 차례만 발간하였다. 조선사연구회는 1948년 12월에 가서야『사해』(史海)를 딱 한 차례 발간하였으며, 역사학회도 1949년 5월에야『역사학연구』(歷史學研究) 창간호를 발행하였다.[42]

위의 세 단체가 발행한 학술지와 월례발표회에서 공통으로 주목할 수 있는 점의 하나는, 식민지를 경험한 민족으로서 새로운 민족국가 건설이란 시대적 과제에 직면한 학자들이 역사학의 진로를 논의한 흔적을 찾을 수 없다는 점이다. 최소한 식민사관에 대해서조차 비판적 분석을 시도한 경우도 찾아볼 수 없었다. 다만 1947년 2월 2일에 열린 역사학회 제2회 발표회에서 와세다대학 출신의 홍순창(洪淳昶)이「장래의 동양사학」이란 주제로 발표했는데, 내용을 알 수 없어 아쉽지만 제목만 보면 동양사

━━━━━
41) 경성대학의 내홍에 관해서는 김성준,「나의 한국사 연구」,『한국사학사학보』2, 2000, 151~152쪽.
42) 역사학회는 1948년 2월의 제3차 간사진 개편 때, 3분과제에 맞추어 간부진을 개선하였다. 조선사부는 김정학, 동양사부는 김일출, 서양사부는 조의설이 책임이었고, 총무부는 고재국과 한상진이 담당하였다.

의 진로에 관해 언급했을 것으로 추측할 수 있을 뿐이다.[43] 식민사관을 극복하고 우리 힘으로 새로운 역사연구와 역사교육의 방향을 설정하려는 주체적인 노력의 결여는 3분과제가 대학에 정착하는 과정에서도 확인할 수 있다.

2) 대학 사학과에서 일본식 3분과제도의 재현

미군정청은 1945년 10월 들어 해방 후 주인이 없던 경성제국대학을 경성대학으로 이름을 바꾸었다. 사학과가 소속된 법문학부는 1946년 2월 19일 학부 수업을 정식으로 시작하였다. 학과로서의 모습을 갖추기 위해 경성대학 관계자들이 가장 먼저 한 일은 교수 충원이었다. 1945년 11월 백낙준 · 백남운 · 이병도 · 조윤제 · 유진오 5인이 교수를 인선한 결과 실적을 중요한 선발 기준으로 두기는 했지만 결국에 가서는 일본 유학파와 경성제국대학 출신자를 중심으로 선발하였다. 초기 4명의 사학과 교수진을 보면, 한국사의 이병도 · 손진태, 동양사의 김상기가 와세다대학 출신이었고, 한국사의 이인영은 경성제국대학 출신이었다.[44] 이들은 진단학회 회원이라는 공통점과 더불어 제14호까지 발행된 『진단학보』에 많은 원고를 집필한 사람들이었다.[45] 서양사는 전임교수가 없는 가운데

---

43) 홍순창은 1941년 12월 와세다대학 문학부 지나학과를 졸업했고, 이듬해 4월 대학원 동양철학과에 입학하여 한국사상사를 전공하였다. 1946년 8월에 귀국하여 고려대 강사로 있다가 이듬해 4월 홍익대 전임강사 겸 서울대 문리대 강사로 근무하였다. 이상은 「백초(白初) 홍순창(洪淳昶) 박사 연보」, 『대구사학』(大邱史學) 12, 1977을 참조하였다.
44) 이후 동양사에 김일출(1947~49)이 조교수로, 서양사에 1회 졸업생인 김재용(金在龍)이 전임강사로 근무하였다.

연회대학에 재직 중이던 도호쿠제국대학 출신의 조의설(趙義卨)이 20여 년간 출강하였다.

　사학과 초기 학생들과 특별한 관계를 맺었던 교수는 신민족주의 역사 학자 이인영이었다. 그는 자신을 따르던 한국사 전공의 일부 학생들을 중 심으로 경성대학조선사연구회를 만들고 1946년 여름 이순복(李洵馥) · 한우근(韓㳓劤) · 손보기 · 김사억(金思億) · 임건상(林建相), 국문학을 전공한 이명구(李明九)와 함께 『조선사개설』(朝鮮史槪說, 홍문서관, 1949)을 완성하였다. 1947년 국립서울대학교 사학과 제1회 졸업생 5명 가운데 이순복 · 한우근 · 손보기가 작업에 참가한 것이다.[46] 이인영은 1946년 연회대학으로 옮겼다. 그가 학교를 옮긴 이유는 '학벌 싸움으로' 복잡했던 내부 사정과 연관이 있을 것이다.[47] 이인영이 1937년 경성제 국대학을 졸업했고, 나머지 사람들은 와세다대학 출신이었다.

---

45) 역사학 전공자만을 놓고 분류하면, 원고 편수가 가장 많은 사람은 17편의 이병 도였고, 2위는 7편의 김상기, 3위는 6편의 이상백(李相佰, 사회학과 교수), 4 위가 5편의 손진태, 5위가 4편의 이인영이었다(창립60주년기념사업준비위원 회 편, 『진단학회60년지』, 진단학회, 1994, 11쪽).

46) 이기백과 정태문도 졸업생이었다. 이기백은 재학 중 손진태를 개인적으로 한 번도 찾아간 적이 없다고 한다. 신민족주의 사학을 주장하는 손진태가 한국사 를 가르치는 전공 교수인데 개인적인 관계가 전혀 없었다는 것 자체는 여러 가 지 점을 시사한다고 하겠다. 제1회 졸업생 가운데 이기백은 1946년, 1947년 시점에서 이병도의 지도를 받는 학생으로 세 친구와 다른 위치에 있었다고 볼 수 있겠다. 이기백, 「학문적 고투의 연속」, 『한국사시민강좌』 4, 1989, 169쪽. 이를 강좌제의 진한 흔적이라고 볼 수 있겠지만, 구체적인 검증은 사후 과제로 하겠다.

47) 이에 대한 시사는 김성식, 「고대(高大) 회고담」, 고대사학회 편, 『고려대학교사 학과50년사』, 신유, 1998, 132쪽 참조.

그런데 식민지시기에 고등교육을 받을 기회를 거의 차단당한 관계로 전문연구와 교육인력이 부족했던 현실을 감안하더라도, 경성대학과 그 산하의 법문학부는 해방 후 새로운 국가건설에 필요한 고등교육 또는 법문학부의 역할과 임무, 교육의 방향에 대한 논의가 병행되면서 세워진 것이 아니었다. 이것이 제대로 이루어진 가운데 법문학부를 창설했었다면, 설립 당시 학부장의 친일 여부를 둘러싼 논쟁 같은 것도 없었을 것이다.[48] 당시 미군정은 경성제국대학 제1회 졸업생이었던 조윤제를 내세우며 갈등을 잠복시키고 법문학부 강의를 개시할 수 있었다. 자기 학교 출신 중심의 교수 충원은 1946년 가을부터 본격화하는 국대안을 둘러싼 갈등에서 친일 잔재 청산이란 공격의 명분을 제공하는 결과로 이어졌다.[49]

경성대학 사학과의 운영은 전공별로 독자적이었다. 그래서 게이오(慶應)대학에서 서양사를 전공한 강진철을 조교로 임명할 때 한국사 전공 교수 간의 충원을 둘러싼 갈등이 있었을 뿐, 동양사의 김상기는 인사 문제에 특별히 관여하지 않았다. 학생들의 학교생활도 전공별로 이루어지면서 그다지 교류가 없었다. 이기백의 회고에 따르면 국사·동양사·서양사 전공별 합동연구실이 각각 따로 있었으므로 그 자신은 동양사와 서양사 친구들을 거의 모르고 지냈다.[50] 앞서도 보았듯이, 이인영이 자신을 따르는 학생들과 경성대학조선사연구회를 만들어 활동했듯이, 동양

48) 김성준, 앞의 글, 2000, 152쪽.
49) 강명숙, 「1945~1946년 경성대학에 관한 시론적 연구」, 『교육사학연구』 14, 2004, 98쪽.
50) 이기백, 앞의 글, 1989, 168쪽.

사학 전공자들도 별도의 연구조직을 만들어 움직였다.[51] 이처럼 분과학문 사이의 교류를 중시하지 않고, 전공별 합동연구실 또는 강좌제를 중심으로 운영하던 일본식 역사연구 및 역사교육 시스템과 관행을 그대로 재현한 것이다.

한편, 1946년 9월 국립서울대학교 출범 후 경성사범대학의 사학과는 경성여자사범대학과 통합하여 국립서울대학교 사범대학 사회생활과로 바뀌었다. 학과의 교수진을 보면 한국사는 경성제국대학 출신의 유홍렬(柳洪烈, 1945. 10~ 1947. 7)과 김석형(金錫亨, 1946. 3~1947), 동양사는 도쿄제국대학 출신의 이능식(李能植, 1945. 10~1950. 6), 서양사는 와세다대학 출신의 김성근(金聲根, 1947. 8~1974. 2)이 담당하였다.[52] 사학과처럼 사회생활과에서도 경성제국대학 출신 또는 일본 유학파가 역사 강의와 연구를 담당하게 된 것이다.

초창기 사회생활과에서 학생들과 특별한 관계를 맺은 사람은 이능식이었다. 국대안 반대로 국립서울대학교가 휴교를 할 때도 역사를 전공하는 사회생활과 학생 5명을 자신의 연구실에 모아놓고 랑케의 『세계사

---

51) 경성대학 사학과 동양사 연구실의 조수로 있었던 김성칠의 일기에 따르면, 1946년 4월 13일 '동양사 합동연구 분실'에서 '동양문화연구회 동양사분과회 제1회 연구발표회'가 있었다. 이때 민석홍(閔錫泓)·전해종(全海宗)이 발표하였다(김성칠, 『역사 앞에서』, 창작과비평사, 1993, 43, 44쪽).

52) 역사과60년사편찬위원회 편, 『서울대학교사범대학역사과60년사』, 역사교육과동문회, 2008, 22쪽. 교수진의 경우 와세다대학 출신의 손진태(1949. 2~1950. 2), 연희전문학교와 서울대를 졸업한 손보기(孫寶基, 1949. 5~1957)도 있었다. 또 성균관대에 재직 중이던 김하구(金河龜, 서양사), 김정학(金廷鶴, 국사, 1945~1947), 이장욱(李章郁, 서지학) 등이 강사로 출강하였다.

대관』(世界史大觀), 『역사학개론』(歷史學槪論)을 강술하였다.[53] 그리고
그 자신이 직접 『근대사관연구』(近代史觀研究, 동지사, 1948)를 집필하
였다.

사립의 경우를 보면 1946년 8월 정식 인가를 받은 연희대학 사학과는
서양사의 백낙준·조의설이 복직하고, 한국사의 홍순혁(洪淳赫)·염은
현이 전임교수로 부임하였으며, 이인영도 1946년 경성대학에서 복귀하
였다. 동양사의 민영규는 학과 설립과 동시에 부임하였으며, 1947년에
이홍직이 동양사 전임으로 합류하였다.[54] 이들은 연희전문학교 출신이
거나 1945년 이전에 연희전문학교에서 강의한 경력이 있는 사람들이었
다. 연희전문학교는 문과 전통이 있었기 때문에 이렇게 빨리 3분과의 교
수진을 완성할 수 있었다. 이에 비해 문과 전통이 없던 고려대학은 경성
제국대학 출신인 한국사의 신석호와 규슈제국대학 출신인 서양사의 김
성식만으로 1946년 9월 제1학기를 시작하였다. 이어 1947년 들어 경성
제국대학 출신으로 서양사에 김정학(金廷鶴)과 동양사에 정재각(鄭在
覺)이 합류하였다.[55] 고려대학 사학과는 기본적으로 경성제국대학 출신
자를 중심으로 교수진을 구성한 것이다. 신석호의 영향이 많이 작용했을
것이다.

김성식은 고대 사학과의 초창기 모습을 아래와 같이 회고하고 있다.

53) 이원순, 「나의 조선서학사 연구와 역사교육」, 『한국사학사학보』 2, 2000, 179쪽.
54) 연세대학교사학과60주년기념사업회 편, 『연세사학의 발자취 1946~2006』, 혜
    안, 2006, 16, 17쪽.
55) 김성식, 앞의 글, 1998, 131쪽. 신석호는 1929년 3월 경성제국대학 사학과 제1
    회 졸업생이었고, 정재각은 이인영과 함께 1937년 3월에 졸업하였다. 김정학
    은 1941년 입학하였다.

학생은 보전(보성전문학교-인용자)에서 진학한 학생과 신입생으로 구성되어 있었는데, 졸업할 때는 많이 탈락하고 겨우 3명이 국·동·서사(국사·동양사·서양사-인용자)로 나뉘어 졸업했을 정도다. 따라서 3과가 대개 합동강의를 하는 수밖에 없었다.[56]

고려대학교에서도 경성대학(국립서울대학교) 사학과처럼 3분과체제로 편성하여 각각 독립된 학과로 운영하였던 것이다. 다만 학생이 없어 수업을 진행하기 어려워 합동강의를 했을 뿐이다.

이처럼 한국 대학의 사학과들은 출발 과정에서부터 일본식 학과 운영 방식을 그대로 도입하였으며, 각 전공 사이의 분절성을 전제로 역사연구와 역사교육제도를 운영하였다. 또한 이들 3개 대학의 교수진을 보면 특정한 학연을 중심으로 짜인 구성이 현대역사학의 출발 때부터 작동하였음을 알 수 있다. 새로운 민족국가를 건설해야 할 시대적 과제가 앞에 놓여 있었음에도 불구하고, 식민지시기 일본 대학에서의 역사연구와 역사교육에 대한 반성적 고찰 없이 그대로 원용한 것이다. 이는 대학이란 껍데기는 미국식을 도입했을지 몰라도 그 세부적인 운영에서는 일본식 잔재가 강하게 작동하였음을 의미한다.

3) 대학에서 문헌고증사학의 헤게모니 장악

대학에서 일본식 3분과제도의 운영과 고착화는 역사연구 방법의 획일화 과정과 맞물려 있었다. 이제 그 과정을 짚어보자.

창설 초기 경성대학 사학과에는 문헌고증사학을 추구하는 이병도와

---

56) 같은 글, 131쪽.

신민족주의사학을 추구하는 손진태·이인영이 함께 있었다.[57]

이병도는 해방 이후 자신의 행위와 역사관에 대한 비판이 제기되자, 민족 독자의 단일의식이 민족과 국가의 통일·발전의 지도원리라고 하면서 '대아정신'을 내세웠다. 문헌고증사학에 민족정신론을 결합시킨 것이다. 하지만 이병도의 대아정신은 국가건설의 당면 과제와 관련하여 요구된 실천이념과 논리를 제대로 구현하지 못한 체제 유지의 역사 관념이었다.[58] 마치 대동단결론 같은 주장이었던 것이다. 이러한 주장은 결국 국가주의와 결합할 위험성이 아주 농후한 주장이다.

이에 반해 손진태와 이인영은 신민족주의사학을 전면에 내세웠다. 손진태는 신민족주의의 기본 이론에 대해 아래와 같이 밝혔다.

우리가 장래에, 아니 지금이라도 갖고 싶은 민족국가는 결코 배타적이나 문호 폐쇄적 민족국가는 아니오 세계적으로 민족 친선의 국가이어야 할 것이며, 또 국내적으로는 계급투쟁이 있는 국가를 원치 않는다. 전 민족은 정치적으로 경제적으로 완전히 평등하여야 할 것이다. 이것이 신민족주의의 기본 이론이다. 이 근본 이론이 확립한다면 역사교육의 방향은 저절로 결정될 것이니 모든 사료의 취급과 비판은 이부동한 입지에서 행해져야 할 것이다.[59]

----

57) 두 사람이 학문적 대화를 깊이 있게 나눈 것은 1939년 4월경부터 보성전문학교의 연구실에서였다. 조윤제, 「나와 국문학과 학위」, 『도남잡식』(陶南雜識), 을유문화사, 1964, 381쪽. 원래 1952년에 발표한 원고이다.
58) 방기중, 「해방 후 국가건설문제와 역사학」, 김용섭 교수 정년기념 한국사학논총간행위원회 편, 『한국사 인식과 역사이론』, 지식산업사, 1997, 99~102쪽.
59) 손진태, 「국사교육의 기본적 제문제」, 『조선교육』 1-2, 1947, 19쪽.

손진태의 신민족주의 이념이란 1920년대 국내외 민족운동에서 본격적으로 제기하기 시작한 '사회주의적 민족주의', 곧 자본주의의 계급 격차와 사회주의의 무산독재를 모두 부정하고 사회 구성원 모두가 '평균적으로 평등'한 이념을 추구했던 일부 민족운동세력의 이념과 같은 맥락에 있다.[60] 손진태는 아시아태평양전쟁을 일본이 일으켰을 때부터 신민족주의론을 한국사에 본격적으로 적용하려고 마음먹었다.[61] 이즈음인 1940년 대한민국 임시정부에서도 조소앙(趙素昻)의 삼균주의(三均主義)에 입각하여 「건국강령」을 제정하였다. 달리 말하자면 손진태와 임시정부가 직접 연계하고 있지 않았지만, 조선학운동의 지도자 안재홍도 해방공간에서 신민족주의론을 주장했듯이, '사회주의적 민족주의'에 입각한 사고와 행동은 해방을 전후하여 국내외에서 나름대로 역사적 맥락을 갖고 하나의 흐름을 형성한 정치사상이자 역사인식이었던 것이다. 손진태가 1947년 4월의 시점에서 자신의 신민족주의론을 밝힌 것도 5월에 예정된 제2차 미소공동위원회를 비롯하여 신탁통치문제를 둘러싸고 남한 내부에서 또는 남북한 사이에 격렬해지고 있던 좌우 대결과 깊은 연관이 있었을 것이다. 민족이 직면한 현실문제를 외면하지 않고 새로운 역사학 속에서 이를 정면으로 맞닥뜨려보려 했던 1939, 40년경부터의

---

60) 자세한 것은 신주백, 『만주지역 한인의 민족운동사(1920~1945)』, 아세아문화사, 1999, 124~128쪽 참조.
61) 손진태, 「자서」, 『조선민족사개론』(상), 을유문화사, 1948, 2쪽. 이 시기 손진태는 민족 전체의 균등한 행복을 추구하면서 계급보다 민족을 우위에 둔 신민족주의 사관을 정립했다고 한다. 자세한 내용은 정창렬, 「1940년대 손진태의 신민족주의 사관」, 『한국학논집』 21 · 22, 한양대 한국학연구소, 1992, 115~143쪽 참조.

문제의식과 노력의 연속인 것이다.

손진태의 신민족주의론에 동의하며 그와 함께 신민족주의사학이란 "새로운 역사학"을 제창한 사람은 이미 보성전문학교 근무 때부터 학문적 교감을 깊이 나누었던 같은 학과의 동료인 이인영이었다. 그가 지지하는 민족주의 역사관이란 계급사회의 모순을 지적하면서도 특권계급의 수단으로 민족주의가 이용당하지 않고, 고루한 국수주의에 빠지지 않으면서도 침략적 제국주의와 군국주의로 전락하지 않는 역사관이었다. 더구나 "사관 없는 사료 나열, 목적 없는 문헌고증은 지도(紙塗)의 낭비(浪費)뿐"이라고 비판하였다.[62]

두 사람은 앞서 언급했듯이, 한국사 전공의 일부 학생들이 경성대학조선사연구회의 이름으로 『조선사개설』을 발행할 때 각각 '서'(序, 1946. 8. 15)와 '발'(跋, 1946. 8. 15)을 썼다.

서(손보기): 해방만으로써 우리에게 곧 행복이 오는 것은 아니다. 지금 우리에게는 전의 몇 갑절 되는 무거운 짐이 부담되어 있다. 짐은 비록 무거우나 결코 괴로운 짐은 아니다. 노예로서의 부하(負荷)가 아니오 행복을 위한 부담(負擔)인 까닭이다. 우리는 지금 전 민족을 들어 각자의 맡은바 이 부담의 처리에 진력하고 있음을 나는 잘 알고 있다. 그러고 또 이 사업이 결코 용이하지 아니한 것도 명백하게 말할 수 있다.

……조선사연구회 회원 제군은 진보적인 과학적 두뇌와 고도의 민족애의 정열과 자기들에게 부여된 민족적 사업에 대하야 가장 용감한 투지를 가진 젊은 학도들이다. 그들이 지금 그들의 협려에 의한 민족

---

62) 이인영, 「새로운 역사학의 과제」, 『조선교육』 1-4, 1947, 83쪽.

사업의 일단을 발표함에 당(當)하야 나는 그들의 성과 열에 깊이 감격하면서 이 서문을 진다.

발(이인영): 우리는 재래의 모든 사관의 그 어느 것에도 전적으로 찬동할 수 없는 것이다. 새로운 구상하의 새로운 사관 수립은 현하 조선 사학도의 가장 중대한 임무의 하나이다. 그러나 이 중대한 임무는 단시일에 약간의 노력으로서는 도저히 달성되지 못할 것이니 오로지 조선민족이 나아갈 진정한 방향으로 밝히기 위하야 우리 사학도의 꾸준한 탈투만이 요청되고 있다.

이인영 등은 해방 조국에서 새로운 역사관을 수립하여 우리의 역사를 기록하는 민족사업이 가장 당면한 임무임을 스스로 내세우며 공동으로 책을 발행한 것이다. 이는 신민족주의사학이 경성대학 사학과에서 뿌리를 내리고 있음을 의미한다.[63] 달리 보면, 경성대학(국립서울대학교) 사학과의 한국사 분야가 출발 단계에서부터 신민족주의사학과 문헌고증사학으로 양립하였으며, 또 다른 학문 계통인 사회경제사학은 사학과 내에서 제도적 기반을 구축하지 못한 상태였음을 알 수 있다. 사회경제사학이 사학과에 자리를 잡지 못한 현상은 식민지시기 경험의 연속이라고 볼 수 있다. 예를 들어 백남운과 같은 사회경제사학자도 연희전문학교의 상과에서 강의하고 연구하였기 때문이다. 이는 일본의 학문 풍토와 무관하

---

63) 경성대학 사학과에 이인영 중심의 학맥은 한국전쟁이 일어날 때까지도 계속되었다. 전쟁 직전 이인영과 함께 어울렸던 학생들은 김성준 · 손보기 · 정태민 · 홍덕유 · 정해영 등이었다.

지 않을 것이다. 일본의 경제학은 마르크스주의 경제학과 독일 역사학파와의 경제학으로부터 영향을 받아 사회경제사학을 자신의 영역으로 분류하는 경향이 강했기 때문이다.

그런데 신민족주의사학 역시 좌우합작운동이 실패로 끝나고 남북한에 분단정권이 수립된 상황에서 설 땅이 더욱 좁아질 수밖에 없었다. 정치적 동력이 사라진 현실에서 그들이 할 수 있는 선택은 제3의 길을 가려고 하든지, 아니면 남북한의 어느 한편 정권에 자신을 기탁할 수밖에 없었다. 결국 손진태는 1948년 11월 문교부 편수국장에, 이인영은 같은 시기에 고등교육국장에 취임하여 이승만 정권의 교육정책에 참여하는 선택을 한 것이다. 이는 한국전쟁이 일어나기 이전에 이미 신민족주의사학은 정치적 동력만을 상실한 상태였던 것이 아니라 학문적으로 이를 심화시킬 수 있는 토대까지 상실했음을 의미한다. 우리 스스로의 힘으로 식민사관과 유물사관을 극복하여 한국사의 새로운 방향을 설정하려던 노력이 좌절된 것이다.

한편, 유물사관에 입각하여 역사연구와 역사교육을 하려는 사람도 대학에 있었다. 서울대학교 사회생활과의 이능식은 1948년 봄에 쓴 『근대사관연구』의 책 서문에서, 랑케 사학이 과거와 현재를 단절시켰고, 역사인식에서 현재의식의 개입을 '준거'(峻拒)하여 역사학을 과거를 위한 학문으로 만들었다고 비판하면서 역사학이란 아래와 같아야 한다고 보았다.

역사학은 과거의 사실을 대상으로 하는 학문이나 단순한 사실의 집적만으로서 역사학이 성립될 수는 없다. 또는 국가의 과거에 생기한 역사적 사실이 인류 또는 국가의 역사가 되는 것이나 이러한 역사적 사실을 대상으로 하는 역사학이 성립될랴면 무엇보다도 역사적 사실이 학적으로 파악되어야 할 것이다. 사회과학의 일부분인 역사학에 있어서 역사적 사실을 학적으로 파악한다는 것은 역사적 사실의 사실성의 규명을 의미할 뿐이 아니라 사실의 파악이 어떠한 사회의식 위에서 수행되어 있는가 하는 것을 의미할 것이다. 사실의 고증만으로서 역사학이 성립되는 것이 아니라 사실을 어떠한 입장 위에서 보았는가, 다시 말하면 역사학이란 역사적·사회적 존재인 역사가가 인간적으로 이에 참가함으로써 성립되는 것이다.[64]

그러면서 지금의 조선 역사학이 역사관의 문제를 근본적으로 논의해야 할 두 가지 이유를 아래와 같이 밝히고 있다.

그 하나는 과거의 조선사학이 일본사학의 일환으로 성장하여 천황사관 기타의 일본 중심의 여러 가지 사관이 강요되었던 정치적 압력의 반영은 논외로 두드라도 비교적 양심적인 조선사가들에 있어서 역사관에 대한 진격(進擊)한 고찰(高察)이 결여되었음은 의심할 바가 없다. 그것은 조선사학이 다만 일본에 수입된 '독일사학'을 방법론적으로 이를 채택했을 뿐 역사 사실의 고증만으로서 역사학은 성립될 것으로 생각하여 랑케 사학의 역사적 의의와 그 안에 의결(疑結)된 사관에 대한 동찰(洞察)을 게을리했던 까닭이다. 이와 같이 하여 확고한 사관 위에 수립되지 못하였던 조선사학이 일본사학으로부터 이탈되자 조선 역사의 재편성을 위시한 긴급한 현실에 당면하였을 때 몽롱(朦朧)한 서술(敍述)로서 호도(糊塗)하던가 일본의 국수사관·민족사관 등을

---

64) 이능식, 『근대사관연구』, 동지사, 1948, 「서문」의 1쪽.

차용하는 추태를 노출하지 않을 수 없었다. 이러한 현상에 있는 조선 사학이 자립하여 그 후진성을 극복할랴며는 무엇보다도 역사관의 확립이 긴급히 요청될 것은 자명한 사실이다.[65]

그러면서 이능식은 "구라파 중심의 세계관"인 계몽주의 세계사관과 랑케의 세계사관은 부르주아 사회를 기초로 한 사관이므로 이를 극복하고 20세기 전환기에 유물사관만이 "근대 구주(歐洲)의 전환성과 피극복성을 본질적으로 파악한 가장 유력한 현재적인 사관"이라 제시하였다. 사회경제사학을 옹호하고 있는 것이다. 그에게 있어 문헌고증적인 실증사학도, 현실참여적인 신민족주의사학도 모두 '몽롱한 서술'로 민족을 호도하는 역사학이며, 사적 유물론만이 유일한 역사관인 것이다.[66]

그러나 이능식은 한국전쟁 때 북한으로 갔다.[67] 서울대 사회생활과라는 제도권에서 유물론에 긍정적이었던 역사이론가가 없어진 것이다. 한국전쟁은 이미 사실상 파산 선고를 받은 신민족주의사학에도 돌이킬 수 없는 어려움을 주었다. 손진태와 이인영을 전쟁통에 잃었다. 더구나 민족주의 사학자인 정인보도 잃었다.

이제 한국의 현대역사학은 민족현실과 소통하며 역사를 연구하고 학풍을 진작시키는 전통의 맥이 끊겨버렸다. 대신에 문헌고증사학이 주도

---

65) 같은 책, 4, 5쪽.
66) 변태섭은 "그는 결코 공산주의자가 될 수 없는 분"이었다고 기억하고 있다(변태섭, 「나의 인생, 나의 학문」, 『한국사시민강좌』 27, 일조각, 2000, 152쪽).
67) 그가 북한으로 간 계기가 월북인지, 납북인지, 진짜 교육시찰을 위해 갔다가 어쩔 수 없이 북한에 머무른 것인지, 아니면 교육시찰 자체가 명목이었는지 불명확하지만 편의상 이렇게 표현하였다.

하기에 이르렀다. 앞서도 보았듯이 이는 식민지시기 역사학에 대한 반성적 성찰도 없었고, 다른 사풍과의 경쟁·토론 속에서 이론적 우월성을 획득한 결과도 아니었다. 좌우대결, 남북분단, 그리고 한국전쟁을 거치는 과정에서 문헌고증사학에 유리한 환경적 압박과 외부로부터의 배제 요인이 작동했기 때문이었다. 특히 한국전쟁은 사관이 없는 역사연구를, 사료가 말하는 대로 기술해야 한다는 이름으로 이루어지는 역사연구를, 한국적 현실과 괴리된 역사연구를 합리화할 수 있는 발판이었다.

4. 한국전쟁 후 견고해진 3분과제도와 문헌고증사학

1) 대학에서의 3분과제도와 획일화하는 역사연구

한국전쟁은 해방 후 새로운 민족국가 건설이란 역사적 과제를 실현해야 할 때와 마찬가지로 역사학이 파괴와 상처 속에서 다시 한 번 거듭날 수 있는 기회였다. 그것이 우리 사회에 끼친 깊은 상흔을 역사학은 어떻게 보듬어야 하는가를 고민해야 했기 때문이다.

그러나 그렇지 못하였다. 현실을 직시하지 않는 문헌고증사학이 대학의 역사연구를 장악하고 있는 현실에서 그것을 기대하는 것 자체가 무리였다.

오히려 문헌이 말하는 사실만을 기술하는 경향은 강화되어갔다. 문헌고증사학의 중심이었던 이병도는 1955년에 발표한 「나의 연구생활서의 회고」에서 아래와 같이 포부를 밝히며 제자들을 독려하였다.

서울대학교 재직 중에는 무엇보다도 국사(國史)의 기본 문제인 제도사(制度史)에 치중하여 한 대학 사학과로서의 하나의 특징으로도 살리고 싶다.……무릇 개인의 역량과 정력에는 한도가 있는 것이기 때문에 학문이란 언제나 협동적인 연구활동이 있음으로써 보다 더 많은 성과를 기할 수가 있는 것이며, 그러기 위하여서는 보다 더 '스케일'을 크게 잡아서 지향을 같이할 필요성이 더욱 간절히 느껴지는 바이다. 이 같은 계획은 현재 연구실에서 근로(勤勞)를 계속하는 여러 강사들과 더불어 추진시켜갈 생각이다.[68]

여기에서 이병도가 말하는 '제도사' 연구란 결국 정치사 중심의 연구일 수밖에 없으며, 그것은 아무리 시기를 내려와도 조선 후기에 머무를 수밖에 없었다. 따라서 역사연구는 지배세력을 우선 탐구 대상으로 삼는 한편, 현대사 연구의 부재를 초래할 수밖에 없었다. 실제 미국에서 유명한 미국사 연구자로 거듭난 김성복이 1956년 '윌슨 대통령의 제1차대전의 참전 동기'라는 졸업논문을 썼을 때 이병도가 "역사 공부라는 건 최소한 50년 이전의 과거 것을 해야지 30년도 안 되는 걸 어떻게 연구할 수 있느냐면서 야단을" 쳤다는 일화가 있다.[69]

현대사 연구의 부재는 왜 우리가 일본의 식민지로 전락하였을까, 식민지 잔재를 청산하기 위해 우리가 무엇을 어떻게 해야 하는가에 대한 역사적 탐구를 원천적으로 봉쇄한다. 한국에서 1970년대까지도 일본사 연

---

68) 이병도, 『두계잡필』(斗溪雜筆), 일조각, 1956, 307쪽. 『사상계』 1955년 6월 제 23호에 수록된 글이다. 실제 그는 자신의 학문적 전통을 계승한 『조선사대관』(朝鮮史大觀, 1948), 『국사요론』(國史要論, 1950)을 각각 출판하였다. 두 권 모두 정체성론과 타율성론을 시인한 개설서였다(김용섭, 「일본·한국에 있어서의 한국사서술」, 『역사학보』 31, 1966, 144쪽).

69) 노명식, 「나의 서양사 연구」, 『한국사학사학보』 1, 2000, 222쪽.

구가 없었던 근본적인 원인의 하나가 바로 여기에 있다. 달리 말하면 한국(인)의 필요에 의해 설정된 주체적 문제의식을 갖고 동양사 연구와 교육이 이루어져야 했음에도 불구하고 그렇지 못했던 이유도 현재의식의 부재와 깊은 연관이 있었던 것이다.

사실 한국의 동양사 연구는 일본이 망을 쳐놓았고 진단학회가 깔아놓은 '조선 및 인접지역을' 상대로 문헌고증사학에 입각하여 시작되었다. 이러한 연구 기반은 서울대학교 사학과의 김상기와 그의 문하생들에 의해 더욱 굳건해졌다.[70] 따라서 초창기 동양사 연구는 한중 관계사를 가장 많이 선호함으로써 한국사의 외연을 확대시키는 역할, 달리 말하면 보조적인 연구를 수행했다고 말해도 과언이 아니다.[71] 더구나 동서양의 문화를 포섭 융합하여 세계문화를 창조하는 것이 우리 동양인에게 부과된 사명이고, 이를 연구하는 것이 동양사 연구의 의의라고 보는 한,[72] 한국 나름의 독자적인 중국 연구, 더 나아가 동양 연구의 방향을 설정할 수 없었다.

물론 현재와 단절한 랑케 사학의 문제점을 극복하고, 중국사 또는 중국 확대 연장사(延長史)가 아니라 아시아의 주요 지역을 포함한 역사를 세계사와의 연관성 속에서 기술해야 한다는 문제 제기가 있기는 했지만,

---

70) 윤남한, 「광복 30년 한국역사학계의 반성과 방향—동양사 연구의 회고와 과제」, 『역사학보』 68, 1975, 107쪽.
71) 물론 초창기 동양사 연구가 한중 관계사에 집중할 수밖에 없었던 현실적 이유는 있었다. 중국이 공산화되었기 때문에 자료를 구할 수 없는 현실에서 불가피했던 측면도 있다. 일본을 연구 대상으로 설정하는 것 자체를 금기시하는 분위기도 있었다.
72) 채희순, 「서설」, 『동양사개론』, 조양사출판부, 1949, 2, 3쪽.

문제 제기에 그쳤을 뿐이다.[73] 우리 동양사학계는 거기에 호응할 만한 준비와 자세가 되어 있지 않았던 것이다.

서양사학계도 그것은 마찬가지였다. 위에서 언급한 세 대학의 핵심 서양사 연구자인 조의설·김성식·김성근은 한국전쟁 이후에도 건재하였다. 그들의 공통점은 일본 유학시절부터 유물사관보다 랑케의 실증사학에 더 많은 관심을 두었다는 데 있다.[74] 1950년대 대표적인 서양사 개설서였던 『서양사개설』(장왕사, 1950. 2)의 「서론―문화사의 문제」에서 조의설은, 문화란 한 사람이나 국가의 독점물이 아니며, 민족성만을 고집하거나 세계성을 부인한다면 그것이 위축될 수밖에 없다고 하면서 문화의 보편성만을 강조하고 있다.[75] 이런 문제의식으로는 해방 이후 민족국가 건설 과정에서 제기될 수밖에 없었던 민주주의 문제, 자유주의 문제 등에 대해 제대로 발언할 수 없다. 1950년의 시점에 분단과 전쟁이란 한반도의 현실이 그들의 시야에 들어올 리가 없다. 서구문화에 대한 추수를 부추긴 '서론'은 결국 서구중심주의를 조장하는 역사인식일 뿐이다.[76]

이처럼 현재와 단절된 동양사 및 서양사 연구와 교육은 그냥 외국사일 뿐이며, 3분과제의 특징인 분절성을 그대로 체현하며 식민성을 보여주었다. 한국사 연구와 교육도 '한국'의 역사와 교육에 관한 것일 뿐이라는

73) 이동윤, 「서문」, 『동양사요론』, 장왕사, 1959
74) 차하순, 앞의 책, 1988, 50쪽.
75) 조의설, 『서양사개설』, 장왕사, 1950, 13쪽.
76) 이상현은 문제의식이 빈곤한 근본 원인을 학자의 권위주의와 독선적 엘리트의 식에서 찾고 있는데 인식론적인 측면의 문제 제기는 아니라고 할 수 있겠다(이상현, 「한국 서양사학(1945~1990)의 반성」, 『한국사학사학보』 5, 2002, 137쪽). 역사인식의 측면에 대한 분석과 문제제기는 이 책에 수록된 신주백의 또 다른 글 참조.

점에서 마찬가지 문제점을 드러내었다.

서울대 사학과의 경우 한국사와 동양사의 '연구실'이라는 공간과 조직을 통해 일본식 재생산 시스템, 곧 강좌제를 비슷하게 모방하고 있었으므로 시간이 흘러도 3분과제의 문제점을 극복하기는 어려웠을 것이다. 국사연구실은 한국전쟁 이전부터 이병도–유홍렬(교수)을 정점으로 움직였다.[77] 동양사연구실은 김상기-김일출(조교수)-김성칠(조교, 조교수)이란 구심점[78]이 한국전쟁을 고비로 김상기-전해종(조교수)으로 바뀌었다.[79] 당시 연구실은 강좌장이 전권을 휘두르는 일본의 강좌제와 꼭 같은 것은 아니었지만, 이병도와 김상기가 각자 연구실을 중심으로 연구와 교육을 진행하고 인사와 예산에 관련된 사항에 관여하는 주체였다는 점에서는 비슷했다고 볼 수 있다.[80]

유교적 관습에 의한 인간관계라는 측면 이외에 연구실을 통한 통제로 조성된 분위기는, 다른 대학과 비교할 때 그만의 독특함을 짐작할 수 있다. 서울대 사대를 졸업한 박성수는 고려대 대학원에 입학한 이후 겪은

---

77) 이병도는 서울대 문리과대학 국사연구실 이름으로 『한국유학사초고(韓國儒學史草稿): 자료』(1959) 등을 출판하였다. 앞서 보았듯이, 손진태와 이인영을 축으로 한 또 다른 흐름도 분명히 있었다. 하지만 양 축의 관계와 한국사 전공의 운영과의 관계를 알 수 있는 자료를 아직 찾지 못했다.

78) 세 사람은 1948년 '서울대 문리과대학 동양사교실'이란 이름으로 『신동양사』(동지사)라는 중등교육 과정의 역사 교과서를 출판하였다.

79) 한국전쟁 이후는 『서울대학교일람』(1955)을 기준으로 분석하였다.

80) 일본의 강좌제는 '1강좌 1연구실' 시스템도 있고, '2-3강좌에 1연구실' 시스템도 있었다. 이때의 연구실은 그냥 학생들의 자치적 집합공간이었다. 서울대의 연구실은 이보다는 더 강한 통제가 작동하는 공간이었을 것이다. 일본의 강좌제에 관해서는 山崎昌男, 「'講座制'の歷史的研究序說 —日本の場合」 1, 2, 『大學論集』 1, 2, 1972를 참조하였다.

일에 대해 회고하며, "신석호 선생님도 전형적인 문헌고증주의사학자"
이지만 제자에게 "그렇게 완고한 원리주의자가 아니"었다고 하면서, 만
일 서울대 대학원 사학과에 갔다면 "틀림없이 숨막힐 듯한 문헌고증주의
의 감옥에 갇혀서 평생 헤어나지 못했을 것이다"고 밝히고 있다.[81]

2) 학술단체의 3분과제 정착

문헌고증사학의 영향력이 결정적으로 확대되어가고 있던 1952년 3월,
서울대 문리대 출신의 젊은 연구자들을 중심으로 부산에서 역사학회가
결성되었다. 그들은 "과학적인 냉철한 방법을 구사하여" "역사학 재건의
초석"이 되겠음을 표방하였다.[82] 휴전선에서 공방전이 치열하게 벌어지
고 정전회담이 진행되고 있던 와중임에도 불구하고 역사학회를 결성한
이유의 하나는 일본에서 조선학회가 결성되고 『조선학보』를 발행한 데
자극받았기 때문이었다.[83] 일본과의 경쟁의식이 학문활동의 촉매제가
된 것이다. 이후 한국 역사학의 발달에서 일본 역사학계는 사안에 따라
경쟁과 배제의 존재로 다가왔다.

하지만 역사학회의 경쟁의식이 조선학회의 식민사관을 비판하는 데
까지 이어지지 않았다. 경성제국대학 교수 출신인 시가타 히로시(四方
博)는 『조선학보』 제1-3호에 실린 「구래(舊來)의 조선사회의 역사적 성

---

81) 박성수, 「나의 스승, 신석호 선생님」, 치암(癡菴) 신석호(申奭鎬) 선생 기념사
   업지 편, 『신석호박사 탄생 100주년 기념사업지』, 수서원, 2007, 171쪽.
82) 「역사학회 창립 당시를 회고하며: 자료 1─발기 취지서」, 『역사학보』 75, 76,
   1997, 407쪽.
83) 「한국사연구회창립25주년기념좌담회」, 『한국사연구』 79, 1992, 133쪽. 손보
   기 · 한영우의 발언이다.

격에 대하여」라는 논문에서 한반도의 반도적 성격, 사대주의, 정체성, 당쟁, 봉건제의 결여 등을 '구래의 조선사회의 성격'으로 파악하였다. 이는 식민지 지배를 합리화한 일본의 관학자와 동양사학의 개척자들이 끈덕지게 추구한 한국사의 특징이었다.[84] 역사학회는 이 문제에 침묵한 것이다.

역사학회는 어쩌면 식민사관이 재현된 현실을 1950년대 내내 외면할 수밖에 없었을 것이다. 식민지 잔재 청산이란 측면에서 직접 정면으로 다룰 수 없는 태생적인 한계와 더불어 한국적 현실과 거리를 두려는 학문 태도 때문이다. 또한 1945년 12월에 젊은 역사학도들이 결성한 역사학회와도 확연히 다르다고 볼 수 있다.[85] 전자의 역사학회가 이병도와 김상기의 그늘에 있던 서울대 사학과 출신자들이 주도했다면, 후자의 역사학회는 민족주의적 학풍을 간직한 연희전문학교 문과 출신자들이 주도했다는 점과도 깊은 연관이 있을 것이다.

이후 서울대 문리대를 중심으로 역사학회를 운영하자 반발하는 움직임이 일어났다. 1958년 "전국 역사학계를 망라"하여 "한국의 역사학계를 대표할 수 있는 전국적인 기관"을 표방한 한국사학회(韓國史學會)가 결성된 것이다.[86] 한국사학회는 결성 당시 여러 전공자를 망라하였지만, 이후 몇 차례의 고비를 겪으면서 '한국 사학회'가 아니라 '한국사 학회'라는 분과학문단체로 바뀌었다. 새로운 대안적 역사학 연구라는 측면에

---

84) 김용섭, 앞의 글, 1966, 142쪽.

85) 그렇다 하더라도 연구자의 중복성과 경험의 연속성을 고려할 때 1952년 역사학회는 1945년 역사학회를 재건한 것으로 보아야 합당하다는 지적도 있다(조동걸, 앞의 글, 1988, 334~335쪽).

86) 「취지서」, 『사학연구』 1, 1958, 133쪽.

서의 반발이었다기보다는 학연 중심의 독과점 현상에 대한 반발의 측면을 드러낸 데 불과한 것이다.

이즈음 분과학문별 역사 단체들이 속속 등장하였다. 역사교육 연구자들은 1955년 역사교육연구회(『역사교육』), 서양사 연구자들은 1957년 한국서양사학회(『서양사론』)를 각각 결성하였다. 1960년대 들어서는 1965년 동양사학회(『동양사학』), 1967년 한국고고학회(『고고학』), 1968년 한국사연구회(『한국사연구』)를 해당 분야의 전공자들이 각각 결성하였다. 학교 내에서의 3분과제도와 연구가 학교라는 울타리를 넘어 학술적인 연구 차원에서도 제도화한 것이다. 그럼에도 불구하고 분과학문별 학술단체를 결성했다고 해서 새로운 사풍을 조성하거나 이전 연구가 내포하고 있던 한계점을 극복하는 방향으로 학회활동을 진행하고 연구를 진척시킨 것은 아니었다.[87] 오히려 3분과제도를 견고하게 하는 방향이었다. 그것을 넘으려는 단초적인 움직임은 민주화운동의 진전과 더불어 조금씩 나타났다.

---

87) 다만 식민사관에 대한 비판과 이를 극복하려는 연구 논문, 특히 내재적 발전론에 관한 연구 논문을 많이 게재한 『한국사연구』는 다른 각도에서 볼 측면도 있다.

철학의 제도화, 해방 전후의 연속성과 단절

김재현 · 사회철학

1. 근대적 학문으로서의 철학과 대학제도

19세기 후반 이후 근대적 성격의 서구 학문이 유입되기 시작한 지 이
제 100년이 넘으면서 서구 학문의 수용 역사와 창조적 변형에 대한 연구
가 최근 활발해지고 있다. 이러한 관심에서 출발하여 각 학문들이 구체
적 현실 속에서 어떻게 제도화되었는가에 대한 연구의 일환으로 한국에
서 철학이 제도화되는 과정을 살피는 것이 이 논문의 목적이다.

그런데 근대학문의 수용과 제도화는 지식을 생산 · 관리 · 통제하는 제
도로서 교육기관을 통해서 주로 이루어지므로 전문학교와 대학을 고찰
해야 한다. 우리의 경우 20세기 초부터 전문학교가 생겨났지만 일제의
지배하에 들어가면서 자생적 대학 발전의 길은 막혔고 식민지 대학으로
서 경성제국대학이 만들어지면서 서양 학문이 본격적으로 수용되는 과
정을 거친다고 볼 수 있다.

여기에서는 일제 식민지시대에 철학이 어떻게 제도화됐으며, 해방 직
후와 미군정을 거치고 또 분단된 형태의 국민국가가 만들어지는 과정에

서, 그리고 전쟁을 거치면서 근대적 학문으로서 철학이 어떻게 제도화되는가를 살펴보고자 한다.

일제시대 경성제국대학의 식민지적·근대적 유산이 해방 후에도 제도적·인적 측면에서 부분적으로 온존·유지되면서 동시에 미국에 의해 재편되었다는 점은 우리나라의 철학의 제도화 과정에서 간과할 수 없는 중요한 문제이다. 따라서 식민성과 근대성이 맺고 있는 복합적이고 중층적인 관계, 즉 식민지 학지(學知)의 연속성과 단절의 문제가 어떻게 제도 속에서 드러나는가를 학제와 인맥·문헌 등을 중심으로 살펴보고자 한다. 우선 일제시대 전문대학과 해외에서 유학한 철학자들을 고찰하고, 경성제국대학의 설립과 철학과의 특성을 살핀다. 그리고 일제시대의 철학 학술활동과 철학연구회에 대해서 알아보고, 해방 후 분단·전쟁을 거치면서 철학이 제도화되는 과정을 살핀 후, 식민지시대와 해방 후의 한국 철학계의 연속과 단절의 문제를 정리하고자 한다.

2. 일제시대의 전문대학과 해외에서 유학한 철학자들

평양 지역의 숭실학당은 1905년에 대학부를 개설하고, 1908년에 연합숭실대학으로 바뀌면서 통감부의 학부(學部)로부터 대학 인가를 받아 한국 최초의 대학이 되었다. 1910년까지 인가된 관립학교나 공립·도립학교는 대부분 실업계 학교였다.[1] 배재학당은 1895년에 '대학부'를 설치했는데 이 학당은 칼리지(Pai Chai College) 내지 칼리지 과정(a

---

1) 우마코시 토오루(馬越徹), 한용진 역, 『한국근대대학의 성립과 전개』, 교육과학사, 2001, 25, 26쪽.

regular college course)을 갖고 있었던 것으로 소개된다. 여기서의 영어과에서는 영어·역사·산수·화학·물리 등을, 한문과에서는 중국고전이나 셰필드의 『만국사』(漢譯) 등 일반교양과목을 가르치고 있었고, 대학부에서는 미국서 공부한 서재필이 지리학·유럽 정치사·교회사 등을 강의하였다.[2] 이화학당에서도 1910년 '대학과'를 설치하고 15명의 학생을 중심으로 한국 최초의 여자 대학교육이 시작되었다.

기독교계 사학 설립자의 다수는 미국 중서부의 소규모 종파 칼리지(small denominational college)를 모델로 학교를 설립하는 경우가 많았으며, 따라서 교육 내용도 어느 정도 한정되어 있었다. 그러나 한국사회가 크게 변하면서 일반교양과목이 칼리지 교육 속에 도입되자 기독교도가 아닌 일반 학생의 입학도 허가되었다. 뒤이어 기독교계 사학은 이른바 자유교양 칼리지(liberal arts college)를 모델로 하여 그 조직과 형태를 정비했다.[3]

경성제국대학이 생기기 이전에 이미 일본이나 유럽·미국으로 나가 철학을 공부한 사람들이 있었다. 이들은 귀국한 후 언론사 등에서 활동하거나 전문대학에서 교편을 잡으면서 철학·심리학·논리학·영어·윤리학 등의 교양과목을 가르쳤다.

철학 분야에서의 최초의 해외 유학생으로 알려진 김중세는 1908년 일본에 갔다가 일본 학자들이 독일 철학자들의 말을 전달하거나 소개하는 것을 보고 다음해에 독일 베를린대학으로 갔다. 김중세는 1923년 라이

2) 같은 책, 73쪽.
3) 같은 책, 76, 77쪽. 기독교계 사학이 한국 교육에 끼친 영향에 대해서는 같은 책, 77, 78쪽 및 86, 87쪽 참조. 한국 기독교의 근대사학의 계보에 대해서는 같은 책, 79쪽 그림 2-1 참조.

프치히대학에서 고전학으로 박사학위를 받고 귀국하여 경성제대에서 고전어 강의를 했다. 박종홍은 1931년 김중세에게 그리스어와 플라톤 철학을 배웠다고 한다.

최두선(1894~1974)은 일본 와세다대학 철학과를 1917년 졸업했다. 그는 귀국하여 중앙학교에 교사로 재직하다 1922년 철학 공부를 계속하기 위해 독일로 가서 마르부르크대학과 베를린대학에서 공부했다. 그가 귀국길에 가져온 100여 권의 독일 철학서는 보성전문학교에 기증되어 서양철학에 대한 관심을 불러일으키는 데 큰 자극제가 되었다.[4] 이광수(1892~1951)도 1915년에 일본 와세다대학 예과에 들어가 그 후 약 2년간 철학 공부를 했다. 이관용(1891~1933)은 1913년 영국·프랑스에서 공부하고 1917년부터 스위스 취리히대학에서 철학을 연구하여 1921년에 철학박사 학위를 취득한 후 1923년에 한국으로 돌아와 연희전문 교수가 되어 논리학·심리학·철학을 강의했다. 고려대학의 교수였던 박희성 박사가 이 강의를 들었다고 한다. 언론활동과 민족운동을 전개한 이관용은 신간회 멤버로 활동하다가 1933년 불의의 사고로 죽었다.[5]

또 1920년대에는 프랑스의 파리대학 철학과에 정석해·김법린·이정섭 등이 유학했으며, 정석해는 유럽의 여러 대학에서 공부한 뒤 귀국했지만 해방이 되어서야 연희전문 교수가 된다. 최현배는 교토제대 철학과를 졸업하고 1926년에 귀국하여 연희전문 교수가 되었고 이화여전 겸임교수도 한다.

---

4) 조요한, 「한국에 있어서의 서양철학 연구의 어제와 오늘」, 숭전대철학회, 『사색』 제1호, 1972, 18쪽.
5) 윤선자, 「이관용의 생애와 민족운동」, 한국근현대사학회 편, 『한국근현대사연구』, 2004 가을호 참조.

1926년에는 도쿄제대 철학과를 졸업한 채필근이 평양 숭실전문학교 교수로 취임했고, 역시 도쿄제대 철학과 출신인 윤태동은 경성제대 예과의 강사가 됐으며 릿쿄(立敎)대학 철학과를 졸업한 이재훈도 귀국하여 이화여전에서 윤리학 강의를 담당했다. 1929년에는 도쿄제대 철학과를 졸업한 김두헌이 이화여전의 심리학 강의를 담당했으며 다음해에 혜화전문학교 교수로 옮겨갔다.[6] 1928년 미국의 남캘리포니아대학에서 철학박사 학위를 받고 귀국한 한치진(1901~ ?)은 협성신학교에서 영어·논리학·철학·심리학 등을 가르치다가 1932년 이화여전 교수로 옮겨 논리학·철학·사회학 등을 가르쳤다. 그는 귀국 후부터 서울에서 철학연구사(哲學硏究社)를 차려 정력적인 저술활동을 시작하여 당시 철학이 다루는 거의 모든 분야에 걸친 개설서를 집필, 간행했다. 특히 당시 미국학계에서 성행하던 고전철학 및 실용주의철학의 신조류와 서구의 사회학과 심리학을 국내에 소개하는 데 노력을 기울였다. 1936년 이화여전 교수직을 사임한 다음 1939년 일본에 건너가 와세다대학에서 연구하면서 일본어로 『인격심리학원론』(人格心理學原論)을 출판하였다. 일제 말에는 일본이 패전할 것이라는 말을 하다가 체포되어 1년간 징역을 살고 해방 직후 출감했다.[7] 갈홍기(1906~89)는 1934년에 시카고대학에서 철학박사 학위를 받고 귀국하여 연희전문 교수가 된다. 그는 1943년 11월 함경도에서 열린 종교보국회에서 기독교계 대표로 학병지원 유세를 하기도 했다. 박희성(1901~88)은 1937년에 미시간대학에서

---

6) 이광래, 『한국의 서양사상 수용사』, 열린책들, 2003, 266쪽.
7) 한치진에 대한 상세한 연구는 홍정완, 「일제하—해방 후 한치진의 학문체계 정립과 민주주의론」, 『역사문제연구』 24, 2010 참조.

철학박사 학위를 받고 귀국했지만 1938년에 보성전문에서 강사로 심리학과 영어를 강의하게 된다.[8] 안호상(1902~99)은 1929년 독일 예나대학에서 박사학위를 받고 귀국하여 1932년에 보성전문학교 교수가 되었고, 이종우(1903~74)도 교토제대 철학과를 졸업하고 귀국하여 숙명여전의 교수가 되었다가 몇 해 뒤 보성전문으로 자리를 옮긴다. 1933년에 도쿄제대 철학과를 졸업한 이인기가 귀국하여 이화여전 교수가 되었고, 1933년에는 와세다대학 사학과 출신의 현상윤이 귀국하여 보성전문에서 윤리학을 담당하면서 철학의 안호상, 컬럼비아대 출신 교육학 교수인 오천석 등과 함께 '보전학회'를 조직하였다. 교토제대 철학과 출신인 전원배는 1934년 귀국하여 협성신학교의 교수가 되었다. 1937년에는 와세다대학 철학과를 졸업한 손명현이 귀국하여 국내의 철학활동에 참여하게 된다.

일제시기의 여러 전문대학에서 개설된 철학 관계 교과목은 철학개론·논리학·윤리학·심리학·사회학·교육학 등이었고 해외에서 연구하고 돌아온 사람들이 맡은 철학 관련 강의도 대체로 이런 것들이었다.[9]

민간인계 사학을 대표하는 보성전문학교는 1921년에 재단법인 설립에 의해 1922년 정식으로 전문학교로 인가되었지만 경영난을 겪고 있다가, 1931년에 김성수가 경영 인수를 하고 1932년에 교장으로 취임함으로써 민족 최고학부의 형태를 갖추게 된다. 특히 1932년에 신진 학자인 김광진·오천석·유진오·최용달·안호상·현상윤·박극채를 교수

---

8) 박희성, 『회의와 진리』, 삼익문화사, 1989, 232쪽.
9) 일제시대 전문학교의 철학교육과 경성제국대학, 해방 후 서울대의 철학교육에 대해서는 이기상, 『서양철학의 수용과 한국철학의 모색』, 지식산업사, 2002, 41~54쪽 참조.

로 기용한 것은 관학인 경성제대에 대항하기 위해 보전의 학술 수준을 올릴 필요가 있다고 생각했기 때문이다. 보성전문학교는 문과가 없고 법과와 상과만으로 구성되었지만 앞에서 언급한 철학 전공 교수들이 있었다.

1934년에 『보전학회논집』이 창간되었는데 브라운대학에서 영문학을 전공하고 돌아와 보성전문에서 영어영문학과 경제학·논리학을 강의해 온 백상규(1883~1955)가 편집인으로 활동했으며 『보전학회논집』 (1934[1집], 1935[2집], 1937[3집])에 참여한 철학·사상·법학 분야 교수로는 최두선·백상규·안호상·현상윤·오천석·박승빈 (1880~1943)·최정우(1907~68)·유진오 등 대부분 한국인이었고 김병로도 논문집에 투고했다. 보성전문학교는 민립대학 건설의 일환으로 만들어진 것으로 민족적 대학 모델이라 할 수 있고, 민족적인 전통을 유지하기 위해 여러 가지 활동을 했지만 일제의 방해로 해방 후에야 4년제 대학으로 발전할 수 있었다.

1915년에 경신학교 대학부라는 명칭으로 연희전문학교가 시작되었는데 연희전문의 논리학 강의는 보성전문의 백상규 교수가 담당했다. 1918년 백상규 교수의 논리학 강의를 수강한 3명의 학생 가운데 한 사람이 정석해 박사이다.[10] 일제시대의 연희전문 교수로는 최현배·갈홍기·김두헌·박상현·정석해 등이 있었다. 연희전문학교·숭실전문학교·이화여자전문학교에 문과가 설치되어 있었으며 이화여전 교수로는 이인기·박종홍·한치진이 있었고 혜화전문(동국대 전신) 교수로는 김두헌(도쿄

10) 조요한, 앞의 글, 1972, 18쪽. 서산정석해간행위원회 편, 『서산 정석해 그 인간과 사상』, 연세대출판부, 1989, 21, 24쪽.

제대 철학과) · 백성욱(독일 뷔르츠부르크대학에서 불교철학 공부) 등이
있었다.

3. 경성제국대학의 설립과 철학과의 특성

조선에서는 19세기 후반부터 서양학문, 서양철학이 조금씩 수용되었
지만 서양철학의 본격적인 수용과 제도화는 경성제국대학의 설립(1924)
을 통해 시작된다고 볼 수 있다. 경성제대는 한국 최초의 4년제 대학으로
서 근대적 학문이 시작된 곳이지만 동시에 일제 식민정책의 일환으로서
형성된 식민지형 모델의 대학이라는 점에서 독특한 위치를 갖는다. "경
성제국대학의 설립으로 식민지 조선의 고등교육은 식민 엘리트 양성
을 위한 경성제국대학과 기술 인력 양성을 위한 전문대학 체제로 이원
화"[11]된다.

철학이 근대적 학문으로서 제도화되는 과정을 파악하기 위해서는 경
성제국대학에서 서양철학이 어떻게 수용되었는가를 제도적 · 인적 차원
과 학문적 차원에서 살펴볼 필요가 있으며 그 전제로서 경성제국대학의
설립과 그 기본 성격에 대한 이해가 필요하다.[12]

---

11) 이길상, 『20세기 한국교육사』, 집문당, 2007, 74쪽
12) 이하의 경성제국대학에 대한 논의는 필자의 글 「한국에서 근대적 학문으로서
철학의 형성과 그 특징—경성제국대학 철학과를 중심으로」(『시대와철학』,
2007년 가을호(18권 3호))의 내용 중 일부를 다시 게재하면서 요약한 것도
있고 또 새로 추가한 부분도 있다.

1) 경성제국대학의 설립 과정

경성제국대학의 성립 요인으로는 "첫째, 무엇보다도 조선총독부의 정책 전환이다. 1922년 개정 조선교육령에서 조선에도 대학 성립의 길을 여는 법적 조치를 취한 것이다. 둘째, 이러한 총독부의 새로운 정책은 3·1독립운동 후에 조선인의 교육열에 대한 대응책으로서 생겨난 것도 있지만 당시 일본에서 진행되고 있던 교육제도의 개혁, 특히 1918년의 '대학령'의 제정에 의한 고등교육의 재편성과 그것에 기초한 대학을 중심으로 하는 고등교육기관의 확장계획에 호응한 것이었다. 셋째, 사이토(齋藤實) 총독의 소위 '문화정책' 하에서 조선인의 교육적 에너지가 폭발한 것이다. 고등교육 분야에 관해서 말하면 사립전문학교의 대학 승격 운동이나 조선인 자신의 손으로 민족대학을 새롭게 설립하려고 하는 민립대학 설립 운동 등을 들 수 있다. 또한 해외 유학생의 격증도 교육열이 높아졌음을 보여주는 것이었다. 넷째, 재조선 일본인의 고등교육기관 설립에의 요구를 들 수 있을 것이다."[13]

경성제국대학의 목적과 성격은 제국의 대학령 제1조의 이념인 "국가가 필요로 하는 학술의 이론 및 응용을 교수하며 동시에 그 온오(蘊奧)를 공구(功究)한다"는 '국가를 위한 학문관'이 그대로 반영되며 특히 대학령 1조 뒷부분에 "인격의 도야 및 국가사상의 함양에 유의하여야 한다"는 이념은 일본보다 강한 형태로 조선에 강요된다. 핫도리 우노키치(服部宇之吉) 초대 총장은 1926년 5월 1일 학부 개설의 시업식 훈시에서 "국가의 기초를 동요시키고 국가의 존립을 위태롭게 하는 연구는 허용할 수 없다"라고 선언했다.[14]

---

13) 우마코시 토오루, 앞의 책, 2001, 103쪽.

그리고 경성제대의 중요한 사명으로 '동양문화의 연구'를 제시하면서 "한편으로 지나(중국)와의 관계, 또 한편으로는 내지(內地)와의 관계로 널리 여러 방면에 걸쳐 조선 연구를 행하고 동양문화 연구의 권위가 된다고 하는 것이 본 대학의 사명이라고 믿고 있다. 능히 이 사명을 수행하려면 일본정신을 원동력으로 하여 일신(日新)의 학술을 이기(利器)로 하여 나아가지 않으면 안 된다"[15]고 말하고 있다. "경성제국대학은 교육이나 연구뿐만이 아니라 학생생활면에서도 일본식을 그대로 조선에 갖고 들어왔다. 예과는 구제(舊制) 고등학교 학생문화를, 또 학부의 각종 활동도 일본 내 제국대학을 모델로 한 것이었다."[16]

정규영에 따르면 경성제국대학의 공식적이고 정통적인 이념은 이미 살펴본 '국가를 위한 학문'과 '동양문화의 연구'를 사명으로 하는 것이었지만 대학 내에는 다른 대학관을 가진 자유주의적 학자들도 제법 있었다. 이들은 식민지 대학의 정통적인 관점과 다르게 서양지향적인 학술적 대학관, 또는 보편적인 학문연구기관으로서 대학관을 갖고 있었으므로 경성제대 내에서 성향이 다른 교수들 사이에 약간의 긴장이나 갈등이 있었다고 볼 수 있다.[17] 특히 학문의 성격상 직접적으로 국가사상이나 정책과 관계되든가 조선에 대한 식민지 지배를 위한 '조선 연구' 또는 제국의 정책을 뒷받침하는 '동양문화 연구'의 분야가 아닌 경우는 대체로 자유주의적이고 교양주의적인 분위기가 있었으며 더 나아가서는 식민지

14) 같은 책, 125, 126쪽.
15) 정선이, 『경성제국대학연구』, 문음사, 2002, 112쪽.
16) 우마코시 토오루, 앞의 책, 2001, 158쪽.
17) 정규영(1995), 『京城帝國大學に見る戰前日本の高等敎育と國家』, 東京大學大學院 敎育學硏究科 博士學位請求論文, 제2장 1절 대학이념 참조.

지배에 비판적인 좌파 교수들도 있었다.

2) 철학과의 특성과 교수진

1926년에 설치된 경성제대 법문학부는 법학 · 문학 · 사학 · 철학과로 구성되었으며 철학과 안에는 철학 · 철학사, 윤리학, 심리학, 종교학 · 종교사, 미학 · 미술사, 교육학, 지나(중국)철학, 사회학으로 전공이 나뉘어 있었다.

철학과의 경우는 경성제국대학의 역할에 대한 초대 총장의 견해인 정통적 대학관과 약간 차이가 난다. 경성제대 철학과의 대표적 교수라 할 수 있는 아베 요시시게(安倍能成)는 자유주의적 학자로서 그는 경성제국대학이 학문의 연구를 목적으로 하는 본래의 성질상 이미 국제적이며 또한 동양문화의 자각을 위해서도 서양문화의 이해가 필요하다고 주장하면서 유럽 연구의 중요성을 강조하고 있다. "아베의 경성제국대학관은 정통적인 대학상(像)인 일본 중심주의나 동양문화 중심주의와는 명확히 구별된다. 그는 정통적인 대학인처럼 대학령 제1조에서 대학의 본질을 추론하지 않고 어디까지나 보편적인 학문연구의 기관으로서 대학의 정신을 주창했다. 이같은 보편주의적인 대학이념은 마침내 1930년대 후반 천황숭배주의운동 가운데에서 그의 비정통성이 추궁되는 운명을 맞는다."[18] 철학과의 교수들 중 서양철학을 전공한 교수들은 대체로 아베의

18) 정규영, 앞의 책, 1995, 78, 290, 291쪽. 구체적인 내용은 京城帝國大學創立五十周年記念編輯委員會, 『紺碧遙かに』, 경성제국대학동창회, 1974, 114, 115쪽 참조(제목은 경성제대 공식 교가 1절 처음의 '푸른 하늘 저 멀리'의 일본어 표현이다. 그런데 조선인 학생들은 한글로 따로 교가를 만들어 불렀다고 한다. 이충우, 『경성제국대학』, 다락원, 1980, 168, 169쪽).

입장과 비슷한 입장이었다고 생각할 수 있는데, 이는 당시 경성제대 철학과를 다닌 사람들의 회고나 다른 전공의 사람들의 회고(유진오의 회고 등)를 통해서도 확인된다. 당시 경성제대 철학과의 교수들은 다음과 같다. 우선 철학 · 철학사 제1강좌를 맡은 아베 요시시게는 서양철학사, 칸트, 스피노자에 관한 연구와 강의를 했으며 헤겔 연구회를 만들어 법철학 등의 여러 문제들도 연구하고 토론했다. 철학 · 철학사 제2강좌를 맡은 미야모토 카즈요시(宮本和吉)는 주로 철학개론 · 서양철학사 · 인식론 · 독일관념론 등을 강의했으며 칸트의 『순수이성비판』을 5년간 번역하면서 강독했으며 박종홍의 지도교수였다. 제2대 철학 · 철학사 제1강좌를 맡은 다나베 쥬우조우(田邊重三)는 서양근세철학사, 브렌타노, 후설의 현상학, 하이데거의 『존재와 시간』 등을 강독했다. 심리학 전공에 하야미 히로시(速水滉) 등이, 윤리학 전공에 시라이 시게타다(白井成允), 미학 전공에 우에노 나오아키(上野直昭), 다나카 토요조우(田中豊藏), 중국철학 전공에 후지츠카(藤塚鄰) 등, 종교학 · 종교사 전공에 아카마쓰 지조(赤松智城), 교육학에 마츠즈키 히데오(松月秀雄) 등이 있었다.[19]

경성제대 철학과 교수들은 모두 도쿄제대 출신으로 대부분 경성제대 부임 직전 또는 부임 후에 국가에서 지원하는 재외연구원 자격으로 2, 3년 동안 서구에 유학한 경험을 갖고 있었으며 따라서 이들은 최첨단 서구 근대학문으로 무장한 도쿄제대 관학 아카데미즘의 정통파 학자들이

---

19) 이들의 구체적인 경력이나 연구 경향에 대해서는 김재현, 「한국에서 근대적 학문으로서 철학 형성과 그 특징 — 경성제국대학 철학과를 중심으로」, 『시대와철학』, 2007년 가을호(18권 3호)와 정준영, 『경성제국대학과 식민지 헤게모니』, 서울대 대학원 사회학과 박사논문, 2009. 8. 부록 참조.

라고 볼 수 있다. 이들 중 특히 아베 · 우에노 · 하야미 · 미야모토는 '이와나미 철학총서' 그룹의 일원으로서 당시 일본에서도 이름 있는 중견 철학자들이었으며 경성제대에서도 관록 있는 교수로 인정받았다.[20] 또 이들은 경성제국 설립 당시부터 총독부 중심의 대학이념을 비판하고 자율성과 대학자치, 연구 본위의 대학이념을 제기함으로써 제국대학 특유의 자치 지향 문화가 활성화되는 데 크게 기여했다.[21]

경성제대 법문학부 예과에는 수신(修身) · 철학개설 · 윤리교과가 철학 관련 교양교과목으로 개설되어 있었고, 본과에는 강좌제의 실시에 따라 철학전공 안에 철학 · 철학사, 윤리학, 심리학, 종교학 · 종교사, 미학 · 미술사, 교육학, 지나(중국)철학, 사회학으로 전공이 나뉘어 있었다. 철학은 서양철학 강좌 위주였다. 이러한 강좌제 아래서는 전문적 연구를 중시하므로 대체로 강좌 수보다 교수 수가 많으며 철학과 학생 수가 교수 수보다 적은 경우가 많았다. 극단적으로 수강하는 학생이 전혀 없어도 강좌의 책임을 맡은 교수의 지위는 안정적으로 유지되었다.[22]

철학 · 철학사 전공의 경우 1935년 이전까지는 이수 단위가 19단위였다. 이때 한 단위는 1주에 2~4시간, 1년간 수업을 듣고 시험에 합격해야 인정되는 것이다. 이수 과목으로는 철학개론(1), 서양철학사개설(2), 논리학 · 인식론(1), 철학연습(3), 철학특수강의(2), 철학과에 속하는 과목 중 특별히 정하는 것과 희랍어 또는 라틴어 과목 포함(8), 사학과, 문학

20) 이충우, 앞의 책, 1980, 108쪽.
21) 정준영, 앞의 글, 2009, 150쪽.
22) 이준식, 「일제 강점기의 대학제도와 학문체계―경성제대 조선어문학과를 중심으로」, 『사회와 역사』 제61집, 2002, 193쪽.

과 또는 법학과에 속하는 과목(2)으로 모두 19단위였다.[23] 그러나 1935년 이후는 강좌제와 교과 과정이 강화되면서 철학과 공통과목 9단위와 그 외 전공과목 13단위를 이수하게 되어 이수 단위가 3단위 증가했고, 동일학과 내 타전공과목 이수를 의무화하던 것이 바뀌었고 특히 이전에 없던 과목인 '일본도덕사'가 '윤리학 보통강의' 안에 포함되게 된다.[24]

3) 재학생, 졸업생

경성제대의 학생 중 조선인 학생의 비율은 대체로 3분의 1 정도였는데, 그 이유는 경성제대 예과에 입학하기 위한 수험자격 조건의 차이도 있었지만 "조선인 지원자에 대하여는 경찰에 의해 ①본인 및 가정의 사상 경향, ②3·1 독립운동과의 관계 유무, ③재정 및 성향 등에 관한 신분 조사가 실시되었다고 한다. 이를 동아일보에서는 조선인 지원자에 대한 당국의 압력이라 보고 '기괴한 교경(敎警)일치'라고 비난하였다"[25]

법문학부 1회 졸업식이 행해진 1929년 이후 1941년까지의 경성제대의 졸업생 총수는 1,588명(조선인 533명[33.6%], 일본인 1,055명[66.4%])이었다. 조선인 학생의 경우 법문학부 졸업자의 비율이 상대적으로 높았으며(823명 중 335명[40.7%]), 다시 조선인의 전공별 졸업생 수를 보면 법학과가 479명(40.9%), 철학과가 81명(58.0%), 사학과가 77명(35.0%), 문학과가 186명(34.9%)이었다. 여기서 특히 철학과에 조선인 학생수가 일본인 학생수보다 많은 것을 볼 수 있다.[26]

---

23) 경성제대 철학과에서 1930년도에 개설된 강의에 대해서는 이기상, 앞의 책, 2002, 45~47쪽 참조.
24) 정규영, 앞의 책, 1995, 95, 96쪽.
25) 우마코시 토오루, 앞의 책, 2001, 138쪽.

법학과 학생이 많은 이유는 1934년에 예과 3년제를 실시하면서 학부 진학에서 문과 갑류(법학계: 법학과)와 을류(문학계: 철학과 · 사학과 · 문학과)를 구분하던 제도를 철폐하자 조선인 학생들 대부분이 법학과로 몰렸기 때문이다. 예를 들어 1934년에 예과 11회로 조선인으로 입학한 문과 갑류 16명, 문과 을류 16명 중 11명이 문학계(문학 · 사학 · 철학)를 선택했고 21명이 법학과를 선택했는데, 공교롭게도 문학계를 선택한 전원이 모두 북한으로 올라간 것으로 나타난다. 당시에 경성제대 출신은 사회주의자 아니면 출세주의자라는 극단적 인식이 널리 퍼져 있었다는 것을 증명해주는 것 같다.[27] 예과 14회(1937년 입학)의 경우 문과 갑류 12명, 을류 15명 중 김규영이 철학과를 택했고, 1명이 사학과, 다른 1명이 문학과를 택하고 나머지는 모두 법학과를 택했다. 예과 15회(1938년 입학)의 경우는 문과 갑류 15명과 을류 19명 총 34명 중 배종호(서양철학 전공)를 제외한 전원이 법학과를 택했다. 이때는 철학과의 경우 교수 수가 학생수보다 많았다고 한다.

철학과의 졸업논문은 교수의 지도하에 씌어졌는데 김계숙(1회)은 「헤르만 코헨의 순수논리학」, 권세원(1회, 필명 권국석)은 「볼차노의 현상학 원류」를 썼다. 신남철(3회)의 졸업논문은 「브렌타노에 있어서 표향적

---

26) 정규영, 앞의 책, 1995, 16쪽.

27) 임영태, 「혁명적 지식인 김태준」, 『사회와사상』 창간호, 한길사, 1988. 물론 사회주의자도 아니고 출세주의자도 아닌 순수한 학문(철학)에로 나가는 경우도 있었다. 해방 후 한국철학계에 주도적인 역할을 한 사람들은 대체로 소극적으로 저항하면서도 동화되는 중간적인 사람들이 많았다고 볼 수 있다. 윤명로, 「철학에 입문하기까지의 인생 역정의 자기 소묘」, 『한국철학회 50년. 역대 회장의 회고와 전망』, 철학과현실사, 2003.

대상과 의식과의 관계에 대하여」이며 박치우(5회)의 졸업논문은 「니콜라이 하르트만의 존재론에 대하여」이다.[28] 고형곤(5회)은 「셸링은 어떻게 피히테를 넘어섰는가?」(1933)라는 졸업논문을 썼다.

당시 일본이나 조선을 막론하고 신칸트학파에 이어 후설의 현상학과 하이데거의 존재론이 학생들을 사로잡고 있었다. 박종홍의 학부 졸업논문은 「하이데거에 있어서 조르게(Sorge)에 대하여」(1933. 1)이며 당시 일본의 저명한 학술지인 『이상』(理想, 1935년 4월호)의 '하이데거 특집'에 「하이데거에 있어서 지평의 문제」를 싣는다. 최재희는 「소크라테스에 있어서의 선(善)의 규정」이라는 졸업논문을 썼다.

앞에서 살펴본 경성제대 교수들의 연구와 강의 내용과 신남철 · 박치우 · 박종홍 등 졸업생들의 논문을 보면 당시 경성제대 철학과의 교수 내용과 철학적 지향을 대강 알 수 있다. 그것은 데카르트를 시작으로 하는 서양 근세철학사, 칸트 철학에 대한 지속적이고 깊은 연구, 신칸트학파에 대한 연구, 칸트 이후의 브렌타노 · 후설 등의 현상학적 흐름, 하르트만 · 하이데거에 이르는 존재론 등이 매우 중요한 경향임을 알 수 있다. 그리고 위 3인은 철학과의 이러한 아카데미적 경향을 한편으로 충실히 따라가면서 연구했으며 그 결과 경성제대 법문학부의 조수(助手)를 하기도 했다.[29] 그러나 이들 조선인 철학자들은 순전히 아카데믹한 것에만 빠져 있었던 것은 아니다.

『철학논구』(1973)에 따르면 1929년부터 1945년 사이의 철학과 졸업

---

28) 신남철과 박치우의 졸업논문이 이들 철학사상에 미친 영향에 대해서는 손정수, 「신남철 · 박치우의 사상과 그 해석에 작용하는 경성제국대학이라는 장」, 『한국학연구』 제14집, 2005, 193~196쪽.
29) 손정수, 앞의 글, 2005, 196, 197쪽.

생은 44명으로 이들 중 상당수가 해방 후 철학자 또는 철학교수로서 활동을 한다.[30] 경성제대 철학과 철학 전공 졸업생으로 철학계에서 활동한 것으로 알려져 있는 사람들은 대강 다음과 같다. 1회(1929년 3월 졸업)에 김계숙 · 권세원 · 배상하 · 박동일 · 조용욱, 2회에 안용백 · 김형철 · 염정권 · 고유섭, 3회에 권직주 · 정인택 · 신남철, 4회에 원홍균 · 민태식, 5회에 고형곤 · 박종홍 · 박치우 · 이갑섭, 6 · 7회는 한국 학생이 없으며, 8회(1936년 3월 졸업)에 구본명 · 박의현, 9회에 서정서 · 김영기, 10회에 최재희 · 이근우, 11회에 김용배, 15회에 김규영 · 오홍석, 16회에 배종호, 17회에 이형우 등이 있다.

4. 일제시대의 철학 학술활동과 철학연구회

식민지 지식인으로서 자각이 있었던 경성제대 철학과 출신들과 유학 경험이 있는 철학자들은 한편으로 서양철학을 충실히 학습하고 수용하면서도 다른 한편으로는 식민지 현실에 무관할 수 없었다. 이들은 제도권 내에 있으면서도 식민지 현실을 변화시켜보려는 시도를 하기도 했다.

우리는 이러한 두 가지 경향의 상관관계를 '제도로서의 학문'과 '운동으로서의 학문'이라는 차원으로 구분하여 살펴보고자 한다. '제도로서의 학문'은 전문대학과 경성제국대학의 교수진과 교수 내용 등의 제도를 통해 이미 살펴보았다. 그리고 '운동으로서의 학문'은 '제도로서의 학문'이

---

30) 서울대 철학과, 『철학논구』, 1973, 106쪽. 앞의 철학과 졸업생 81명과 큰 차이가 나는 것은 앞의 경우는 철학 이외의 전공자와 함께 월북한 사람들도 포함되어 있기 때문이라고 생각한다.

대응하지 못한 사회적 수요를 어느 정도 충족시켜준 제도 밖의 학술활동을 의미하는 것으로 근대적이고 아카데믹한 학문제도에 의해 배제되고 억압당한 지식의 생산과 유통을 가리킨다.[31]

식민지 조선에서 1920년대 후반과 1930년대 초반은 서양철학 연구와 수용, 그리고 학술운동이 본격화된 시기로 볼 수 있다. 왜냐하면 이 시기에 첫째, 경성제대에서 서양철학 연구가 시작되고 연구자가 나오기 시작했으며, 둘째, 또한 이 시기에 서양 또는 일본에서 서양 문헌을 통해 철학을 본격적으로 공부한 사람들이 귀국하기 시작했으며, 셋째, 이 시기부터 『신흥』(新興)이나 『철학』 등을 통한 체계적인 저술활동과 학술운동이 시작되었기 때문이다.[32] 특히 식민지 청년지식인들은 식민지 내의 다양한 사회운동과 사회사상에 대해서 접하면서 아카데미 내에서 배울 수 없었던 마르크스주의 등을 일본에서 들어오는 다양한 서적들을 통해 접할 수 있었고 이것이 특히 '운동으로서의 학문'을 할 수 있는 토대가 되었다고 할 수 있다.

미키 기요시(三木淸)가 일본 철학계에서 차지하는 위치와 문제의식으로 보아 한국의 철학 1세대들에게 미친 영향력을 쉽게 짐작해볼 수 있는

---

31) 백영서, 「동양사학의 탄생과 쇠퇴—동아시아에서의 학술제도의 전파와 변형」, 『창작과비평』 2004년 겨울호, 96쪽 참조. 손정수는 이를 '제도로서의 경성제대'와 '의식으로서의 경성제대'로 나누어 고찰하면서 전자는 경성제대 철학과의 제도 자체의 경향으로 철학과의 교과 과정, 학문적 경향 등이 참고될 수 있으며 후자는 이념적 학술단체 활동이 고려될 수 있다고 본다(손정수, 앞의 글, 2005, 188쪽). 또한 일본의 경우에도 이 두 경향이 있었으며 이를 '관학 아카데미즘'과 '감성 리얼리즘'(미야카와 토루·아라카와 이쿠오 편, 이수정 역, 『일본근대철학사』, 생각의나무, 2001, 362쪽 이하)으로 나누어 고찰하고 있다.
32) 강영안, 『우리에게 철학은 무엇인가』, 궁리, 2002, 25~29쪽 참조.

데, 박종홍은 특히 하이데거 철학에 미친 사람이었고 일본인 철학자 가운데에서 미키를 높이 평가했다. 그는 미키가 당시 일본 사상계를 풍미하고 있던 마르크시즘을 하이데거의 존재론적 입장에서 해석하려는 시도에 큰 흥미를 갖고 있었고 이의 영향을 받았으며, 니시다 기타로(西田幾多郎)는 대단치 않게 여기고 오히려 다나베 하지메(田邊元)에게서 영향을 받았다고 한다.[33] 박치우의 '위기의 철학' 등에 대한 논의에서도 미키의 영향을 살펴볼 수 있다. 그러나 신남철은 식민지 지식인의 입장에서 미끼의 인간학적·하이데거적인 변증법적 해석에 의한 마르크스주의에 대한 새로운 정초는 역사적 구체성을 무시하였다고 비판하고 있다.[34] '운동으로서의 학문'의 사상적 기초로서 마르크스주의는 아카데미 밖에서 큰 영향을 주었으며 철학계에서는 특히 미키의 영향이 컸던 것으로 파악할 수 있다.

경성제대 출신의 철학 전공자들은 『철학』이 발행(1933)되기 전까지는 『신흥』에 글을 썼는데 필자들로는 창간호(1929. 7)에 권국석(＝권세원)·김계숙·배상하, 2호(1929. 12)에 김계숙·권국석, 3호(1930. 7)에 김계숙·권국석·고유섭, 4호(1931. 1)에 김계숙·고유섭·안용백, 5호(1931. 7)에 김계숙·권직주·신남철, 6호(1931. 12)에 신남철·고유섭, 7호(1932. 12)에 신남철·고유섭, 8호(1935. 5: 조선 문제 특집

---

33) 이재훈, 「만학·만혼·만성의 대기(大器)」, 『스승의 길』, 천지, 1998, 37쪽.

34) 신남철, 「불안의 사상의 유형화―三木淸씨의 소론을 읽고」, 『역사철학』, 142쪽. 신남철에 대해서는 「신남철의 마르크스주의 철학 수용과 그 한국적 특징」, 『한국 사회철학의 수용과 전개』, 동녘, 2002. 박치우에 대해서는 김재현, 「일제하부터 1950년대까지 마르크스주의 수용」, 『한국 사회철학의 수용과 전개』, 동녘, 2002. 윤대석, 「아카데미즘과 현실 사이의 긴장―박치우의 삶과 사상」, 『우리말글』 제36호, 2006. 崔眞碩, 「朴致祐における暴力の豫感―'東亞協同體論の一省察'を中心に」, 『現代思想』 2003년 3월호 참조.

호)에 이진숙(철학과 4회: 심리학 전공) · 고유섭, 9호(1937. 1)에 신남철 · 박치우 등이 있다. 또 철학과 출신이 아닌 유진오(필명: 陣伍) · 소철인(또는 哲仁?) · 노영창 등이 유물론 철학의 관점에서 글을 쓴다. 초기의 철학 논문들은 대체로 신칸트학파, 니체, 신헤겔주의에 대한 논의 등이었으나 후기로 가면서 신헤겔주의 비판, 마르크스주의와 유물론 등의 철학적 경향을 보이는 것이 특징이라 하겠다.[35]

당시 일본 경찰은 국내의 모든 조직들을 감시하고 내사하여 보고서를 작성해 사상계 검사에게 보고했다. 철학의 경우에도, '철학연구회'의 모임이나 '철학연구실'의 토론은 늘 감시를 받았으며 『신흥』이나 『철학』을 발간할 때에도 감시와 검열을 받는 가운데 자기검열을 할 수밖에 없었다.[36]

1932년 6월 14일에 경성 동대문경찰서장이 경무국장과 경성지방법원 검사 등에게 보낸 보고서 '철학연구회 조직에 관한 건'에서는 회원의 동정, 조직의 동기 및 목적 등에 대해 기록하면서 회원 중에는 고등경찰에서 상당히 주의를 요하는 인물도 있음을 지적하고 있는데 그 개요는 다음과 같다.

소화 7년(1932) 3월 하순 경성대 내 '철학연구실' 관계자 중 신남철 · 윤태동(도쿄제대 철학과 출신, 당시 경성제대 예과 조선어 강사) · 이종우 · 권세원 등의 젊은 철학자들이 철학연구회 조직에 관한 의견을 교환한 결과 오로지 학문적 연구의 입장에서 연구기관을 조직하는 것으로 의

---

35) 『신흥』에 실린 철학 논문의 구체적 내용에 대해서는 이광래, 앞의 책, 2003, 274~279쪽 참조.
36) 박광현, 「경성제대와 '신흥'」, 『한국문학연구』 제26집, 2003, 265~267쪽.

견을 나누고 그 후 4월 22일 칸트 탄생일을 계기로 회를 조직할 것을 구체화하여, 4월 22일 경성부 내 충신동에 있는 윤태동의 집에서 안호상 · 윤태동 · 신남철 · 최현배 · 이종우 · 권세원 · 김두헌 7명이 회합하여 동서의 철학에 관해 각자의 의견을 발표하여 이 학문의 연찬을 위해 노력한다는 목적하에 철학연구회라고 명칭하고 회칙도 정했다. 회원으로는 앞의 7명 외에 김법린 · 이관용이 포함되어 있었다.[37]

위 사실을 고려해볼 때 경성제대 출신인 젊은 실천철학자인 신남철 등이 주동이 되어 당시의 여러 철학자들이 모여서 1932년에 철학연구회를 만들었으며 나중에 박치우 · 박종홍 등 여러 사람이 참여했다고 볼 수 있다. 철학연구회는 회원 집을 돌며 월례회를 하면서 발표와 토론을 하였는데 이 모임에는 총독부의 형사가 입회했었다.[38]

철학연구회의 이름으로 간행된 『철학』 창간호(1933)에는 박종홍 · 권세원(=권국직) · 이재훈 · 이종우 · 안호상 · 김두헌 · 신남철(번역)의 글이 실렸고, 『철학』 2호(1934)에는 박치우 · 박종홍 · 이재훈 · 신남철 · 이종우 · 이인기 · 안호상 · 김두헌 등의 글이 실렸으며, 3호에는 이인기 · 전원배 · 이재훈 · 갈홍기 · 안호상 등의 글이 실렸다.[39] 이들 필자들을 볼 때, 당시의 철학연구자들이 사상적 경향이나 전공과 관계없이 『철학』지에 글을 실었음을 알 수 있다. 『철학』지의 특징을 형식과 내용적 측면에서 보면 형식상의 특징으로 서양철학 일색인 점, 그리고 서양철학을 소개하는 면도 있지만 자신의 입장을 강하게 표명하고 있다는 것, 독

---

37) '경동경고비'(京東警高秘) 제1007호, 소화(昭和) 7년 6월 14일.
38) 이재훈, 앞의 글, 1998, 39쪽.
39) 이들 글의 구체적 제목에 대해서는 윤사순 · 이광래, 『우리사상 100년』, 현암사, 2001, 341~344쪽 참조.

일철학 관련 논문이 압도적으로 많다는 점이다. 내용상의 특징을 보자면 당시의 시대가 위기의 시대에 있다는 시대인식과 인간학적 태도가 두드러진다는 것, 그리고 실천을 매우 강조하고 있으며 변증법을 선호하고 있다는 점이다.[40]

그런데 3호까지 발행된 이 철학 전문 학술지는 1936년 11월 발행인이었던 이재훈이 경찰 조사를 받고 나온 후 더 이상 나오지 않게 된다.『철학』이 3호로 폐간되면서 철학연구회의 활동이 중단되고 경성제대 철학연구실에서 열리는 철학담화회로 논의의 장이 옮겨지면서 주제는 순수철학적인 것으로 바뀐다.[41] 철학담화회에서 원래 활동하던 조선인은 김계숙·권세원·박종홍·고형곤·김용배·박의현·최재희·김규영 등 대부분이 경성제대 철학과 졸업생들이지만 나중에 안호상·이종우·손명현 등이 가담했고, 여기서의 연구 내용은 주로 독일관념론과 실존철학이었다. 예를 들어 1941년의 철학담화회 연구 발표의 제목은 김계숙의 「헤겔 청년시대의 종교관」, 이종우의 「운명」, 박종홍의 「Das Man의 자기부정적 발전」, 고형곤 「하이데거의 '횔덜린과 시의 본질'과 그의 철학」 등인데 이 발표자들과 제목들의 관계는 그 후 적어도 20년은 따라다닌 것이라고 한다.[42] 마르크스주의 철학자인 신남철과 박치우는 여기에 참가하지 않은 것으로 보아 이때부터 순수철학적인 논의로부터 멀어진 것으로 추측된다.

---

40) 이병수,『열암 박종홍의 철학사상』, 한국학술정보(주), 2005, 91쪽.
41) 철학담화회에 대해서는 이병수, 「1930년대 서양철학 수용에 나타난 철학 1세대의 철학함의 특징과 이론적 영향」, 한국철학사상연구회,『시대와철학』 제17권 제2호(2006년 여름호), 89~91쪽 참조.
42) 조요한, 앞의 글, 1972, 23쪽.

일제 후기에 이르러 1937년에 중일전쟁이 일어나자 1938년 황국신민화정책에 입각해 조선교육령을 전면 개편한 총독부는 경성제국대학에 대해서도 확실한 황민화정책을 시행했다. 1939년을 기점으로 하여 그동안 암묵적으로 허용해왔던 대학의 자율적 관행을 전면 부정하는 한편, 본격적으로 대학에 개입하며 대학을 총동원을 위한 문화정책의 도구로서 적극 활용하고자 했다.[43]

경성제국대학 철학과의 일본인 교수들은 다른 전공의 경우와 달리 식민당국의 정책과는 무관하게 근대대학으로서 자유와 자치를 확보하기 위해 노력한 부분이 있고 이 노력이 보편성을 표방한 측면이 있지만, 사실은 이러한 아카데미즘이라는 보편성 속에 식민지 현실이 은폐되는 것을 간과할 수 없다.

일제시대에 경성제국대학에서는 서양철학 중심으로 강좌가 이루어졌고 이러한 전통은 해방 후에도 계속된다. 물론 일제시대에 동양철학을 배울 수 있는 공적인 기관으로 경성제대 철학과의 '지나철학 강좌'와 명륜전문학교가 있었지만 그 내용은 초보적 수준이었다. 경성제대 철학과에서 중국철학을 전공한 한국인으로는 김용배(전 동국대 교수) · 조용욱(전 동덕여대 총장) · 민태식(전 충남대 총장) 등이 있었다. 이들은 한편으로 동양철학을 전공하면서도 서양철학도 함께 연구했으며 그들의 중국철학 연구는 개괄적이었다.

일제시대의 철학의 제도화 과정을 고찰하는 데 있어 출간된 철학 관련 저서들도 의미가 있을 것 같다. 우선 한치진은 『신심리학개론』(1930),

---

43) 정준영, 앞의 글, 2009, 233쪽. 구체적 내용에 대해서는 같은 책, 186~202쪽 참조.

『논리학개론』(1931), 『아동의 심리와 교육』(1932), 『사회학개론』(1933), 『종교개혁사요』(1933), 『종교철학개론』(1934), 『증보윤리학개론』(1934), 『최신철학개론』(1936) 등 당시 철학이 다루는 거의 모든 분야에 걸친 개설서를 저술, 간행했으며 H.윌든의 『창조적 인격론』(1933)을 번역했다. 또한 일본어로 『인격심리학원론』(1939)을 출판했다. 안호상은 『철학강론』(1942)을, 김두헌은 『윤리학개론』(1938, 일어)을 집필, 간행했다.

5. 해방 후 미군정기, 건국과 전쟁, 전후 복구까지

1945년 8월 16일 서울에서는 경성제국대학의 조선인 직원·강사·동문·재학생 및 졸업생들이 대학자치위원회를 조직하고 학교를 접수하여 대학 간판에서 '帝國'이란 두 글자를 제거했다. '경성제국대학'에서 '제국'이란 두 글자가 빠진 '경성대학'이란 명칭은 10월 16일 미군정에 의해 공식화되었다.[44] 경성대학 시기를 거쳐 미군정청은 1946년 8월 22일 군정법령 102호로 종합대학으로서 '국립서울대학교설립법'을 공포한다. 이 종합대학안은 대학의 학부 구성, 즉 문리학부(a college of arts and science)를 중심으로 복수의 전문학부(법·사범·상·공·의·치·농·예술)와 대학원으로 이루어지는 것으로 바로 미국의 대규모 주립대학을 모델로 한 것이다.[45] 이 국립대학안에 대한 반대운동인 국대안 반

----

44) 백영서, 「상상 속의 차이성, 구조 속의 동일성 ─경성제대와 대북제대의 비교」, 『한국학연구』 제4집, 2005, 180쪽. 경성대학에 대해서는 강명숙, 「1945~1946년의 경성대학에 관한 시론적 연구」, 『교육사학연구』 제14집, 2004 참조.
45) 우마코시 토오루, 앞의 책, 2001, 178쪽.

대운동이 1년여 지속되었지만 결국 약간의 수정을 거쳐 서울대학교가 설립된다.[46] 당시의 한반도의 정치적 상황과 이데올로기적 대립이 미국의 대학 모델 선택에 크게 영향을 끼쳤다고 볼 수 있는데, 한국이나 대만이 '미국 모델'을 선택하고 중국과 북한이 '소련 모델'을 적극적으로 도입한 것은 잘 알려진 사실이다.[47]

미군정은 세 가지 전략에 의해 한국 교육의 재편에 착수했다. 첫째, 미군정은 저명한 한국인 교육가를 교육문제에 관한 군정부의 고문으로 임명했다. 또한 미군정은 한국교육위원회나 교육심의회 같은 자문기구를 조직하여 그 구성원들에게 한국인 교육가를 위촉했다.[48] 둘째, 미군정은 한국인 교사나 학생을 미국의 대학에 유학시키고 귀국 후 모국의 교육 재건에 공헌하기를 기대했다. 예상대로 초기에 미국에 건너간 교사나 학생은 미국 민주주의 이념에 기초한 교육이론, 실천을 익혀서 귀국 후 대학교수나 전문교육가가 되어 초등·중등교육의 발전은 물론 한국 대학 교육의 발전에 커다란 영향을 미쳤다. 셋째, 미군정은 미국 교육자나 교

---

46) 신남철을 포함한 좌파 지식인들은 국대안 반대운동에 앞장섰는데 국대안 비판을 좌파 이데올로기로 결부시켜서만 보는 것은 냉전체제 이후의 이데올로기의 대립을 해방기로 역투사하는 것이다. 정종현, 「신남철과 대학제도의 안과 밖」, 『한국어문연구』 제54집, 2010, 414쪽 참조.

47) 우마코시 토오루, 앞의 책, 2001, 24쪽.

48) 이때 "미군정은 사회주의 세력을 억압하기 위하여 친일 경력의 여부에 상관없이 반공 보수적인 사람들을 동원하였다. 이러한 미군정의 정책에서 한국교육위원회의 위원들 선임 역시 예외일 수 없었다. 아울러 교육계 인사들의 중요한 특징은 대부분 미국이나 기독교 계통의 학교에서 교육을 받았거나 교직에 종사하고 있었다는 사실이었다." 서울대학교50년사편찬위원회 편, 『서울대학교 50년사』 상, 서울대출판부, 1996, 7쪽.

육전문가를 미군정의 고문 내지 어드바이저로서 한국에 데려왔다. 그들은 한국 교육의 장단기계획 입안을 위해 과학적 교육조사를 담당했다. 그리고 민주교육의 모델로서 미국적 프래그머티즘의 교육철학이 도입되었다. 생활을 중시하고 어린이 중심의 교육, 개개인의 차이를 인정하는 개성 존중의 교육, 나아가서 교육을 통한 사회재건 등을 내용으로 한다.

6-3-3-4의 기본학제와 교육위원회제도(학구, 교육세)를 비롯하여 고등교육에 관해서도 ①미국의 주립대학을 모델로 하여 구 경성제국대학을 국립서울대학으로 개편, ②자율적 대학인가 모델에 기초한 한국대학협의회의 설립, ③한국인 유학생의 미국 파견과 미국인 교육전문가의 초빙 등 미국 일변도의 정책이 전개되었다. 이는 일본 제국주의의 잔재를 불식시키는 것이 해방정국의 조선과 미국의 쌍방에 의해 지상명제로 받아들여졌기 때문이다.[49]

그러나 미국의 대학 모델과 정책이 미군정기와 국가건립 초기에 큰 영향을 줬지만 일제시대의 제도나 인물, 교재 등이 갑자기 바뀌는 것은 아니었다. 따라서 미군정기 한국 교육은 일제시대 교육제도의 지속 속에서 미국식 교육의 새로운 제도가 시행되는 이중적인 성격을 내포하고 있다. 즉 일제의 중앙집권적인 교육체제를 유지하면서 미국식 시민교육을 전개했는데 이는 식민지 교육체제 위에 타율적이고 모방적인 민주교육을 실시한 것이다. 다시 말해 전체주의와 식민주의를 기초로 하는 일제의 교육체제와 미국식 개인주의와 민주주의를 기초로 하는 교육관의 결합

49) 우마코시 토오루, 앞의 책, 2001, 27쪽.
50) 홍웅선, 『광복 후의 신교육운동: 1946~1949 — 조선교육연구회를 중심으로』, 대한교과서주식회사, 1991, 35~38쪽.

이 현실적으로 일관된 이념과 제도의 형성을 불가능하게 했다.[50]

서울대학교의 경우에 경성제대 시절의 문학부가 국어국문 · 영어영문 · 독어독문 · 불어불문 · 중어중문 · 언어학 · 사학 · 사회학 · 종교학 · 철학 과로 나누어지고 "인문학 내에서 지적 체계의 재편 과정은 국민국가의 문화적 동일성을 위한 거대 서사의 구축, 제한된 타자로서 중국에 대한 제한적 서사, 사라져버린 제국의 중심으로서 일본에 대한 망각, 그리고 새로운 중심으로 부각된 서구라는 타자에 대한 인식"이 지배적이 되고, "영어영문학은 미국과의 직접적인 관련 속에서 미국의 지식-담론을 번역 수용하는 통로로서 작용하게 되면서 더욱 중요한 역할"[51]을 하게 된다.

서울대학교 철학과에는 보성전문의 안호상(1946. 10~1947. 7, 서울대 재직기간), 혜화전문의 김두헌(1946. 10~1950. 6), 그리고 이화여전에 있다 폐교가 된 후에 조선총독부 학무국에서 촉탁 일을 하던 박종홍(1946. 10~1968. 8)이 새로 부임하게 되었고, 1941년 일본 와세다대학 철학과에 입학했던 박홍규도 귀국하여 철학과에 합류한다(1946. 10~1984. 8). 서울대 철학과는 처음부터 서양철학 위주여서 동양철학에 대한 고려가 없었다고 하지만 유학(儒學) 전공의 민태식 교수(1946. 11~1950. 6)가 1946년에 부임하여 3년 후에 떠났고 그 이후로 동양철학 전공 교수가 없었다.[52] 곧이어 고형곤(1947. 10~1959. 3)과 이인기(1950. 1~1968. 9)가 교수로 부임한다.

---

51) 윤영도, 「탈식민, 냉전 그리고 고등교육」, 『냉전 아시아의 문화풍경 1: 1940-1950년대』, 현실문학, 2008, 172쪽.
52) 1972년에 유학 전공의 이남영이 전임으로 부임할 때까지 20여 년 동안 동양철학은 오로지 한 두 사람의 시간강사에 의존하게 되어 이 부문의 후진을 제대로 양성하지 못했다.

안호상은 국대안 실시를 강력히 찬성하고 사회주의 세력을 강력히 비판하면서 『유물론비판』(1947), 『민족이론의 전망』(1948) 등을 저술했고, 대한민국 초대 문교부 장관이 되어 『일민주의의 본바탕─일민주의의 본질』(1950) 등의 책을 통해 우익 민족주의의 대표적 이론가·실천가로 활동했다. 박종홍은 경성대학교 교수, 서울대학교 문리과대학 교수로 취임하여 '현대철학의 과제', 서양 고대철학사를 속강하고 1947년 1학기에는 『주역』 강의도 하고 『칸트 연습』으로 『순수이성비판』 원전 강독을 수년간 했다고 한다. 여기서 특징적인 것은 『주역』 강의를 한 것인데, 해방 후 교과 과정이 아직 체계화되기 이전이라 교수 개인의 관심에 따라 강의를 한 것으로 보인다. 김두헌은 윤리학개론·윤리학연습 등을 강의했고 1950년에는 문교부 고등교육국장으로 취임하여 고등교육정책에 중요한 역할을 하게 된다.

앞에서 일제시대 경성제대에서의 연구와 강의가 서양 고중세철학사, 서양 근세철학사, 칸트 철학에 대한 강독, 신칸트학파에 대한 연구, 브렌타노, 후설 등의 현상학적 흐름, 하르트만·하이데거에 이르는 존재론 등이 중심이었음을 볼 수 있었는데 해방 후에도 이러한 경향은 크게 바뀌지 않은 것으로 보인다. 다만 일제 때는 없었던 듀이 연구, 프래그머티즘 연구가 새롭게 들어오고 강의 개설 과목의 양과 다양함이 크게 변화를 보이는 것은 주목할 만하다.[53] 서울대 철학과 초기의 교육 과정은 대체로 철학개론, 철학연습, 철학특강, 논리학, 인식론, 형이상학, 현대철학의 과제, 서양철학사, 서양철학사특강, 서양철학사 연습, 윤리학특강, 윤리학연습 식의 강의가 이루어진 것으로 보인다.[54]

---

53) 이기상, 앞의 책, 2002, 50~51쪽 참조.

1949년 7월에 서울대학교 문리대 철학과에서 나온 석사논문으로 김보겸의 「플라톤의 이데아와 수(數)」, 김용민의 「진리의 삶」, 방승환의 「칸트에 있어서의 순수오성개념의 실험적 연역론 일고(一考)」, 서동익의 「칸트의 오성에 관한 고찰」, 김태길의 「니체의 가치관 소고」 등이 있는데 이를 통해서도 초기 서울대학교 철학과의 수업과 연구 경향, 분위기 등을 알 수 있다.

경성대학 졸업생(1946. 7. 3)으로는 서명원·장하귀가 있고 서울대학교 문리과대학 1회 졸업생(1947. 7. 11)으로 김용민·김보겸·김태길·방승환·곽상수·서동익·이정훈, 2회 졸업생으로 김종호·이석희·이종후·윤명로·최명관·한철하 등이 있다. 3회 졸업생으로 이영춘·천옥환·한전숙·한종석 등이 있고, 4회는 민동근·이인옥, 5회는 김영삼·박태흔, 6회(1952. 3. 31)는 조가경·조희영·전두하·이정호·김병우가 있다.

해방 후 기독교계 사학들이 일제히 대학으로 변화된 것은 이미 그 잠재력이 있음에도 불구하고 일제에 의해 억압되어왔음을 의미한다.[55] 1946년 8월 16일에 민족의 학교로서 한국 근대교육을 지켜왔던 보성전문·연희전문·이화여자전문학교가 고려대학교·연희대학교, 그리고 이화여자대학교로 승격, 인가된다. 이렇게 해서 일제시기에 경성제국대학과 기타 전문학교로 이원화된 고등교육체제는 해체되고 4년제 대학 중심의 일원화된 체제로 정비되었다.[56] 이 승격을 결정한 미군정청 문교

---

54) 1945~49년 서울대 철학과에서 개설된 강의 목록에 대해서는 이기상, 앞의 책, 2002, 48쪽 참조.
55) 우마코시 토오루, 앞의 책, 2001, 87쪽.
56) 이길상, 앞의 책, 2007, 307쪽.

부장(록커드 대위) 산하에는 당시 조선인 지식인들로 구성된 교육심의회가 설치되어 있었고 심의회 내에 9개의 전문분과위원회의 하나였던 고등교육분과위원회의 책임자가 바로 김성수였다. 위원으로는 유진오·윤일선·백남운·조병옥·박종홍 등이 있었다.

이때부터 고려대학교 문과대학과 연희대학교 문학원에 각각 철학과가 개설되어 경성제국대학에서 교명을 바꾼 서울대학교 철학과와 함께 본격적인 대학(강단) 철학의 시대를 맞이하게 된다. 특히 경성제대 철학과의 일본인 교수들이 모두 일본으로 돌아가고 새롭게 4년제 대학이 개교함에 따라 신설학과의 충원을 위해 국내 철학전문가들의 대이동 현상이 생겨났다.

고려대학교 철학과에는 보성전문 시절에 강사로 있었던 박희성(1901~88), 이종우(1903~74), 중국 북경대 출신의 이상은(1905~75), 일본과 중국에서 공부한 김경탁(1906~70), 경성여의전의 최재희(1914~84, 고대 재직기간: 1947~52)가 모였다. 이종우와 이상은은 학교의 주요 직책을 맡으면서 많은 일을 했다.[57]

연희대학교 철학과에는 연희전문 때부터 있던 고형곤(초대 과장, 47년에 서울대로 옮김)·최현배·박상현을 비롯하여, 유럽에서 오래 공부하고 돌아온 정석해(1899~96)와 일본서 공부하고 협성신학교에 있던 전원배(1903~84)가 가담했다. 정석해는 보성전문에도 강사로 나갔다.

서울대학교와 비교해서 볼 때 민족대학의 전통을 가진 고려대학교는 이상은·김경탁 교수가 동양철학·한국철학을 맡음으로써 전통철학사상에 대한 신구적 연구를 해 나갔고,[58] 연희대학교에서는 미국 철학·과

---

57)『고려대학교90년지』, 고려대출판부, 1995, 296~322쪽 참조.

학철학의 소개가 본격적으로 이루어진 것으로 보인다.[59] "한국대학에 과학철학 강의가 처음 등장한 것은 1940년대 말이었다. (……) 정석해가 과학철학을 강의했다."[60] 한치진과 함께 영미 철학을 전파한 선구자로 정석해를 꼽을 수 있다.

한치진은 1945년 광복을 맞이하자 9월에 남조선 과도정부 공보부 여론국 교육과의 고문으로 있으면서 '민주주의 원론'을 방송으로 연속 강의하였다. 1947년 5월 광복 전의 철학연구사를 부활 개편하여 조선문화연구사(朝鮮文化研究社)를 재창립하였으며, 1947년 7월 서울대학교 교수로 취임하였다. 이해 11월 공보부 여론국 정치교육과의 고문을 겸하면서 이 부서의 기관지인 『민주조선』(民主朝鮮)의 주간을 맡았다. 1948년 8월 대한민국정부의 수립으로 『민주조선』의 발행이 중지되자, 그해 10월부터 『자주생활』(自主生活)이라고 개제하여 개인잡지로 발행하였다. 철학 · 종교학 · 사회학 · 심리학 · 정치학 등의 여러 분야에 걸친 29권의 저서를 남기고 있으며, 각종 신문 · 잡지에 쓴 논문 99편이 밝혀지고 있다. 그는 6·25 때 납북되었다.

해방 후 새로운 국가건설을 둘러싼 좌우 대결을 거치며 남북이 분단되는 과정에서 신남철 · 박치우 · 정진석 등의 좌파 철학자들은 모두 월북하게 되고 한국전쟁은 남북 양쪽에서의 제도와 함께, 철학적 · 이데올로기적

---

58) 이 당시 고려대 철학과의 교과 과정에 대해서는 이기상, 앞의 책, 2002, 53쪽 참조.

59) 연희대 문학원 안에 철학과의 교과 과정에 대해서는 이기상, 같은 책, 52쪽 참조.

60) 송상용, 「한국과학철학회」, 한국철학회편집위원회 편, 『한국철학의 회고와 전망』, 철학과현실사, 2010, 214쪽.

지형을 더욱 왜곡·축소·고착시키는 계기가 되었다. 1949년 12월 31일에 공포된 교육법(법률 제86호)에 의해 남한에서의 고등교육은 제도적으로 체계를 갖추기 시작했지만 곧 이어 발생한 한국전쟁은 한국사회 전체를 혼란에 빠뜨리면서, 해방 후 아직 정착하지 못한 학계를 마비 상태에 빠지게 한다. 고려대학교는 대구에, 그리고 서울대학교와 연희대학교는 부산에 임시학교를 설치하고 재학생은 물론 신입생까지 모집하여 학교의 기능을 정상화하려고 했다. 1953년 6월에는 대부분의 대학교 기능이 회복되게 된다.[61]

1953년부터 시작된 전후 부흥에 있어서 미국의 영향은 더욱 결정적으로 되었다. 한국 교육의 재건 과정에서 가장 큰 어려움은 교원 양성 분야였는데 이는 미국 교육사절단의 활동과 '피바디 계획' 등을 통해 서서히 해결되게 된다. 특히 1954~61년에 걸쳐 실시된 미국정부 주도의 대한 고등교육 원조는 총액의 78%를 서울대에, 나머지는 거의 연세대학교·고려대학교·이화여자대학교 등에 집중 투자하는 소위 거점대학에 대한 집중원조방식으로 전후 대학복구와 발전이 이루어졌다.[62]

미국은 또한 1954년부터 교육원조의 일환으로 당시 학계의 지도적인 인사들을 미국의 미네소타대학에 초청, 재교육하였는데 철학계에서는 박종홍·김태길·이종우 등이 유학하여 귀국 후 도구주의적 과학철학과 듀이의 실용주의 윤리설 등을 도입·소개했다. 이에 따라 듀이의 철학책이 여러 권 번역되고 실용주의·경험주의·과학주의 등의 철학이 본격

---

61) 전후 고등교육의 재건에 대해서는 우마코시 토오루, 앞의 책, 2001, 191~195쪽 참조.
62) 같은 책, 199, 200쪽.

적으로 수용되기 시작하고 미국 철학의 영향력도 증대하기 시작한다.[63]

1969년 조사에 의하면 당시 서울대학교 전체 교수진 652명 중 미국 유학 경험자가 약 50%(328명) 정도였다고 한다.[64] 이는 해방 후 미국 학문에로의 학문적 종속화를 보여주는 현상이라 할 수 있을 것이다.

1953년 휴전 후 10월 1일에 서울대학교 문리대 철학연구실에서 한국철학회 창립총회가 열렸는데 그 배경은 세계철학자대회 참가 요청이 왔기 때문이라고 한다. 초대 회장은 고형곤이고 부회장은 박종홍·이종우이며 평의원은 이재훈·권세원·김두헌·김계숙·김용배·이상은·김경탁·민태식·정석해·최재희·하기락이고 편집위원은 손명현, 상임간사는 김기석이었다. 한국철학회의 회지인 『철학』 창간호는 1955년에 나왔는데 필자는 김계숙·이상은·손명현·김기석·김석목·김용배·김준섭 등이다. 2호는 1957년에 나왔다가 계속 발행하지 못하고 1969년이 되어서야 3호가 나온다.[65]

해방 후 1950년까지 나온 전체 철학서적 중에 마르크스주의·사회주의 철학을 제외한 번역서와 저술을 보면 대강 다음 표1과 같다.[66]

---

63) 정종, 「한국철학계에 있어서의 미국철학의 수용과 영향」, 고려대아세아문제연구소, 『아세아연구』, 1967, 37~60쪽 참조.

64) 우마코시 토오루, 앞의 책, 2001, 200쪽.

65) 한국철학회 학회지인 『철학』의 총목차에 대해서는 한국철학회, 『철학』, 100호(2009년 가을) 참조.

66) 오영석 편저, 『해방기 간행도서 총목록: 1945-1950』, 소명출판, 2009, 494~498쪽 참조. 해방 후 번역 출간됐거나 저술 형태로 나온 마르크스주의 책들도 상당히 많다. 이들 마르크스주의 관련 책에 대해서는 『한국 사회철학의 수용과 전개』, 85쪽; 오영석 편저, 같은 책, 520~526쪽 참조. 또한 조희영 편, 『서양철학관계 국내간행물 총목록(1931~1968)』 비간행 자료; 주상희, 「한국철학

표1 1945~50년에 출판된 주요 철학 저 · 역서(마르크스주의 · 사회주의 철학서 제외)

도서명	지은이/옮긴이	출판사	출판연도
방법서설	데카르트/박홍규	대성출판사	1948
변화철학-베르그송 철학의 원리	윌슨 카아/한치진	조선문화연구사	1948
사랑의 철학	플라톤/이강열	을유문화사	1948. 7
상호부조론	크로포트킨/성인기	대성출판사	1948. 9
서양철학사요(상)	요하타노 세이치/김재범	고려선봉사	1947. 7
소크라테스의 변명	플라톤/김은우	을유문화사	1947
자유론	밀/성인기	대성출판사	1946. 6
철학 및 철학사입문	웹브/이재훈	종로서원	1948. 11
철학개론	예루잘렘/김종흡	수선사	1948. 2
철학사화(상)	듀란트/유형기	신생사	1946. 4
철학사화(하)	듀란트/유형기	신생사	1947. 1
철학의 제문제	러셀/이희재	경위사	1949
철학입문	바우흐/방승환	문화당	1949. 8
철학입문	C.E.M. 조드/김은우	정음사	1949. 4
논리학	김준섭	태백서적공사	1947. 10
논리학	안호상	문화당	1948
논리학	이재훈	대성출판사	1947
동서문화철학	한치진	조선문화연구사	1949
미국실용주의	한치진	조선문화연구사	1948
서양철학사	김준섭	정음사	1949. 1
서양철학사	이재훈	을유문화사	1948. 12
윤리학개론	김두헌	대성출판사	1946. 11
윤리학개론	최재희	박문출판사	1948
인생과 우주	한치진	조선문화연구사	1948
인식논리학	박종홍	백영사	1953. 5
일반논리학	박종홍	백영사	1948
철학강론	안호상	박문출판사	1948. 11, 1942
철학개론	김준섭	세계서림	1946. 11
철학개론	이재훈	동방문화사	1948

철학개론	이종우	을유문화사	1948. 11
철학논총	안호상	을유문화사	1948. 9
철학신강	김용배	금융도서주식회사	1947
철학요론	김준섭	웅변구락출판사	1946. 6
현대구미철학	한치진	조선문화연구사	1950

6. 냉전적 지식·담론체계의 확대

이제까지 일제시대의 전문학교와 해외유학 철학자들, 그리고 경성제
국대학 철학과와 해방 이후의 경성대학, 국립서울대학과 고려대·연희
대 등 주요 사립대학을 중심으로 철학이 어떻게 제도적으로 수용, 형성
되었으며 그 특징이 무엇인가를 주로 대학정책, 대학제도와 인맥, 출간
도서 등을 통해 살펴보았다.

서구철학을 직접 이해하고 번역할 수 있는 능력이 없는 상태에서 일제
시대 경성제대 철학과의 설립과 그 이후 늘어난 철학 연구자들의 활동은
한국에서 근대적 학문으로서의 철학을 형성시키는 중요한 계기가 되었
다. 이 과정에서 한편으로 일본의 식민지정책과 일본 내의 철학사상, 일
본인들의 학문 방식(학문 분야, 글쓰기 방식, 학문제도, 교육제도 등)으
로부터 크게 영향받았음을 알 수 있었고 해방 후에도 이러한 영향이 특
히 인맥을 통해 지속되고 있음을 볼 수 있었다. 물론 이러한 영향하에서
도 식민지 지식인으로서 '주체적 철학함'의 모습을 보여준 철학자들도
있었다. 그러나 이들 중 일부는 월북했으며, 특히 남북분단 후의 철학

서적 출판에 대한 실태분석 —해방 이후부터 1990년까지」, 중앙대 신문방송대
학원 석사논문(1991. 12) 참조.

적 · 이데올로기적 지형은 극히 제한적이게 되었다.

해방 직후 남한에 주둔한 미군이 새로운 세계전략 통치를 위해 식민지 체제를 이용했고 또 남북분단을 통해 정권을 잡은 이승만 정부가 명목상 으로는 반일을 내세웠지만 실제로는 반공을 위해 친일세력을 옹호했기 때문에 식민지체제의 유산이 상당히 지속되게 된다. 경성제대 졸업생의 상당수가 해방 이후 남한에서 대학교수와 행정관료를 차례로 역임한 사례가 많으며, 특히 경성제대 출신과 유학생 출신들이 대학 내의 학장과 총장 등의 주요 보직을 역임함으로써 신생독립국가에서 대학계의 핵심 엘리트로 자리잡았다.[67]

이 결과 해방 후에도 제국주의 시기 일본에서 생산된 지적 체계와 담론 구조들은 서울대학교 교원들의 상당수를 차지하고 있던 경성제국대학 출신자들이나 일본 제국의 각급 대학 출신자들을 통해서, 그리고 서울대학교의 재편 과정에 남겨진 학적 체계의 흔적들을 통해서 여전히 많은 부분에서 영향을 미치고 있었다. 즉 해방 후 대학의 틀은 미국식을 도입했지만 그 세부적인 운영에서는 일본식 잔재가 강하게 작동하였다고 볼 수 있다. 이와 동시에 미군정과 이에 공모한 친일세력의 주도하에 이루어진 좌우 대립의 과정 속에서 선별된 교수진의 구성, 그리고 좌파 지식인들의 배제와 월북이 이루어지게 되면서 자연스럽게 냉전적 지식-담론체계가 조금씩 배태되기 시작했다.[68]

그리고 한국전쟁 후로 인문학 분야에는 전반적인 세대교체와 함께 미국의 교육원조 및 교류 프로그램을 통해 새로운 영미 계열의 이론과 방

---

67) 정선이, 앞의 책, 2002, 164~167쪽.
68) 윤영도, 앞의 글, 2008, 173쪽.

법론들이 적극 수용되면서 해방 직후의 지식-담론과는 다른 새로운 층을 형성해나가고 이 과정에서 미국의 지적 영향력은 급격히 확대되어나간다.[69] 그러나 한국 철학계에서는 다른 학문 분야와 비교해서 독일과 유럽 철학의 영향력이 상당히 강했는데 이는 전후의 황폐한 정신적 상태에서의 실존철학의 도입, 그리고 일제시대부터의 독일 철학의 영향이 교육과 인맥을 통해 여전히 힘을 발휘했기 때문으로 볼 수 있다.

---

69) 같은 글, 172쪽 주23; 같은 책, 511쪽.

제 2 부

인문교양의 지형과 구성

문학개론과 '지'(知)의 표준화

서은주 · 한국문학

1. 문학개론이라는 제도

대학에서 문학 강의를 맡아본 사람이라면 누구나 공감하겠지만, 소위 문학개론 혹은 문학입문이라는 과목을 강의해야 할 때 겪는 난감함은 실로 크다. 문학 관련 강의가 대개 특정 언어권이나 시대로 구분되거나, 장르 혹은 주제, 연구방법론 등에 따라 분화되어 있는 데 반해, 문학개론은 그 모두를 포괄해야 한다는 중압감을 주기 때문이다. 물론 교과목 개편을 통해 '문학이란 무엇인가', '문학의 이해' 등과 같이 보다 순화된 강좌명을 붙여 유연하고 개방적인 문학교육을 시도하기도 하지만, 강의를 담당하는 입장에서 보면 문학의 개념에서 출발해 장르적 전개, 그리고 문예사조라 불리는 문학예술에서의 사상과 양식의 역사에 이르기까지 문학 전반을 개괄해야 한다는 부담에서 여전히 자유롭지 못하다. 대학마다 사정은 다르지만 문학개론류의 강좌는 대개 교양선택이나 전공기초과목으로 개설되어 있어 지나치게 전문지식을 요구해서도 안 되는, 말 그대로 수위 조절이 필요한 과목이기도 하다. 게다가 대학의 문학개론 교재는 일반론 혹은 원론을 서술한다는 의식 아래 대개 서구의 문학을 광범위하게 다루고 있어 한국문학 전공자가 그 내용을 두루 섭렵하여 가르치기란 결코 쉽지 않다. 좀더 솔직하게 말하자면 문학개론 교재가 대상으로 삼는 것은 주로 영미문학이나 불문학, 혹은 독문학 등의 유럽과 북미의 백인 문학이라는 점에서 '영문학개론' 또는 '유럽문학개론', '서양문학개론' 등의 보다 정직한 명명이 필요할지도 모르겠다. 어떠한 문학도 특정의 언어와 결부되어 있으며, 따라서 언어의 내셔널리티와 무관한, 혹은 그것을 초월하는 문학에 대한 논의란 현실적으로 존재하기 어렵다. 한국근대문학이 서구문학의 이식사임을 부정할 수는 없겠지만, 서구문학을 공공연하게 보편화함으로써 그것의 권위를 승인하고 확산하는 문학개론이라는 제도[1]는 분명 문제적이다.

한국문학 연구자인 조동일 교수는 1990년대 초반에 대학의 교양과목으로서 문학개론이 놓인 난처한 지점을 경험적 사례를 통해 보여주고 있다.[2] 그는 오랜 기간 대학에서 문학교육을 담당하면서 가장 어려웠던 강의가 문학개론이었음을 인식하고, 자기 나름의 원인 분석을 통해 대안을 마련하고 해결책을 모색하였다. 그가 생각하기에 교양과목이란 전공과목을 이수하기 위한 선행과목으로서 기초적으로 필요한 과목이며, 동시에 전공과목의 폐쇄성을 시정하기 위해서 포괄적인 내용을 취급하는 과목이거나, 전공학과가 없기 때문에 교양으로 공부할 필요가 있는

---

1) 여기서 말하는 "문학개론이라는 제도"는 대학의 교과 과목으로 편성된 강좌를 지칭하는 것임과 동시에, 이러한 강좌의 교재로서 혹은 일반 독자의 문학 입문서로 쓰인 저술을 포괄하는 것이다.
2) 조동일, 「대학 교양교과의 문학교육」, 국어국문학회 편, 『대학의 국문학교육』, 지식산업사, 1993, 11∼27쪽 참조.

과목이다. 그러나 국문학·영문학·불문학·독문학·중문학 등의 전공 과목의 폐쇄성을 넘어선 포괄적인 내용이면서 기초적인 문학론을 교수 개인이 독자적으로 마련하는 것은 현실적으로 불가능하다. 조동일은 우선 대개의 문학개론의 교재가 영미 계통의 문학이론을 생경하게 소개하는 데 반감을 느껴 강좌명을 '교양문학'으로 개편하여 이론을 최대한 배제하고 동서고금의 주요작품을 골라 감상하는 것으로 대체하였다. 그러나 이 강좌는 오래 가지 못하고 필수과목에서 제외되어버린다. 이 실패를 기반으로 이후 야심차게 시도한 것이 학교의 지원을 받아 국문과·영문과·일문과·독문과 교수가 공동 연구해 공동 강의하는 방식의 혁신적인 문학개론 과목의 개설이었다. 이 강의를 준비하는 과정에서 그가 발견한 것은 그렇게 많은 한국문학 연구자들의 문학개론서에 한국에서 문학을 어떻게 정의했는지에 대한 내용이 없다는 사실이었다.[3] 이 실험적인 강좌가 오래 지속될 수는 없었는데, 이 경험을 통해 그가 얻은 결론은 기존의 문학개론서가 허망하다는 것이며, 문학일반론 및 세계문학은 대학의 어느 과정, 어떤 학과에서 가르쳐야 하는가에 대한 대책이 필요하다는 것이었다. 물론 여기에서 간과해서 안 될 사항은, 해방 후 한국의 대학에는 대개 한국문학의 기원과 고유성, 개별 장르의 형성 및 발전 과정 등을 다루는 국문학개론이라는 강좌가 따로 있었으며, 그에

---

3) 근대적 '문학' 개념에 대한 연구는 황종연의 「문학이라는 역어─「문학이란 何오」 혹은 「한국 근대문학론의 성립에 관한 고찰」(문학사와 비평연구회 편, 『한국문학과 계몽 담론』, 새미, 1999), 김동식의 「한국의 근대적 문학개념 형성과정 연구」(서울대 박사학위 논문, 1999) 등으로 시작하여 최근 10여 년 사이에 활발하게 연구되고 있다. 그러나 그러한 연구 성과가 문학개론서나 문학개론 강좌에 실제로 반영되는지는 의문이다.

따른 교재도 다수 출판되었다는 사실이다.[4] 그런데 국문학개론은 국어 국문학과에 국한된 개설 과목이고, 이는 '고전/현대'의 분과체계로 볼 때 고전문학에 초점을 맞춘 커리큘럼으로 편성된 것이다. 따라서 이 강좌의 교재로 만들어진 국문학개론서는 대개 고대설화에서부터 한국근 대문학 형성까지를 대상으로 서술한, 한국문학에 대한 이론 혹은 문학 사를 포괄하고 있다. 결국 국문학개론은 '개별성'의 범주에서 한국문학 을 대상으로 하고, 문학개론은 '보편성'의 차원에서 주로 서구문학을 대 상화하는 방식으로 위계화되었던 셈이다. 즉 한국의 고전문학에 집중된 국문학개론이 철저하게 내셔널리티의 영역이라면, 서구의 근현대문학 을 아우르는 문학개론은 세계성의 범주 속에서 보편적 '교양'으로 자리 매김되었다고 하겠다.

교과목으로서의 문학개론은 식민지 경성제국대학의 법문학부 강좌에 서부터 존재했고,[5] 학술적 글쓰기로서의 문학개론은 이광수의 문학론을 통해 1920년대부터 근대적 연구라는 관점에서 언급되었다.[6] 또한 조선 어로 번역되지는 않았지만 서구나 일본의 문학개론서가 다양하게 소개,

---

4) 해방 이후부터 1950년대에 걸쳐 출간된 국문학개론류의 단행본은 다음과 같다. 우리어문학회, 『국문학개론』, 일성당서점, 1949; 이능우, 『입문을 위한 국문학 개론』, 이문당, 1954; 김기동, 『국문학개론』, 대창문화사, 1955; 구자균 · 손낙 범 · 김형규 공저, 『국문학개론』, 일성당서점, 1957.

5) 유준필이 제시한 경성제국대학 법문학부 출신자들(김태준 · 김재철 · 이재욱)의 학적부를 참조하면, 문학개론이라는 강좌가 1920년대 후반부터 개설되고 있음 을 확인할 수 있다(유준필, 「형성기 국문학 연구의 전개 양상과 특성」, 서울대 박사학위 논문, 1998, 부록 참조). 또한 연희전문 문과에서도 1학년 과목으로 문 학개론이 개설되었다(연세대 국학연구원 편, 『근대학문의 형성과 연희전문』, 연 세대출판부, 2005, 85쪽).

수용되기도 했다. 그러나 대학이라는 아카데미를 매개로 한국인에 의한 문학개론서가 본격적으로 저술, 번역된 것은 해방 이후의 일이다. 단행본으로 출간된 문학개론이라는 형식은 분명 문학이론과 관련된 학술적 글쓰기로, 보다 과학적이고 분석적인 문학 개념과 분류 체계를 설정함으로써 해방 후의 문학연구와 교육에 중요한 역할을 담당하였다. 조동일이 비판했듯이, 한국의 문학개론이 지닌 서구 중심주의의 문제는 근본적으로 한국근대문학의 형성 과정 및 특성과 밀접한 관계가 있겠지만, 보다 구체적이고 실제적인 영향관계에 있는 해방 후 대학제도와의 관련 속에서 해명하는 것이 적절할 듯하다. 왜냐하면 문학개론서가 주로 대학에서의 문학 강의를 위한 교재로 기획, 저술되었기 때문이다. 해방 이후부터 1950년대에 걸쳐 발간된 문학개론서의 주요 저자인 김기림 · 백철 · 김동리 · 조연현 · 조용만 · 최재서 등은 모두 대학의 국문학과 혹은 영문학과의 강사 또는 교수로 있으면서 이 과목을 강의했던 당사자들이었다. 그런 의미에서 문학개론은 대학을 매개로 한 제도적 글쓰기의 대표적인 사례이자, 대학이라는 학문 장의 요구에 부응하여 구성된 '교양 지(知)' 혹은 '문학 지(知)'의 표본이기도 하다.

이 연구는 문학개론이라는 제도가 놓인 근본적인 조건을 염두에 두고, 해방 이후 좌우의 대립과 한국전쟁을 관통하면서 문학 연구의 장에서 이러한 저술작업이 지속적으로 수행되었던 사실에 주목하고자 한다. 해방

---

6) 이광수는 「문학강화」(『조선문단』 1~5, 1924. 10~1925. 2)를 통해 문학을 예술로서 대상화하기보다는 학문으로서 접근하고 있는데, 하나의 학문에 입문하기 위해서는 '개론'(概論)과 '사'(史)의 형식을 거쳐야 함을 강조하고 있다. 1920년대 문학교육의 문제에 대한 이광수의 인식은 김현주 「이광수의 문학교육론」(『문학 속의 파시즘』, 삼인, 2001) 참조.

이후부터 1950년대 말까지를 대상 시기로 삼아 이 시기에 발간된 주요 문학개론서를 검토하면서, 그 가운데에서 김기림·백철·최재서의 저술과 르네 웰렉과 오스틴 워렌의 『문학의 이론』을 주요 분석 대상으로 삼는다. 이들 저술에 주목하는 것은 정도의 차이는 있지만 이들 문학개론서가 저술 취지나 구성체계, 서술 내용의 면에서 기존 지식의 편집, 나열을 넘어서는 독자성을 지니고 있다는 점 때문이다. 그리고 무엇보다 중요한 것은 인문학의 분과학문으로 문학을 인식함으로써 '(과)학'으로서의 문학 개념을 체계화·이론화시키고자 노력하였다는 사실이다. 이들의 저술은 문학을 감상과 향수의 대상에서 학술적 대상 혹은 과학의 영역으로 인식하려는 작업이었으며, 결과적으로 이러한 문학 개념을 교육의 장에서 확산시키는 데 일조하였다. 이러한 판단에 입각해 이 연구는 해방 이후부터 1950년대에 걸쳐 새롭게 수립·정비되었던 대학의 교육 및 학술 제도와의 관련성 속에서 문학개론서의 출현을 탐색할 것이다. 이 연구는 개별 저술에 대한 면밀한 분석 자체에 집중하기보다는 한국문학이 외국문학의 이론을 수용하고 배치하는 논리의 지점을 추적하는 작업에 의의를 둘 것이다. 더불어 대학의 교재이자 이론서로서의 문학개론서가 담보하는 과학적 지식의 내용과 수준을 '표준화'의 차원에서 이해하고자 한다. 이러한 문제의식은 문학의 과학화를 지향했던 학술 장에서 학문의 세계성 혹은 내셔널리티의 문제를 어떻게 접근해야 하는지에 대한 고민과도 병행되어 고찰될 것이다.

2. 대학의 교양교육과 문학개론

해방 이후 미군정은 고등교육 과정의 개편을 통해 교양과목과 전공과목을 구분하고 교양과목을 필수로 이수하도록 하는 제도를 도입하였다. 교양교과 안에는 인문과학 · 사회과학 · 자연과학의 교과를 포괄하여 배치하고 각 학문 분과의 개론을 교육한 것은, 대학에서의 '교양'이 특정 학문의 경계를 벗어난 초(超)학문적 범주이면서, 전문지식과는 구별되는 보편적 지식과 소양으로 통용되었음을 의미한다.[7] 그럼에도 철학과 논리학, 문화사 · 국사 등의 역사 과목들이 유독 많다는 점, 영문학을 비롯하여 외국 '정전'들을 읽기 위해 외국어 능력을 강조한 점은 교양이 인문학적 지식을 중심으로 구성되고 있음을 보여준다.[8] 1948년 국립서울대학교에 도입된 5개의 교양필수 영역 안에는 국어 및 국문학, 외국어 및 외국문학[9]이 포함되어 있고, 문학개론이라는 교과목은 주로 교양선택이나 전공기초(필수)과목으로 배치되고 있다. 주요 대학의 일람 자료를 보면 문학개론이 서울대에서는 국문학과의 전공필수과목으로만,[10] 연희대에서는 영문학과 2학년 과목으로만 편성된 데 반해,[11] 고려대는 국문과와 영문과 2학년을 대상으로 하는 전공필수과목으로,[12] 그리고 이화여대는 인문계열의 교양선택과목으로 개설되어 있다.[13]

---

7) 서은주, 「1950년대 대학제도와 '교양' 독자」, 『현대문학의 연구』 40, 2010, 13~15쪽.

8) 근대 일본의 경우에도 영어교육의 중요성은 절대적으로 강조되었는데, 영어교육은 영문학 교육과 동일한 것으로 인식되었다. 영문학이란 바로 영국 사회의 교양을 의미하는 것으로, 영어를 배우는 것은 궁극적으로 교양을 함양하는 것이었다. 山口誠, 『英語講座の誕生』, 講談社, 2001, 52~55쪽 참조.

9) 『서울대학60년사』, 서울대출판부, 2008, 481쪽.

10) 『서울대학교일람』, 1955, 80쪽.

11) 『연희대학교일람』, 1946, 1953, 1955.

12) 『고려대학교일람』, 1955, 13쪽.

문학개론이 교양과목으로 배치되는가 하면, 국문학과의 전공기초과목 혹은 영문학과의 전공기초과목으로 개설되고 있는 상황은 이 강좌가 지닌 경계의 모호성과 포괄성을 반증하는 것이기도 하다. 당시에 실제로 대학에서 개설된 문학개론의 구체적 커리큘럼을 확보하기는 어렵기 때문에 교양과목과 전공기초과목의 차이를 확인하는 것은 불가능하다. 앞에서 언급했듯이 1959년 이화여대의 일람 자료에 의하면, 문학개론 과목의 개요를 "문학정신은 무엇인가, 문학과 시대와 민족과 환경의 관계는 어떠한가, 그리고 시 · 소설 · 희곡 등의 근본 정신과 그 범위, 윤곽을 더듬어서 더 높은 인간교양의 길을 찾아보려는 것"으로 소개하고 있다.[14] 당시 이 강좌의 담당자는 와세다대학에서 불문학을 전공하고 식민지 문단에서 해외문학파로 활동했던 이헌구였다. 해방 후는 물론이고 1950년대 주요 종합대학의 외국문학 관련 교과 및 국문학과의 현대문학 관련 교과는 식민지시기 일본 대학이나 경성제국대학 등에서 외국문학을 전공했던 인물들이 독점했다고 해도 과언이 아니다. 이양하 · 김진섭[15] · 손우성 · 이하윤 등과 김기림 · 임학수 등이 서울대학교에 재직했고, 정인섭 · 최재서 등은 연희대학교에, 백철은 동국대학교를 거쳐 중앙대학교에, 조용만은 고려대학교에 적을 두고 있었다. 따라서 주로 이들에 의해 저술된 문학개론서가 일차적으로 대학 강의를 위한 교재로 출판되었음을 충분히 짐작할 수 있다. 이들은 외국어 독해 능력의 면에서 자료의 섭렵에 유리했고, 따라서 문학이론의 학습 수준이 상대적으로 높았을 것

13) 『이화여자대학교일람』, 1959, 25쪽.
14) 같은 책, 30쪽.
15) 김진섭은 해방 후 경성제국대학이 이름을 바꾼 경성대, 그리고 국립서울대의 독문과 교수로 재직하였으나 한국전쟁 중에 납북된다.

이라는 점도 추론 가능하다. 한편 1950년대 초반에 문학개론서를 저술한 김동리와 조연현도 각각 서라벌예술대학과 동국대학교에 재직하고 있었지만, 두 대학의 특성이 주로 문인 배출을 위한 창작 영역에 치중했다는 점과, 두 사람이 모두 당대 문단의 주요 매체였던『현대문학』을 주도한 문단 권력이었다는 점은[16] 앞의 외국문학 전공의 대학교수들과 차별성을 지니는 중요한 근거라고 볼 수 있다. 서두에서도 말했듯이 국문학개론과 동시에 존재했던 문학개론은 어떤 면에서 한국문학을 대상화해야 한다는 내셔널리즘에 대한 부담을 애초부터 괄호쳤다고도 볼 수 있다. 따라서 어떤 면에서는 의식적으로 한국근대문학을 서술 내용에 포함시키려고 애썼던 백철의 사례는 예외적이라고도 하겠다. 하여튼 교양 차원의 '문학 지(知)'란 기초적이고도 포괄적이어야 하며, 개별 국민(민족)국가 단위를 넘어서는 세계문학의 시야를 요구하는 것이었다. 따라서 문학개론이라는 제도 아래 문학의 개념과 역사를 아우르는 방대한 지식을 단일한 교과목으로, 그리고 한 권의 저술 속에 구성해낸다는 것은 그 자체가 불가능성을 담보한, 애초에 한계를 전제로 하는 시도였다고 하겠다.

한국에서 출판된 문학개론서에 대한 최근의 의미 있는 작업으로 김명인과 홍경표의 연구를 들 수 있다. 김명인은 한국문학이 스테레오타입화된 근대적 문학관을 무반성적으로 답습하여왔다는 문제의식 아래 해방 후 발간된 김기림과 백철의『문학개론』을 다루고 있는데, 이들 개론서를 통해 "주체적 문학관 구성"의 모색과 실패의 과정을 추적하고 있다.[17] 김명인의 연구가 분명한 문제의식 아래 해방기라는 제한된 시기

---

16) 김건우, 「한국문학의 제도적 자율성의 형성」, 『동방학지』 149, 2010, 183쪽 참조.

를 다루고 있는 데 비해, 홍경표의 연구는 근대 초기부터 1950년대까지를 대상으로 문학개론/입문 관련 서지를 개괄하고 있어 문학개론이 수용되는 역사적 추이를 파악하는 데 도움을 주고 있다.[18] 이들의 작업 외에 문학개론서라는 특정의 텍스트에 초점을 맞춘 것은 아니지만 김윤식 교수가 주요 비평가들의 작가론을 서술하는 과정에서 비교적 다양한 문학개론서들을 분석한 바 있다.[19] 그러나 근대적 문학 개념의 형성 과정에 대한 역사적 고찰이 어느 정도 축적된 현재의 상태에서도, '문학이란 무엇인가'라는 개념의 정의에서 출발하여 장르에 대한 인식, 그리고 각 문예사조의 특성과 그것의 역사적 추이까지도 포괄하고 있는 문학개론이라는 텍스트에 대한 관심은 여전히 부족하다. 문학개론서는 해방 이후부터 1950년대에 걸쳐 집중적으로 출간되었는데, 이 시기를 대상으로 하는 학술사 연구는 문학 분야만이 아니라 전반적으로 공백의 지점이 많다고 할 수 있다. 사실 해방 후 군정기를 거쳐 전쟁과 분단, 냉전 이데올로기 대립을 경험했던 격동의 역사 공간에서 지식인들의 사상

17) 김명인, 「주체적 문학관 구성의 모색과 그 좌절」, 민족문학사연구소 기초학문 연구단 편, 『한국 근대문학의 형성과 문학 장의 재발견』, 소명출판, 2004.

18) 홍경표, 「근대 초기 '문학개론'의 수용과 그 전개 과정—'문학개론'서의 서지와 관련하여」, 『어문학』 94, 2006. 12.

19) 김윤식은 『백철연구』(소명출판, 2008)에서 해방 후 백철의 문학적 행적을 추적하는 과정에서 그의 『문학개론』을 분석하고 있으며, 더불어 백철과 김병철이 공역한 R. 웰렉, A. 워렌의 『문학의 이론』도 다루고 있다. 마찬가지로 해방 후 최재서의 문학론을 추적하면서 『문학원론』을 분석한 바 있다. 이 외에 김재영은 '요소론적 접근법'이라는 용어를 사용하여 해방 후 문학개론서의 구성체계를 설명하고 있다(김재영, 「한국 근대소설 논의의 추이와 이태준」, 『상허학보』 14, 2005).

적 대립과 좌우 전향, 정치적 숙청, 공간적 이주 및 단절, 문헌 자료의 분실 혹은 훼손 등이 이루어졌다고 전제할 때, 당대의 학술 장을 온전하게 복원하여 전모를 파악하는 것은 결코 쉽지 않다. 객관적 현실을 고려하면 '온전한' 학술 장의 존재 여부도 의문일 수 있다. 요컨대 해방 이후와 1950년대의 학술 장을 연구의 대상으로 삼는 데 있어서의 어려움을 고려한다 하더라도, 문학개론에 대한 무관심 현상은 또 다른 차원의 요인이 작용하지 않을까 한다. 즉 문학개론서의 저술은 독창적인 문학관을 제시하는 본격 연구서라기보다는 대개 기존의 문학 지식을 종합하여 편집한 강의용 혹은 입문 형식의 교재로 인식되어왔다. 실제로 문학에 대한 총론적 연구서라고 할 수 있는 문학개론을 한국에서는 초기에 서구의 논의나 혹은 이들을 수용한 일본의 문학 논의를 전면적으로 차용하는 방식으로 주로 집필하였고,[20] 이러한 작업들이 하나의 전범이 되어 다시 유사한 관점과 체제를 갖춘 저술들이 복제 · 재생산됨으로써 문학개론서는 문학연구의 텍스트로서 그 오리지널리티를 의심받게 된 것이다.

　문학에 대한 총론적 개념서라고 할 수 있는 개론서의 등장은 유럽의 경우 19세기 후반 매슈 아널드의 비평과 월터 페이터의 논의들에서 단초를 찾을 수 있지만, 보다 체계적인 문학이론으로서 학술성을 담보하는

---

20) '개론'(槪論)이라는 용어는 20세기를 전후한 시기에 일본의 교육제도나 학문제도 안에서 출현한 현상이라고 볼 수 있으며(홍경표, 앞의 글, 2006, 386쪽 참조), 이것이 식민지 조선에 이식되어 현재까지도 유통되고 있는 것이다. 문학개론이 문학에 대한 총론적인 개념서라고 할 때, 서구에서는 이러한 형태의 저술에 'Study', 'Introduction', 'Essay' 등의 용어를 사용하여 다양한 방식으로 명명하고 있다.

저술은 동서양을 막론하고 20세기에 들어와서야 출현했다고 볼 수 있다.[21] 20세기 초반의 W. H. 허드슨과 R. 몰턴 등의 문학론은 큰 시차 없이 1920년대부터 일본에서 번역·출판되었고,[22] 이들 서구의 저작들과 더불어 영국 유학을 통해 영문학에 정통했던 나쓰메 소세키가 쓴 『문학론』(1907)이나, 와세다대학 영문학과 출신인 혼마 히사오의 『문학개론』(1916) 등의 일본 개론서들이 식민지 조선의 문학인들에게 많은 영향을 미쳤던 것으로 알려져 있다. 해방 후에는 한국어로 된 독서물에 대한 수요가 급격히 증가하면서 번역도 급증하였다.[23] 이 시기에 번역된 문학개론서에는 일본어로 번역되어 출판되었던 소비에트나 유럽의 문학저술들을 중역하는 경우도 있었지만,[24] 비노그라도프(Viktor Vladimirovich

---

21) 19세기 후반에 발표된 대표적 문학 관련 저술은 다음과 같다. M. Arnold, *Essay in criticism*, 1865; W. Pater, *Studies in the history of Renaissance*, 1873; H. M. Posnett, *Comparative Literature*, 1886; C. T. Winchester, *Some Principles of Literary Criticism*, The Macmillan company, 1899.

22) W. H. Hudson, *An Introduction to the Study of Literature*, D. C. Heath & Co., 1910; R. G. Moulton, *The Modern Study of Literature*, The University of Chicago, 1915.

23) 김병철에 의하면, 1940년 이후부터 해방 전까지의 단행본 번역은 13편에 불과했던 데 비해 해방 이후부터 한국전쟁 전까지의 기간에는 이것의 6배에 가까운 64편으로 급상승하였다. 김병철, 『한국 근대번역문학사 연구』하, 을유문화사, 1974, 849쪽 참조.

24) 콤 아카데미 문학부가 엮은 『문학의 본질』(백효원 역, 신학사, 1947)은 1936년 일본어 번역본을 중역한 것으로 소비에트 계급이론에 기초한 개론서이다. G. E. 윗드베리의 『문학개론』(조연현·김유성 역, 창인사, 1951)도 일역본의 중역이고, W. H. 허드슨의 『문학원론』(김용호 역, 대문사, 1949)도 1925년 일역본을 초역(抄譯)한 것이다. 조벽암이 번역한 고리키의 『문학론』(서울출판사, 1947)도 일역판과 영역판을 저본으로 한 중역이다. 이 시기 번역된 문학개론

Vinogradov)의 『문학입문』처럼 러시아어에서 직접 번역한 경우도 있었다.[25] 사회주의 문학론을 소개하는 번역서의 출판은 해방기 좌파문학진영의 문학대중화 사업의 일환으로 진행되었지만 급박하게 전개되는 정세로 인해 남한사회에서 급속히 자취를 감추게 된다. 실제로 한국전쟁을 계기로 분단이 고착화되고 사상 검열이 전면화됨에 따라 마르크스주의와 관련된 일체의 문학론이나 작가, 작품에 대한 언급은 개론서에서 삭제되어갔다. 스스로 '중간파'임을 자처했던 백철이 1947년에 『문학개론』 초판을 발간한 이래 판을 거듭하며 7판까지 찍었던 것을 1952년에 절판시키고, 2배의 분량으로 확대·재집필하여 1954년에 개정판을 낸 것은 무엇보다 사상문제와 연루되어 있는 김태준·이태준 등에 대한 언급을 삭제하기 위한 의도에서였다. 그런 점에서 좌파적 의식을 표명하며 해방 직후 출간된 김기림의 문학개론서는 해방기 중요한 저작이 아닐 수 없으며, '순수문학'이라는 이름 아래 우파문학의 중심에서 창작계와 비평계를 주도했던 김동리와 조연현의 『문학개론』과 좋은 대조를 이룬다.

김기림·백철·최재서의 저작을 논의하기에 앞서, 이들의 문학개론서가 지니는 차별성을 부각시키기 위해서라도 같은 시기의 몇몇 주요 문학개론서들을 일별하는 작업이 필요할 듯하다. 대학의 국문학과 교수였던 김동리와 조연현의 경우, 이들의 문학개론서는 아카데미즘의 경향보다

───────

서에 대한 서지는 홍경표의 앞의 글(2006) 참조.
25) 이 책의 서문에서 이원조는 해방 후 최초의 입문서로 문학대중의 '문학이란 무엇인가'에 대한 광범위한 탐구 의욕에 부응하기 위해 완역하였다고 소개하고 있다. 1930년대 소비에트 문예이론을 포괄적으로 소개하고 있는 개론서이다. 비노그라도프, 조선문예연구회 역(김영석·나선역 역), 『문학입문』, 선문사, 1946.

는 광범위한 문학 애호층을 독자로 설정한 대중적 소개서에 가깝다.[26] 김동리가 1952년에, 조연현이 1953년에 발간한『문학개론』은 둘 다 160쪽 내외의 적은 분량으로, '문학원론'과 '문학의 제양식'을 배치한 다음에 '근대문예사조사'를 배치하고 있어 구성이 거의 대동소이하다. 백철의『신문학사조사』가 임화의 계승이자 사조사라는 점을 들어 비판했던 조연현이지만[27] 역시 사조사의 관점에서 한국근대문학을 서술하고 있기는 마찬가지이다. 김동리는 제3부 '근대문학' 안에 '한국의 신문학'이라는 항목을 따로 설정한 것 외에도 제2부 '문학의 제양식'에서 한국문학 작품을 비롯해 동양 고전을 두루 소개한 데 반해, 조연현의 경우는 제3부 '근대의 문예사조'의 끝부분에 '한국 신문학사조사 개설'을 따로 설정하여 여기서만 한국문학을 언급하고 있다. 무엇보다 김동리 · 조연현의『문학개론』의 특징은 이론과 문학사를 구분하여 서술하되 하나의 저술 속에 함께 배치하고 있다는 점이다. 요컨대 이들의『문학개론』은 문학과 관련된 지식을 간략한 서술방식을 통해 총집결시키고 있어, 해방 직후 김기림이 그렇게도 혐오했던 일종의 '백과전서식' 나열을 연상시킨다. 어떤 의미에서 이러한 백과전서식 지식의 수준과 체계는 대중에게 가장 선호되는 형태로, 그것이 굳이 대학제도라는 고등교육기관을 매개로 존재할 필요는 없을 것이다. 따라서 문학개론서도 대중적 취향과 아카데미즘적 경향으로 분화하는 양상을 보이는데, 저자 개인의 문학적 경험, 연구의 전문성 및 가치 지향성 등을 비롯해 각자가 속해 있는 대학의 상황과 요

---

26) 여기서 언급된 주요 문학개론서의 구성체계를 보여주기 위하여 각 개론서의 목차를 논문 끝에 '참고자료'로 제시하였다.

27) 김윤식, 앞의 책, 2008, 563쪽.

구 등과 결부해 차이를 드러낸다. 김동리 · 조연현이 상대적으로 대중과 소통하는 개방성을 선호했다면, 김기림 · 백철 · 최재서의 경우는 아카데미즘에의 지향성이 강했다고 할 수 있다.

경성제국대학 영문과 출신으로 1953년 고려대학교 영문과 교수로 부임한 조용만도 1954년 『문학개론』을 집필하는데,[28] 이 저술은 경성제국대학의 문학개론 강좌의 교재로 알려진 W. H. 허드슨의 『문학의 입문』[29]과 상당히 유사한 체계를 갖고 있다. 문학연구 방법을 앞에 제시한 점이나 시 · 소설 · 희곡 · 문예비평의 각론으로 구성한 점은 허드슨의 것과 동일하며, 마지막 장에 '각국 문학의 개관'을 붙여놓은 것만 다르다. 뒷부분을 제외하고는 비록 몇몇 세부 항목의 제목이 다르기는 하지만 허드슨의 것을 반 정도의 분량으로 압축하고 있다고 봐도 무방할 것이다. 이 저작에서 주목할 부분은 '문학연구법'이라는 개념을 등장시켜 일반인들의 문학 독서와 구별하여 연대기적 방법과 비교연구법을 '계통적 연구법'으로 소개하는 대목이다. 실제 내용에서는 결국 문학작품의 감상과 별반 다르지 않지만 '문학연구법'이라 명명함으로써 문학 이해의 전문성, 즉 학술적 연구라는 차원을 분별하려는 의식을 발견할 수 있다. 이는 대학의 강단을 기반으로 산출된 1950년대의 문학개론서가 추구했던 하나의 중요한 흐름이기도 하다.

한편 이러한 아카데미즘의 경향은 창작을 목적으로 하는 문예창작학과의 교재에도 반영된다. 서라벌예술대학은 '문예창작 강좌'라는 기획으

---

28) 조용만, 『문학개론』, 탐구당, 1954.
29) 조용만은 「서」에서 윌리엄 헨리 허드슨의 『문학연구서론』이 많은 참고가 되었음을 밝히고 있다. 원저는 다음과 같다. W. H. Hudson, *Ibid*, D. C. Heath & Co., 1910.

로 1956년에 총 6권의 책을 발간하는데, 기획 취지에서 이 강좌 시리즈가 초보적인 문학 지향자를 포함해 창작 전공자를 대상으로 하며 "한국 문단인의 총집필로 완성을 이룬 금자탑"이자 "진서"(珍書)라고 광고하고 있다.[30] 이 시리즈는 『세계문예사조사』『소설연구』『문예학개론』『시연구』『문장연구』『희곡 · 시나리오 작품연구』로 구성되었으며, 각 권마다 수십 명의 필자들이 각기 전문 영역을 맡아 집필한 편저 형식이다. 개론 혹은 총론, 문학사 등을 저자 1인이 감당한다는 것이 한계가 있음을 인식하고 보다 전문적이고 차별화된 내용을 담기 위해 당시로서는 새롭게 시도한 기획이라고 하겠다. 이러한 구성과 편집은 개론서가 지닌 백과전서식 지식 나열의 위험을 타개하는 방법이기도 하며, 대학의 문예창작학과가 추구해야 할 이론과 실습을 조화시키는 방안이기도 했다. 이는 앞서 발간된 김동리와 조연현의 문학개론서와 구별되는 성과이기도 하다.

3. 아카데미즘과 문학의 과학화

1946년에 발간된 김기림의 『현대문학개론』은 '문학의 과학'을 표면적 기치로 내걸었다는 것과 해방 직후의 '민족문학 건설'에 대한 좌파문학의 지향을 분명히 표명했다는 점에서 시선을 끈다.[31] 김기림은 일본 도

---

30) 『문예학개론』, 서라벌예술대학출판국, 1956, 마지막 쪽 광고란.
31) 1946년 초판은 『현대문학개론』이라는 이름을 달고 126쪽의 짧은 분량으로 문우인서관에서 발간되었고, 1947년 재판, 1948년 3판은 모두 『문학개론』이라는 이름으로 신문화연구소에서 발행되었다.

표1 김기림, 『현대문학개론』(문우인서관, 1946) 목차

서문	
1. 어떻게 시작할까 2. 문학의 심리학 3. 문학의 사회학	
4. 문학의 장르	A.소설 B.시 C.희곡
5. 비평문학	
6. 세계문학의 분포(상) 7. 세계문학의 분포(하)	
8. 문학과 예술	
9. 현대문학의 제과제	A.문학의 소유 관계 B.입장의 문제 C.유산 정리 D.민족문학
10.우선 무엇을 읽을까	세계문학 기초서목 18세기 이전 / 19세기 이후: 소설 · 시 · 희곡/조선/기초참고서
부록	1.문학의 해석과 이해 2.문맥 3.장면 4.가치의 상대성

호쿠대학 영문과를 졸업하고 귀국해 1930년대 시창작과 비평을 통해 모더니즘론의 중심에 있었지만, 해방 직후 좌익 문학단체인 문학가동맹에 가담하면서 좌선회한 인물이다. 따라서 김기림의 『문학개론』에는 저자의 사상적 변화뿐만 아니라 해방 직후 한국사회의 쟁점과 특수한 사회적 분위기까지도 반영되어 있다. 이해의 편의를 위해 책의 목차를 제시하면 표1과 같다.

우선 저술의 취지를 밝히고 있는 서문에서 김기림은, 기존의 문학론이 잡다한 상식, 주관적 인상이나 감상 또는 일화의 비체계적인 나열임을 지적하면서 시공간을 초월한 '영원한 것'으로 문학을 정의했던 몰턴류의 문학론을 "관념적 문학사가들과 독일류의 형이상학적 미학자들의 환각"[32]이라고 비판한다. 이어서 문학을 창작하고 감상하는 데 있어 가장 "소중

---

32) 김기림, 『문학개론』, 문우인서관, 1946, 2쪽 서문.

한 일"로서 '문학의 과학'과 '문학의 이해'라는 두 가지 접근법을 제시한다.

그러면 장차 문학을 하려는 사람 또 문학의 능률적인 감상을 소원하는 사람에게 있어서 소중한 일은 무엇이냐? 그 하나는 문학적 사상(事象)에 대한 과학적 인식—다시 말하면 '문학의 과학'이다. 그러나 그것만으로는 족할 수는 없다. 문학작품을 통한 문학의 실체에 대한 투철한 이해야말로 필요한 것이다. '문학의 과학'만을 요구하는 것은 학문적 흥미에 끊치는 것이오 문학의 이해야말로 창작이나 감상에 있어서 가장 요구되는 것이며 이러한 실제적인 기능적인 면에 있어서 '문학의 과학'은 이해작용의 보강을 위하야 있는 것이라고 해도 과언이 아니다.[33]

'문학의 과학' 개념은 김기림이 주도했던 1930년대 모더니즘 문학이론의 큰 틀에서 이미 언급한 바 있는데, 주로 심리학과 같은 현대학문의 지식과 방법론을 문학이 자기화하는 문제에 초점이 놓여 있었다. 목차에서 보듯, 김기림은 '어떻게 시작할까'라는 1장에 이어 2장과 3장에 문학의 기반으로서 심리학과 사회학을 배치하고 있는데, "문학이 작용하는 고장"으로서 심리학을 강조함과 동시에 그것이 "일정한 역사적 · 사회적 관련의 낙인을 불가피하게 받아가지고 또 역사적 · 사회적으로 파문을 그리는 그러한 성질의 것"임을 더욱 강조하고 있다.[34] 즉 해방 후 김기림

---

33) 같은 책, 2쪽.
34) 같은 책, 3쪽.

은 "문학의 사실을 기술하는 과학은 심리학과 사회학의 두 지주(支柱)"를 기반으로 함을 피력하면서도 과거에 비해 사회학에 보다 우위성을 두고 있는 것이다. 사실 심리학과 사회학은 근대에 새롭게 성립된 학문 분과로, 의학과 같은 자연과학의 학문적 방법론에 많은 영향을 받은 인문사회 영역의 분과학문이다. 따라서 김기림이 생각한 '문학의 과학'이란 인접한 근대적 학문 분과의 과학적 방법론을 문학이 포섭함으로써 얻을 수 있는 과학적 인식에 다름 아니다. 그러나 한편으로 '문학의 과학'에만 몰두하는 것을 아카데미즘에 머무는 것이라 지적하며 '문학의 이해' 또한 강조하는데,[35] 이는 대학교육의 현장체험에 근거해 철저히 피교육자 혹은 독자를 대상으로 발화하는 것이다. 김기림은 "소위 대학 문과라는 곳에서들 한 일이 무엇이냐 하면 작품 자체를 이해해가는 직접적인 길보다는 주로 문학에 대한 어떤 기성(旣成)된 견해나 소개나 해설을 복사시켜 주는 일"이었다고 강한 어조로 비판한다.[36] 이는 교양이라는 이름 아래 지식으로만 습득되는 대학의 문학교육에 대한 폭로이자 자기비판이기도 하다. 그렇다 하더라도 교육자의 입장에서 '문학의 이해'를 최우선 가치로 피력하는 것은 너무도 당연하며, 이를 두고 문학 전공자 혹은 연구자의 입장에서 발화된 '문학의 과학'이란 개념을 폄하하는 것으로 보기는 어렵다. 다시 말해 문학을 심리학·사회학과 같은 근대적 학문의 체계로서 재구성·재탄생시키고자 하는 '문학의 과학화'에 대한 의지나 욕망은 그에게 여전히 중요했던 것이다.

35) 이를 두고 김명인은 김기림의 『문학개론』이 "이론이나 비평보다 문학작품의 독서와 이해라는 '문학적 경험'에 우선성을 부여"해 만든 "공들인 개론 체계"라고 호평하고 있다. 김명인, 앞의 글, 2004, 290쪽 참조.
36) 김기림, 앞의 책, 2쪽.

김기림의 『문학개론』이 취하고 있는 구성체계는 기존에 출간된 서구나 일본의 문학개론서에 비해 개성이 있는 만큼 체제의 안정감을 확보하고 있지는 못하다. 앞에서 언급했듯이 타학문과의 관련성을 서술하는 배치가 그렇고, 비평을 시·소설·희곡의 장르 체계로부터 독립시켜 별도의 장에서 서술하는 것이 특이점이다. 그런데 무엇보다 시선을 끄는 것은 9장의 '현대문학의 제과제'라는 부분으로, 이는 '당대(當代)로서의 현대'라는 시공간의 구체성과 역사성에 방점을 둔 구성이자 김기림의 문제의식을 집약한 장이라 하겠다. '문학의 소유 관계'를 다룬 부분에서 이 점을 확인할 수 있다.

조선인민대중은 이조말기 봉건 특권계층의 손으로 일제의 손에 팔려 넘어간 뒤에도 그 자신의 문화를 소유해보지 못하고 더군다나 제국주의적 식민지 문화정책의 갖은 희생이 되어왔던 것이다. 인제야 조선인민은 그 자신의 문화를 소유하여야 할 때가 왔다. 아무도 그 일을 방해하지는 못할 것이다. 문화적 계몽이 널리 또 급속하게 대중 속에 강행되어야 할 것이고 나아가서는 그 수준의 향상을 위한 노력이 활발하게 추진되어야 할 것이다. 이 일은 오늘에 와서는 전 세계적으로 제기되어야 할, 또 되고 있는 문제다. 문화의 소유관계가 종래의 특권적인 독점 형태를 떠나서 광범한 인민대중에게 기초를 둔 진정한 민주주의적 형태로 바꾸어져야 할 것이다. 장래할 국가체제가 인민적 민주주의 우에서 설진대 그 문교정책은 문화적으로도 진정한 민주주의—인민의 손으로 된, 인민이 가진, 인민을 위한—문화의 실현을 향해서 교육의 국영, 의무교육의 앙양, 문고·라디오·농촌도서관·농촌극장 등의 문화시설을 입안하야 착착 실천하는 방향으로 나가야 할 것이다.[37]

여기서는 분명 문학가동맹 중앙위원으로서의 김기림의 일면이 분명하게 발견되는데, 해방 정국에서 '인민적 민주주의'의 구상 아래 문화의 소유관계가 어떠한 방향으로 변혁되어야 하는지를 서술하고 있다. 교육과 문화의 영역에서 구체적인 실천의 방향을 제시함과 동시에, "순수성의 옹호"를 내걸고 예술지상주의적 편향에 빠진 "문학적 귀족"을 청산해야 할 존재로 규정하며 "고도의 윤리성"에 기반을 둔 리얼리즘의 추구를 주문하고 있다.[38] 한편 민족국가의 건설이라는 당대적 과제와 결부시켜 민족문학에 대한 논의를 전개하고 있는데, 이는 부정적 의미의 민족주의와는 구별되는 것으로 배타적인 자민족 우월주의가 아니면서 반파시즘·반제국주의·반봉건의 지향을 지닌 것으로 설명하고 있다.[39] 그러나 당위적 논조로 '인민의 문학'으로서의 민족문학을 강조하지만, 근현대 조선문학의 구체상이 거의 언급되지 않은 채 오직 10장의 '세계문학 기초서목' 가운데 몇 편의 목록으로만 식민지 문학이 소개되고 있는 것은 이 책의 피할 수 없는 한계이다. 더욱이 장르에 대한 서술에서나 '부록'의 내용 서술에서 I. A. 리처즈 등의 모더니즘 이론에 상당히 의지함으로써 비노그라도프나 부하린 등의 소비에트 문학이론을 수용한 9장의 내용과 이질적으로 공존하고 있다. 이에 대해 동시대의 이남수가 지적했듯이 "문학을 과학적으로 구명(究明)"할 수 있는 사상인 유물사관에 입각해 있지 못하다든가,[40] 김명인의 해석처럼 계급론적 관념의 부재를 한계로

---

37) 같은 책, 71쪽.

38) 같은 책, 74쪽.

39) 같은 책, 77, 78쪽 참조.

40) 이남수, 「문학이론의 빈곤성 — 백철·김기림 양씨의 문학개론에 대하여」, 『신천지』 4-4, 1949, 164쪽 참조.

지적할 수도 있겠다.[41] 그러나 철저히 서구사회를 대상으로 형성된 문학이론의 체계 속에 이제 막 식민지에서 해방된 한국사회의 문학적 현실을 접맥시키는 작업은 결코 간단하지 않다. 김기림의『문학개론』이 지닌 한계는 세계관의 불철저 때문이기도 하겠지만 지식의 구성과 체계화에 대한 이해와 경험의 부족이라고 보는 편이 적절할 듯싶다. 표방된 것으로서의 '문학의 과학화'는 해방공간의 문학 주체가 실현하기에는 아직 이른 것이었으며, 그런 의미에서 아카데미즘의 결핍은, 실제와 관념을 결합시켜 이론으로 체계화하는 근대학문의 메커니즘에 대한 학습과 훈련의 부족에 다름 아니다.

백철의『문학개론』저술은 1947년의 초판본을 비롯해, 분단된 현실을 반영하여 전면 개정한 1954년판, 그리고 R. 웰렉과 A. 워렌의 역작『문학의 이론』을 번역한 후 뉴크리티시즘의 이론을 부분적으로 삽입하여 개정, 보완한 1963년판으로 진행, 발전하였다.[42] 이 과정은 해방 이후 백철 문학의 이론적 변화 과정을 압축하고 있기도 하다. 거칠게 말하자면 세 종류의『문학개론』은 세 가지 모습의 백철이었던 것이다. 첫 번째는 해방 후 '중간파'로서 임화의 '신문학'과 '이식문학' 개념을 계승하면서『조선신문학사조사』를 동시에 저술하면서 학문적 기반을 마련했던 초판의 백철이다. 두 번째 1954년의 개정판은 한국전쟁 후, 그동안 자신의 문학론과 인맥 속에서 중요한 하나의 축을 형성하고 있었던 카프 및 마르크스주의 문학의 흔적을 제거하면서 대학의 아카데미즘 속에 자신을 확

41) 김명인, 앞의 글, 2004, 292쪽 참조.
42) 해방 이후부터 1950년대에 출간된 주요 문학개론서의 체계와 구성을 보여주기
위해 이 글 뒤에 '참고자료―1945~60년대에 출간된 주요 문학개론서의 목차'
를 표로 제시하였다.

고하게 위치시키고자 고군분투했던 백철이다. 세 번째는 미국 유학 체험과 뉴크리티시즘의 세례를 통해 세계문학의 지평 속에서 한국문학의 이론적 발전을 선도해나간다는 자부심으로 충만했던 1963년의 백철이다.

최재서의 『문학원론』과 더불어 1960년대 이후까지도 대학의 주요 문학이론서로 자리잡은 백철의 『문학개론』은 서문에서 밝히고 있듯이 문학 강의를 위해 구상되었고, "조선의 학도들을 위한 것인 이상, 조선문학적인 개론이 되기"[43]를 희망하면서 집필되었다. 해방기의 김기림과 비교해서는 물론이고 이후 1960년대까지 확장해서도 여전히 유지되는 백철 『문학개론』의 미덕은 조선문학의 기원과 특성, 그리고 구체적인 비평적 논의와 작품론을 곳곳에 배치했다는 점이다. 특히 1947년판의 경우, '문학의 기원과 발달'을 다루는 1장부터 '한문학과 조선문학', '조선문학의 의의' 등을 내세우고 있는 점은 두드러지는 특징이다.

초판의 목차를 보면, 김기림의 『문학개론』에 비해 상대적으로 개론서로서의 일반적인 구성에 가깝다고 할 수 있지만, '문학의 기원과 발달'을 독립된 장으로 구성한 것은 그렇다 치더라도 '일반론'과 '세론' 사이에 '내용과 형식'을 따로 구성한 것은 안정된 체계라고 보기 어렵다. 또한 구체적인 세부 내용이 복잡다기한 데 비해 179쪽이라는 분량은 현저히 작은 그릇이다. 서문에서 특정한 지향성을 천명하지도 않았고, 말 그대로 "이 개론에 자신을 갖지 못하면서도" "뒤에 오는 일층 완비한 문학개론을 기다릴 때까지의 잠정적인 역할을 할 수 있을까 하는 희망"에서 소박하게 기획된 것이라고 볼 수 있다. 어떤 면에서 백철의 내면에는 김기림의 경우와는 대조적으로, 해방 후 좌파적 세계관을 공표하며 급진화하

---

43) 백철, 『문학개론』, 동방문화사, 1947, 서문.

고 있었던 임화나 김남천 등의 과거 카프의 동료들을 의식하면서도, 식민지 전향 국면에서부터 이미 상당히 우경화된 자신의 문학관을 어떻게 봉합할 것인지가 주된 고민이었을 것이다. 그는 가능하면 현실정치로부터 문학을 분리하는 방법, 이는 달리 말하면 해방 정국의 이념적 혼란으로부터 자신을 보호하는 방법을 모색하는 것이었고, 이 과정에서 문학개론과 문학사를 저술하는 학술적 공간을 발견하였던 것이다. 따라서 "겸허를 윤리로 하야 자기의 주장을 고집하는 것보다는 선인들과 학우들의 학설을 인용하여 소개와 해석에 충실하려고 노력"[44]하였다. 그러나 김명인이 정리한 대로, 문학론이나 작품과 관련해 참조한 인명수는 총 133명이고 이 가운데 한국인은 50명이나 된다.[45] 그러나 다양한 동서양의 문학론을 지식의 형태로 전달하면서도 "조선문학적 개론"을 구상했던 백철 식의 미덕은 충분히 인정할 만하지만, 이러한 '겸허한' 조합 내지 편집적 서술방식은 서로 이질적인 시각과 방법이 충돌하는 혼란을 피할 수 없다. 블라디미르 프리체의 예술사회학적 과학성에 동조하면서도 오스카 와일드의 문학관을 인정하는가 하면, 마르크스의 자연관을 문맥적 개연성 없이 인용하는 좌충우돌은 좌우 문학을 한곳에 버무리려는 해방 직후 백철의 고군분투를 그대로 투영하고 있다. 이러한 혼란은 결국 한국전쟁 후 백철 문학개론서의 결정적 저작이라고 평가받는 1954년판 『문학개론』을 통해 해결의 가능성을 찾는다.[46]

백철은 해방 이후 대학의 국어국문학과가 국어학과 국문학의 양분 구

---

44) 이남수, 앞의 글, 1949, 186쪽.
45) 이 수치는 책 말미의 '인명색인'란 인명자 수에 근거한 것이다.
46) 홍경표, 앞의 글, 2006, 399, 400쪽 참조.

도 아래 국문학은 곧 고전문학을 지칭하던 상황에서 현대(근대)문학의 학문적 영역을 구축하는 데 가장 중요한 역할을 담당하였다.[47] 초판에 제기된 문제들, 즉 프리체의 예술사회학 논의, 마르크스의 이론에 경도 되면서도 동시에 관념주의 문학론에 탄복하는 혼란상을 극복하는 방법 은 어정쩡한 절충주의를 포기하고 명확하게 우선회하는 길뿐이었다.[48] 초판의 비체계적 구성을 바로잡기 위해 1954년판은 예술일반 · 문학본 론 · 문학분론의 보다 안정된 체계로 구성된다. 서문에서 백철은 개론서 의 경우도 "죽은 개념"이 아니라 "살아 있고" 움직이는 개념으로 설명하 되, 전체와 부분의 관계, 본질과 현실적인 것과의 상관성 속에서 논의되 어야 함을 강조한다. 또한 문학사적인 관계 위에서, 특히 '현대문학의 구 체적인 동향'에 관심을 집중하고 있다. 제2편 '문학본론'에서 문학의 특 질에 대해 설명하면서 외부 현실, 즉 정치나 도덕적 가치에 의한 재단으 로부터 거리를 두는 '독자성'을 무엇보다 강조하는 것도 이 때문이다.[49] 더불어 1954년판은 층위가 맞지 않는 범주 설정의 오류를 제거하면서, 한편으로 서구와 일본의 개론서를 모방 혹은 표절할 수밖에 없는 근본적 인 한계를 보완하기 위해 조선문학을 비롯해 동양 고전의 전거를 직접 인용하고 그 출처를 밝히는 방식으로 체계를 보완하였다. 초판에서부터 백철은 인용 혹은 참고서적에 대해 주석을 붙여놓고 있는데, 이것은 당 시의 다른 개론서들에 비해 객관성을 지닌 아카데미즘의 지표로 인식되

---

47) 김윤식, 앞의 책, 2008, 500쪽 참조.
48) 이남수는 김기림과 백철의 『문학개론』을 테느나 몰턴의 결정론이나 관념론을 극복하지 못한 '과학 미달'의 수준이라고 비판하였다. 이남수, 앞의 글, 1949, 200쪽.
49) 백철, 『문학개론』, 신구문화사, 1954, 75~81쪽 참조.

었다. 영문학 전공자면서 대학의 국문학과 현대문학 교수로 자리잡았던 백철은, 식민지시기 카프의 조직 경험과 비평가로서의 현장 감각을 바탕으로 해방 이후 '개론'(槪論)과 '사'(史)를 통해 일찍이 이론과 문학사라는 두 개의 권위를 동시에 선점한다. 임화나 김남천·이원조 등의 좌파 이론가들의 공백 속에서 한국전쟁 이후의 백철의 위상은 가히 독보적이다. 김동리와 조연현이『문예』나『현대문학』등의 매체와 문단 조직을 장악하면서 명실상부한 남한문학의 권력자로 부상하였다 하더라도, 문학 개념이 '순문학'으로서의 예술 영역과, 인문학의 한 분과로서의 학문 영역으로 분화되고 전문화됨으로써 이들과 백철의 거처는 크게 달라진다.[50] 백철이 뉴크리티시즘에 경도되었던 것도 결국 문학연구를 과학적 분과학문으로 영토화하기 위한 노력의 일환이었던 것이다.

그런 점에서 최재서의『문학원론』은 아카데미즘의 표상으로 부상한 1950년대 대학제도가 요구하는 전문성에 가장 부합하는 글쓰기라고 하겠다. 대학의 교양과목으로 교육하기에는 너무 전문적이고 아카데믹한 글쓰기, 따라서 대학제도 밖에서는 향수되기 어려운 배타성, 이런 것들이『문학원론』의 존재 의의를 배가시켰음을 부인할 수 없다. 경성제대 영문학과를 졸업한 최재서는 식민지 후반의 문학 장에서 절대 권력을 지녔던 인물이다. 김기림과 함께 모더니즘 비평가로 명성을 날렸지만『인문

---

50) 근대초기부터 문(文) 또는 문학(文學)개념을 둘러싼 논의는 실재하는 다양한 언어 양식을 어떻게 체계화할 것인가의 문제와 더불어, 지식체계로서의 '학문'과의 관계, 도(道), 지/정/의, 진/선/미 등의 다양한 가치개념과의 관계 속에서 통합과 분화의 과정을 지속하였다. 문학개념의 분화 발전에 관해서는 김지영의「문학개념체계의 계보학─산문 분류법의 변화 과정을 중심으로」(『민족문화연구』51, 2009)를 참조할 것.

평론』에서 『국민문학』으로 이어지는 친체제적 행보는 해방 이후 막다른 벽에 부닥친다. 그러나 연희대학교 교수라는 안전한 거처에 머물렀던 최재서는 시종 침묵으로 일관하다가 한국전쟁 중에 『맥아더 선풍』을 번역, 출간하면서 다시 매체에 등장한다. 『새벽』과 『사상계』에 발표했던 문학론을 재구성해 출간한 『문학원론』은 1946년 김기림의 『현대문학개론』에 비해서도 철저히 한국문학을 배제시킨 이론서이다. 서문에서 그는 문학개론 강의가 문인들에게는 멸시되고, 학생들에게는 기피되고, 교수들에게는 경원되는 강의라고 전제하고, 환도 후 문학개론 강의를 맡게 되었을 때의 구상을 적고 있다.

이제 강의를 맡게 되자 먼저 생각한 것은 재래의 교과서식인 문학개론을 쓰지 않겠다는 것이었다. 문학의 구체적인 체험을 떠나서 문학의 형식을 분류하고 문학의 요소들을 적출해서 어느 정도 분석함으로써 끝나는 소위 문학개론처럼 흥미없는 일은 없다.

둘째로 생각한 일은 문학 예찬으로 끝나는 문학개론은 쓰지 않겠다는 것이었다. 개념적인 분류를 버리고 좀더 문학의 직접적인 체험을 살려보려는 저술가가 흔히 그의 문학개론에서 범하는 과오는 문학의 예찬, 개성, 천재, 상상, 직관, 영감, 창조 등 채 정의도 되지 않은 말들을 나열하면서 작품 체험을 기술한다 하지만, 그러한 현상들에 대한 실증적인 설명이 없기 때문에 논의 전체가 관념적인 문학 예찬에 끝나고 만다. 그 결과 문학은 우리의 구체적인 생활환경과 분리되어 신비의 구름 속에 자취를 잃어버리게 된다. 이러한 자기도취처럼 허망한 일은 없다.

나는 이 강의에서 구체적인 문학 체험을 말하는 데 온 노력을 집중했다. 그것이 학생들에게 문학의 생명을 전해주는 가장 건전한 방법이라 생각했기 때문이다. 그와 동시에 그러한 문학 현상들에 대해서 되도록 과학적인 설명을 주려고 노력했다. 그러기 위해서 철학과 심리학과 언어학에서 많은 이론들을 빌려왔다. 끝으로 나는 작가와 비평가들의 평론을 되도록 많이 이 강의 속에 포섭하려고 노력했다. 나 자신의 무슨 새로운 의견을 말하기보다는 선인들의 말에 귀를 기울이려 했다. 괴테를 비롯하여 많은 시인과 비평가들이 지적한 바이지만 문학과 예술의 세계에서 발견될 수 있는 새 진리란 별로 없다. 남들이 다 알고 있는 이념이나 의견이나 사상을 자기의 독창적인 것처럼 알고 떠드는 일은 그 사람의 무지를 폭로하는 데 지나지 않는다.[51]

『문학원론』은 재래의 교과서식 문학개론의 지양과 구체적 문학 체험에 바탕한 저술을 천명하고 있는데, 서구문학에 대한 방대한 지식을 총동원하여 비교분석적이고 비판적인 태도를 견지하고 있다는 점에서 기존의 개론서와는 거리가 있다. 백철의 것이 개념적 서술의 평이성과 안정된 교과서식 편제를 갖추었다면, 최재서의 것은 방대한 이론을 체계적으로 배치하는 전문적인 서술이어서 관련 지식이나 선행 학습이 없는 경우 일반대중이 접근하기는 어려운 텍스트이다. 최재서는 해방 이후 자신의 내면을 토로하면서 유독 '질서화' '조직화'를 강조한다. 그러나 그의 『문학원론』은 통상 장르론으로 분류하여 체계화하는 손쉬운 방식을 과감히 해체하고 '표현매체로서의 언어'를 강조하며 시와 극시의 논의에 집중하고 있다. 특히 이론을 논의하는 경우 비교적 20세기에 등장한 I. A. 리처즈, J. 듀이, T. E. 흄, T. S. 엘리어트, A. 헉슬리, W. 제임스 등의 논의를 동

---

51) 최재서, 『문학원론』, 춘조사, 1957, 2쪽 서문.

원함으로써 비교적 동시대적 감각으로 서구문학을 이해할 수 있는 길잡이 역할을 하고 있다.

최재서는 과학은 진리를 다루고 예술은 미를 다룬다는 상투적 견해를 극복하기 위해 예술도 과학과 마찬가지로 "사실을 주로 하는 것"이라 설명하고, 문학이란 "가치 있는 체험의 기록"이라고 정의한다.[52] 그는 『문학원론』에서 취급되는 대상은 비합리적 요소를 포함하는 문학적 체험이지만, 저술 자체는 지식의 체계가 되어야 함을 강조한다. 지식의 체계화를 위해서는 문학 현상들의 기술에만 만족하지 않고 그 현상들을 '설명'해야 한다. 그의 논리대로 하면 설명은 이미 과학적인 방법이므로 문학은 과학적으로 설명될 수 있다는 것이다. 최재서는 문학의 창작과 표현을 신비론으로 포장했던 종래의 문학론들을 "분산"시키고, "문학을 어느 정도 이해할 수 있는 물건으로 만들 수 있"다고 확신한다.[53] 이를 근거로 문학연구가 과학이 될 수 있느냐라는 문제에 대해, 체험을 추상적 · 분석적으로 취급하는 일이 허용된다면 가능한 일이라고 답하고 있다.[54] 물론 최재서가 문학을 처음부터 끝까지 "과학적으로 설명하고 처리할 수 있다"고 생각한 것은 아니며, 직접 체험으로써만 이해할 수 있는 문학의 영역을 남겨두었다. 그럼에도 제임스 · 리처즈 · 듀이 등의 심리학 혹은 언어학 등의 보조과학을 채용함으로써 '과학적 설명'이 되도록 노력해야 한다고 강조한다. 그렇게 해서도 과학적으로 설명될 수 없는 문학의 비합리성과 특이성은 크로체식의 역사적 방법으로써 포섭할 수 있다고 생

---

52) 김윤식, 『한국 근대문학사상 연구』1, 일지사, 290, 291쪽 참조.
53) 최재서, 앞의 책, 1957, 14, 15쪽.
54) 같은 책, 10쪽.

각한다. 요컨대 이 저술이 지닌 독창성이란 셰익스피어 해석의 전문성을 확장시킨 것과, 시나 극시와 같은 장르에 유효한 영미의 문학이론을 일관되게 적용시킨 것에 힘입은 바 크다. 여기에서 최재서는 뉴크리티시즘을 표면에 내걸지는 않았지만, 당대 영미 이론의 수용 속에서 문학연구의 과학성을 자연스럽게 예비하고 있었다고 볼 수 있다. 이처럼 그의 문학론은 과학성·전문성이라는 이름으로 '문학 지(知)'의 아카데미즘화에 깊게 관여했던 것이다.

한편 최재서의 『문학원론』에서 인상적인 대목은 '문학의 속성'을 다루는 4장에서 '고전과 전통'이라는 문제를 특별하게 부각시키고 있는 부분이다. 문학의 속성으로 설명되고 있는 '개성·보편성·항구성'을 통합하는 이념으로서 고전(古典, classic)의 전통을 설명하는 과정에서 최재서는 자연스럽게 "이상적 질서"라는 개념을 가져온다.

고전들을 가지고 질서세계를 구성해보는 일은 작가와 비평가에 대해서보다는 문학을 연구하는 학도에 대해서는 더 한층 중대한 의의를 갖는다. 그것은 실로 문학연구의 궁극의 목적이라고 해도 과언이 아니다. 한 전통——이를테면 영문학의 전통, 혹은 불문학의 전통——속에 질서를 찾는 일은 한 작품——이를테면 셰익스피어의 작품, 혹은 라신느의 작품——을 이해하고 감상하는 일과 별다른 일이 아니다. 작가가 하는 일은 언제나 어디서나 혼돈 속에서 질서를 창조해내는 일일진대, 작품을 이해하고 감상한다는 것은 그 작품을 통해서 질서를 발견하고 그 질서 속에서 좀더 완전하고 좀더 아름다운 인간과 사회의 모습을 그려보는 일이다. 그러한 절차를 확충하여 민족문학 전체에 적용하면 그것이 즉 전통적 질서의 탐구가 될 것이다. 또 그렇게 확충함으로써

문학연구는 실재적이면서도 의미 깊은 지적 활동이 될 것이다.[55]

　고전연구를 통한 질서의 구성이 바로 문학연구의 궁극적 목적이라는 서술에서 '질서'에 대한 최재서의 오래된 집착을 역시 확인할 수 있다. 그는 서구 유럽의 역사 속에서 근대적 고전의 이념이 형성되는 과정을 소개하면서, 온전한 문학 창조는 "문화적 아나키" 상태의 사회에서는 이루어질 수 없으며, 오직 "질서적인 전통" 안에서만 가능하다고 설명한다. 그러면서 "전통이 창조의 인스피레이션이 되고 문학작품의 모태가 되는 대신에 민족 발전의 길을 가로막는 장애물이 될 때에 그 전통은 저주(詛呪)된 물건"이 되는데, "이조 오백 년의 유교적 전통"이 바로 그러한 전통임을 지적한다.[56] 한국 혹은 한국문학에 대한 의식을 배제시켰던 이 책의 서술에서 '저주된 전통'으로서 조선의 유교가 언급되는 것은 이례적이다. 이는 철저하게 서구문학, 특히 영문학의 토양 속에서 문학의 이념을 사고해왔던 최재서의 내면이 노출되는 지점으로, '보편성'으로서의 서구문학을 자기의 것으로 내면화한 식민지 외국문학자의 솔직한 의식이기도 하다. 그렇다 하더라도 동시대 한국문학 장에서 내셔널리즘의 문제와 결부시켜 전통담론이 확대되었던 상황을 고려할 때, 또는 김동리가 서구문학의 보편성을 승인하면서도 "아세아 고대 문화민족"의 가치나 "한국민족의 전통적인 문자가 끼치는 세계적인 의미의 위치와 중량"을 강조했던 사실을 비교해볼 때,[57] 그리고 같은 영문학자였던 백철이 한국

---

55) 같은 책, 101쪽.
56) 같은 책, 96쪽.
57) 김동리, 『문학개론』, 정음사, 1952, 「서」(序) 참조.

문학의 전거를 최대한 활용하면서 조선문학적인 개론에 매진했던 사실을 생각하면 최재서의 사례는 오히려 특이한 경우라 하겠다.

4. '지'의 표준화와 문학연구의 내셔널리티

1960년 출간된 김덕환의 『문학개론』에서는 문학개론이란 문학이 무엇인가에 대해 답을 하는 형식으로서, 문학적 사상에 대한 과학적 인식이나 문학세계의 대체적인 윤곽과 체계를 말하는 것이라고 정의하고 있다. '개론'이란 '학'의 대체적인 윤곽을 개념적으로 논하는 전개를 말하는 것으로, 이는 학의 세구(細究)적 연구와 달라서 그 의의 · 체제 · 입장에 대한 개관을 가지고 독자를 대하는 것이다.[58] 따라서 추상적 전개에 의한 원리적 서술인 문학개론은 입문서로의 역할, 연구 방법과 원리적 지식의 제공, 그리고 국민정신의 고취에서 그 존재가치를 발견하는 것이라고 설명하고 있다.[59] 김덕환의 『문학개론』에서 눈에 띄는 것은 문학을 문리 · 문예 · 문체로 나누고, 종래의 장르적 분류를 '문예문학'으로 묶는 한편, 문학에 대한 구리(究理) · 해석 · 비판 등의 학적 접근을 '문리(文理)문학'이라는 개념으로 구분하고 있는 대목이다.[60] 이광수에서부터 최재서에 이르기까지 기존의 문학개론을 전거로 하여 개념적 용어 해석과 계통적 분류에 집중한 이 저술은, 근대 학문의 분류 체계 속에서 문학의 학적 위치를 규명하려고 시도했다는 점에서 의의가 있지만

---

58) 김덕환, 『문학개론』상, 정연사, 1960, 18쪽.
59) 같은 책, 22쪽.
60) 같은 책, 127쪽.

'노트 정리' 수준의 개략적 서술방식에 머물렀다는 점에서 명백한 한계를 보인다.

1948년에 출판된 R. 웰렉과 A. 워렌의 『문학의 이론』을 백철 · 김병철이 공역한 것은 1959년이었다. 해방 이후 김기림에서 시작하여 백철, 그리고 김동리와 조연현을 우회하여 최재서에 이르는 문학개론서의 전개는 개별 저자의 학문적 역량의 압축판이었고, 이 과정은 대학제도가 요구하는 교양과 아카데미즘에서의 '지'의 문제를 환기시켜주었다. 그런데 『문학의 이론』에 이르면 문학개론이라는 기초적이고 포괄적인 지식체계가 감당할 수 있는 하나의 정점에 도달했다는 인상을 준다. 관점을 차치하고서라도 백철이나 최재서가 보여준 문학개론서 집필자로서 의욕과 지적 자부심은 아마 이 저작 앞에서 위축될 수밖에 없었을 것이다. 아무리 '과학'을 천명한다 하더라도 기존의 문학 범주와 하위 개념들을 절충하는 방식으로서는 어떤 쇄신도 쉽지 않았기 때문이다. 『문학의 이론』 1장 '문학과 문학연구'에서는 "문학과 문학연구를 구별하는 일"이 자신들의 우선 과제임을 밝히고, 전자가 예술이라면 후자는 과학에 근접하는 "지식이거나 일종의 학문"임을 명시하고 있다.[61] 그럼에도 문학의 특이성을 도외시하고 자연과학적 접근법으로 문학을 과학화하려는 시도나, 특이성만을 강조하여 "반(反)과학적 해결법"을 시도하는 쪽 모두를 견제한다.[62] 문헌학도 아니고 언어학도 아니라고 주장하며 등장한 뉴크리티시즘은 이 저작을 통해 마침내 영문학의 학문적 정당성을 주장하게 된다.[63] 이런 분위기를 반영하듯이 웰렉과 워렌의 자신감은 『문학의 이론』

---

61) 르네 웰렉 · 오스틴 워렌, 김병철 역, 『문학의 이론』, 을유문화사, 1982, 17쪽.
62) 같은 책, 23쪽.

'한국어판 서문'의 곳곳에서 드러난다.

　문학이 역사적으로만 연구될 수 있다고 하는 것은, 진화론·인과율·계속성에 사로잡힌 미몽이었다. 그러나 문학의 이론이란 그 본질자체로 말미암은 기도(企圖)로서는 비역사적인 것이다. 그것은 마치 그것이 동시발생적 질서인 것처럼 문학을 보려고 하며, 그러한 질서 안에선 국민적 내지 일시적 차위(差違)는 소멸되고 마는 것이다. 양(洋)의 동서, 위도(緯度), 경도(經度), 민족, 정치적 행운, 사회제도 등은 중대하지 않다. 다른 나라의 문학작품이 다른 점에 있어 어떻게 중요하다 하더라도 우리들의 중심적 관심사에 있어 그것이 유럽의 전통으로부터 멀리 떨어져 있고 고립되어 있으면 있을수록, 그것은 우리들의 주요한 문제——즉 문학의 본질, 문학의 가치, 문학 형식과 장르에 대해선 한층 더 교훈적이 될지도 모른다.

(……)

　세계의 각처에서 진행되고 있는 것처럼 문학을 경제적으로 해설하려고 하는 시도가 하나의 보조 수단으로서 그 정당한 퍼스펙티브 속에 놓여지도록 하는 데 이 책이 도움이 되었으면 하고 바란다. 우리들 자신을 다만 그 대변인 또는 해설자라고 생각하는 바이지만, 학문의 위대한 유럽적 전통에 대한 유대의식(紐帶意識)을 한층 더 강하게 해주었으면 하고 바란다.

(……)

　예술작품이란 그 대상에 몰두하고 상상에 의하여 그것에 관심을 두

---

63) 송무, 『영문학에 대한 반성』, 민음사, 1997, 65쪽.

는 자유로운 상상력과 참된 학문에 의하여 창조되며 자유 분위기 안에서만 오로지 번영할 수 있는 것이다. 그러나 이와 같은 자유란 그 얻어진 방법인 앙양된 의식과 문학의 여러 가지 효용 및 문학연구의 각양의 방법으로 해서만 가능한 것이다. 퇴폐적인 방법을 내포하고 있는 인위적인 기반으로부터의 자유, 편견과 협소한 국부적인 퍼스펙티브로부터의 자유, 정치적 및 그 밖의 외부적인 통제로부터의 자유는 문학도뿐만 아니라 모든 한국 학도의 이상인 것처럼 우리들의 이상이다.[64]

『문학의 이론』 저자들이 당당하게 역사성이나 정치성을 배제해야 한다고 주장하면서 '학문의 위대한 유럽적 전통'을 강조할 때 보수적 자유주의자의 이미지가 겹쳐지는 것은 당연하다. 그들은 자신들의 저술이 기존의 어떤 것과도 유사성을 갖지 않는 독창적이라는 것임을 강조하면서, 자신들의 학문이 "국제적이 되어 올바른 문제들을 제기하고 방법의 '유기체'를 마련"함으로써 자신들과 타인들에게 쓸모 있는 것이 될 것이라고 자부한다.[65] 물론 뉴크리티시즘은 정교화된 전문 이론으로 그 기본정신은 전통적인 인문주의적 이념에서 나왔다고 볼 수 있다. 그러나 근대 자본주의 문명의 비속성에 대한 비판과 혐오에서 출발했던 뉴크리티시즘은 인간의 언어라는 '객관성'을 지나치게 강조함으로써 문학을 삶의 재현과 비평의 차원에서 조망했던 인문주의의 또 다른 정신과는 오히려 멀어져버렸다.

혼히 문학연구 영역에서 일반론이라고 하면 영문학을 떠올릴 정도로

---

64) 르네 웰렉·오스틴 워렌, 앞의 책, 1982, 3, 4쪽 「한국어판에의 서문」.
65) 같은 책, 6, 7쪽 「초판 서문」.

영문학의 '보편성'과 권위는 탈식민주의가 논의되는 현재까지도 유효한 듯하다. 리터러처(literature)란 말은 18세기까지만 해도 주로 라틴어와 희랍어 등으로 쓰인 고전어 문헌 또는 그것에 대한 소양이나 학식 등을 의미했다. 18세기 후반에서야 싹트기 시작한 영문학의 관념은 19세기 이후 근대화와 제국주의의 확장과 발맞춰 급성장하게 된다. 다시 말해 영문학의 발전은 내셔널리즘의 문제와 긴밀한 상관성을 갖는 것으로, 영문학이야말로 특정한 역사적 배경을 전제로 하는 민족문학인 셈이다. 실제로 영문학은 초기에 공업학교 및 대중 순회 강좌, 사립기숙학교의 여성을 대상으로 하는 저급의 '이류 교양'이었다가, 19세기에는 식민지의 확대에 따른 영어 수요의 팽창과 국민교육의 필요성에 의해 급부상하였고, 20세기에는 고전을 대체하면서 가장 고급스러운 교양과 학문의 대상으로 대학에서 교육되었다. 이처럼 영문학의 탄생이야말로 국민국가 단위의 근대화 과정에서 문학이 사회적·문화적·정치적 요인들과 복잡하게 결합하면서 성장하는 과정을 단적으로 보여주는 사례라고 하겠다.[66] 국민국가 단위로 분화되기 이전에 형성된 서구문화 공통의 자산으로서의 고전을 인문적 교양의 핵심으로 삼았던 아널드나 엘리어트, 심지어 헤겔까지도 교양의 본질이 정신의 보편성을 추구하는 것이라는 점에서 제한된 문화의 산물인 민족문학에 대한 집착은 진정한 교양을 해치는 것이라고 강조한 바 있다. 영문학의 탄생과 발전 과정은 그것이 특정 언어를 기반으로 하는 국민(민족)문학이라는 사실과 제국주의의 확장과 더불어 세계문학으로서의 보편성을 담보해나갔다는 사실을 동시에 보여준다. 그런 차원에서 내셔널리티와 세계성의 문제는 배타적 대립관계라기

---

66) 송무, 앞의 책, 1997, 23~65쪽 참조.

보다 상보적 공존관계로 이해할 수도 있다. 다소 비약일 수 있겠지만, 김동리의 문학개론에 반영된 의식이 양자의 상보성에 가깝다고 한다면, 최재서의 경우는 내셔널리즘을 배제하고 세계성에 대한 선망을 전면화한 사례라 하겠다. 문제는 당대 공간에서 실제로 유통되었던 뉴크리티시즘은 영문학 형성의 이러한 역사적 배경을 지우고, 마치 과학 공식이나 원리처럼 '가치중립성'의 의장을 두르고 이상적인 '과학'으로 자리매김되었다는 사실이다.

1950년대 말에 대학의 연구자들에게 『문학의 이론』이 미친 영향은 절대적이었다. 작품 외적인 작가 연구·서지 연구 등을 '비본질적 연구'라 인식하고, 작품 자체의 내면적 사상성을 해명하고 작품 구조의 형태론적·미학적 조건을 분석 탐구하는 것을 '본질적 연구'라고 이해했다. 기존의 국문학 연구의 방향과 방법론을 회의하며 급속하게 뉴크리티시즘으로 기울게 된 것이다. 「뉴크리티시즘에 대하여」(『문학예술』 3-11, 1956. 11)를 시작으로 뉴크리티시즘에 관한 백철의 글은 『문학의 이론』이 번역, 출간되기 전부터 발표되었으며, 1957년 『사상계』 지면을 통해서는 『문학의 이론』의 마지막 부분인 「문학연구론—대학원을 중심으로」가 2회로 나뉘어 번역, 게재되었다.[67] 이 글에는 문학연구가 "명확히 문학적이 되어야만 한다"는 언명과, "'조사'(調査)라는 즐거운 사말(些末) 연구를 집어치우고 문학사와 문학이론이 포함하는 훨씬 크고, 아직 해결되지 않은 문제를 향해서 나아가야" 한다는 방향성, 그리고 근대비평과

---

67) 이 글은 1959년 번역 출판된 『문학의 이론』에는 빠져 있는 부분이기도 하다(르네 웰렉·오스틴 워렌, 김용권 역, 「문학연구론—대학원을 중심으로」, 『사상계』 5-4~5-5, 1957. 4~5).

현대문학을 통해 '산 제도(制度)'로서의 문학에 참여하자는 제안 등을 확인할 수 있다.[68] 한편 1953년부터 연희대 국문과 교수로 있다가 1957년 서울대 국문과로 자리를 옮긴 정병욱은 부임하자마자 고전문학에 관심을 가진 대학생들과 『문학의 이론』 원서를 강독하면서, "앞으로는 국문학을 연구함에 있어서도 종래의 작품 외적인 작가 연구 · 서지 연구 등과 같은 비본질적 연구에만 매달릴 것이 아니라, 작품 자체의 내면적 사상성을 해명하고 작품 구조의 형태론적 · 미학적 조건을 분석 탐구하는, 문학의 본질적 연구에 관심을 돌릴" 것을 제자들에게 강조하였다고 한다.[69] 김윤식도 뉴크리티시즘의 이론에 영향을 받아 "The Structural Properities of Poetry"라는 영어 제목의 석사논문을 제출하였다.[70] 이러한 뉴크리티시즘의 물결은 이후에 저술된 문학개론서에 수용, 반영되었고, 이들 저작들이 중고등학교의 문학교육 현장에 활용됨으로써 뉴크리티시즘의 영향력은 광범위하게 확장되었다. 신동욱 · 이재선의 『문학의 이론』(1968)과 구인환 · 구창환의 『문학의 원리』(1969) 등은 웰렉과 워렌의 이론을 토대로 저술된 대표적인 사례이다.[71] 따라서 한국의 문학교육사에서 뉴크리티시즘의 영향력은 절대적인 것이었다고 말할 수 있으며, 현재까지도 그 힘은 유효하다고 하겠다.

김윤식은 백철이 1년 남짓의 미국 체류기간 동안 미국의 여러 대학을 순방하면서 인문학 고전교육을 강조하는 교양교육 커리큘럼을 중앙대학

---

68) 같은 글, 87쪽.
69) 연세대 국학연구원 편, 『연세국학연구사』, 연세대출판부, 2005, 627, 628쪽.
70) 김윤식, 『내가 살아온 20세기 문학과 사상』, 문학사상, 2005, 517~523쪽 참조.
71) 문학교육에서의 뉴크리티시즘의 수용에 대해서는 우한용의 『한국 근대문학교육사 연구』(서울대출판부, 2009, 182~207쪽) 참조.

교에 도입했던 것이나, 『문학의 이론』을 번역하고 뉴크리티시즘의 연구 방법을 적극적으로 수용한 것은 모두 "전후 한국 대학의 인문학 위상"과 관련된다고 해석한다.[72] 대학이 선호도나 지원자 수에 따른 인기에 연연하는 존재라는 점에서는 1950년대도 현재와 크게 다르지 않았다. 특히 대학에서 인문학이 제도로는 성립되었다 하더라도 그것을 특성화된 내용성으로 뒷받침해주지 못한다면 그 지속성 여부는 매우 불투명할 수밖에 없다. 영문학이 대학의 분과학문으로 편입되기까지는 그것을 제도로서 승인해줄 만한 사회적 필요와 맞물려 있었음을 앞에서 확인한 바 있다. 백철이 『문학의 이론』을 번역하고 뉴크리티시즘의 이론을 문학연구와 교육, 나아가 작품 분석에 적용했던 것은, 영문학의 보편성과 이론의 권위를 공유함으로써 문학이 인문학임을 존재 증명하려는 작업이기도 했던 것이다.

테리 이글턴은 일종의 문학개론서로 분류될 수 있는 『문학이론입문』에서 "문학은 높이 평가되는 종류의 글이라는 생각에서 벗어나야" 하며, 동시에 '문학'이라는 범주가 영원 불변의 '객관성'을 가진다는 "환상"을 떨쳐버려야 한다고 역설한다. 허다한 문학개론에서 동어반복적으로 재생산되었던 '문학은 허구의 상상적인 것'이라는 명제 또한 역사적으로 무수한 '비허구적' 글들이 문학의 범주 속에 지속적으로 포함되었던 것을 보면 수정되어야 할 지식이다.[73] 문학의 정전(正典, canon)이나 국민문학의 위대한 전통이 구성물로서 인식되어야 한다는 이 책의 논의는 탈문

---

72) 김윤식, 앞의 책, 2005, 593, 594쪽 참조.
73) 테리 이글턴, 김명환 외 역, 『문학이론입문』, 창작과비평사, 1989, 20, 21쪽 참조.

학, 문학의 위기가 전면화된 현재의 시점에서는 오히려 낡은 것이 되어 버렸다.[74] 그럼에도 그의 논의에서 경청해야 할 점은, '입문'의 글쓰기, 즉 넓은 의미의 문학개론이라는 제도 안에서 이러한 해체적 사고를 시도했다는 사실이다. 이는 문학개론이라는 글쓰기가 지닌 보수성, 혹은 그것에 둘러쳐진 가치중립성이라는 의장을 고려할 때 쉽지 않은 도전이다.

'문학의 위기'를 둘러싼 담론이 우려되지 않는 것은 아니지만 거대한 패러다임의 변화 속에서도 여전히 보편성의 이름으로, 혹은 표준화된 '문학 지'로서 군림하는 문학개론이 존재한다는 사실은 더욱 염려스럽다. 보편성이 의심되고 정전의 권위가 해체되는 현재의 문학 장에서 문학개론이라는 제도가 어떤 유효성을 갖는지 비판적 검토가 요구되는 시점이다.

---

74) 최근 한국의 영문학계에서는 이글턴의 논의가 영문학의 권위에 도전하여 '탈문학론'의 입론에 결정적 역할을 했다고 전제하면서, 그의 해체적 사고가 오히려 '역사로서의 영문학'을 일면적으로만 해석하는 오류를 범했다고 비판하고 있다(유명숙, 『역사로서의 영문학』, 창비, 2009, 13~32쪽 참조).

✤ 참고자료 – 1945~60년에 출간된 주요 문학개론서의 목차

■ 백철, 『문학개론』, 동방문화사, 1947.

서문		
제1장 문학의 기원과 발달	문학의 발생 자연숭배와 문학/한문학과 조선문학/조선문학의 의의	
제2장 일반론	제1절 문학의 본질	1.문학이란 무엇인가 문학은 인생의 표현이란 의미/문학은 현실의 반영이란 의미/문학의 주체적 의미/문학을 해석하는 두 가지 경향
		2. 문학의 특질 가능성의 세계/가치의 세계/예술성이란 무엇인가/창조와 유일무이한 세계/문학과 감정의 지위/언어와 문자의 표현
		독자에 대한 도덕적 영향/기성적인 데 대한 비판력/정서주의와 생활미화/감정호소와 교화/문학의 독특한 순화력/진리에 대한 교시
제3장 내용과 형식	제1절 내용에 대하여	1. 자연과 문학 고대문학과 자연/근대문학과 자연/자연문학과 현실도피 경향/동양문학과 자연/현대문학과 자연
		2. 문학과 인간 인간은 문학의 주인공/문예부흥과 인간의 발견/산문학과 인간추구/전형인물의 창조/근세소설과 심리의 세계
		3. 문학과 사상 문학의 사상의 표현/기독교사상과 구라파문학/근세사상과 문학
		4. 시대성과 사회성 일 시대 일 문학의 의미/작품의 연대사적 의미/19세기와 투르게네프/톨스토이문학의 시대성
		1. 형식이란 무엇인가 사색은 곧 표현이란 의미/형상과 형식/내용개시의 과정/내용이 선행되는 의미
		2. 문장론 문학적 문장의 특수성/문장 퇴고의 의미/문장의 진실성/문장

	제2절 문학의 형식	의 수식과 미/문장은 혼의 능력/문장과 개성의 표현
		3. 문체론 민족문학과 스타일/작가의 개성과 문체/문체 위주의 문학론/ 조선고문체론
		4. 문장의 분류(기일) 정적 문장과 지적 문장/시의 문장/산문의 문장/낭만주의와 문 장/사실주의와 문장
		5. 문장의 분류(기이) 서술적인 문장/묘사의 문장/표현적인 문장
제4장 세론 (細論)	제1절 시론	1. 시의 정의 시와 운율/감정 위주의 시론/시와 압축성
		2. 정형시 정형시와 법칙/정형시와 영형시(英形詩)/정형시와 동양의 시
		3. 자유시 정형시의 모순과 그 해체/자유율의 의미/자유시의 형식
		4. 서정시 시의 기원과 서정시/서정시의 특질/주관 · 일인칭의 시/서정시 의 음악성
		5. 서사시 객관 · 담화의 서술/서사시에 대한 제설/제3세계의 표현
	제2절 소설론	1. 소설의 기원 중세기 담화와 소설/소설발생의 시대적 의의/민중문학소설/인 쇄발달과 소설/로만문학과 소설문학의 구별
		2. 장편소설 산문문학의 대표형식/근대사회의 반영/장편소설의 구성론/장 편소설의 주제/사건과 인물의 배치
		3. 단편소설 최근대의 문학형식/단편소설의 형식/일천오백자-팔천자설/축 약과 통일성/현대와 단편소설의 유행
인명색인		

■ 김동리, 『문학개론』, 정음사, 1952(155쪽)

서설	언어와 인간의 이성	
제1부 문학원론	제1장 문학의 대의	제1절 광의의 문학과 협의의 문학 제2절 문학의 정의 제3절 문학의 기원 제4절 문학의 형태 제5절 창작문학과 산문문학
	제2장 창작문학의 본질	제1절 창작문학의 영역 제2절 창작의 의의 제3절 문학의 4요소 제4절 문학의 3특질
	제3장 문학의 내용과 형식	제1절 내용과 형식의 구분문제 제2절 문학의 내용 제3절 문학의 형식
	제4장 시와 산문	제1절 시와 산문에 대한 착란 제2절 시의 두 가지 의미 제3절 산문의 두 가지 의미 제4절 시정신과 산문정신
제2부 문학의 제양식	제5장 서정시	제1절 서정시의 의의 제2절 서정시의 운율 제3절 서정시의 내재율
	제6장 서사시	제1절 서사시의 본질 제2절 서사시의 연혁 제3절 인생의 서사시
	제7장 극시(희곡)	제1절 극시의 본질 제2절 비극 제3절 희극 · 비희극(悲喜劇)
	제8장 소설	제1절 소설의 특질 제2절 소설의 양식과 4요소 제3절 소설의 구성과 3요소 제4절 단편소설과 장편소설의 특질

	제9장 수필	제1절 수필과 평론 제2절 수필의 의의 제3절 수필의 2종
	제10장 평론	제1절 비평의 의의와 유형 제2절 재단(裁斷)비평 제3절 재단비평의 3표준 제4절 감상비평 제5절 감상비평의 기능
제3부 근대문학제	제11장 근대문학의 정신제	제1절 세계적 관념으로서의 근대문학 제2절 근대문학정신의 본질 제3절 세기말의 결론
	제12장 근대문예사조의 약보	제1절 르네상스 제2절 고전주의 제3절 낭만주의 제4절 사실주의 제5절 세기말
	제13장 현대문학	제1절 20세기의 의미 제2절 현대문학의 제양상 제3절 한국의 신문학
부록	세계 대표적 문인 약기(略記)	.

■ 조연현, 『문학개론』, 고려출판사, 1953(163쪽)

자서		
제1부 문학원론	제1장 문학의 정의	제1절 문학의 기본적 조건 제2절 문학의 두 가지 개념 제3절 산문문학과 창작문학
	제2장 문학의 특질과 요소	제1절 문학의 3특질 제2절 문학의 4요소
	제3장 문학의 기원	제1절 심리학적 방면 제2절 발생학적 방면 제3절 양자의 결함

	제4장 문학의 내용과 형식	제1절 형식의 두 가지 의미 제2절 문학의 내용 제3절 문학의 형식
제2부 문학의 제양식	제1장 시	제1절 서정시와 서사시 제2절 서정시의 약보(略譜) 제3절 서사시의 약보 제4절 자유시와 산문시
	제2장 시극(희곡)	제1절 극시의 본질 제2절 비극 제3절 희극과 희비극 제4절 극시의 약보
	제3장 소설	제1절 소설의 본질과 형식 제2절 소설의 주제와 구성 제3절 근대정신과 소설 제4절 소설의 약보
	제4장 평론	제1절 비평의 개념 제2절 문학비평의 특질 제3절 문학비평의 2대 유형 제4절 재단비평과 감상비평 제5절 문학비평의 약보
	제5장 기타의 문학양식	제1절 수필 제2절 전기와 자서전 제3절 일기 제4절 서한
제3부 근대의 문예사조	제1장 근대의 문예사조	제1절 르네상스와 휴머니즘 제2절 고전주의 제3절 낭만주의 제4절 사실주의와 자연주의 제5절 상징주의 제6절 말세사조
	제2장 20세기문학의 제동향	제1절 영국문학의 신비주의 제2절 아메리카문학의 휴매니즘 제3절 프랑스문학의 실존주의

		제4절 도이치문학의 신낭만주의
		제5절 소비에트문학의 정책주의
	제3장 한국 신문학사조사 개설	제1절 신문학의 개념
		제2절 막연한 근대의식
		제3절 근대정신의 구체화
		제4절 근대정신에의 회의
		제5절 근대정신의 붕괴
		제6절 정리와 새 출발

■ 백철, 『문학개론』, 신구문화사, 1954(420쪽)

제1편 예술 일반	제1장 예술이란 무엇인가	1. 예술의 정의
		2. 예술과 미의 문제
		3. 예술과 진의 문제
		4. 형식적인 표현
		5. 예술과 영원성
	제2장 예술의 시원	1. 원시인과 예술
		2. 본성 본능설
		3. 발생학파의 기원설
		4. 원시예술과 샤머니즘
		5. 사회학파의 기원설
	제3장 예술의 분화과정	1. 본래는 혼합적인 것
		2. 종합에서 분화로
		3. 분화 뒤에 예술문학으로
제2편 문학본론	제1장 문학의 특질	1. 언어와 문자의 표현
		2. 다른 학문에 대한 문학
		3. 문학의 풍토
		4. 유일무이한 창조의 세계
		5. 가능성의 세계
		6. 허구의 세계
		7. 현실의 반영이란 뜻
		8. 문학의 독자성이란 무엇인가
		1. 문학을 대표한 두 개의 형식

제2장 운문과 산문	2. 운문에 대하여	
	3. 산문에 대하여	
제3장 내용과 형식	1. 내용과 형식의 관계	
	2. 인식인가 형식인가	
	3. 내용에 대하여	
	4. 형식에 대하여	
	5. 형식을 주로 한 문학관	
	6. 내용을 주로 한 문학관	
	7. 내용과 형식 통일의 문제	
제4장 문학과 창작	1. 창작론의 의의	
	2. 주제와 제재	
	3. 관찰과 상상과 구상	
	4. 스토리의 위치	
	5. 플롯	
	6. 표현과정	
	7. 창작태도	
제5장 문장론	1. 문학과 문장	
	2. 문장이란 무엇인가?	
	3. 문장의 범례	
	4. 근대작가와 문장관	
	5. 문장의 분류(其一)	
	6. 문장의 분류(其二)	
	7. 문체론	
제3편 문학분론	제1장 시론	1. 시의 정의
		2. 시의 발달
		3. 자유시
		4. 시의 종류
		5. 서정시
		6. 서사시
		7. 산문시
		8. 극시
		1. 소설의 특성
		2. 소설과 근대성의 의의

제2장 소설	3. 소설의 기원과 그 발달 **소설의 종류(其一)** 4. 장편소설 5. 단편소설 **소설의 종류(其二)** 6. 역사소설 7. 객관소설 8. 심리소설
제3장 희곡	1. 희곡의 특질 2. 극의 기원과 발달 3. 희곡과 구성 **희곡의 종류** 4. 비극 5. 희극 6. 희비극
제4장 수필	1. 수필의 본령 2. 수필의 시초와 그 발달 3. 수필의 종류 4. 우리나라와 수필
제5장 평론	1. 문학평론의 본의 2. 문학평론의 성격 3. 문학비평의 기준과 그 변성 4. 문학비평의 제형(諸型) 5. 문학비평의 존재의의
제6장 시나리오	1. 시나리오는 문학인가 2. 영화의 메커니즘과 시나리오 3. 시나리오의 구성 4. 현대영화와 시나리오

■ 조용만, 『문학개론』, 탐구당, 1954(191쪽)

제1장 문학의 연구법	1. 문학의 정의 2. 문학의 분류 3. 문학의 요소 4. 문학과 개성 5. 문학의 계통적 연구법 6. 작가와 전기 7. 문체와 개성 8. 문학과 국민정신 9. 문학의 시대적 배경 10. 문학의 사회적 고찰 11. 문체의 역사적 연구 12. 문학과 기교
제2장 시	1. 시의 정의 2. 시와 율어 3. 시와 과학 4. 시의 효능 5. 시의 분류 6. 시형의 분류 7. 시의 연구
제3장 소설	1. 소설과 희곡 2. 소설의 요소 3. 소설가와 인생지식 4. 플롯 5.성격묘사 6. 플롯과 성격묘사와의 관계 7. 대화 8. 소설의 비극, 희극적 정감 9. 소설의 배경 10. 소설과 인생관
제4장 희곡	1. 소설과 희곡과의 차이 2. 희곡의 플롯 3. 성격묘사 4. 희곡 구성상의 요소 5. 희곡에 있어서의 인생관 6. 서구 희곡사의 개요
제5장 문학비평	1. 비평의 의의 2. 비평의 효용과 폐해 3. 비평의 직능 4. 비평문학의 비평 5. 비평문학의 연구법 6. 문학작품의 평가문제
제6장 각국 문학의 개관	1. 미국문학 2. 영국문학 3. 불란서문학 4. 독일문학 5. 이태리문학 6. 서반아문학 7. 러시아문학 8. 중국문학 9. 일본문학 10. 서전문학 11. 노르웨이문학
부록	문학상의 제유파·주의의 해설
인명색인	

■ 최재서, 『문학원론』, 춘조사, 1957(356쪽/목록 38쪽)

I. 문학의 이념	1. 가장 넓은 의미의 문학 2. 지식의 문학과 힘의 문학 3. 과학과 문학 4. 가치있는 체험의 기록 5. 문학이념의 양극단 6. 연구의 방법
	1. 플라톤의 시인 추방 2. 아리스토텔레스의 문학관

II. 문학의 목적 · 기능 · 효용(1)	3. 호라티우스의 공리주의 문학관
	4. 칸트의 '무목적의 목적'설
	5. "생명을 넘어 생명으로"
III. 문학의 목적 · 기능 · 효용(2)	1. 소위 미적 쾌락
	2. 쾌락의 성질
	3. 문학의 타락
	4. 문학의 교육적 가치
IV. 문학의 속성	1. 문학의 보편성
	2. 콜리지의 천재론
	3. 소위 개성의 문제
	4. 개성의 현대적 해명
	5. 고전과 전통
V. 표현매체로서의 언어	1. 언어의 일반적 성질
	2. 언어의 한계
	3. 언어의 가능성
	4. 표시와 함축
	5. 시적 언어
	6. 과학적 진실성과 예술적 진실성
VI. 의미의 예술	1. 장르의 혼동
	2. 언어 회화
	3. 레싱의 시 · 회화비교론
	4. 언어음악
	5. 순수시
	6. 형식과 내용의 완전일치
VII. 문학의 생리와 심리	1. 생활과 예술은 일체
	2. 시인과 사회의 괴리
	3. 예술품을 생활환경 안에 두고
	4. 듀이의 체험론
	5. 능력심리학과 그 비판
VIII. 시적 체험	1. 리처즈의 심리분석론
	2. 흥미의 메커니즘
	3. 생의 충실과 조직
	4. Solitary Reaper의 체험 분석

	5. 운율의 발생과 기능
	6. 시적 체험의 특질들
IX. 비극적 체험(1)-「맥베스」의 분석	1. 시초와 결말
	2. 죄악의 씨가 잉태되는 과정
	3. 죄를 행하는 과정
	4. 육체적 전락의 과정
	5. 정신적 전락의 과정
X. 비극적 체험(2)-계속	1. 자연적 질서
	2. 셰익스피어의 수법들
	3. 노크 장면의 해명
	4. 자유와 조직
XI. 사상	1. 네 개의 문학사상
	2. 헉슬리의 사상관과 관념소설
	3. 엘리어트의 사상론과 관념의 음악
	4. 시는 인생비평
	5. 인류해방의 전사
XII. 정서	1. 정서의 발생과 성질
	2. 열정
	3. 센티멘털리즘
	4. 감상적 허위
	5. 시적 진실성
XIII. 상상(1)	1. 상상의 발생
	2. 종합적 · 창조적 체험
	3. 상상의 자발성
	4. 이념화와 실재화
	5. 청신감(淸新感)과 경이감(驚異感)
XIV. 상상(2)	1. 연합적 상상
	2. 해석적 상상
	3. Fancy와 Wit
	4. Tintern Abbey와 Ode to A Nightingale
참고서 목록(주와 원문 발췌를 겸한)	

■ R. 웰렉 · A. 워렌, 백철 · 김병철 역, 『문학의 이론』, 신구문화사, 1959

제1부 정의와 구분들	제1장 문학과 문학연구
	제2장 문학의 본질
	제3장 문학의 기능
	제4장 문학의 이론, 비평 및 역사
	제5장 일반문학, 비교문학, 민족문학
제2부 예비적 작업들	제6장 증거의 배열과 확립
제3부 문학연구에 대한 외재적 접근	서론
	제7장 문학과 전기
	제8장 문학과 심리학
	제9장 문학과 사회
	제10장 문학과 관념들
	제11장 문학과 기타 예술들
제4부 문학에 대한 내재적 연구	서론
	제12장 문학 예술 작품의 존재의 양태
	제13장 음조, 리듬 및 운율
	제14장 문체와 문체론
	제15장 이미지, 메타포, 상징, 신화
	제16장 서술적 소설의 본질과 양식들
	제17장 문학의 장르들
	제18장 평가
	제19장 문학사

'문화사' 강의와 역사인식

신주백 · 한국사

1. 교양역사교육으로서 문화사교육의 위치와 의미

한국 대학의 교양역사 강의는 시대적 요구와 주체의 처지에 따라 바뀌어왔다. 처음 국어 · 철학개론 · 문화사 · 체육을 필수과목으로 시작했다. 그렇지만 이후 외국어, 그 가운데서도 영어교육이 강화되면서 체육 과목의 학점이 줄어드는 양상이었다. 유신체제는 국적 있는 교육을 강조하며 대학의 교양강좌를 크게 바꾸어 1973년부터 국민윤리 · 교련 · 체육과 더불어 문화사 대신 국사를 필수과목으로 지정하였다. 대학입학 예비고사에서 국사 과목이 포함되었고, 각급 학교 입시에도 국사가 반영되었다. '국책과목'은 1987년 6·10민주화운동 이후 된서리를 맞으면서 선택과목으로 바뀌었다. 국사도 마찬가지로 이 역풍을 피할 수 없었다. 이후 대학에서의 역사 교양강좌는 세계적인 차원의 냉전이 해체되고 '세계화'를 지향하는 시대 분위기 속에서 다양한 사회적 요구에 부응하고자 학생들의 과목 선택의 폭을 넓히는 방향으로 확대되어왔다.

이처럼 한국에서 교양역사교육은 크게 세 번 바뀌어왔다고 볼 수 있다. 이 글은 선행 연구가 하나도 없는 그 첫 번째 시기의 교재 현황, 지적(知的) 원천, 역사인식을 분석한 것이다.[1]

해방 직후 미군정 통치 아래 새로운 국가를 건설하기 위한 준비에 한국인이 능동적으로 참여할 여지는 어느 정도 열려 있었다. 우리 교육에 대한 준비도 그 가운데 하나였다. 당시 대학에 개설된 교양역사 강좌의 이름은 한국사와 관련된 과목명으로 개설되지 않았다. '문화사' 또는 '문화사 개설'이었다. 교육현장에서 사용된 강의 교재는 '서양문화사'보다 '세계문화사'라는 이름이 붙어 있었다.[2] '동양문화사'라는 이름으로 발행된 교재는 극히 예외적인 경우였다. 세계문화사를 가르쳤던 사람들 가운데 1945

---

1) 4·19혁명이 일어나기 이전까지만 분석하려는 이유는 1960년대 상황 변화와 맞물려 역사학계의 동향을 별도로 파악할 필요가 있다고 보기 때문이다. 예를 들어 4·19혁명은 젊은 역사학도들에게 "민족주의에 흠뻑" 빠지게 하여 "식민사관을 극복하여 주체적이고 발전적인 국사를 세워야 한다는 사명감에 불타"게 했다는 한영우의 고백에서 알 수 있듯이, 4·19혁명은 민족주의와 민주주의, 그리고 식민사관 문제를 새롭게 사고하는 전환점이었다(한영우, 「나의 학문과 인생」, 『조선사연구』 17, 2008, 201, 202쪽). 더구나 한국인의 의식 전반에 큰 영향을 끼치는 로스토(W. W. Rostow)의 근대화론이 이 시기에 도입되었기 때문이다. 때문에 필자는 이 글의 연구 주제와 동일한 것으로 1960, 70년대를 분석한 후고(後稿)를 준비하겠다.

2) 필자는 이 글을 준비하고 심포지엄에서 발표할 때까지 당시의 문화사 교재가 "일본인이 집필한 일본 책을 많이 참조했을 것이다"라는 말을 여러 사람으로부터 수없이 들었다. 뒤에서 확인할 수 있겠지만, 많은 사람들의 강한 선입관은 틀리지 않았다. 그렇다고 전부 맞다고도 볼 수 없다. 제3절에서 구체적으로 살펴보겠지만, 세계문화사에 관한 한 H. G. 웰스의 영어책이 매우 큰 반향을 불러일으켰던 일이 시사하듯이, 외국서적을 일본어로 번역한 책이 일본에서도 큰 영향을 끼친 경우가 있기 때문이다. 그래서 필자는 '일본어 책'이란 말을 사용하고 있음을 미리 밝혀둔다.

년 이전에 자신의 전문성을 심화시키기 위해 연구를 지속한 경우는 거의 없었다. 그들은 해방 후에도 우선 교육에 몰두할 수밖에 없었으므로 자신의 전문영역을 넘어서는 내용까지 포함하는 교재를 개발해야만 하였다. 교재개발에 참여한 사람들의 대다수는 일본식 역사학 제도인 3분과제도에 대한 반성적 성찰을 결여했을 뿐만 아니라 자신들의 역사관에 내재한 식민사관을 제대로 짚어내지 못하였다.[3] 반면에 그들은 교재를 통해 서구와 일본이 묘사한 서구문명의 우월성을 그대로 받아들였다.

교양문화사 강의의 실제 대상은 산업혁명과 민주주의를 실현함으로써 서양문명을 완성한 유럽의 문명이었으며, 이를 창조적으로 계승한 미국을 포함하는 서구문명이었다. 교재들에서 서구문명은 보편적 가치를 담아낸 잣대로서 우리가 지향해야 할 선망의 대상이자 추구의 대상으로 묘사되었다. 반면에 아시아는 전제군주제로 인해 정체된 사회, 서양문명이란 외부의 충격에 의해서만 근대화 움직임이 발화될 수 있었던 피동적인 사회로 묘사되었다. 이로 인해 문화사 교양교육은 한국인의 대미 의존적 사고와 근대화 지상주의적인 의식의 형성에 역사적 정당성을 부여했을 것이다. 달리 말하면 문화사 교양교육이 민주화·근대화·친미화 경향에 대한 동의 또는 동력을 부여하는 윤활유 역할을 했을 것이다.[4]

---

3) 일본식 3분과제도가 현대 한국사회에 정착하는 과정과 그것이 역사연구 방법과 역사인식에 미친 영향에 대해서는 신주백, 「한국 현대역사학의 3분과제도 형성과 역사인식·역사연구 방법」, 『동방학지』 149, 2010 참조. 이 논문은 이 책에 '역사학의 3분과제도 형성과 역사연구'라는 제목으로 수록되어 있다.
4) 이러한 추론은 1960, 70년대 대학에서의 교양역사 교재에 대한 분석을 하면서 함께 평가할 때 논리적인 결론으로 도달할 수 있을 것이다. 이 글은 여기까지 나아갈 수 없었던 점이 한계임을 미리 밝혀둔다.

서구 중심적이면서 중국 부중심(副中心)의 역사교육은 문명화가 서구화이고, 근대화가 서구화를 의미한다는 획일적인 사실을 정당화시켜 지식 엘리트들에게 전달하였다. 이러한 역사인식은 분단과 좌우 대립, 그리고 전쟁과 좌우 갈등 속에서 불완전하지만 국가를 만들어야 하는 시대적 과제를 수행하는 가운데 더욱 견고하게 자리를 잡았다.

문화사 교재가 묘사한 서구문명은 발전시켜야 할 자본주의와 수호하고 쟁취해야 할 민주주의, 곧 기획으로서의 근대에 대한 긍정적인 태도를 취하게 함으로써 1960년대 들어 이승만 독재를 무너뜨리는 자양분이었으며, 박정희 정권의 경제개발계획에 대한 대중적 수용을 가능케 한 측면도 있었다. 이는 1960년대 들어 지식으로서의 교양이 한국적 현실과 부딪치면서 분화되어갔음을 시사한다. 이와 달리 문화사교육 과정에서 관철되었을 무비판적 선망과 열등감의 조장은 한반도에서 미국의 헤게모니를 부드럽게 관철시키는 윤활유 같은 역할을 하였다.

2. 미군정과 한국정부의 역사교육정책

1) 중고등학교에서의 역사교육5)

미군정은 한국에 뿌리내리고 있던 군국주의적 교육체제를 민주주의적 교육체제로 전환하고자 하였다. 1945년 11월 미군정의 자문기관으로서

---

5) 당시 대학에서의 문화사 강의 개설은 미군정과 문교부가 지정한 방침이었다. 마찬가지로 중고교에서도 교수요목(1946~54)과 제1차 교육과정(1954~63) 기간 동안 '문화사'교육을 매우 비중 있게 실시하였다. 그래서 먼저 당시 '문화사' 교육에 관한 정책 당국의 의지가 어느 정도였는지 분위기도 알고, 미군정과 문교부에서 추진한 역사교육정책의 방향을 교육체계 속에서 파악하기 위해 고등

교육계와 학계 인사들로 구성된 조선교육심의회(朝鮮教育審議會)에서는 "홍익인간의 건국 이상에 기(基)하여 인격이 완전하고 애국정신이 투철한 민주국가의 공민(公民)을 양성함을 교육의 근본 이념으로" 한다고 교육이념을 확정하였다.[6) 미군정은 애국정신과 민주정신을 갖춘 시민을 육성하기 위한 방안의 하나로 식민지시기의 복선형 학제에서 초(6)-중(3)-고(3)-대학(4)이란 미국식 단선형 학제로 교육체제를 바꾸었다. 소수의 엘리트와 다수의 피지배자를 육성하며 민족차별을 정당화한 식민지 교육방식을 지양하고, 기회 균등이란 민주주의의 기본 원리에 충실하려고 했던 것이다.

새로운 학제에 따라 실시된 중고교생들의 역사교육은 공민·지리·역사를 통합한 '사회생활과'(Social Studies) 속에서 이루어졌다. 미군정은 사회생활과 교육을 통해 "사람과 자연환경 및 사회환경과의 관계를 밝게 인식시켜 올바른 사회생활을 실천 체득하게 함으로써, 민주주의 국가의 성실 유능한 국민이 되게 함을 목적으로" 내세웠다.[7) 역사교육의 중요한 목표의 하나가 민주시민의 육성이었고, 교육을 통해 사회 일반에 관한 지식을 학생들에게 전달하여 한국에 적당한 민주주의 생활방식을 습득하도록 하는 데 있었기 때문이다. 우리가 흔히들 말하고 있듯이, 그러한

교육만이 아니라 중등교육 과정에서의 정책도 이해를 돕는 차원에서 간략히 살펴보겠다. 하지만 중등교육 관련 선행 연구에서도 문화사교육을 제대로 분석한 경우가 없으므로 제1차 교육과정 때까지만 해도 문화사를 통해 역사교육을 실시했다는 특징적 현상과 분위기를 소개할 필요가 있어 '절' 단위에서 간략히 소개하겠다.

6) 중앙일보사 편, 『광복30년중요자료집』, 1975, 32, 33쪽.
7) 『초·중등학교 각과 교수요목집(12) ─ 중학교 사회생활과』, 문교부, 1948. 12, 2쪽. 자료를 제공해준 김한종 교수님께 감사드린다.

표1 교수요목이 제시한 중고교 사회생활과에서의 역사

학년	중1	중2	중3	고1	고2	고3
과목명	이웃나라 생활(2)	먼 나라 생활(2)	우리나라 생활(2)	인류문화의 발달(1), 우리나라 문화(2)		인생과 사회(4) (도덕·사회·문화), 시사문제(1)
비고	동양사	서양사	한국사	세계사·한국사		

• 비고는 필자가 구분한 것이다.
• ( ) 안의 숫자는 시수(時數)를 의미한다.
• 출전:『중학교 사회생활과 교수요목』, 문교부, 1948. 12, 2쪽.

기조는 일본의 군국주의 잔재를 없애기 위한 조치이기도 하였다.

이에 따라 교수요목기에 발행된 중고교 역사 교과서도 '생활'이란 제목이 들어갔으며, 특별히 외국사교육이 강조되었다. 이를 표1을 통해 확인해보자.

위의 표에서 알 수 있듯이, 중고교 전 과정이 문화사교육을 중심으로 이루어지도록 교육과정이 구성되어 있다. 그런데 여기에서 주목되는 사실의 하나는 역사교육을 3분과제에 따라 실시하도록 한 점이다. 일본이 구분한 역사교육의 틀을 그대로 따르고 있는 것이다. 또 하나 주목해야 할 점은, 한국사를 먼저 가르치도록 하지 않고 동양사, 곧 이웃나라의 문화를 먼저 가르치도록 한 점이다. 자국사에 대한 인식의 기초가 갖추어져 있지 않은 현실에서 교육과정을 이렇게 편성하는 것은 부적절하다고 보지만, 초등교육과정에서 한국사를 배운다고 전제했기 때문에 이렇게 구성했을 것이다. 동양과 서양의 입장과 시야에서 한국의 역사를 이해하도록 한다는 취지도 있었을 것이다.

교수요목기에 발행된 중고교 역사 교과서의 현황은 교육과학기술부에서조차 제대로 파악하고 있지 못한 실정이다.[8] 교수요목기에 고려대·

서울대 · 연세대에서 역사를 가르친 교수진 가운데 교과서 발행에 참가한 사람들을 보면, 고려대 사학과의 한국사 신석호(동방문화사, 1948), 동양사 정재각(동국문화사, 1950), 서양사 김성식(금룡도서주식회사, 1949)과 김정학(박문출판사, 1948; 백영사(중 · 고), 1950),[9] 서울대 사학과의 한국사 이병도(군정청 문교부, 1946; 백영사(중), 1948; 백영사(고), 1950), 류홍렬(조문사, 1953), 동양사 김상기(군정청 문교부, 1946; 동지사, 1949), 사회생활학과의 한국사 손진태(을유문화사, 1950), 서양사 김성근(박문출판사, 1950), 연세대 사학과의 한국사 홍이섭(정음사, 1950),[10] 서양사 조의설(박문출판사, 1948; 동지사, 1949)이 있다.[11] 연세대에 재직 중인 교수들을 제외하고 고려대와 서울대에서 역사를 가르치는 교수의 대부분이 중고교 교과서 집필에 참여하였음을 알 수 있다.[12]

이러한 현상은 제1차 교육과정기에도 이어졌다. 오히려 교수요목기에 교과서 집필에 참여하지 않았던 연세대 사학과의 서양사 교수인 백낙준은 고등학생용 『세계문화사』(정음사, 1956)를 집필하였고, 동양사의 이홍직은 중고교용 한국사 교과서(민교사, 1956)를 각각 집필하였다. 홍이

---

8) 중학교 과정의 역사 교과서 현황은 박진동, 「교수요목에 의거한 '이웃나라 역사' 교과서의 발간과 그 구성」, 『역사교육』 106, 2008, 15쪽 참조.

9) 서울대 이병도와 고등학교용 한국문화사도 집필하였다(『우리나라 문화의 발달―한국문화사』, 백영사, 1952).

10) 『이웃나라 역사』라는 동양문화사 교과서를 집필하였다.

11) 강단에 있지 않았지만 많은 애독자층을 확보하고 있던 최남선은 중학생용 한국사 · 동양사 · 서양사 교과서를 모두 집필하였다.

12) 본문에서 언급한 대학의 학과 교수진에 관해서는 신주백, 앞의 글, 2010, 148~153쪽 참조.

표2 제1차 교육과정기 중고교 사회생활과에서의 역사

	중1	중2	중3	고1	고2	고3
제1차 교육과정	우리나라의 생활(2)	다른 나라 생활(1)	다른 나라 생활(1)		세계문화사(3) 선택 한국문화사(3) 필수	
비고	한국사	세계사				

• 비고는 필자가 구분한 것이다.
• ( ) 안의 숫자는 시수(時數)를 의미한다.
• 중학교의 각 과목은 75시간, 고등학교의 경우 105시간이 할당되었다.
• 고교의 경우 2, 3학년 나누어서 또는 1년에 모두 배울 수 있도록 하였다.
• 출전: 교육부 편, 『초·중·고등학교 사회과 국사과 교육과정 기준』, 2000, 244~255,
357, 386, 391쪽.

섭은 교수요목기에 동양문화사 관련 교과서를 출판하더니 제1차 교육
과정기에는 『(우리나라)문화사』(정음사, 1957)를 집필하였다. 서울대학
의 김상기도 마찬가지로 교수요목기에 동양사 관련 교과서를 집필했었
는데 제1차 교육과정 때 사용한 중고교용 한국사 교과서를 각각 집필하
였다(장왕사, 1956). 이에 비해 고려대 사학과의 동양사 교수인 정재각
은 같은 과의 서양사 교수인 김성식과 함께 중학생용 세계사 교과서를
집필하였다(동국문화사, 1957).

　제1차 교육과정기에 여러 종류의 검정교과서는 표2와 같은 단계를 거
치며 사용되었다.

　위의 표에서 알 수 있듯이, 교수요목기 때와 달리 제1차 교육과정기에
는 동양사를 서양사와 통합하여 '다른 나라 생활'이란 이름으로 세계사
교육을 실시하였다. 또한 교수요목기 때와 마찬가지로 제1차 교육과정
에서도 문화사 중심의 역사교육을 강조하였다. 그러면서 교수요목기 때
와 달리 한국사 입장과 시야에서 세계사를 이해할 수 있도록 한다는 취

지에서 우선 '우리나라의 생활'을 배우고 '다른 나라 생활'을 배우도록 하였다. 더구나 제1차 교육과정 때는 국난 극복에 관한 교육을 더욱 강조하고 남북통일과 공산주의 극복을 학습목표와 연관시켜 학생들에게 세계사교육을 실시하도록 강조하였다.[13]

그럼에도 불구하고 교수요목기와 제1차 교육과정기의 역사교육에 별다른 차이가 없었다. 특히 교수요목기의 세계사 교과서는 일본의 것을 거의 그대로 교육하는 형편이었는데, 제1차 교육과정 때도 특별히 나아지지 않았다.[14]

2) 대학에서의 교양역사교육

식민지시기 교육의 병폐를 극복하기 위한 제도 개선은 대학교육에서도 구체화하였다. 미군정청은 고등교육의 근간인 대학을 4년제 종합대학으로 제도화하였다. 특히 식민지시기 일본 본토의 고등학교 제도와 같은 성격인 '경성제국대학 예과' 제도를 없애고,[15] 각종 국공립학교를 서울대학으로 통폐합하여 각 학교의 면로주의적 경향을 퇴치시키고 재정의 효율성을 증진시켰다.[16] 연희전문 · 보성전문 · 이화여자전문학교의 관계자들은 새로운 고등교육제도에 따라 이들 전문학교를 4년제 종합대

---

13) 교육부 편, 『초 · 중 · 고등학교 사회과 국사과 교육과정 기준』, 2000, 244, 245, 251쪽.
14) 이정인, 「중고등학교 세계사 교과과정의 변천과 배경」, 『역사교육』 29, 1981, 163, 164쪽. 이정인은 교수요목기와 그 이후 문교부 관리로 정책을 직접 담당한 경력자였다. 이에 관한 구체적인 분석은 별고(別稿)를 통해 해명하겠다.
15) 1945년 이전 일본의 고등학교는 인문학의 기초교육을 강화한다는 취지에서 매우 전문적인 내용을 가르쳤으며, 대학예비고교의 성격을 띠고 있었다.
16) 문교40년사편찬위원회 편, 『문교40년사』, 문교부, 1988, 74쪽.

학인 연희대학·고려대학·이화여자대학으로 각각 확대 개편하였다.

각 대학은 교과목을 필수과목과 선택과목으로 나누고, 필수과목을 다시 일반교양과목과 전공과목으로 구분하였다. 교과목을 구분한 것은 종합대학의 설치와 동시에 이루어졌지만, 1949년 11월 26일 교육법이 공포되면서 구분 방식이 명확히 확립되었다. 1952년 문교부에서 정의한 바에 따르면, 일반교양과목이란 "일반 지도적 인격을 도야함에 필요한 과목"이며, 전공과목이란 "학과의 전문 학술연구상 필수하여야 할 과목"을 가리킨다.[17] 그래서 당시 각 대학에서는 전공교육에 치우쳐 편협한 수학(修學)을 하지 않도록 하여 인간생활을 풍부하게 하고, 지도자적인 자질을 기르며, 새로운 시대와 사회의 요청에 부응할 수 있는 폭넓은 교양과 학식을 겸비한 지성인을 양성하는 기초교육이란 측면에서 일반교양과목을 중시하였다.

선택과목제도는 식민지시기 대학에도 있었지만, 당시에는 학년 또는 학급 전체가 선택하여 사실상 학생 개인의 선택권은 없었다. 그런데 미군정에 의해 학생 개개인의 자유로운 판단에 맡기는 학점 운영방식으로 바뀌었다. 개인의 책임을 강조하는 학점제 운영은 일본의 대학에서 운영하던 학년제와 같은 집단적 학사운영을 지양하는 것이었다.

학생들의 이수 학점은 최소 180학점이었다. 이는 1949년 12월 교육법이 제정된 이후에도 바뀌지 않았는데, 미군정과 문교부가 과목을 구분하고 이렇게 많은 학점을 이수하도록 한 이유를 정확히 알 수 없지만, 아래의 기록은 시사하는 바가 많다고 본다.

---

17) 『교육법 교육법시행령』, 문교부, 195?, 79쪽. 발행연도 미상. 서지사항을 더는 확인할 수 없었다.

이러한 조치는 대학 교재 및 교구, 도서관 설비의 미비 등으로 인하여 대학의 수업이 주로 강의 중심의 교수 방법으로 행해지고, 대학원 교육이 부실하기 때문에 전문교육을 학부 과정에서 모두 마치는 식으로 교육과정의 운영을 개선하기 위한 것이었다.[18]

180학점 이상을 이수해야 졸업할 수 있도록 한 조치는 학생 개개인의 노력을 뒷받침할 만한 인프라가 부족하고, 전문가 양성과정으로서 대학원 교육이 어렵다는 어두운 현실과 깊은 연관이 있었던 것이다.

교과목 가운데 일반교양과목을 필수로 지정하여 교양교육을 강화하려는 조치는 미국의 대학에서도 꾸준히 시도되어온 것이었는데, 미군정에서 이를 그대로 적용한 것이다. 현재까지 공개된 미군정기 교육정책 자료를 통해서도 미군정의 의도를 직접 알 수 없었지만, 연합국군최고사령관총사령부(GHQ)가 일본의 대학 개혁을 시도할 때 미국교육사절단이 제출한 보고서에서는 대학에서의 일반교양과정을 확충하도록 권유하였다. 왜냐하면 미국교육사절단은 일본의 대학교육에서 일반교육에 대한 기회가 매우 적은 대신 전공교육이 지나치게 빠르고 좁게 진행되었으며, 직업교육에도 거의 노력을 기울이지 않았다고 보았기 때문이다.[19] 미국교육사절단이 제출한 보고서에 따르면, 당시까지 일본의 대학교육은 자유사회에서 대학이 평등에 관심을 가지며 세 가지 중요한 기능을 수행해야 하는데, 그 가운데 하나가 미래사회의 지도자로서 자격을 갖출 수 있는 청년남녀를 육성하기 위해 일반교양교육을 강화해야 한다는 미국의

18) 문교40년사편찬위원회 편, 앞의 책, 1988, 77쪽.
19) 土持法一, 『美國教育使節團の研究』, 玉川大學出版部, 1991, 195쪽.

대학관과도 배치되었다.[20] 남한에 있던 미군정은 일본의 식민지였던 한국에 대해서도 마찬가지 판단을 했을 것이다.

그런데 교양교육의 중요성은 조선교육심의회에서도 느끼고 있었다. 그래서 고등교육을 담당하고 있던 제8분과위원회는, 그 이유를 알 수 없지만 교양필수과목으로 국어, 역사와 문화, 자연과학개론, 체육 과목을 지정하였다.[21] 여기서 말하는 '역사와 문화'가 실제 대학 교양교육에서는 문화사교육으로 나타났다. 예를 들어 서울대학교는 개교 당시에 문화사 4학점과 더불어 국어 및 국문학 8학점, 외국어 및 외국문학 8학점, 자연과학개론 4학점, 체육 매학기 1학점씩 8학점을 이수하도록 지정하였다. 1949년에는 문화사와 자연과학개론에 대해서는 문과 계통의 학과에 한해서만 4학점을 이수하도록 하였다.[22] 이과 계통은 문화사를 배우지 않아도 되었던 것이다. 연희대학교의 경우 교양필수과목으로 문화사 4학점이외에 국어 8학점, 자연과학 4학점, 체육 8학점, 그리고 종교 6학점을 이수하도록 하였다.[23] 고려대학교의 경우 역사 교양강좌가 유달리 강조되어 국사 4학점, 서양사 4학점, 동양사 4학점을 국어 · 자연과학개론 · 체육 · 외국어 등과 함께 이수해야 하였다. 1949년에는 이를 대폭 수정하여 문화사개설 4학점과 더불어 국어 4학점, 논리학개론 4학점, 심리학개론 4학점, 철학개론 4학점, 자연과학개론 4학점 등 30~40학점을 이

---

20) 같은 책, 190, 191쪽.
21) 강명숙, 『미군정기 고등교육 연구』, 서울대 박사학위 논문, 2002, 38쪽.
22) 서울대학교30년사편찬위원회 편, 『서울대학교30년사』, 서울대출판부, 1976, 88, 89쪽.
23) 연세대학교100년사편찬위원회 엮음, 『연세대학100년사』, 연세대출판부, 1985, 344쪽.

표3 일반교양과목 이수 분야

인문과학계	역사학 철학 윤리학 문학 심리학 논리학 사회학 종교학 교육학 인문지리학 외국어
사회과학계	역사학 헌법 법학 정치학 경제학 심리학 인류학 교육학 사회학 통계학 종교학
자연과학계	수학 통계학 물리학 화학 생물학 지질학 천문학 인류학 가정학

출전: 『교육법 교육법시행령』, 문교부, 195?, 79쪽(출판연도를 정확히 확인할 수 없었다).

수하도록 지정하였다.[24]

그런데 1952년 4월 23일자 대통령령 제633호로 공포된 「교육법시행령」에 따르면 일반교양과목을 각 계열에 따라 필수과목의 3분의 1 이내에서 세 과목 이상씩 이수하도록 바뀌었다. 계열별 교양교육으로 바꾼 것이다. 이를 정리하면 표3과 같다.

대학 설립 당시와 달리 계열별 특성을 살린 교양교육정책을 실시하면서 일반교양 필수과목의 이수 분량을 축소시켰음을 알 수 있다. 문화사 교양강좌의 경우 자연과학 계통의 학과는 이수하지 않아도 되었다.

각 대학의 학교사 자료를 보아도 이유를 알 수 없지만, 1950년대 문화사교육은 대학에 따라 편차가 있었던 것으로 보인다. 연세대학교의 경우 1957년까지는 문과대학과 경상대학에서도 문화사가 3학점의 교양필수과목이었지만, 1958년에는 문과대학 교양과목에서 빠졌다.[25] 1959년에 '사람과 사회'라는 2학점짜리 교양강좌가 문과대학에 설치되었는데,

---

24) 고려대학교100년사편찬위원회 편, 『고려대학교100년사』 II, 고려대출판부, 2008, 24~42쪽.
25) 『연세춘추』, 1958. 3. 15.

1960년에 다시 사라졌다.[25] 1960년 강의시간표에는 이전에 있던 '문과 대학 교양과목'이란 것 자체가 없어졌으므로 인문학 관련 교양은 계열별 교양에서도 사라진 것이다. 대신 '사람과 사회'는 사학과의 교양필수로 남았다. 고려대학교의 경우 문과 계통의 학과에 '문화사개설'이란 이름으로 4학점이 배당되어 있었는데, 수학과의 교양필수과목은 아니었다.[27] 이과대학에 속하는 학과였기 때문일 것이다. 서울대학교의 경우 문과와 이과 계통의 학과를 불문하고 모든 단과대학에서 4학점의 문화사 교양 필수과목을 학생들이 이수하도록 하였다.[28]

교양강좌로서 문화사교육이 갖는 의의에 대해 김성식(金成植)은 아래와 같이 밝혔다.

결국은 개인에 있어서는 사회와 통합 수 있는 품성을, 국민에 있어서는 인류와 통합 수 있는 품성을 배양하여 주는 것이 교양이라고 하겠다. 교양은 인도(人道)를 발견하여주는 것이니 교양이 높을수록 많은 사람과 사귈 수 있고 낮을수록 인간교제의 범위가 좁아진다. 교양은 인간의 본질 그 자체를 밝게 하여 주는 것이므로, 인간 자체를 깨달은 사람은 누구나 우애(友愛)할 수 있기 때문이다. (……) 지금 우리나라에서도 대학에 교양과목을 두어 1년간 가르치고 있다. 인간으로서 가져야 할 모든 품성을 가지게 하기 위한 것이 교양과목의 존재의 원

26) 『연세춘추』, 1959. 3. 10, 1960. 3. 14.
27) 『고려대학교 교과과정표(1961-1962)』. 이공 계통은 다음 기회에 다시 확인하겠다.
28) 『서울대학교일람(1959-1960)』. 다른 대학과 달리 이과 계통의 학과에서도 문화사 강의를 듣도록 한 교양교육 방침이 계속된 이유를 확인할 수 없었다.

리다. 특히 우리는 문화사를 교양과목 중에도 가장 중요한 부분으로 가르치고 있는데 이것은 두 말할 것 없이 인류의 문화를 이해하기 위함이다. 우리가 정치사나 문학사보다 문화사를 더 존중히 여기는 것은, 후자는 전자보다 개인적 특성이나 민족적 감정이 없는 인간으로서의 모든 행위와 노작을 우리에게 알리어 주기 때문이다. 제2차 대전 후 국제의식이 발달함에 따라 교양으로서 인류문화사가 깊은 의의를 가지게 된 이유는 바로 여기 있는 것이다.[29]

한국전쟁이 끝난 후 1950년대 중반쯤 한국인들이 중고교와 대학에서 문화사교육을 강조한 이유는 여기에서 충분히 짚어낼 수 있다. 즉 문화사 강좌는 인간으로서, 그리고 국제사회의 일원으로서 갖추어야 할 시민적 덕성과 지도자로서의 자질 함양에 적합한 교양을 가장 잘 전달할 수 있는 통로로 간주되었다. 동시에 문화사교육 과정에서 개인은 사회적 관계 속에서, 국민은 국제관계 속에서, 각각 자신의 부족한 점을 보완하고 상대화할 수 있는 기회를 포착할 수 있을 것으로 보았다. 달리 말하면 1950년대 중반쯤에 이르면 미군정기 때 문화사교육을 실시해야 하는 이유의 하나였던 군국주의적 의식을 떨쳐버려야 한다는 점보다 대한민국이란 새로운 국가와 미국 중심의 국제관계에 호응할 수 있는 인간형이 요구된다는 이유가 문화사교육을 실시하는 더 큰 배경이었던 것이다.

---

29) 김성식, 「학생과 교양」, 『역사와 현실』, 민중서관, 1968, 49, 50쪽(원전: 『고대신문』, 1956. 6).

3. 대학 문화사 수업 교재의 서지(書誌)와 지적 원천[30]

1) 해방 직후 참고 교재들

교양필수과목으로서 문화사 강의가 개설되었지만 교재는 턱없이 부족하였다. 중고교용 교과서를 제외하고 '세계문화사'라는 이름으로 가장 먼저 개설서적인 일반교양서를 집필한 사람은 채희순(蔡羲順)이었다. 그는 1949년 4월부터 성균관대학교 교수로 재직하면서 고등고시위원이자 고려대학교 강사로 출강하는 도중인 1950년 4월 『세계문화사』라는 책을 조양사(朝洋社)에서 간행하였다.

그렇다면 1946년부터 최소한 1949년까지 대학에서 가르치는 사람과 수업을 듣는 사람 모두에게 문화사 수업에서 사용할 한글 교재가 없었던 것일까. 먼저 해방공간에서 교양문화사 강의의 교재로 이용될 만한 책으로 무엇이 있었는지에 대해 정리해보자.

해방 직후 한국인의 손으로 제작된 문화사 강의 교재는 1948년에 들어서야 간행되기 시작하였다. 김유방(金裕邦)의 『문화사개론』(한성서각, 1948. 1), 이능식(李能植)의 『서양문화사』(동지사, 1948), 채희순의 『동양문화사』(민중서관, 1948. 3)가 여기에 해당된다.[31] 이능식은 서울대

---

30) 문화사 교재의 또 다른 지적 원천이라고도 할 수 있는 학술적 지형과 그 맥락에 관한 구체적인 분석은, 후고(後稿)를 통해 식민지시기 한국인 역사학자들의 역사인식을 분석할 때 밝히겠다.

31) 1948년에 발행된 문화사 관련 서적으로 정용식, 『세계신문화사』(문화사, 1948)가 있으나 출판되었다는 것만 확인된다(오영식 편저, 『해방기 간행도서 총목록 1945-1950』, 소명출판, 2009, 490쪽). 필자가 한국교육학술정보원(KERIS) · 국립중앙도서관 · 국회도서관을 모두 검색했으나 찾을 수 없었다.

사범대 사회생활과에 재직 중이었고, 채희순은 1946년 9월 동국대학교 교수로 근무하면서 서울대 사범대학 사회생활과의 강사로도 출강하였다. 김유방은 이화여자대학교 교수로 재직 중이었다. 이들 세 책은 각자 자신의 강의와 관련된 내용의 서적일 것이라는 것을 누구나 추측할 수 있을 것이다. 실제 김유방의 책은 강의를 위해 요약식으로 골자만 기술되어 있는 73쪽에 불과한 교재이며, 이능식의 책 또한 103쪽에 불과하다. 채희순의 책은 196쪽으로 어느 정도의 볼륨을 갖추었다고 볼 수 있겠다.[32] 식민지시기를 포함하더라도 강의와 연구 경력이 짧은 이들로서는 처음부터 두툼한 교양 수업용 개설서를 집필하기는 어려웠을 것이다.

그런데 이후 발행된 문화사 관련 교재 가운데 '동양문화사'라는 제목이 달린 책이나 동양의 문화사만을 언급한 책을 필자는 찾지 못하였다. 더불어 '서양문화사'에 관해서도 마찬가지였다.[33] 일본으로부터 독립한 이후 세계 질서에 편입된 한국으로서는 동서양의 관계까지 설명할 수 있으면서 인류의 문화 전체를 이해할 필요가 있는 문화사교육이 필요했던 현실 때문에 동서양을 아우르는 교재가 필요했을 것이다.[34] 거의 대부분

32) 채희순은 이 책을 1947년 8월 15일경에 탈고했음을 책의 말미에 밝히고 있다. 채희순에 관해서는 신석호(申奭鎬), 「석정(石汀) 채희순 교수」, 『역사교육』 10, 1967 참조.
33) 한국교육학술정보원(KERIS) · 국립중앙도서관 · 국회도서관을 검색한 결과이다.
34) 동양문화사와 서양문화사라는 이름의 책은 1960년대 들어 간행되기 시작하였다. 예를 들어 80쪽 분량으로 발행처가 불분명한 김용기의 『동양문화사개론』이 1955년에 발행되기는 했지만 오히려 예외적인 경우이고, 1960년대 들어 에드윈 O. 라이샤워 · 존 K. 페어뱅크 공저, 전해종 · 고병익 공역, 『동양문화사』 상 · 하(을유문화사, 1964)와 김성근, 『서양문화사』(정음사, 1962)가 있었다.

의 문화사 강의 교재가 세계문화사라는 이름을 붙인 것도 이와 무관하지 않았을 것이다. 3-2절 마지막에서 1950년대 교재에 관해 정리할 때 자세히 언급하겠지만, 문명보다 문화라는 용어를, 서양보다 세계라는 단어를 더 많이 사용한 것은 1945년 이전 일본 지식계의 분위기와도 깊은 연관이 있었다.

그러면 해방 직후 세계를 포괄하는 문화사 교재로 무엇이 이용되고 있었을까. 필자가 해방공간에서 간행된 서적 가운데 대학의 문화사 강의 교재로 처음 간행되었음을 확인한 책[35]은 앞서도 언급한 김유방의 『문화사개론』이다.[36] 김유방은 책의 '소서'(小序)에서 "현재 이화여자대학에서 문화사 교재로 사용하고 있는 요강(要綱)을 출판한 것"이라고 명확히 밝히고 있다.[37] 강의용 요강은 저자가 1년 동안 강의할 때 시간을 절약하기 위해 프린트물로 제작한 교안이다. 그래서 책 자체도 목차를 포함하여 본문이 51쪽에 불과하며, 씨족사회부터 제2차 세계대전까지를 말 그대로 골자만 요약하여 소개하고 있다.

『문화사개론』의 나머지 18쪽도 '부록'으로 구성되어 있는데, 문화사와 관련하여 한중일에서 발행된 책과 영어·독일어 책의 목록을 제시하고 있다. 즉 '부록 1'에서는 통사와 함께 시대별로 참고할 수 있는 목록이

---

35) 저자 스스로 문화사 강의 교재라고 밝힌 경우에 한해서이다.
36) 김유방의 본명은 김찬영(金瓚永)이다. 그는 '한국 최초의 모더니스트 미술가'라는 평가를 듣는 사람으로 도쿄예술학교를 나온 서양화가이자 문학비평가로 1920년대에 활발한 활동을 하였다(김현숙, 「김찬영연구」, 『한국근현대미술사학』 7, 1998). 이후 영화업에 종사한 것으로 확인되며, 언론 관련 일에 종사하였다고 한다.
37) 김유방, 「소서」(小序), 『문화사개론』, 한성도서, 1948.

작성되어 있으며, '부록 2'에서는 조선사(2쪽) 및 중국사(5쪽)와 관련한 책의 목록이 제시되어 있다. 부록에 제시된 목록은 문화사 수업에 필요한 책이 무엇인지를 다양하게 소개하고 있어 필요로 하는 사람들에게 길안내 역할을 했을 것이다. 이를 언어별로 구분해보면, 일본인 연구자가 일본어로 발행한 책이 5분의 1정도만 차지하며, 오히려 영어 책이 가장 많이 제시되어 있다. 이는 문화사 강의에 관한 한 비록 해방 직후라 할지라도 강의 담당자들이 영어권의 연구도 나름 비중 있게 참조했을 수 있음을 시사한다.

당시 영어 서적은 예전의 경성제국대학 도서관에 특히 많았으며, 연구자들도 전공 관련 영어 서적을 조금씩은 가지고 있었다. 더구나 미군정이 한국의 고등교육을 위해 여러 서적을 제공하였다. 그래서 해방 후 한국 사람들이 활용한 문화사 교재 가운데는 미군 관련 기관인 USAFI(United States Armed Forces Institute)의 편집진이 채택한 미군 교육용 도서로 나온 역사책도 있었다. 그 중 한국에 흘러들어온 대표적인 것이 E. R. 보크(Boak) 등이 집필한 *World History 1·2*(USAFI, 1942)와 월뱅크(T. Walter Wallbank)와 테일러(Alastair M. Taylor)가 집필한 *Civilization—Past and Present 1·2*(Chicago: Scott, Foresman, 1942)였다.[38] 이들 책은 해방 직후 한국에서 정식으로 출판되거나 번역본으로 발행된 적이 없었는데, 유럽에서 탄생하고 성장하여 미국이 계승한 '서구문명'의 역사와 문화를 해명한 책이라고 말해도 과

---

38) 권상선, 「우리나라 서양사교육의 변천과 배경에 대한 연구」, 『부산여자대학교 논문집(사범대학)』 41, 1996, 250, 251쪽. 권상선은 필자가 인용한 부분의 근거를 제시하고 있지 않다. 첨언하자면, 김유방의 『문화사개론』의 '부록'에 나오는 문화사 강의를 위한 참고목록에는 두 책 모두 언급되어 있지 않다.

언이 아니다. 당시 미국의 대학과 각급 교육기관에서 말하는 서구문명의 역사란 그리스와 로마의 고대문명에 뿌리를 두고 중세와 근대의 서유럽에서 성장하였으며, 19세기 중반을 지나며 미국에서 열매를 맺은 문화적 전통과 역사를 말한다.[39] 따라서 해방 직후 문화사 교재가 절대적으로 부족하던 현실을 고려할 때, 당시에는 주로 강의를 담당한 사람들을 통해 문화사라는 이름의 미국식 세계사 인식이 학생들에게 전파되었을 것이다.

미국 등지에서 출판된 영어 교재 가운데 한국어로 번역 출판된 첫 교재는 H. G. 웰스의 *A Short History of the World*(London : Watts & Co., 1922〔개정판 1934〕)을 오장환(吳璋煥)이 완역한 『세계문화발달사―서력전편, 서력편』(건국사, 1947)이다.[40] 오장환은 모두 67장으로 구성된 개정판 가운데 서력편의 경우 '제37장 야소(耶蘇)의 가르침'에서부터 '제63장 구라파 아세아의 침략과 일본의 흥륭'을 번역하였다.

오장환이 번역한 웰스의 개정판은 일본의 이와나미쇼텐에서 28번째 신서(新書)인 『세계문화사개관』이란 이름으로 1939년에 이미 번역 출판되었다. 일본에서는 이전에도 웰스의 이 책을 이치하타 모스케(一旗茂助)가 『세계문화사개설』(하크요사〔白揚社〕, 1928), 야마모토 마사키(山本政喜)가 『문화와 기술총서 7―세계문화소사』(미카사쇼보〔三笠書房〕,

---

39) 강선주, 「미국 대학의 교양교육과정에서 '서구문명' 강좌의 변천」, 『호서사학』 44, 2006, 149쪽.

40) "서울 사범대학"에서 강의를 맡고 있던 오장환은 『중등문화사―우리나라의 문화』(정음사, 1949)라는 교과서를 집필하기도 하였다. 이후 그는 북한에서 활동하였다. 이에 대해서는 김정인, 「책소개 : 『중등문화사―우리나라의 문화』(오장환 지음)」, 『한국사학사학보』 1, 2000 참조.

1939)로 각각 번역하였다. 오장환이 원서를 직접 번역했는지, 아니면 일본 번역서를 중번역한 것인지 확인할 수 없지만, 목차의 제목이 일치한다는 점을 고려하면 일본어 책을 많이 참조했을 것이다. 조규동(趙奎東)도 같은 개정판을 완역하여 1953년과 1955년에『세계문화사개론』(대중문화사, 박영사)이란 이름으로 출판하였다.[41] 조규동은 이와나미쇼텐의 번역서에 의거하여 번역했다고 '역자의 서(序)'에서 밝혔다. 뒤에서 언급할 채희순의 『세계문화사』(조양사출판부, 1950)에서도 웰스의 이 책을 폭넓게 참조하였는데, 그가 참조한 책은 영어 책이 아니라 이와나미쇼텐에서 간행한『세계문화사개관』이었다.

이처럼 웰스의 이 책은 이미 세계적인 베스트셀러였으므로 일본과 식민지 조선의 지식층에게도 꽤 낯익은 명저였다. 그래서 일본에서는 우리보다 더 오랫동안 광범위하게 그의 서적이 영향력을 발휘하였다. 일본의 고등학교와 전문학교의 입학시험에도 몇 차례 나올 정도였다.[42] 한국에서도 오장환과 조규동의 번역서를 비롯하여 웰스의 이 책이 여러 사람에게 꾸준히 읽혀졌다.[43]

---

41) 조규동은 중앙대 교수이자 서울대 강사로 근무하고 있었다.
42) 山本政喜,「ウェルズと東洋」,『文化と技術叢書 月報』2, 三笠書房, 1939. 2, 2쪽. 전후에도 가토가와쇼텐(角川書店)에서 가토가와문고(角川文庫)의 하나로 (1971, 시모다 나오하루〔下田直春〕역), 헤이본샤(平凡社)에서 '세계교양선집'의 제18권으로 각각 출판하였다(가야 세이지〔茅誠司〕·나가노 요시오〔中野好夫〕역, 1975). 두 출판사에서 번역할 때는 '세계문화소사'라고 제목을 붙였다.
43) 이후에도 H. G. 웰스의 책 제3판은 1963년에 을유문화사에서 기획한 '세계사상교양전집'의 제12권에도 수록되었고(지명관 역, 1967년에도 수록), 1993년 금성출판사에서 기획한 '현대인교양선서'의 제33권으로도 출판되었다(문영일 역).

이어 나온 영역본 문화사 책으로는 예일대학교 철학과 교수인 노스럽 (Filmer S.C. Northrop)의 저서 *The Meeting of East and West*(1947, 제4판)를 저자로부터 직접 받아 번역한 조규동의『세계문화사론』상(삼성출판사, 1948. 8)이 있다. 상권의 말미에는 "세계문화사론(속간 목차 일부) 예고"라는 제목으로 하권의 출판을 안내하면서 상권이 "예약으로 초판 매진"이었으므로 하권 구매 희망자는 출판사로 직접 예약 주문하기 바란다는 내용이 있다.[44] 나름대로 반향이 있었다고 볼 수 있겠다. 책의 상권은 '제1편 현대세계론', '제2편 영국 민주주의의 특이한 제요소', '제3편 미국의 자유문화', '제4편 독일 이상주의', '제5편 소련 공산주의'로 구성되어 있는 데서 알 수 있듯이 통사적인 문화사 책이 아니었다. 노스럽의 저서는 하권에서 소련 공산주의와 '전통적 민주주의'와의 통합을 지향했다는 점에서 좌우 대결이 격화되고 한국전쟁을 거치며 분단이 고착화된 한국의 현실에서 환영받지 못할 논지와 편집 형식을 가진 책이었다.

번역된 책들이 1949년까지 대학 강의에서 어느 정도 활용되었는지 확인할 수 없었지만, 관심 있는 사람들에게 안내 역할을 했을 것은 분명하다. 특히 H. G. 웰스의 책은 여러 사람들에게 읽혀졌을 것이다. 반면에 대학교수들이 집필한 책은 통사적인 완결성과 정보 제공이란 측면에서 볼 때 1년간 진행하는 4학점짜리 교양문화사 수업의 교재로서 불만족스러운 부분이 많았을 것이다. 그런 점에서는 통사적인 접근법을 취하며 르네상스의 기원까지 기술한 채희순의『세계문화사』도 마찬가지

---

44) 하권은 출판되지 않았다(오영식 편저,『해방기 간행도서 총목록 1945-1950』, 144쪽).

였을 것이다.

그렇지만 당시까지 동서양을 아우르며 이렇게 상세하고 긴 시기를 기술한 한글 단행본이 없었다는 점에서 보면, 채희순의 『세계문화사』는 해방 직후부터 그때까지 출판된 교재와 차원이 다른 문화사 교재였던 것만은 분명하다. 채희순에게 있어 문화사란 종교·학술·예술과 같은 정신문화에 관한 역사만을 의미하지 않고, 이것과 함께 정치·경제·사회 분야를 비롯하여 인류생활 전반의 역사적 상호관계를 종합적으로 체계화한 것을 말한다. 흔히들 전자를 협의의 문화사, 후자를 광의의 문화사라고도 말하지만, 해방 직후부터 한국의 문화사 강의에서는 후자의 개념이 압도적이었다. 앞서 언급한 김유방도 후자의 측면에서 문화사 강의를 하고 있다고 명확히 밝히고 있고,[45] 이능식, H. G. 웰스, E. R. 보크, 월뱅크와 테일러도 마찬가지 입장에서 세계사 책을 기술하였다. 초기부터 광의의 문화사 개념은 한국에서 일반적으로 받아들여졌던 것이다.

2) 1950년대 한글본 『세계문화사』 교재들의 발행

채희순은 1950년에 발간한 교재에서 종합적인 문화사의 측면에서 세계사를 보려 했지만, 근대유럽의 형성부터 1945년 이후까지의 세계를 기술하지 않았다. 세계사 교재로서 결정적인 한계를 드러낸 것이다. 조좌호(曺佐鎬)는 이러한 제한성을 뛰어넘는 『세계문화사』(제이문화사, 1952)란 교재를 한국전쟁 기간 동안 피난해 있던 부산에서 집필하였다.[46] 그는 세계사를 원시사회·고대사회·중세봉건사회·근세절대주

---

45) 김유방, 앞의 책, 1948, 5쪽.

의시대 · 근대자유주의시대 · 제국주의시대로 구분하고 1930년대 세계공황과 파시즘의 대두까지를 기술하였다. 그래서 2년 만에 "판을 거듭하기 7, 8회"에 이르렀고, 1954년에 전면 개정판을 출판하였는데 1959년 4월 개정 5판을 발행할 정도로 지속적인 인기를 얻었다.[47] 필자의 진술에 따르면 초판에서 특히 빈약했던 동양문화사 부분을 대폭 증보하였고, 동양의 시대 구분은 일본 등의 학설에 따라 당(唐)까지를 고대, 송(宋) 이후를 중세에 편입시켜 개정판을 간행하였다. 조좌호의 책이 오랫동안 독자들의 주목을 받았던 이유 가운데 하나는, 위에서 언급한 교재들에서 볼 수 없었던 문화사 구성, 곧 교재가 시대 구분에 입각하여 구성된 점, 근현대 부분도 상세하고 체계적으로 기술한 점과 무관하지 않았을 것이다.

조좌호는 도쿄제국대학 문학부에서 동양사를 전공한 사람이다. 그가 동양문화사 부분을 보강할 때 일본의 연구 성과를 많이 참조했다고 밝혔듯이, 당시 동양문화사와 세계문화사에 관한 중고교의 교과서와 대학의 교재를 집필한 사람들의 상당수는 일본어 서적을 많이 참조하였다. 1950년대에 발행된 문화사 관련 서적에는 참고문헌에 관한 언급이 전혀 없어 조좌호가 이 정도 밝힌 것만도 당시로서는 낯선 모습이라고 할 수 있겠다.

그런데 채희순은 『세계문화사』의 각 '장'에 최소한의 각주를 달아 참고한 문헌을 언급하고 있다. 이런 경우가 당시로서는 매우 보기 드문 사례라고 볼 수 있는데, 채희순은 동양의 문화사에 관해 언급한 부분에서

---

46) 이해남이 1950년에 『세계문화사』(서울책사)를 집필했는데 고급중학교, 곧 고등학교의 교재로 집필했기에 분석 대상에서 제외하였다.
47) 조좌호, 「개정판을 내면서」, 『개정 세계문화사』, 제이문화사, 1959, 1쪽.

자신의 저서인『동양문화사』와『동양사개론』(조양사출판부, 1949)을 이용하거나 원사료를 출전으로 제시하고 있는 데 비해, 서양의 문화사와 관련된 대부분의 '장'에서 H. G. 웰스의 책인『세계문화사개관』과『세계문화사대계』[48] 가운데 한 가지를 반드시 인용하고 있으며, 원사료와 일본인 역사가들이 집필한『세계역사대계』1-25(헤이본샤, 1934~36)도 때때로 참조하고 있다. 경성제국대학 출신인 채희순도 결국 일본어 책을 기본으로 세계문화사를 집필했던 것이다.

채희순과 조좌호 이후에도 몇 권의 세계문화사 책이 더 발행되었다. 그렇지만 한국 서양사학의 개척자이자 제1세대인 연희대학교의 조의설, 서울대학교 사회생활학과의 김성근, 고려대학교의 김성식은 세계문화사에 관한 대학 교재를 집필하지 않았다. 이들이 '문화사'라는 이름이 들어간 대학 교재를 집필하여 처음 출판한 것은 1960년이었다.[49] 대신에 조의설은『서양사개설』(동지사, 1950), 김성근은『서양사개론』(정음사, 1953)을 각각 출판하였다. 두 사람의 책은 1950, 60년대 널리 읽히면서 쌍벽을 이룬 서양사 개설서였다.[50] 대중적 인기라는 측면에서 볼 때, 조좌호의 문화사 교재도 여기에 필적할 만하였다.

한국 서양사학계를 이끌어가던 이들 세 사람이 문화사 강의용 대학 교

---

48)『세계문화사대계』의 원제목은 *The Outline of History*이다. 1921년에서 1922년 다이도가쿠(大鐙閣)에서 처음 번역되었으며, 이후 1927, 1934, 1947, 1951년에도 발행되었다. 출판사가 바뀐 경우도 있었다. 하지만 채희순은 어느 판본을 이용했는지 밝히고 있지 않다.

49) 김성근·김성식·고병익·조의설·조좌호,『세계문화사』, 동국문화사, 1960. 조의설이 대학 교재로 문화사 교재를 처음 출판한 것은 1963년이었다. 조의설,『문화사』, 연세대출판부, 1963.

50) 차하순,『서양사학의 수용과 발전』, 나남, 1988, 54쪽.

재를 집필하지 않은 이유는 무엇일까. 아래와 같은 김성근의 언급도 중요한 이유의 하나가 되었을 것이다.

일부에 일본 서적이 타성적으로 이용되고 있으나 재래(在來)의 일본적 서양사관과 서술 방법에 근본적인 수정이 요구되고 있는 이때 그것이 유감된 현상임은 말할 것도 없다. 내가 자신의 비재(非才)임에도 불구하고 본서의 술작(述作)을 발념(發念)하게 된 동기이다.[51]

김성근이 말하는 '일본적 서양사관'이 무엇인지 알 수 없으나, 그가 문화사 교재를 서둘러 집필하지 않은 이유는 일본적 역사인식을 거부하고, 자신이 강의하고 연구하면서 이해한 서양사를 집필하기 위해서였다. 김성근의 단호한 태도는 조의설이 자신의 서양사 개설서에서 문화라는 측면을 전면에 내세우며 '서론: 문화사의 문제', '제1장 원시문화의 발달', '제2장 오리엔트의 문명', '제3장 고전문화', '제4장 기독교적 문화', '제5장 인간주의의 성장'으로 나누어 근세까지 서술한 점과 대조를 이룬다.

그렇다고 김성근이 이후 다른 글에서나, 아니면 『서양사개론』에서 '일본적 서양사관'이 무엇인지를 명확히 밝히고 학문적 비판을 시도한 경우를 필자는 확인하지 못하였다. 오히려 한국 서양사학계 면에서는 일본 학계의 성과 자체를 백안시하려는 경향이 점차 뚜렷해져갔으며, 일반적 분위기로 정착되었다고 보아야 할 것이다. 이는 *A History of Civilization*(1960, 제2판)을 번역 출판할 때 언급한 역자들, 달리 말하면 한국 서양사학계

---

51) 김성근, 「서언」, 『서양사개론』, 1955, 2쪽.

의 제2세대 가운데 선두 주자들이 밝힌 아래와 같은 「서언」에서 확인할
수 있다.

우리나라에서도 이미 여러 권의 서양사개설이나 세계문화사의 저술
이 나와 있다. 양심적이고 믿을 만한 것이 전연(全然) 없지도 않으나
유감스럽게도 일본 학자의 저작에 너무 많은 영향을 받지 않았나 의심
되는 저작이 꽤 많은 것 같다. 일본 학자의 견해가 무조건 나쁘다거나
그릇되었다고는 할 수 없으나 적어도 서양의 역사나 문화에 관한 한,
우리는 구태여 일본 학자의 눈을 통해서 볼 필요는 없다고 생각한다.
그럴 바에는 일본 학자인들 의존하지 않을 수 없는 서양 학자의 견해
를 직접 듣고 소화하여 그것을 토대로 우리 자신의 서양을 보는 눈을
길러나가는 것이 학문 연구나 지식 탐구의 정도가 아닐까 생각한다.[52]

한국 서양사학계는 1950년대 들어 자신들의 지적 원천을 바꾸어가려
고 시도하기 시작한 것이다. 그럼에도 불구하고 1960년대 초까지는 아
직 그것이 실현되지 않았던 것 같다. 위 번역서의 원제목을 번역하면 '문
명사'이다. 그런데 목차에서 던져주는 전체 내용은 '서구문명사'이고, 번
역자들이 붙인 책 제목은 '세계문화사'이다. 책 자체가 문명사=서구문
명사라는 인식을 드러낸 것이라는 점에서 유럽중심주의적인 역사인식을
그대로 표출했다고 볼 수 있다. 뒤에서 언급하겠지만, 문명사를 문화사

---

52) 크레인 브린턴 · 존 B. 크리스토퍼 · 로버트 L. 울프 공저, 양병우 · 민석홍 · 이
    보형 · 김성근 공역, 「역자서언」, 『세계문화사』 상 · 중 · 하, 을유문화사, 1963,
    3쪽.

로 번역한 것 자체가 아직은 일본 학계의 그림자에서 자유롭지 못한 실정임을 드러낸 것이기도 하다.

한편, 1950년대 후반으로 가면서 문화사 교양강좌에 사용할 수 있는 교재들의 출판 경향에 나타난 새로운 특징은 최소한 두 사람 이상이 공동으로 집필한다는 점과 대학에서 직접 교재를 출판하는 경향이 나타나기 시작했다는 점이다. 두 사람이 공동 저자인 경우는 동국대학의 조좌호와 대구대학의 홍순창(洪淳昶)이 집필한 『세계문화사대관』(한국출판사, 1956)을 들 수 있다. 이보다 더 주목되는 경향은 여러 전공자가 자신이 전공한 시기를 집필한 경우이다. '서울대학교문화사교재편찬위원회'에서 펴낸 『세계문화사』(보문각, 1957. 4)는 여러 사람이 참여한 최초의 문화사 교재이다. 당시로서는 매우 보기 드문 집필 방식이었다.

책의 집필에는 한국 서양사학계의 제2세대라고 할 수 있는 이보형(李普珩) · 길현모(吉玄謨) · 안정모(安貞模)와 함께 한국사의 김철준 · 한우근, 동양사의 김준엽 · 정병학이 필진으로 참여하였다. 필자들은 반드시 서울대학교에 재직 중인 사람들이 아니었다. 김준엽은 고려대학교에, 안정모는 이화여자대학교에 재직 중이었기 때문이다. 이들은 동양사 관련 내용을 집필한 김준엽을 제외한다면 서울대학교 사학과를 졸업한 사람들이라는 공통분모가 있다. 한국사와 서양사의 제2세대가 대학의 이름을 건 첫 교양 교재를 출판한 것이다.[53]

서울대학교의 『세계문화사』 교재는 여러 대학에서 수업 교재로 채택함

---

53) 이것이 효시가 되어 이화여대에서도 교재를 출판하였다(이화여대, 『(개설)세계문화사』, 이화여대출판부, 1958). 이것과 같은 교재인데, 이듬해 필자의 이름을 직접 드러낸 책으로 다시 출판되었다(신영만 · 이춘란, 『(개설)세계문화사』, 이화여대출판부, 1959).

으로써 판을 거듭하였다. 그러다 '전폭적으로 개정'되어 1960년 4월 역사학회의 이름으로 다시 세상에 나왔다. 집필진에도 민석홍 · 전해종 · 고병익이 새로 참가하였다. 집필자 가운데 일부는 1952년에 역사학회의 결성을 주도했고, 이후에도 학회를 지탱해왔던 사람들이었다. 학회의 기금을 마련하려는 의기투합의 결과라고 볼 수 있을 것이다. 또한 제2세대들의 공동 저서와 대비되는 교재가 서양사학계의 제1세대이자 이들의 은사인 조의설 · 김성근 · 김성식과 조좌호 · 고병익이 나서서 집필한 『세계문화사』(1960. 3)이다.

두 문화사 교재는 각 집필자들이 평소 관심을 두고 있는 시대의 특색을 나름대로 밝히려고 했다는 점에서, 1950년대 한국 역사학계가 도달한 세계사의 이해 수준을 드러낸다고도 말할 수 있을 것이다. 특히 서양사 연구자들은 일본의 연구 성과와 무관하게 자기 나름대로 자신이 전공하는 시대와 지역을 이해한 결과를 기술에 반영하였다. 따라서 공동작업의 결과물인 두 문화사 교재는 새로운 지적 원천을 다양하게 찾아가고 있음을 시사한다고 하겠다.

이상에서 알 수 있는 사실은 첫째, 해방 직후에는 영어 책이나 그 번역본이 문화사 교재로 많이 참조되었으나, 1950년부터 발행된 세계문화사 교재의 기본 지식은 주로 일본어 서적에서 나왔다.[54] 여기서 말하는 일본어 서적이란 일본인의 연구 성과만이 아니라 일본어 번역본까지 포함한다. 특히 H. G. 웰스의 책이 많이 참조되었다.

둘째, 중고교의 교과서와 달리 대학의 교양문화사 수업에서 사용한 교재는 모두 '세계문화사'라는 이름으로 출판되었다. 1948년에 출판된 채

---

54) 앞서도 언급했지만, 이것이 어떤 내용이었는지에 대해서는 별도로 규명해보겠다.

희순의 『동양문화사』와 이능식의 『서양문화사』는 아주 보기 드문 경우였다. 세계와의 연관을 이해하기 위해 문화사를 배워야 한다는 취지에서 보면 동양의 문화사만을 배우는 것은 현실의 요구와 맞지 않았다. 또한 '서양문화사'라는 이름의 교재도 없었다. 다음 '장'에서 확인되겠지만 '서양'이 곧 '세계'의 문화를 대변하고 표상한다고 보는 집필자들의 관점과도 무관하지 않을 것이다.[55]

셋째, 문화사 수업 교재들은 문화를 문명과 구분하며 정신적 측면만을 내포하는 개념으로 사용하지 않았다. 물질적 문명의 개념까지를 포함하는 광의의 문화 개념을 사용하였다. 문화사 수업 교재들에 '문명사'라는 이름이 붙지 않은 것도 이러한 범주 개념과 무관하지 않다. 원래 문화는 독일어의 Kultur에서 유래했고, 문명은 영어의 civilization을 번역한 말이지만, 일본의 지적 풍토에서는 둘 다 문화로 번역하였다.[56] 특히 1918년 제1차 세계대전이 끝난 이후 문화 문제를 취급한 서적 가운데 다수가 문화사라는 말을 채용할 정도로 문화사 전성시대였다.[57] 앞서도 보았듯이, H. G. 웰스의 *The Outline of History*라는 책이 '역사의 윤곽(범위)'와 비슷하게라도 번역되지 않고 '세계문화사대계'라는 전혀 엉뚱한 말로 번역되고, *A Short History of the World*가 '세계문화사개관' '세계문화사

---

55) 필자가 도쿄대학도서관 · 일본국회도서관 · NACSIS를 검색한 결과, 1945년 이전 일본에서도 '서양문명사'라는 책은 여러 권 발행되었지만, '서양문화사'라는 이름의 서적은 극히 보기 드물었다. 다이쇼기(大正期) 문화사 책은 주로 '세계문화사'였던 것이다.

56) 니시카와 나가오, 한경구 · 이목 역, 『국경을 넘는 방법』, 일조각, 2006, 211쪽. 물론 메이지시대에는 civilization이 문명으로 번역된 경우가 훨씬 많았다는 사실을 부정하지는 않겠다.

57) 芳賀登 『(批判)近代日本史學思想史』, 柏書房, 1974, 211쪽.

개론' '세계문화소사'란 이름으로 출판되어 일본 사회에서 널리 읽혔다는 사실에서도 확인할 수 있다. 한국의 제1세대 역사연구자들은 모두 이러한 일본 사회의 분위기 속에서 대학을 다닌 사람들이었다.

넷째, 문화사 수업 교재는 특정 시대를 집중적으로 고찰하지 않고 개설적인 통사로 발행되었다. 대부분의 집필자들이 식민과 해방, 좌우 대결과 한국전쟁을 거치며 연구에 집중할 시간이 부족했을 것이고, 많은 강의를 해야 생계를 유지할 수 있었다. 자료와 참고서적 또한 턱없이 부족한 현실 때문에 자신의 연구를 바탕으로 시대사 내지는 주제사 중심의 문화사를 집필하는 작업이 불가능했을 것이다. 그래서 대부분의 개설서 교재는 집필자가 강의하고 연구하면서 보강하고 정리한 내용을 바탕으로 집필되었다. 달리 보면, 해방 후 5년이 경과하고 있던 1950년에 와서야 단행본으로서의 볼륨을 갖추면서 여러 시대를 언급한 세계문화사 교재가 나올 수 있었던 것도 집필자들이 전공을 심화시키고 자유롭게 강의할 수 없었던 식민지시기 및 해방 직후의 현실과 깊은 연관이 있었다.

그러면 이제 세계문화사 교재로 1950년까지 발행된 책 가운데 형식적인 완성도가 높았던 채희순의 책, 체계적이면서도 지속적인 반응을 얻었던 조좌호의 책, 그리고 집단작업의 결과인 두 권의 세계문화사 교재를 중심으로 당시 세계문화사에 관한 이해를 검토해보자.

4. 대학 문화사 수업 교재의 구성과 내용

1) 문화사 교재들의 기본 구성

일본 지배하에서 서양사 강의를 문화사로 한 경우는 있었지만,[58] 해방 후 전국의 모든 대학에서 교양문화사 강의로 실시한 세계문화사 수업은 기본적으로 이식된 문화였다. 한국인의 입장에서 보면 준비 없이 일단 시작해야 하는 형국이었다. 그러다 보니 교양역사 강좌로 무엇이 개설되어야 하고, 문화와 문명의 개념을 차분히 따지며 세계문화사에 어떻게 접근해야 하는지 미처 생각할 겨를도 없이 미군정청의 지침에 따라 무턱대고 강의를 준비하고 교재를 집필해야 하는 실정이었다. 따라서 문화사를 다루는 방법론상에 혼란은 불가피하였다. 그 경향을 아래와 같이 정리할 수 있을 것이다.

세계문화사를 다루는 방법에는, ①인류문화의 발전과정을 몇 개의 발전단계를 설정하여 설명하는 것, ②몇 개의 문화권을 설정함으로써 인류문화를 유형적으로 파악하는 것, ③동서양의 문화교섭을 중심으로 다루는 것 따위의 몇 가지 방법이 있다. 그러나 그 어느 경우에도 허다한 결함이 내포되어 있어, 따라서 문화사에는 아직 확고한 방법론이 세워져 있지 않다.[59] (번호는 인용자)

동서양을 아우르는 가운데 양자를 어떻게 배치하고 가르쳐야 하는지에 대해 크게 보면 세 가지 의견 차이가 있었던 것이다. 위에서 언급한 방법 가운데 ②형에 입각하여 출판된 교재를 필자는 보지 못하였다. 대신에 ③형에 입각하여 출판된 교재가 채희순의 『세계문화사』(1950)이다. 저자는 '서언'에서 "본서의 목적은 주로 인류문화의 발달 경로와 및 동서문화 교류에 치중하였기 때문에 각 민족과 각 국가의 정치 · 경제 및

---

58) 신주백, 앞의 글, 2010, 141쪽.
59) 김성근 · 김성식 · 고병익 · 조의설 · 조좌호, 「머리말」, 앞의 책, 1960, 1쪽.

문화에 대하여서는 될 수 있는 한 이를 간략히" 하였다고 밝히고 있다.[60]
①형에 입각하여 출판한 교재는 조좌호의 『세계문화사』(1952)가 처음이
었다. 그는 단순히 각 시대의 문화가 생겨난 기반, 곧 사회 · 경제 · 정치
등 사회환경의 특색을 밝히려고 노력했다고 밝히고 있다.[61] 광의의 문화
사를 다루어야 한다는 견해가 해방공간에서 일반적이었듯이, 1950년대
에도 문화의 영역만을 다루는 특수사로서의 문화사가 아니라 특정한 영
역을 가지고 있지 않은 '보통사'(普通史)로서의 문화사여야 한다는 흐름
이 대세였다.[62] 그래서 1950년대에 발행된 많은 세계문화사 교재에서도
①의 유형, 곧 보통사를 시대 구분하고 광의의 문화개념에 따라 문화사
를 취급하였다.[63]

그러나 사회환경을 보통사의 측면에서 다루더라도 포괄하는 지역과
그에 따라 강조점이 교재마다 조금씩 달랐다. 조좌호는 교재에서 현대
일본의 침략을 제외하면 조선과 일본을 기본적으로 언급하지 않았다.
'동양'의 경우 철저히 중국만을 언급하였다. 인도도 거의 언급하지 않았

---

60) 채희순, 「서언」, 『세계문화사』, 조양사출판부, 1950, 4쪽.

61) 조좌호, 앞의 책, 1959, 2쪽.

62) 김성근, 「문화사관의 성찰─문화사개념의 광정(匡正)을 위하여」, 『가난한 편
력』, 교육출판사, 1969, 225쪽(원전: 『대학신문』, 1954. 6. 23); 김학엽(金學
燁), 「문화사시론」, 『사상계』 37, 1956. 8, 108, 109쪽.

63) 이동윤(李東潤), 『세계문화사』, 대지사, 1954; 홍순창 · 조좌호, 『세계문화사대
관』, 한국출판사, 1956; 강동진(姜東鎭), 『세계문화사』, 경기문화사, 1958; 이
화여대, 『(개설)세계문화사』, 이화여대출판부, 1958; 신영만 · 이춘란, 『(개설)
세계문화사』, 이화여대출판부, 1959. 또한 집필자가 누구인지 드러나지 않으
나 유물사관의 입장에서 세계문화사를 기술한 인문과학연구소의 『문화사개론』
(한성도서주식회사, 1952. 6)도 광의의 문화사 개념에 입각하여 기술되었다.
이 책은 각 '장'마다 참고문헌을 달고 있는 점도 특색이다.

다. 이에 비해 서울대에서 발행한 공동 교재는 조선과 일본, 인도에 관해 비록 '절' 단위에서 언급하지 않았더라도 '항' 단위에서 조금씩 기술하여 부차적 역사처럼 취급하고 있다.[64] 이를 대폭 보완한 것이 역사학회의 공동 교재이다. 즉 일본에 대해 여전히 거의 언급하지 않고 있지만, '제6장 동양문화의 발전'에서 '제1절 중세 이후의 인도문화', '제4절 한국문화의 발전'처럼 고대와 중세 시기를 기술하는 곳에서 '절' 단위로 인도와 조선의 문화사가 상세히 언급되어 있다. 역사학회의 공동 교재에서 한국사 관련 부분이 크게 보강된 점은 한국 역사학계 제2세대들의 주체의식이 반영된 결과라고 볼 수 있을 것이다.

반면에 같은 시기에 출판된 김성식 외 4인의 교재는 조선·인도의 문화사를 서울대의 공동 교재보다 언급하지 않았다. 대신에 조선·인도와 더불어 일본에 대해 꾸준히 기술하였는데, 특히 중세 일본에 대해 '절'로 구분하여 기술하였다. 한국 서양사학계의 제1세대 연구자들로서 일본에서 대학을 졸업하였고, 일본 학계의 동향을 나름대로 파악할 수 있는 위치에 있었던 현실과 무관하지 않을 것이다. 또한 김성식 외 4인의 교재에서 주목되는 점은 중세 시기를 기술한 곳에서 '제2장 이슬람교의 발전과 십자군 원정'을 두고 있으며, 근대사회에 관한 기술에서 '라틴아메리카 제국의 독립'이란 '절'을 설정하고 있다는 사실이다. 결국 조좌호의 교재는 세계문화사가 아니라 '외국문화사', 특히 '중국과 유럽의 문화사'라고

---

64) 조좌호 및 서울대의 교재와 비교되는 책이 강동진의 책이다. 그는 조선·일본·중세의 인도에 대해서는 언급하지 않았지만, '제2부 중세봉건사회'에서 아시아와 유럽의 민족운동을 똑같이 기술하였고, '제2장 유럽의 중세봉건사회', 중국사만을 기술한 '제3장 아시아의 중세제국'으로 구분하여 봉건사회라는 틀에서 동서양을 동등한 구성으로 배치하였다(강동진, 같은 책, '목차' 참조).

말할 수 있다. 서술 대상을 포괄한 지역적 범주라는 측면에서 볼 때 김성식 외 4인이 집필한 교재가 가장 '세계'문화사에 근접한 교재라고 볼 수 있겠다.

2) 문화사 교재들의 역사인식—동서양의 관계를 중심으로

그럼에도 불구하고 문화사 교재들은 고대문명의 발생→동양문화의 발전 및 쇠퇴와 중세 유럽문화의 형성→산업혁명을 이룩하고 민주주의를 확립한 유럽에서 근대문화가 형성→이러한 문화를 계승하여 서구문명을 발전시킨 존재가 미국이라는 전체적인 흐름으로 구성되어 있다. 중세까지 발전하던 동양문화가 쇠퇴한 원인에 대해 채희순은 아래와 같이 기술하고 있다.

(각 개인의 참다운 생활과 사상에 침투하는 '민주적 경향'으로 나아가야 하는—인용자) 이렇게도 중요한 인류 본래의 역사적인 욕구가 동양세계에 있어서는 거의 최근까지 고대사적인 비교적 소수의 전제 귀족사회의 지배에 의하여 말할 수 없이 침체해지고 말았던 것이니, 그 까닭은 비교적 대다수의 민주주의적 열정에 의하여 꾸준히 발전 성장해 나온 서양문화보다도 뒤떨어진 데 그 최대의 원인이 있다. 그렇다고 해서 그 출발점으로부터 동서양의 문화적 차이가 오랜 옛날부터 벌어진 것은 결코 아니었다. 유사 이전부터 중세에 이르기까지 동양은 실로 인류문화의 보금자리였으며 그 발생지였다. 다만 근세 문예부흥기에 이르러 동양문화의 모든 요긴통을 흡수하여 인류 본래의 민주주의적인 발전을 급속도로 전개시킴으로써 서양문화가 훨씬 앞서버리고만 것뿐이다.[65]

요컨대 중세까지는 동양도 서양처럼 진보 발전하였으며 동서교류를 통해 동양문화가 서양문화에 큰 영향을 끼치기도 했는데, 근세 들어 서양은 동양문화를 흡수하여 민주주의를 꾸준히 성장시킴으로써 동양을 앞서 갔다는 것이다.

그렇다면 동양의 후진한 원인을 그는 어디에서 찾고 있을까. 채희순은 자신의 책 「서언」에서 "지리적 제조건에 속박되어 전제군주제도의 폐해가 오래 계속된 필연적 결과" 동양문화의 후진성이 발생했다고 주장하였다.[66] 그러면서 이를 "소극적이며 따라서 보수적인 농경생활로서의 인순고식적(因循姑息的)인 현상에서 우러나온 자연적인 산물"로 간주하였다.[67] 동양적 전제군주와 농경문화에서 원인을 찾는 진단은 채희순만의 주장이 아니었다. 김유방도 평지와 산골짜기에 국가를 건설한 동양의 여러 나라는 무역과 상공업 도시가 서양처럼 발달하지 않은 대신, 유일한 경제 조건인 농업생산을 "장악한 전제적인 군주의 지배형태가 수천 년

---

65) 채희순, 「서언」, 앞의 책, 1950, 1쪽.
66) 채희순은 당(唐)의 문화처럼 진보 발전하던 동양문화가 유럽과 달리 지속하지 못한 큰 원인의 하나로 "한자 학습이 매우 곤란하여 대중의 교육적 보편화가 이루어지지 않았던" 것을 들고 있다(같은 책, 336쪽). 이는 H. G. 웰스의 견해와 일치한다. 웰스는 "지나(支那)의 이지(理智)를 속박한 것은 무엇인가"라고 스스로 던진 질문에 "문자와 관용어구의 감옥에 지나인의 두뇌가 유폐되었기 때문이다"고 답하였다(기타가와 사부로(北川三郎) 역, 『세계문화사대계』 3, 다이도가쿠, 1941, 141쪽). 반면에 서구인의 지력은 희랍과 아랍, 중국 등지에 영향을 받아 발전시키는 과정에서 과학의 연구, 신세계 탐험, 상업의 대발전에만 몰두하여 흡수시키는 데 머무르지 않고 "창조적이고 수태적(受胎的)인 정신을 서구인 마음에 흐르도록 하는" "지성의 저변 역류"와 깊은 연관이 있다고 보았다(같은 책 3, 351, 352쪽).
67) 채희순, 「서언」, 앞의 책, 1950, 1~2쪽.

계속"되었다는 데서 서양에 비해 "후진국가가 된 원인"을 찾았다.[68] 동서양의 역사를 동등하게 배치하고 기술했던 강동진 역시 '항'의 제목에 '1. 아시아적 성격'이라고 붙일 정도로 마찬가지 이유에서 후진성의 원인을 찾았다. 그의 설명이 매우 명시적이므로 인용해보자.

유럽에서 봉건사회가 변질되고 초기자본주의가 싹트기 시작한 무렵 14세기 후반에 아시아에 있어서는 정복제국 원(元)에 대신하여 한민족(漢民族)의 명제국이 일어나고 있었다.

그러나 그 제국도 역시 아시아적인 봉건사회의 연장으로서 유럽에서 보는 바와 같은 근대적인 절대주의 국가는 아니었다. 그리하여 강력한 전제적 제권(帝權)과 정비된 관료제도를 배경으로 하는 전제국가의 권력이 아시아적인 봉건사회의 붕괴를 가로막고 있었던 것이 아시아적인 정체성을 오랫동안 지속케 한 한 요인이라고 본다.[69]

강동진의 정리처럼 동양이 서양에 뒤떨어진 동양적인 원인을 설명할 때 동양적 전제군주제와 관료제, 그리고 그것의 배경으로서 농경문화를 드는 관점을 흔히 '아시아적 정체성론'이라고 한다. 아시아적 정체성론은 동양의 '가부장적 전제주의' 혹은 '도덕적 전제주의'로 인해 동양에서의 '주체적 자유'가 국가에 속하여 변화가 결코 생겨날 수 없다고 본 헤겔에 학문적 뿌리를 두고 있다.[70] 헤겔이 관념적 접근을 했다면, 마르크

68) 김유방, 앞의 책, 1948, 23쪽.
69) 강동진, 앞의 책, 1958, 176쪽.
70) 송두율, 『계몽과 해방』, 당대, 1996, 69쪽에서 재인용.

스는 자본주의 생산에 선행하는 여러 형태를 분석하는 과정에서 아시아적 특징을 도출했다는 점에서 실증적으로 접근하였다. 마르크스는 전통적 아시아 사회에서 근대 자본주의가 발생할 수 없었던 이유로 군주의 토지소유권 독점과 사적 토지소유권의 결여, 미분화된 '촌락체제' 내의 농업과 가내 수공업 간의 긴밀한 결속을 들었다.

아시아적 정체 요인은 중국과 인도에서만 나타나는 것이 아니라 한반도의 구성원들에게도 일정한 제약 요인으로 작용했다는 관점으로 이어진다. 채희순은 유교입국의 건국정신이 한반도를 폐쇄적인 사회로 만들었고 당파싸움에만 몰두하게 함으로써 민주적이고 진보적인 문화의 형성을 가로막았으며 소극적인 전제관료주의를 조장한 결과, 사회의 혼란과 민족의 타락을 조장하였다고 보았다.[71] 일본 식민사학자들의 조선인 당파성론과 한반도 정체성론이 아시아적 정체성론과 연관지어 정당화되고 있는 것이다.

이렇게 발전하다 정체된 동양과 절대주의를 거치며 민주주의를 진보시켜 강력해져가던 유럽이란 관점은 서울대의 교재에서도 그대로 확인할 수 있다.[72] 조좌호는 교재에서 명시적으로 언급하고 있지 않지만, 중세 봉건사회라는 틀에서 송 이후부터 1840년까지 수백 년의 중국사를 4쪽 분량으로 모두 처리하고 있다. 아시아 정체성론적인 시각을 전제하지 않으면 나올 수 없는 구성인 것이다. 물론 1960년에 간행된 역사학회의 교재와 김성식 외 4인의 교재에서는 각각 '제5절 중국문화의 발전', '제3장 정복왕조하의 중국'과 '제4장 아시아 전제국가의 발달'이란 부분에서

---

71) 채희순, 앞의 책, 1950, 434쪽.
72) 서울대학교문화사교재편찬위원회, 『세계문화사』, 보문각, 1956, 126쪽.

언급하고 있어 약간의 변화가 나타나고 있기는 하다. 그렇지만 두 교재가 아시아적 정체성론에서 벗어난 것은 아니었다. 여전히 유럽의 근대가 성립하는 과정에서 전 세계가 유럽화하는 경향이 뚜렷이 나타나게 되면서 유럽에서 완성된 신예문화로서 서양문화는 세계문화로, 서양사는 세계사로 성립되는 시기에 들어섰다는 관점을 전제하였다. 그래서 두 교재에도 근대문화에 관한 내용에 동양문화가 포함되어 있지 않은 것이다.

문화사 교재들에서는 근대문화를 완성한 유럽이 서세동한 시기 부분에서 동양을 역사 서술의 대상으로 다시 등장시킨다. 아시아적 정체성론에 입각한다면 그것은 당연한 관점이다. 왜냐하면 아시아가 변동할 수 있는 유일 가능한 원천은 외부, 곧 서구 열강의 제국주의적 침략일 수밖에 없다는 관점이기 때문이다. 일찍이 마르크스조차 영국이 인도의 뱅골지방에 방적공과 기계를 보내 "아시아 최대의, 아니 실은 아시아 유일의 사회 혁명을 만들어내었다"고 진단하며 인도에서 영국의 지배를 정당화하였다.[73] 동양의 주체성을 무시한 관점은 1950년대 문화사 교재들에서 확인할 수 있는데, 이를 명시적으로 언급한 예를 위에서 인용한 강동진의 문장 바로 다음 글을 통해 확인해보자.

이와 같은 현상은(아시아적 정체성—인용자) 다음을 이은 청제국에도 그대로 답습되었을뿐더러 인도나 회교권에 있어서도 볼 수 있는 일이다. 그러므로 자본주의를 기반으로 하는 유럽 열강이 그 강력한 경제력과 무력을 가지고 아시아의 여러 지역에 진출해오자 아무런 저항

---

73) 칼 마르크스, 「영국의 인도 지배(1853. 6. 10)」, 『칼 맑스 · 프리드리히 엥겔스 저작 선집』 2, 박종철출판사, 1990, 416쪽.

을 하지 못하고 그 식민지가 되고 말았다.[74)]

동양 근대화의 발단이자 모범이며 표준이기에 추구해야 할 대상으로서 근대문화에 대한 서유럽 중심적인 서술은, 열강이 동남아시아와 동북아시아로 움직인 것을 '진출'로 표현하였지 '침략'으로 적극 규정하지 않는 불철저한 역사인식으로 이어졌다. 그래서 유럽 열강의 진출을 제국주의적 행위로 규정했음에도 불구하고 "후진 미개 또는 반개(半開)의 비자본 지역"에 대한 "유럽세계의 확대"라는 시각에서 보게 되었다.[75)] 이러한 인식은 일본의 행위를 침략으로 규정하는 역사인식과 모순됨에도 불구하고 그조차 문제라는 생각을 갖지 못하게 하였다. 또한 근대문화의 밝은 측면만을 부각시켜 문명화가 곧 서구화이며, 서구적 문명을 추구하는 길이 정당하다는 선입견을 교양 수업을 듣는 학생들의 뇌리에 쉽게 남을 수 있게 했을 것이다.

세계문화사 교재는 유럽에서 완성된 서양문명을 현대에 와서는 미국이 담당하고 있는 것으로 본다. 역사학회의 교재와 김성식 외 4인의 교재를 포함하여 1950년대에 발행된 『세계문화사』 책들은 대략 다음과 같이 세계사 속에서 미국의 모습을 묘사하고 있다.

미국은 독립전쟁을 통해 봉건적 사회와 절대주의적 정치제도가 남아있던 유럽과 달리 민주주의 헌법을 채택하고 공화국을 세움으로써 민주주의를 실현할 수 있다는 점을 세계에 보여주었다. 남북전쟁을 통해 국가를 통일하고 자유주의와 국민주의를 실현하였으며, 자본주의 경제가

---

74) 강동진, 앞의 책, 1958, 176쪽.
75) 김성근 · 김성식 · 고병익 · 조의설 · 조좌호, 앞의 책, 1960, 262쪽.

급속도로 발전함에 따라 1896년부터 세계 제일의 공업생산국가가 되었다. 다른 한편 이 시기부터 아메리카 대륙의 리더로 자리매김하였다. 이어 제1차 세계대전을 승리로 이끌면서 유럽에서의 민주주의를 더욱 확대시켰고 국제정치의 영도적 지위를 확립하였다. 미국은 제2차 세계대전에서 자유민주주의에 대항하는 전체주의 국가들과 싸워 연합국이 승리하는 데 지도적 역할을 하였다. 전후 전개된 냉전체제에서 자본주의 진영의 결속을 주도함으로써 자본주의 체제를 취하는 나라를 자신의 지도력 아래 놓이게 하였다. 이처럼 다양한 사실을 적시하고 그것들간의 연관성을 서술하는 과정에서 미국은 근대 유럽문명의 창조적 계승자이자 수호자로 묘사되었다. 앞서도 언급했지만 미국이 말하고자 하는 근대문명이란 유럽과 자신을 포함하는 서구문명이었다.

때문에 부정적인 측면에 대한 기술이 눈에 띄지 않는다. 세계문화사 교재들에서는 남북전쟁에도 불구하고 인종차별이 강력히 남아 있었던 미국 사회, 이즈음부터 동아시아에서의 영토확장과 경제이권 획득을 위해 적극적으로 움직인 제국주의적인 모습에 대해 제대로 기술하지 않은 것이다. 그러다 보니 한반도의 식민화 과정에서 미일 관계에 대해 정확한 진실을 알기 어렵게 하고, 미국과 한반도 분단문제의 연관성에 대해서도 침묵하는 서술 태도를 취하는 것이다. 비록 "미·소 양국의 약소민족 희생정책으로 말미암아 미·소 양군의 점령하에 남북으로 양단되고 말았다"고 비판적으로 언급한 교재도 있지만,[76] 결국은 반공·반소를 전제로 한 자유민주주의의 수호자로서 미국을 부정하고 있지는 않다.

---

76) 서울대학교문화사교재편찬위원회, 앞의 책, 331쪽.

교양으로서의 실존주의

나종석 · 서양철학

1. 분단체제의 지성사와 50년대 실존주의

한국에서 서양철학이 수용된 역사가 어느덧 한 세기가 되었다. 그에 따라 서양철학의 수용사 및 20세기 한국철학의 역사에 대한 연구들이 조금씩 늘고 있다. 기존의 연구들은 앞으로의 연구에 소중한 디딤돌이 되고 있다. 기존 연구 경향은 대략 세 가지로 정리될 수 있을 것 같다. 첫째로 들 수 있는 것은 통시적 연구들이다. 20세기 한국 서양철학의 흐름을 통시적으로 정리하는 연구는 지난 90년 중반 이후 꽤나 나왔다. 예를 들면 윤사순과 이광래가 지은 『우리사상 100년』(현암사, 2002)과 백종현의 『독일철학과 20세기 한국의 철학』(철학과현실사, 2000) 등이 있다. 이광래는 앞의 저서를 기초로 해서 『한국의 서양사상 수용사』(열린책들, 2003)를 펴냈다. 이 외에도 김석수의 『한국 현대실천철학』(돌베개, 2008)과 김재현의 『한국 사회철학의 수용과 전개』(동녘, 2002)도 대표적인 통시적인 연구이다.

첫째 경향과 일정 부분 중첩되지만 다른 연구 경향으로는 개별 철학자들에 대한 연구가 있다. 박종홍이나 신남철·박치우 등 일제시기부터 20세기 한국철학의 토착화 과정에서 커다란 족적을 남긴 인물들에 대한 연구가 한 흐름을 차지하고 있다. 예를 들어 김석수의 『현실 속의 철학 철학 속의 현실—박종홍에 대한 또 하나의 해석』(책세상, 2001), 이병수의 박사학위 논문인 『열암 박종홍의 철학사상—천명사상을 중심으로』(한국학술정보, 2005) 등의 단행본이 있다. 그 외에도 신남철·박치우, 그리고 박종홍 등에 대한 개별 연구들이 상당수 존재한다.[1] 마지막으로 언급될 수 있는 연구 경향은 현상학·분석철학, 그리고 윤리학 등 철학의 개별 분과 영역별 수용사에 대한 연구이다. 이에 대한 몇 가지 사례는 다음과 같다. 『철학연구 50년』(이화여자대학교 한국문화연구원 편, 혜안, 2003)과 『현대철학의 정체성과 한국철학의 정립』(철학연구회 편, 철학과현실사, 2002) 등이 그것이다.

20세기 한국철학의 연구 경향을 총괄해보면 특정한 시대에 한정하여 그 시대의 철학 사조의 의미를 탐구하는 작업이 이루어지고 있지 않음을 알 수 있다.[2] 이 글에서 시도하고자 하는 것이 바로 이런 연구이다. 특히 이 글의 대상인 1950년대 한국철학사는 아직 본격적인 연구 대상으로 되고 있지 않다. 문학의 영역에서 50년대에 대한 연구가 비교적 활발하

---

1) 예를 들어 권용혁, 「서구 철학의 수용과 '현실'」, 『철학과 현실—실천철학 II』, 울산대출판부, 2004. 그 외에도 20세기 한국의 서양철학 수용의 양상에 대한 체계적인 연구로는 서울대 철학사상연구소가 펴낸 연구 결과가 손꼽힌다(『철학사상』 4~7, 1994-97).

2) 이병수의 글은 예외에 속한다. 「1930년대 서양철학 수용에 나타난 철학 1세대의 철학함의 특징과 이론적 경향」, 『시대와철학』, 2006년 제17권 제2호, 81~112쪽. 그러나 이 글 역시 교양의 문제와 무관할 뿐 아니라 사회 전반의 변동의 연관 속에서 연구하고 있지 않다.

게 진행되고 있다면, 지성사 연구에서의 불균형은 시정되어야 할 필요가 있다. 이 글의 목적은 1950년대 한국사회, 특히 한국 대학 및 지성사회에서 실존철학이 어떤 방식으로 '지식인'의 '교양'으로 수용되는지, 그리고 그 의미가 무엇이었는지를 철학 교재 및 잡지 분석을 실마리로 하여 탐구하는 것이다.

특정 시대의 사조, 그러니까 예를 들어 50년대 실존철학의 연구를 당대의 지성사 및 정치·사회사의 맥락에서 연구하고자 하는 모색은 한국 철학사 연구의 공백을 채우는 데 그치지 않는다. 이 글은 학력 엘리트들의 교양을 담당하는 대학이라는 제도가 50년대 한국사회에서 자리잡아가는 과정이 지니는 의미를 당대의 시대상황 속에서 분석해보고자 한다. 더 나아가 이 글은 간접적이고 부차적인 방식으로나마 학제 연구의 활성화에 기여하는 목적을 겨냥한다. 문학사 연구와 철학사 연구의 결합 없이 진행되는 50년대의 지성사 연구는 극히 일면적일 수밖에 없다. 지성사 내지 정신사를 가능한 한 총체적으로 접근하는 것이 필요하다는 것을 부인하기 어렵다. 그러므로 이런 문제의식은 지극히 일반적인 것이 아닌가 하는 인상을 불러일으킬지도 모른다. 그러나 실상은 그렇지 않다. 오늘날 우리 사회의 인문학의 연구는 철저하게 분과체계 속에 함몰되어 있으며, 그 결과 철학과 문학 등의 연구가 서로 분리되어 진행되고 있다. 대학의 분과학문체계의 역사성은 좀더 치밀한 연구를 필요로 하는 영역이다. 특히 50년대 이후 인문학의 제도화 과정이 미국 중심의 냉전질서와 어떤 방식으로 연동되어 있었는지에 대한 탐구는 아직 미완의 것으로 남아 있다.

그러나 이 글의 근본적인 문제의식은 한국의 학술제도사에 대한 성찰을 분단체제의 지성사의 한 영역으로 이해하려는 데 있다.[3) 분단체제의 지성사에 대한 탐구는 분단극복과 통일된 한반도 국민국가를 사상의 과제로 삼기 위한 토대이다. 이는 한국에서의 철학함이 우리가 당면한 현실의 문제를 이해하고 더 나은 삶의 전망을 모색하는 작업이어야 한다는 생각을 담고 있다. 또한 학술제도사에 대한 연구는 현재 한국의 인문학, 특히 우리 사회에서의 철학의 존재방식과 사유방식에 대한 비판적 · 역사적 탐구 방법으로 이해되어야 할 것이다. 인문학의 위기에 대한 이야기는 어제 오늘의 일이 아니다. 이제는 인문학의 위기를 넘어 새로운 인문학을 모색하는 노력이 다양한 방식으로 등장하고 있다. 그러나 인문학의 위기에 대한 진정한 극복은 위기의 근원에 대한 탐구 없이는 불가능하다. 그러므로 나는 분단체제의 지성사 및 학술제도사 연구를 통해 현재의 한국 인문학의 존재방식 및 사유방식에 대한 역사적 탐구를 대안적 인문학의 하나인 '사회인문학'의 구체화 작업의 필수적 분야로 생각한다.

2. 1950년대 철학 교양교육의 제도화와 실존주의

분단 및 한국전쟁의 여파는 한국사회 전반에 지울 수 없는 결과들을 가져왔다. 한국전쟁은 사상과 문화의 영역에서도 구조적인 변동을 초래했다. 남한에 국한해보자면 전쟁 후에 반공 · 반북 이데올로기는 반공 독재국가의 강화와 상응하면서 상호 공생의 관계에 들어갔다. 이에 따라

---

3) 한국의 현대를 분단 이후로 고정하고자 하는 것은 아니다. 특히 일제 식민지 경험과 해방 후의 갈등 및 한국전쟁은 분단체제를 형성하는 결정적인 요인들이라는 점에서도 분단체제 지성사와 밀접한 연관을 맺고 있다. 편의상 현대라는 개념을 분단 이후의 시기를 지칭하는 것으로 본다.

공산주의나 북한과 연관된 모든 사고체계와 언어는 금기시되어 남한의 일반사람들의 정신의 구조를 왜곡했다. 이런 현상을 박명림은 '분단의 정신구조'로 보고 그 본질적 특성을 '보편의 상실'이라고 진단한다. 즉 분단과 전쟁의 여파로 인해 남은 남대로 북은 북대로 지나치게 일면적인 사고방식이 지배적이 되고 세계를 다양한 눈으로 보는 능력이 크게 훼손되었다는 것이다.[4] 이는 전쟁시기의 참혹했던 기억들로 인한 공포감과 함께 사람들로 하여금 체제에 순응하는 태도를 체질화하는 것으로 이어졌다.[5]

사상과 학문의 활동을 제약하는 1950년대의 구조적인 요인에도 불구하고 한국사회가 그저 정체되어 있었던 것은 아니다. 이 시기 문화활동은 상당히 역동적이었다. 한국전쟁이 초래한 급속한 사회문화적 변동과 미국 중심의 자본주의적 세계체제에의 철저한 편입으로 인한 영향력 외에도 1950년대 한국 문화의 재편을 촉진한 구조적인 요인으로는 국가권력의 능동적 역할 및 지식인을 중심으로 해서 50년대 중반 이후 형성되기 시작한 자율적인 시민사회의 활동이 있다. 실제로 한국전쟁 이후에 대한민국 국가권력은 '근대화 기획'을 수행하는 가장 중요한 행위자로서 1950년대 한국 문화의 구조적 변동에 크게 개입했다. 즉 국가권력은 전쟁을 통해 더욱 강화되었고, 이 강화된 권력을 바탕으로 여타 사회 영역에 대해 커다란 자율성을 획득한 국가가 정치경제적인 영역은 말할 것도 없고 사회문화적인 영역에 대해서도 그 내부의 세력관계를 재조정할 수 있는 영향력을 발휘하게 되었다는 것이다. 사회문화적인 영역에 국한해

4) 박명림, 『한국 1950년 전쟁과 평화』, 나남, 2002, 35쪽 참조.
5) 강준만, 『한국현대사산책—1950년대편』 제1권, 인물과사상사, 2004, 10쪽 이하.

서 보자면 국가가 이 영역의 구조를 변동시키기 위해 가동시킨 장치들은 '국민개병제도, 보통선거제도, 의무교육제도, 그리고 문맹퇴치운동' 등 이다. 이런 장치들을 통해 국가는 50년대 반공국민으로서의 정체성을 지 닌 국민을 형성할 수 있었다. 특히 국가권력은 의무교육제도와 문맹퇴치 운동을 근대화 기획의 핵심적인 기제로 간주하고 이에 많은 역량을 투입 했다.[6] 그 결과 1954~59년 동안 실시된 '선량한 시민으로서의 자질 향 상'을 목표로 한 의무교육 완성 6개년 계획으로 인해 취학률이 급격하게 향상되었으며 교육시설의 확충이 이루어졌다. 예를 들어 한국전쟁 동안 교육시설의 상당 부분이 손실되었는데[7] 이는 전후 급속하게 재건되었 다. 취학률의 증가도 성공적으로 진행되었다. 1959년 적령 아동의 취학 률은 96%에 달하였다.[8] 문화발전의 가장 큰 장애 요인으로 손꼽히던 문 맹률도 1945년 78%에서 1953년 26%로, 그리고 1958년에는 4.1%로 급격하게 낮아진다.[9]

물론 교육 기회의 확대와 더불어 고등교육기관의 수가 급증한 현상은 해방 이후 미군정 시기에서부터 시작된 것이다. 한국 고등교육의 역사에 서 1946~48년을 1차 팽창기, 1952~55년을 2차 팽창기로 본다고 한

---

6) 이봉범, 「프롤로그. 폐쇄된 개방, 허용된 일탈—1950년대 검열과 문화 지형」, 『아프레걸 사상계를 읽다—1950년대 문화의 자유와 통제』, 권보드레 외, 동국 대출판부, 2009, 20쪽 이하.
7) 한국전쟁 이전에 각급 학교 교실 수는 47,451실이었는데 그 중 23%에 해당되 는 10,891 교실이 전소되거나 완전 파손되었다. 부분 파손까지 합하면 약 50% 의 교실이 피해를 입었다는 통계가 있다. 중앙대 부설 한국교육문제연구소, 『문 교사 1945~1973』, 1974, 187쪽 참조.
8) 같은 책, 190쪽 참조.
9) 이봉범, 앞의 글, 21쪽(특히 주21 참조).

다.[10] 특히 미군정기에는 사립대학을 중심으로 대학 설립 붐이 일어났다.[11] 대학의 확대는 50년대 초반에도 계속되었다. 그 결과 1955년 현재 대학 수는 총 71개이고 학생 수는 78,000명을 넘어선 것으로 알려져 있다.[12] 1950년대의 '대학 붐'은 "지식의 제도화와 지식 집단의 조직화"를 가져왔다고 평가된다. 달리 말하자면 대학은 국가를 기반으로 하는 고등교육의 최고의 권위 있는 제도로 인정받게 되고 이런 공인된 권위를 통해 지식에 대한 사회적 열망을 흡수하는 장치로 자리잡게 되었다는 것이다. 대학이 국가의 권위 있는 교육기관의 정점으로 자리를 잡아감에 따라 자연스럽게 대학 내에서 분과학문의 영역을 넘어서는 일반적인 지식 교육, 즉 교양 지식의 중요성이 대두된다.[13]

제도적으로 교양교육이 대학교육에 본격적으로 도입되게 된 시기는 역시 미군정기이다. 이 시기에 대학에서는 처음으로 필수과목과 선택과목을 구분하고 교양과목도 필수과목 내에 개설했다. 이는 일제시기의 대학 운영과는 전적으로 새로운 것이었다.[14] 물론 일제시기에도 근대적인 교양 담론이 없지는 않았다.[15] 그러나 일제시기에 교양과목에 해당되는

---

10) 김건우, 「한국문학의 제도적 자율성의 형성―대학제도를 중심으로」, 『동방학지』 149, 2010, 180쪽 참조.
11) 해방 이후 미군정기의 대학 등 고등교육기관의 급속한 팽창에 대해서는 강명숙, 「미군정기 고등교육 연구」, 서울대 박사학위 논문, 2002, 47쪽 이하 참조.
12) 서은주, 「1950년대 대학과 '교양 독자'」, 『현대문학의 연구』 40, 2010, 9쪽 참조.
13) 같은 글, 10쪽 이하.
14) 강명숙, 앞의 글, 2002, 132쪽 참조.
15) 1920~1930년대 교양 담론에 대해서는 소영현, 「근대 인쇄매체와 수양론, 교양론, 입신출세주의」, 『상허학보』 18, 2008. 그리고 해방 전 1940년대의 교양

전공 이외의 기초과목에 대한 교육은 예과나 대학 전 단계의 교육에서만 담당했을 뿐이었다.[16] 미군정기의 교양교육정책은 대한민국이 정식으로 출범한 이후에도 지속된다. 그리하여 대한민국의 교육이념에 입각하여 50년대에 대학에서 철학에 관한 교양교육이 실시되었다. 국립서울대학의 경우 1952년에는 '교육법시행령 제정'을 통해 일반교양과목이 "일반 지도적 인격을 도야함에 필요한 과목"으로 규정된다. 이 법령은 1954년에 시행되는데 이로 인해 서울대학교의 일반교양과정의 기본 골격이 형성된다. 그 결과 교양과목 이수 학점이 종래 40학점에서 46학점으로 늘어나고, 철학은 국어 및 영어 등과 함께 교양필수과목으로 분류된다. 이 시기 서울대 이외의 연세(연희)대학교와 고려대학교에서도 철학개론이 교양필수로 개설된다.[17]

50년대 철학 교양교육에서 실존철학은 중요한 위치를 차지하고 있었다. 1958년 서울대학교 교양과목교재출판위원회의 철학과분과위원회에서 출판한 『대학 교양과정 철학』을 예로 들어 살펴보자. 이 책은 자연과학 및 문화사 과목과 함께 철학을 대학의 교양과목 중 중요한 과목의 하나로 설정한 당시 서울대학교의 대학교육의 편제의 결과이다. 이 철학 교양 교재의 서문에서 이 책을 편집한 편집위원의 대표로 고형곤은 대학 교양과목으로서 철학이 맡아야 하는 직책이 무엇인지에 대해 자문하면서 그에 대한 답을 다음과 같이 설명한다. 교양으로서의 철학은 "인간생활에서 가장 필요한 지식인 자연과학과 문화사를 어떠한 연관으로 통일

주의에 대해서는 허병식, 「교양의 정치학」, 『민족문학사연구』 40, 2009 등이 있다.
16) 강명숙, 앞의 글, 2002, 132쪽 참조.
17) 서은주, 앞의 글, 2010, 13쪽 이하 참조.

하며, 어떻게 그것들로 하여금 그 실용에 있어서 조화롭게 하며, 그 본질에 있어서 정제(整齊)케 하느냐 하는 문제"를 해결하는 지식이다. 왜냐하면 "비록 철학은 자연과학과 같이 치밀하지 못하여 이따금 사변(思辨)에 흐르며, 또 문화사와 같이 또렷한 형태를 갖지 못하여 몽롱하지만, 치밀하지 않은 탓으로 철학은 넓은 시야를 조망할 수 있고, 또렷한 형상으로 나타나지 않는 탓으로 전체를 파악할 가능성이 남겨져 있다." 고형곤은 사태를 넓은 시야를 갖고 전체적으로 이해할 수 있는 학문은 철학이며, 철학만이 그런 고유한 기능을 갖고 있다고 말한다. 따라서 교양과목으로서의 철학이 추구해야 하는 목표는 자명하다. 그 목표란 다름 아닌 "지나친 과학적 분석이나 고정된 형상에 구애함이 없이 넓은 조망과 풍부한 관대(寬大)를" 학생들이 지닐 수 있도록 그들을 지도하고 길러냄에 있다.[18]

교양교육이 대학교육의 핵심으로 체계적인 방식으로 제도화된 것은 서구 근대의 산물이라는 것은 주지의 사실이다. 특히 괴테의 영향을 받은 훔볼트(Humboldt)의 대학 교양이념이 많은 영향을 끼쳤다는 사실도 널리 알려져 있다. 훔볼트는 나폴레옹과의 전쟁에서 패배한 프로이센이 개혁을 시도하는 과정에서 교육부 장관으로 프로이센 교육제도의 틀을 형성하는 데 지대한 공헌을 한 인물이다. 그는 1810년 베를린대학을 세워 학문연구와 강의의 통일을 연계시키도록 했다. 독일적 교양이념은 여러 나라 학교 교과 과정은 물론이고 대학의 인문학 연구의 토대로 자리잡게 되었다.[19] 그러나 독일식 교양교육의 이념이 50년대 한국의 교양

---

18) 서울대학교 교양과목교재출판위원회 철학과분과위원회, 『대학 교양과정 철학』, 1958, 1쪽 이하.

교육에 어떤 방식으로 전유되었는지에 대해서는 확정짓기가 쉽지 않다. 50년대 한국의 대학 교양교육에서 '교양'이 어떻게 이해되었는지를 보여주는 구체적 자료는 찾기 어렵기 때문이다. 또 이 글에서는 교양에 대한 메타적 차원의 분석을 생략하고자 한다. 즉 교양에 대한 이론적 천착은 다음 기회로 미루고 철학이 교양으로 대학생들이 배워야 할 과목으로 제도화되어 있었다는 점에 주목하는 데 만족한다. 이런 제도화의 결과 대학생들은 교양과목을 통해 특정한 철학이론을 그들이 반드시 배워 습득해야 할 '교양 지(知)'로 접할 수 있게 되었다.

그러나 위에서 언급한 서울대학교의 교양 교재에 드러난 철학교육의 이념은 당시 서울대학교가 교양교육의 일반적인 이념이자 목표로서 무엇을 설정했는지를 추론해볼 수 있는 자료이다. 고형곤에 의하면 철학 교양은 세상을 전체적으로 조망할 수 있는 시야와 더불어 세계에 대한 관용적인 태도를 육성하는 것을 지향한다. 이는 물론 고전이라고 일컬어지는 책 읽기를 통해서 실현된다. 즉 인류의 고전적인 철학서들을 읽고 이를 통해 사람들은 자기 자신에게만 관계하는 고립되고 편협된 마음을 극복하고 사물을 넓은 마음으로 볼 수 있는 확장된 정신을 체득하게 된다는 것이다. 이런 확장된 정신의 풍부한 함양이 바로 교양일반, 특히 철학 교양의 목적으로 규정되고 있음을 우리는 고형곤의 설명에서 볼 수 있다.

---

19) 디트리히 슈바니츠, 인성기 외 역, 『교양』, 들녘, 2004, 234, 300쪽 참조. 일본의 대학제도 편성이 독일 대학제도를 표준으로 해서 성립되었다는 점에 대해서는 스즈키 사다미, 김채수 역, 『일본의 문학개념』, 보고사, 2001, 253쪽 이하 참조.

그렇다면 왜 실존주의는 50년대 한국 대학의 철학 교양의 핵심으로 부상할 수 있었던 것일까? 철학 교양 수업에서 실존주의 철학이 중요한 내용을 차지하게 된 이유는 여러 가지이다. 우선 한국전쟁으로 인해 분단이 고착화되면서 서구, 특히 미국 및 유럽의 학문이 '보편적'인 학문의 지위를 더욱더 공고하게 차지하게 되었다는 사실이 언급되어야 할 것이다. 실제로 일제시기 및 해방 후에 한국사회에서 마르크스주의는 실존주의보다도 더 많은 영향력을 행사했다. 그러나 50년대 한국사회에서 마르크스주의는 극복과 비판의 대상으로만 언급될 뿐 적극적으로 수용하고 배워야 할 학문으로 인정받지 못했다. 그러므로 실존주의가 50년대 철학, 심지어 교양일반의 대명사로 간주되기에 이른 사실은 전쟁으로 인해 공고화된 분단체제와 결부되어 있는 반공·반북 이데올로기의 영향의 결과이다. 분단체제는 미국과 구 소련 사이의 전 지구적 차원에서 형성된 냉전질서의 결과임은 이미 언급한 바 있다. 분단체제의 고착화가 가져온 이론 지형의 서구지향적인 일면성의 강화는 철학의 영역에서만 나타난 것은 아니다. 문학과 비평의 영역에서도 사정은 마찬가지였다. 서구문학을 수용하면서도 냉전체제의 작용의 결과 인류문화의 다양한 성과들을 균형감 있게 소화하지 못하고 주로 미국·영국, 그리고 프랑스 등 서구 자본주의 국가의 이론만을 편향적으로 수입하게 되었다.[20]

　박종홍이 주장하듯이 실존철학은 부산 피난을 계기로 한국사회에서 일반적으로 논의되기 시작했다. "우리나라에서도 철학적으로 실존사상이 문제되어온 것은 8·15해방 훨씬 이전부터 시작된 것은 사실이나, 일반

---

20) 한수영, 『한국 현대비평의 이념과 성격』, 국학자료원, 2000, 38쪽 참조.

적으로 논의되기는 1·4후퇴 때 부산 피난을 계기로 한 것이다."[21] 한국전쟁 이후 한국사회에 광풍처럼 밀어닥친 실존주의 열풍은 전쟁으로 인해 한국인들이 체험하게 된 삶의 불안과 부조리의 인식의 광범위한 확산과 무관하지 않다. 전후 상황의 극도의 혼란스러움은 이런 위기의식과 불안의식을 증폭시켰다. 실존주의를 통해 한국인들, 특히 전후 세대는 전쟁으로 인해 야기된 위기와 불안의식을 이해할 수 있다고 생각했다. 불안과 절망이 횡행하는 시대에 부조리·허무·고독 등과 같은 실존주의적인 용어들과 실존주의는 당대의 상황을 설명할 수 있는 설득력이 있는 이론으로 전후 세대들에게 인식되었던 것이다. 그러므로 50년대 한국문학의 대표자의 한 사람인 조연현은 1953년 「실존주의 해의」라는 글에서 현대라는 시대야말로 "진정으로 누구나 실존주의를 말할 수 있는 숙명적인 시간"이라고 말한다.[22]

50년대 지식인 사회에서 실존주의가 크게 유행하면서 많은 한국인들은 제2차 세계대전을 경험한 서구인들과 동시대적인 인간이라는 인식을 갖게 되었다. 한국전쟁 후의 한국의 현실을 두 차례의 전쟁을 경험했던 서구의 그것과 동일시하는 태도는 "50년대 실존주의 수용방식의 가장 커다란 특징"이라고 평가된다. 50년대의 지식인들과 문학자들은 서구인과 한국인이 동일한 역사적 시간과 공간 속에서 살아가고 있다는 의식을 지녔기 때문에 이들은 한국전쟁의 특수성과 역사적 맥락에 대한 정확한 인식을 추구하는 데에서 일정한 한계와 문제점을 보여준다. 이런

---

21) 박종홍, 「전환하는 현대철학」, 열암기념사업회 편, 『박종홍전집』 II, 민음사, 1998, 461쪽.
22) 조연현, 「실존주의 해의」, 최예열 편, 『1950년대 전후문학비평 자료』 2, 월인, 2005, 68쪽.

현상을 흔히 50년대 실존주의를 비판적으로 연구하는 사람들은 '보편성의 미망'이라고 지적한다.[23] 남한에서 손우성·정명환 등과 함께 실존주의를 한국에 적극적으로 소개한 비평가 김붕구는 한국전쟁에 대한 한국인의 체험을 서구인들이 양차 대전에서 겪은 체험과 동일한 것으로 보고 이런 동시대성을 '현대'의 특징으로, 그리고 실존주의를 이런 '현대의 사상'으로 보았다고 한다. 50년대에 활동한 비평가 이영일도 1955년에 "6·25 사변을 겪고 있는 동안에 그 전쟁 성격과 마찬가지로 어느새 우리의 의식 속에는 세계의식이" 깊이 "들어온 것을 알게 되었다"고 강조한다.[24] 그래서 김건우가 말하듯이 한국전쟁의 체험은 전후 세대의 한국인들에게 "세계사에 동등한 자격으로 참여케 하는 자부심의 근거"였다.[25]

그럼 이제 50년대 철학개론에서 실존주의가 어떻게 소개되고 있는지에 대해 구체적으로 알아보자. 1940년대에는 한국에 5종의 철학개론서가 새로 나왔다. 김준섭『철학요론』(웅변구락부, 1946)과『철학개론』(세계서림, 1946), 김용배의『철학신강』(哲學新講, 금룡도서, 1947), 안호상의『철학개론』(박문서관, 1948), 그리고 전무학의『통속 철학강화』(정의사, 1948)이다.[26] 1950년대에도 새로 9종의 철학개론이 나왔다.[27] 그

23) 한수영, 앞의 책, 2000, 145쪽.

24) 이영일,「차원의 이질성과 지양」, 최예열 편,『1950년대 전후문학비평 자료』1, 월인, 2005, 569쪽.

25) 김건우,『사상계와 1950년대 문학』, 소명출판, 2003, 120쪽 이하. 물론 김붕구도 50년대 후반으로 갈수록 역사적인 특수성을 사고하게 된다. 같은 책, 121쪽 참조.

26) 이훈,「연구를 위한 자료의 통계적 분석」,『철학사상』4, 서울대 철학사상연구소, 1994, 112쪽 참조.

중 중요한 몇 가지를 들면 다음과 같다. 우선 1950년 5월에 나온 철학개론으로는 한치진의 『철학개론』(263쪽)을 들 수 있다. 이 책은 그 당시 조선문화연구소에서 나온 것으로 5판이었다. 이 책은 1936년 1월에 초판이 나온 단행본이었다. 이 책은 1942년에 나온 안호상의 『철학강론』(서울 동광당서점, 286쪽)과 함께 일제시기 한국 철학자에 의해 저술된 최초의 철학개론서이다. 이 두 저서는 독일철학의 영향으로 작성된 것이다.[28] 이 저서에는 실존주의에 대한 소개가 전면에 드러나지 않는다. 박종홍은 1954년 『철학개설』(박영사)을 펴냈는데 이는 철학책으로 대단히 많이 팔린 것으로 알려져 있다. 조희영에 의하면 이 책은 50년대 실존주의에 대한 관심의 증가와 더불어 책방에서 철학책은 박종홍의 책밖에 팔리지 않는다고 말할 정도로 매년 판을 거듭했다고 한다.[29] 이 책에서 박종홍은 실존주의의 여러 흐름들을 비교적 상세하게 소개하고 있다. 그는 실존주의를 단순히 소개하는 차원을 넘어서 그에 대한 비판적 성찰은 물론이고 실존철학과 동양사상, 특히 유교와의 창조적인 결합의 가능성도 모색한다. 현재 『박종홍 전집』 II에 이 책이 수록되어 있다. 그러나 이 전집에는 1961년에 수정 증보한 것이 실려 있다.

분량의 많고 적음을 떠나 이런 현상은 50년대에 나온 거의 모든 철학개론서에 공통적이다. 이는 실존주의가 50년대 한국사회 및 철학계에서 현대철학뿐 아니라 철학 일반에서 아주 중요한 부분으로 받아들여졌다

---

27) 같은 글, 112쪽 참조
28) 백종현, 『독일철학과 20세기 한국철학』, 철학과현실사, 2000, 47쪽 이하 참조.
29) 조희영, 「한국의 현대사상에 미친 서양철학의 영향」, 『철학사상』 7, 서울대 철학사상연구소, 1997, 127쪽.

는 점을 보여준다. 앞에서 언급한 적이 있는 1958년 서울대학교 교양과목교재출판위원회의 철학과분과위원회에서 출판한 『대학 교양과정 철학』을 보아도 실존주의가 상세하게 소개되어 있다. 이 책은 고형곤을 포함하여 총 16명의 철학자들이 공동으로 만든 것이다. 이 책은 373쪽으로 구성되었는데. 그 중 실존주의 철학이 155~210쪽에 걸쳐서 설명되고 있다. 여기에서는 특히 하이데거와 야스퍼스의 철학만이 집중적으로 다루어지고 있다는 점이 눈에 띈다. 이 책이 나온 58년도에는 이미 사르트르나 카뮈 등 프랑스 계통의 실존주의 철학과 문학이 상당히 대중적으로 알려져 있었음에도 불구하고 이에 대해서는 독자적인 항목으로 다루고 있지 않다.

당시 서울대 철학과 교수이던 김준섭이 1958년에 출판한 『현대철학』(정음사, 457쪽)에서도 듀이의 사상과 더불어 사르트르 실존주의 및 실존주의가 중요하게 소개되고 있다. 그는 연희전문학교 철학과를 졸업하고 1948년에는 미국에 유학하여 콜롬비아대학교에서 1952년 철학박사학위를 받은 인물이다. 그런 경력답게 그의 책에는 실존주의와 더불어 미국의 실용주의와 과학철학에 대한 글들이 실려 있다. 그는 1958년 『실존철학』(정음사, 241쪽)을 출판해서 실존철학을 대중들에게 알기 쉽게 전달하려는 시도를 한다. 이 책에서 김준섭은 책을 쓰게 된 동기를 설명하는 글을 적고 있다. 그 글에서 그는 철학이라고 하면 어려운 학문이고 현실과는 괴리가 있는 논의라는 편견을 품고 있다는 점을 아쉬워한다. 그러면서 50년대에 실존철학에 대해 많은 사람들이 관심을 표하고 있음을 언급한다. 그 이유 중의 하나로 그는 당대 한국사회가 처한 불안하고 어려운 처지를 거론한다. 이와 더불어 실존철학이 문학작품과 커다란 관계를 맺고 있다는 점도 젊은이들 사이에 실존철학이 유행하게 된 중요한 이유일 것이라고 말한다.

3. 50년대 한국의 대표적 철학자와 실존주의

50년대 한국철학계에서 실존철학을 체계적으로 연구하고 이를 알리는 데 중요한 역할을 인물은 박종홍과 조가경이다. 그러므로 이하에서는 이 두 사람을 중심으로 50년대 한국에서 실존철학이 어떻게 수용되는지를 살펴볼 것이다. 박종홍은 일제시기부터 실존주의, 특히 하이데거의 철학에 큰 영향을 받은 인물이다. 그러나 그는 하이데거나 야스퍼스의 이론을 무조건적으로 추종하거나 수용하는 태도를 보이지 않았다. 박종홍은 실존철학이 지나치게 주관적인 내면에 몰두하고 사회적 현실에 대한 관심이 적은 것에 대해 비판적이었다.

박종홍은 철학과 현실의 만남의 가능성에 대해 평생 동안 고민했다. 철학이 현실 속에서 살아 움직이는 힘이어야 한다는 것이 그의 지론이었다. 현실로부터 괴리된 철학은 그가 보기에 쓸모가 없는 것이었다. 철학과 현실의 만남에 대해서 고민하는 박종홍에게 실존주의는 항상 긍정성과 한계를 동시에 갖고 있는 사상이었다. 50년대에 가장 널리 읽혀진 철학개론이라고 할 수 있는 박종홍의 『철학개설』 및 50년대에 작성된 실존주의 관련 글을 중심으로 실존주의에 대한 그의 생각들을 정리해보자. 박종홍은 실존주의를 "향내적 현실 파악의 현대적 유형"의 철학으로 정의한다.[30] 실존주의의 철학 내부에서 여러 입장 차이가 존재하지만 "내면적인 심각성을 띠고 있다는 점에서 모두가 일치"한다고 평가한다. 달

---

30) 박종홍, 「철학개설」, 앞의 책, 1998, 263쪽.

리 말하자면 실존주의의 공통성은 "보편타당적인 객관적 진리보다도 한 계정세에 놓인 구체적인 인간의 혼을 일깨워주는 힘을 가진 주체적 진리"를 중요시한다는 데 있다. 이와 같이 진정한 내면적인 자기를 회복하려는 결단을 강조하는 실존주의 철학에서 실존은 "인간의 본래적인 존재방식"을 의미한다. 실존철학자들은 이러한 본래적인 자기가 일상생활이나 현대의 여러 어두운 측면 등에 의해 망각되고 있는 현실의 부조리와 모순을 폭로·비판한다.[31)]

그러나 박종홍이 보기에 실존주의는 현실문제를 해결하는 데에는 역부족의 사상이었다. 따라서 그는 실존주의가 역사적 구체성을 파악할 수 없고 주관적인 계기만을 고수한 나머지 "민족이나 국가에 대한 적극적인 이론"을 발전시킬 수 없었다고 비판한다.[32)] 개인의 내면적 세계가 객관적 세계와의 관련을 맺지 않는다면 그 주체는 공허하고 허무에 빠지게 된다는 점에서 이를 극복하여 외부세계와의 적극적인 관계를 모색하는 것이 필요하다고 박종홍은 생각한다. 그러므로 그가 현실에 대한 참여의식을 강조하는 사르트르의 실존철학을 높이 평가하는 것은 당연하다. "최근에 사르트르는 (……) 이 현실적인 사회에 있어서의 실존의 기능을 더 한층 이론적으로 밝히려고 기도하였다고 할 수 있다. 분명히 현대의 실존철학은 다시금 고독을 떠나 관계에 치중하게 되었고 더욱 구체적인 현실사회에 있어서의 관계를 중요시하면서 새로운 전환을 하고 있음이 사실이라고 하겠다."[33)]

---

31) 같은 글, 264쪽.
32) 같은 글, 443쪽 이하.
33) 박종홍,「전환하는 현대철학」, 앞의 책, 1998, 475쪽.

일제 식민지시기에 경성제대에서 철학을 배운 박종홍과는 달리 조가경은 서울대학교 철학과에서 철학을 배운 후 독일에서 철학을 전공으로 하여 박사학위를 받은 인물이다. 조가경이 졸업한 때는 1952년이다. 그는 부산 대신동에 있는 당시 '전시연합대학교'라는 초라한 판잣집에서 졸업을 했다고 회고한다. 그는 부산에서 1년 남짓 박종홍으로부터 사사받았다. 52년 봄에 졸업한 후에 그는 독일 외무성의 장학생으로 독일로 유학을 하게 된다.[34] 독일 하이델베르크에서 철학박사 학위를 받고 (1957) 귀국하여 그 해 4월부터 서울대학교 철학과 교수로 활동한다. 귀국 후 그는 대학에서 실존철학을 강의했고 그의 강의는 많은 학생들과 당대의 지성인들에게 영향을 주었다. 그가 1961년에 출간한『실존철학』은 실존철학에 대한 아주 방대하고 체계적인 연구서로 정평이 나 있다.

조가경은『실존철학』에서 왜 실존철학이 많은 사람들에게 널리 알려지게 되었는가에 대해 다음과 같이 설명한다. "실존철학이 비교적 짧은 시일 내에 마치 하나의 유행인 양 일어나고, 한편 단순한 유행으로서는 뜻밖에도 지속적인 영향을 주게 된 데에는 두 가지 이유가 있다. 그 하나는 의심할 바도 없이 이 사상이 위에서 지적한 대로 외부세계의 환멸을 느끼고 고립화된 개인의 내면적 자각에 적절한 표현을 주었고 그런 한에 있어서 현실을 진지하게 파악하였다는 점이다. 다른 하나는 더 엄숙한 실존의 인간상을 자유와 필연의 변증법을 통하여 투영시킴으로써 산문적이고 지루한 현실의 피난처를 마련하였다는 점이다. 실존의 정세는 현실의 진리보다도 엄숙한 진리의 분위기를 자아냈다."[35]

---

34) 조가경, 「나의 학문 편력기」, 한국현상학회 편, 『자연의 현상학』, 철학과현실사, 1998, 327~331쪽 참조.

조가경 역시 실존주의 철학의 긍정성을 인정하지만 그 한계와 문제점을 극복하려는 자세를 보인다. 그는 박종홍의 뒤를 이어 동서양 철학의 종합이라는 보다 큰 틀에서 실존주의 철학에 대한 연구를 진행한다. "만일에 실존철학이 특히 젊은 학도들에게 '실존적으로 호소하는' 힘이 큰 것이 사실이라면 그 이유는 아마도 청년들이 주어진 현실과 쉽게 타협하기를 꺼리고 이를 넘어서서, 보다 높은 이상을 좇으려는 갈망을 가지기 때문이 아닌가 한다. 거기에는 확실히 사이비 종교적 동기가 있다. 그러나 실존철학은 유감스럽게도 그의 엄숙한 세계관으로 유혹되어 모여든 사람들을 현실세계에 통하는 길로 인도하는 대신에 각자의 내면적 세계에 다시금 잠기기를 권한다."[36] 조가경에 의하면 "실존철학을 알고자 하는 의욕"은 "우리의 주체성을 반성하며 확립하려는 필요"에서 나왔다. 그러므로 그는 실존주의 철학을 다룰 때에는 반드시 그 한계를 극복함을 지향해야 함을 역설하면서 이 비판을 우리의 주체성 자각에의 물음과 연결시킨다. 물론 그가 볼 때 이 극복의 방향은 동양의 사상, 특히 노자적인 동양의 자연사상이다.[37]

또 하나 강조되어야 할 점은 조가경이 실존철학을 비판적으로 다루면서 마르크스주의 및 역사의 문제를 염두에 두고 있다는 점이다. 그는 "유물사관과의 비판적 대결"을 천명하면서도 그것이 갖고 있는 긍정성도 언급한다. 즉 "역사와 사회의 객관적인 진리를 위하여 근세철학이 기울인 거대한 노력이 정치성에 예속되고 말았다는 이유하에, 또는 철학의 관조

35) 조가경, 『실존철학』, 박영사, 1961, 422쪽.
36) 같은 책, 488쪽.
37) 같은 책, 5쪽.

적 순수성을 지키려는 편견 때문에 부당히 희생되어서는 안 된다."[38] 이와 같이 종합과 통일에의 추구와 현실에 대한 관심은 조가경이 박종홍의 사상적 제자임을 분명하게 보여준다.[39] 무엇보다도 조가경의 철학에서 흥미로운 점은 그가 역사에 대하여 다시금 성찰하고자 하는 태도이다. 그는 자신의 지도교수였던 카를 뢰비트(Karl Löwith)의 자연철학적 물음에 대해서도 비판적으로 접근하는 지적 용기를 보여준다. 그는 뢰비트의 영향을 받긴 했지만 뢰비트가 품었던 "역사에 대한 회의를 따르지는 않았다"고 회고한다.[40]

박종홍이나 조가경과 같은 50년대 철학자들과 문학자들이 주로 거론하는 실존주의 흐름이 차이가 있다는 점도 언급될 필요가 있다. 간단하게 말해 박종홍과 조가경 같은 철학자들은 사르트르의 중요성을 인정하면서도 독일철학의 흐름, 즉 하이데거나 야스퍼스의 이론에 더 비중을 둔 데 반해 문인들은 카뮈나 말로 등 프랑스 실존주의 흐름을 자신의 것으로 삼았다.[41] 이런 차이는 50년대 이후 한국사회에서 철학자들과 문인들의 사회참여 방식의 차이를 낳은 사상적 배경의 하나가 아닌가 한다. 특히 분단 과정에서 마르크스주의에 호의적인 사람들이 북한으로 가거나 죽거나 해서 남한에서 좌파적인 헤겔 해석이 전무해진 상황은 철학계 내부의 다양성을 크게 훼손했다. 해방 후 좌우익 투쟁 시기, 그리고 분단과 전쟁 이후 남한에서 사회주의 철학은 위험한 사상으로 몰리기 시작했

---

38) 같은 책, 6쪽.
39) 물론 조가경과 박종홍의 차이점도 존재한다. 이에 대해서는 다음 기회에 다루고자 한다.
40) 조가경, 앞의 글, 1998.
41) 고은, 『1950년대』, 청하, 1989, 387쪽 참조.

다. 물론 이런 현상은 지식인 사회 전반의 특성이었다. 한국 현대사에서 가장 큰 족적을 남긴 잡지의 하나로 인정받는『사상계』도 마르크스주의 철학 및 공산주의를 철저히 비판하면서 자유민주주의 체제의 정당성을 알리는 계몽활동에 주력했다.

그렇지만 남북분단으로 인해서 남한의 철학계가 받았던 부정적인 충격은 더 컸던 것으로 보인다. 철학계 자체가 그리 크지 않은 상태인데다가 철학의 발전을 가능하게 하는 내부의 다양성의 토대 자체가 거의 무너져버렸다는 점은 50년대 한국철학 논의의 장을 위축시키는 것으로 귀결되었다. 게다가 남한에 남은 독일철학에 호의적인 철학자들 중 박종홍이나 안호상 같은 대표적인 철학자들은 결국 헤겔우파적인 국가지상주의적 흐름을 완전히 극복하지 못하였다. 역사에 가정이란 없는 법이겠지만, 만약에 통일된 조국이 탄생했다면 그 속에서 철학은 다양한 방식으로 전개되었을 것이다. 분단으로 인해 사상의 지형도가 지극히 협소해짐에 따라 남한에서의 학문적 공론의 영역도 단일한 색조를 띠고 사상의 동력을 상실했다. 이런 토양 위에서 박종홍이나 안호상 같은, 오랫동안 한국을 대표한 철학자들이 독재정권과 자발적으로 협력하게 된 것이 아닌가 한다. 주지하듯이 독일철학에 연관되어 비판사회이론이나 마르크스주의에 대한 관심이 한국사회에 다시 등장하기 시작한 것은 70년대 이후이다.

4. 잡지 매체를 통한 교양으로서의 실존주의의 확산

50년대 실존주의는 대학의 교재로 사용된 여러 철학개론서를 통해서만 유통된 것은 아니다. 여러 잡지들 역시 실존주의를 대중화하는 데 중요한 매체였다. 그러니까 50년대 한국사회, 적어도 한국 지식인사회나 대학사회에서 누구나 알아야 하는 '교양'을 생산하고 유포하는 중요한 제도적 장치는 대학의 인문철학 교양 수업과 『사상계』 등과 같은 잡지 매체였다. 앞에서 보았듯이 50년대에 일어난 주목할 만한 현상인 대학의 급속한 팽창 및 교육 기회의 확대는 독자적인 지식인사회, 더 나아가 국가로부터 독립된 시민사회의 형성을 가능하게 하는 유리한 조건으로 작용했다. 대학을 졸업한 사람의 수가 증가하고 대학생의 수가 급증함과 더불어 진행된 지식인사회의 형성은 출판업이 활성화될 조건이 되었음은 물론이다. 이런 조건에서 『사상계』나 『새벽』 등의 잡지가 50년대에 등장하였다.[42] 김건우에 의하면 1950년대 후반 『사상계』의 주도하에 형성되는 '논의' 공간은 상당히 개방적인 공론 영역으로서 문학을 알리는 중요한 통로 역할을 수행했다. 이런 매체와 결합하여 비로소 문학은 '전인적 교양과 동의어가 될 수 있었으며 공동체를 위한 계몽의 역할을 수행할 수 있었다고 한다.[43]

『사상계』는 1953년 4월 창간되어 1970년 김지하의 「오적」 필화사건으로 폐간된 잡지로 해방 이후 한국사회에서 가장 큰 영향력을 끼친 잡지라고 평가된다. 『사상계』의 전신인 『사상』은 한국전쟁 당시 문교부 산하 국민사상연구원에서 일하던 장준하가 1952년 9월부터 12월까지 부산에서 발행한 월간지였다. 그러나 이 잡지는 4호까지만 발행되고 종간되었는데 그 이유는 외부의 압력이었다고 한다.[44] 창간호부터 3천 부를 발행

---

42) 박태순 · 김동춘, 『1960년대의 사회운동』, 까치, 1991, 52쪽 참조.
43) 김건우, 앞의 책, 2003, 67쪽.
44) 이상록, 「사상계에 나타난 자유민주주의론 연구」, 한양대 박사학위 논문, 2010, 43쪽.

하는 『사상계』는 1956년 함석헌과 윤형중의 논쟁이 『사상계』를 통해 진행되자 발행 부수가 4만에 달했다고 한다. 4·19 시기에는 최고 9만 7천 부를 발행할 정도로 성장했다. 1950년대 말 동아일보 및 조선일보 등 유력 일간신문 발행 부수가 10만 부를 넘지 않았던 상황을 감안하면 『사상계』가 지식인 사회에 얼마나 큰 영향력을 미치고 있었는지가 잘 드러난다.[45] 물론 50년대를 대표하는 여러 다른 잡지들도 실존주의를 소개하고 대중화하는 데 앞장을 섰다. 예를 들어 『자유문학』이나 『현대문학』 등과 같은 50년대의 중요 잡지도 철학자들과 불문학자들의 실존주의 관련 글을 소개했다. 그러나 실존주의를 한국사회에 수용하는 과정에서 『사상계』는 그 어떤 잡지 매체보다도 중요한 역할을 했다.

철학의 영역에서뿐만 아니라 문학의 영역에서 실존주의의 영향은 대단했다. 이는 "문학이 마치 실존주의의 해설판처럼 되어 있는 듯한" 상황이라는 1956년의 최일수 평가에서 잘 나타나 있다.[46] 이런 시대적 분위기에서 『사상계』는 1955년 문학면과 문화면을 강화하고 '연구논문'란을 신설한다. 이 코너는 나중에 '교양'란으로 이름이 바뀌지만 이 코너에서는 지속적으로 서구의 사상과 우리나라의 사상이나 전통을 소개하는 역할을 담당했다. 이 코너에서는 플라톤에서부터 스피노자·파스칼 등은 말할 것도 없고 칸트·헤겔 등 서구의 중요한 철학자들이 소개되었다. 서구 사상의 전통을 소개하면서 당연히 『사상계』는 키에르케고르·니체·하이데거·야스퍼스 등은 물론이고 사르트르·카뮈 등과 같은 서구

---

45) 같은 책, 44쪽 주62 참조; 김건우, 앞의 책, 2003, 46쪽 이하 참조.
46) 최일수, 「우리 문학의 현대적 방향」, 최예열 편, 『1950년대 전후문학비평 자료』 1, 월인, 2005, 178쪽.

의 실존주의 철학자 및 문학자들의 사상을 차례차례 소개하였다.[47] 『사상계』는 변변한 대학 교재가 없었던 이 시기에 대학생들에게 일종의 대학 교재를 대신하는 기능을 담당했다고 한다.[48] 이렇게 잡지 매체들을 통해 실존주의가 꾸준하게 소개된 결과 50년대 후반에 문화의 핵심 키워드로 등장한 '교양'에서 실존주의는 당대의 '사상'이자 '문화'로 받아들여지게 되었다는 평가를 받는다.[49]

박종홍과 조가경은 대학 강단에서 강의 및 철학개론서 들을 통해서 실존철학을 소개하는 데 그치지 않았다.[50] 그들은 잡지 등에 기고를 통해 실존주의 철학이 한국사회에 갖고 있는 의미와 문제점을 지적하면서 나름대로 실존주의를 한국적 상황에 어울리게 변형시키고 있다. 예를 들어 박종홍은 『사상계』의 1958년 8월호에 소개된 글에서 실존철학과 동양사상의 창조적인 만남의 가능성을 모색한다. 이 글에서 박종홍은 실존의 주체적 자각이 사회참여와 저항의식으로까지 확산되어야 한다는 『사상계』를 주도하는 지식인 집단[51]의 신념과 공통성을 보여준다.

실존주의의 부정적 측면에 대한 비판에서 장준하와 박종홍이 유사성을 보여주고 있다는 점도 흥미롭다. 장준하는 『사상계』의 1955년 10월호

47) 장세진, 「상상된 아메리카와 1950년대 한국문학의 자기표상」, 연세대 박사학위 논문, 2007, 184쪽 참조.
48) 서은주, 앞의 글, 2010, 16쪽 참조.
49) 천정환, 「처세·교양·실존—1960년대의 '자기계발'과 문학문화」, 『민족문학사연구』 40, 2009, 111쪽 및 118쪽 참조.
50) 50년대에 실존주의를 소개한 철학자들로는 박종홍과 조가경 외에도 김형석·고범서·박상현, 그리고 안병욱 등이 있다.
51) 『사상계』 지식인 집단의 범위와 이 집단에서 중요한 역할을 담당한 인물들에 대해서는 김건우, 앞의 책, 2003, 11쪽 참조.

「권두언―소위 위기의식에 대하여」라는 글에서 실존주의를 위기와 절망을 부르짖는 "패자의 철학"이라고 규정하고 이를 맹목적으로 받아들여서는 안 된다고 강조한다. 또 60년 5월호의 「편집후기」에서도 "비록 오늘의 인간 조건이 유례없이 심각한 모순이라 할지라도 우리는 언제까지나 니힐의 미학만을 반추하고 있을 수는 없다"고 하면서 "부정의 정신을 넘어 새로운 질서를 위한 긍정의 윤리"를 갖추어야 함을 역설한다. 이런 태도와 유사하게 박종홍은 『사상계』의 1958년 8월호의 글 「실존철학과 동양사상―특히 유학사상과의 비교」에서 다음과 같이 말한다. "그런데 사르트르에게 있어서 인간이란 자기 스스로 만든 것 이외의 아무것도 아니다. 인간을 그의 실존에 앞서 규정지을 본질은 없다. 인간은 스스로 자기 자신을 실존시키기고 있다. 그리하여 내가 나 자신의 실존을 본질의 규정을 받음이 없이 나 스스로 자유로 선택한 이상 불가불 그에 대한 책임은 선택한 나에게 있을 수밖에 없다. 여기에 실존의 주체성의 깊은 의의가 있다고 하겠다. 사르트르의 실존주의를 그의 소설을 섣불리 잠깐 읽고 나서 마치 방탕한 순간적 정열주의의 표본인 양 간단히 상상함은 속단이 아닐까 한다. 적어도 그의 실존사상은 실존이 본질보다 앞서며 선택과 행동의 자유에 대한 책임을 생각하여야 되는 것이기 때문에 도리어 성실하게 살아야 한다는 것이다."[52]

위에서 나타나는 박종홍의 주장은 두 가지 점에서 대단히 흥미롭다. 첫째로 박종홍의 실존주의의 한계성에 대한 지적은 장준하의 그것과 공통성을 띤다. 이는 이미 앞에서 지적한 바 있다. 현실에 대한 단순한 순

---

52) 박종홍, 「실존철학과 동양사상―특히 유학사상과의 비교」, 열암기념사업회 편, 『박종홍전집』 II, 민음사, 1998, 501쪽.

응이나 허무적인 태도가 아니라 실존의 주체성과 깊게 결부된 책임의식에서 실존주의의 참다운 정신을 발견할 수 있다고 박종홍은 생각하고 있기 때문이다. 게다가 박종홍은 "실존을 고독한 자기의 내면적인 성실에서 찾으려 한" 니체나 키에르케고르의 한계를 넘어서 사회를 문제시하고 "연대책임"을 고민하는 사르트르의 실존주의로 변하고 있음을 긍정적인 시선으로 바라본다.[53] 두 번째로 흥미로운 사실은 박종홍이 이 글을 『사상계』에 실었다는 점과, 그 주제가 실존주의와 동양사상의 연결 가능성의 모색이라는 점이다. 이 글이 1958년에 『사상계』에 실린 것은 결코 우연한 일이 아니다. 허은의 연구가 잘 보여주듯이 50년대 후반에는 한국사회의 여러 분야에서 한미 관계에 대한 비판이 제기되기 시작한 시기이다. 특히 한국전쟁을 거치면서 미국의 문화정책으로 인해 미국 문화는 한국사회에 거침없이 수입되었다. 이런 미국 문화의 무분별한 유입은 한국인의 근검절약하고 정직함의 미덕을 낡은 것으로 허물어뜨리는 그릇된 가치관을 조장하는 주범으로 여겨지기 시작했다. 그러므로 '찰나주의'나 '황금만능주의' 등 미국 및 서구의 외래문화를 무분별하고 몰주체적으로 수입함에 의해 생겨난 문화적 병리현상을 극복하기 위해 신일철은 여러 인물들과 동학사상과 같은 민족사상을 연구하기 시작했다. 최동희와 신일철 등 당시 소장학자들이 중심이 되어 58년 '한국사상연구회'를 조직하고 박종홍을 회장, 그리고 이상은을 부회장으로 추대했다. 그들은 또 이 연구회의 회지인 『한국사상』이란 잡지를 창간하고 한국의 사상적 주체성을 모색하고자 했다. 박종홍은 이 잡지에 실린 글에서 "사상적 독립과 유리된 정치·경제적 독립은 현실적인 의미가 없다"고 강조하

---

53) 같은 글, 503쪽 이하.

였다. 박종홍이 '창조의 철학'을 구상한 것도『한국사상』에 '한국철학사'를 연재하면서이다.[54)]

『사상계』역시 미국 문화의 무분별한 수입에 대해서 비판적 태도를 보였다. 소설가 김성한은『사상계』1958년 4월호에서 서양으로부터 유입된 문화와 전통적인 문화가 서로 조화를 이루지 못해 한국사회는 '정신적 공황상태'에 빠져들게 되었다고 진단했다.[55)] 그러므로『사상계』도 한국 문화의 전통을 재해석하여 이런 문화적인 위기상황을 극복하고자 하는 문제의식을 갖고 있었음이 드러난다. 물론 이는『사상계』에 국한된 현상이 아니다. 미국 문화의 영향이 지나치게 비대해짐에 따라 미국 문화 수용에 대하여 한국 지식인사회에서 비판적인 성찰의 목소리가 크게 대두되었다고 한다. 그리하여 1959년에『자유세계』『신태양』『사상계』등 당시 한국사회의 주요 잡지들은 미국의 문화적 영향의 빛과 어두운 그림자를 평가하는 자리를 마련했다.『사상계』가 이승만 정부와 대립각을 세우면서도 반공주의와 자유민주주의의 틀 내에서 미국에 대해 상당히 우호적인 잡지였음을 감안하면[56)] 미국 문화의 유입에 대한 사회적 관심이 굉장히 컸음을 능히 짐작할 수 있다. 그래서『사상계』는 한국사회가 지나친 사대주의와 주체적 의식의 부재 속에 있다고 판단하고 미국 문

---

54) 허은,『미국의 헤게모니와 한국 민족주의―냉전시대(1945-1965) 문화적 경계의 구축과 균열의 동반』, 고려대 민족문화연구원, 2008, 373쪽 이하 참조.

55) 「좌담회: 우리 사회와 문화의 기본문제를 해부한다」,『사상계』1958년 4월호, 281쪽. 미국의 문화 유입에 대한 50년대의 한국 지식인들의 대응에 대한 거의 대부분의 정보는 허은의 글『미국의 헤게모니와 한국 민족주의―냉전시대(1945-1965) 문화적 경계의 구축과 균열의 동반』에서 얻은 것임을 밝혀둔다.

56) 『사상계』사가 어떻게 미국의 가치관과 역사를 전파하는 데 힘을 기울였는가에 대해서는 장세진, 앞의 글, 2007, 145쪽 참조.

화의 영향이 초래한 결과를 비판적으로 검토하는 작업에 들어간다.[57]
이상과 같은 시대적 배경 속에서 박종홍의 글이『사상계』에 등장하게 된
것이다.

　실존주의의 긍정성과 부정성을 논하면서 실존주의의 문제점을 극복할
수 있는 사상적 자원이 동양사상과 한국사상에 존재한다고 강조하는 박
종홍의 글은 50년대 후반 한국사회가 안고 있는 문제를 비판적으로 성찰
하면서 근대화의 길을 모색하려는『사상계』의 노력과 큰 맥락에서 일치
하는 것이다.『사상계』는 한국 전통을 서구의 근대의 관점에서 비판적으
로 보았지만, 결코 한국의 문화적 전통 전반을 싸잡아 비판하지는 않았
다. 그 대신에『사상계』는 한국 문화에서 서구적 근대와 접목될 수 있는
가능성을 탐구하는 방식으로 한국의 전통을 비판적으로 재해석하고자
시도했다. 예를 들어『사상계』를 중심으로 한 문화적 민족주의자들은 서
구 근대의 맹아를 조선 후기의 실학에서 구했다. 조선 후기 사회에서 교
조적으로 변질된 성리학적 유교에 대항하여 새로운 학풍을 세워 조선을
개혁하고자 한 일련의 실학자들을 발굴해내고 재평가하는 작업에 많은
공을 들였다.[58]『사상계』에 실린 조선 후기 실학사상에 대한 발굴과 평
가의 글을 보면 영·정조 시기 실학자들이 당쟁의 소용돌이 속에서 좌절
하고 마는 상황이 조선의 내재적인 근대화로의 발전의 가능성을 압살한
것으로 해석된다.[59] 이런 방향과 박종홍의 전통관은 일치한다. 그는
1958년 10월호『사상계』에 실린 글「문화의 전승·섭취·창조」에서 외

---

57) 허은, 앞의 책, 2008, 373쪽 이하 참조.
58) 장세진, 앞의 글, 2007, 185쪽 참조.
59) 김용덕,「근세당쟁사론」,『사상계』, 1957. 10.

국 문화의 창조적 섭취를 강조했다. 즉 그는 전통문화에 대한 폐쇄적이고 독단적인 입장을 고수하는 것도 아니요, 그렇다고 무분별하게 외국 문화를 숭배하고 추종하는 몰주체적인 입장을 찬양하는 것도 아니었다. 그는 새로운 사회를 창조적으로 건설하려는 마음가짐과 전통문화의 섭취 및 계승의 의지는 상호 연결될 수 있다는 입장을 옹호하고자 했다. 즉 "전승의 문제는 또 필연적으로 현대적인 것의 섭취와의 관련을 생각 아니할 수 없게 된다"는 것이다.[60] 이는 분명 전통에 대한 창조적 계승을 통해 주체적 근대화의 길을 모색하는 박종홍의 입장과 장준하를 비롯한 『사상계』와 관련된 일련의 지식인 집단의 모색이 서로 통하고 있음을 잘 보여준다.

5. 실존주의와 근대화 담론의 결합의 문제

앞에서 본 것처럼 50년대에 한국사회에서 실존주의는 교양으로서 가장 광범위하게 받아들여진 사조이다. 이 장에서는 실존주의가 한국사회의 근대성의 문제에 어떤 방식으로 개입하였는지를 살펴보고자 한다. 실존주의가 근대성 담론과 결부되는 것은 『사상계』를 통해서다. 『사상계』가 50년대 실존주의와 맺는 관계는 독특하다. 이 잡지는 서구의 실존주의 사조에 대한 여러 글들을 소개하는 데 그치지 않고 이를 당시 한국 상황에 창조적으로 수용하는 데 주도적인 역할을 담당했기 때문이다. 간단하게 말해 이 잡지는 실존주의를 자유민주주의의 구체화라는 근대화

---

60) 박종홍, 「문화의 전승 · 섭취 · 창조」, 열암기념사업회 편, 『박종홍전집』 V, 민음사, 1998, 534쪽.

기획과 결부하여 받아들이는 입장을 취했다.

『사상계』는 1950년대 한국 실존주의 논쟁에서 실존주의를 현실에 대한 '비판'과 보다 바람직한 질서의 '창조'를 정당화하는 것으로 수용하는 데 앞장섰다. 장준하는 1955년에 서구 실존주의가 위기와 절망의 '패자의 철학'을 주장하는 것으로 보고, 이런 실존주의가 "자유세계의 지성을 좀먹어들어가는 것"을 염려한다. 그러므로 그는 이런 사조를 맹목적으로 수용해서는 안 된다고 강조한다.[61] 그러나 허무주의를 극복할 수 있는 새로운 현실을 창조하려는 움직임은 실존주의를 휴머니즘으로 적극 수용하려는 태도로 변화한다. 이런 변화를 가장 잘 보여주는 것이 『사상계』가 1957년 6월호에 실은 「문학자·철학자가 오늘과 내일을 말하는 좌담회—휴머니즘을 중심으로」이다. 이 대담회의 사회를 본 사람은 당시 『사상계』 편집위원인 철학자 안병욱이었고, 이에 참석한 사람은 박종홍, 불문학자 손우성, 고려대 철학과 교수인 이종우, 그리고 영문학자이자 당시 연세대 교수인 최재서 등이었다. 박종홍은 이 대담에서 서구의 실존주의적 논의들은 한국의 상황과는 어울리지 않는 측면이 있음을 다음과 같이 강조한다. "저로서는 실존주의와 관련해서 생각되는 것은 근대라든가 현대라든가 휴머니즘이라든가 또는 실존주의라든가 하는 것이 서양 사람과 전통이 다른 우리로서 그네들과 꼭 같은 느낌을 가지고 대할 수 있는가 하는 것입니다." 이러면서 박종홍은 한국은 서구와는 달리 르네상스와 같은 문예부흥을 경험한 적도 없고 종교나 과학기술문명에 관련해서도 서구에서처럼 종교나 과학문명이 인간의 자유를 질곡에 빠뜨릴 정도의 경험을 가져본 적이 없다는 점을 지적한다. 그러므로 그가 보기

---

61) 장준하, 「권두언」, 『사상계』, 1955. 10.

에 실존주의에 대한 느낌이 서구의 그것과는 다를 수밖에 없다는 것이다. "서양 사람이 근대 과학문명에 인제 그만 진저리가 나서 인간의 본래적인 참된 면목으로 돌아가자는 실존주의가 요구된 것이라면 그만한 과학문명도 합리적 이론도 가져본 일이 없는 우리로서 비록 실존주의에 공명되는 바가 있다 하더라도 그야말로 좀 다른 생리에서 통하는 점이 있는 것이 아닐까요?"[62]

그러면 서구와는 전통과 역사적 상황이 다른 한국에서 실존주의는 어떤 방식으로 재해석되어 수용되는 것이 바람직하다고 박종홍은 보는 것인가? 이에 대한 대답은 휴머니즘에 대한 논의와 결부되어 있다. 대담회 사회를 본 안병욱이 휴머니즘을 통해 현대사회의 위기를 돌파할 수 있으리라는 의견을 피력하면서 실존주의를 새로운 휴머니즘의 원리로 지양하려는 의도를 보여주고 있기 때문이다. 우선 안병욱의 주장을 보자. "오늘날 인간이 커다란 위기에 처해 있다는 것은 누구나 부인할 수 없는 사실인데 어떻게 해서 이러한 위기에 봉착하게 되었느냐에 관해서 여러 가지 입장에서 말씀이 나왔습니다. (……) 우리는 그러한 현대의 위기에 처해 있습니다만 이 위기를 극복하는 원리를 찾는다면 아무래도 휴머니즘의 원리가 아니면 안 될 것입니다. (……) 그러므로 새로 형성되어야 할 현대의 방향과 세계관을 구체적으로 본다면 현대에 맞는 새로운 휴머니즘이라야만 하겠습니다."[63]

사회자인 안병욱의 문제제기를 이어받아 박종홍은 휴머니즘의 핵심을

---

62) 「문학자 · 철학자가 오늘과 내일을 말하는 좌담회 ─ 휴머니즘을 중심으로」, 『사상계』, 1957. 6.
63) 같은 글.

인간의 자유와 해방으로 규정하면서 참다운 인간의 자유를 부정적인 현실에 대한 거부에 그치는 것이 아니라 현실의 적극적인 창조와 건설의 행위에서 구한다. "휴머니즘은 자유를 떠나서 생각할 수 없지만, 이 자유를 모든 기성적인 것에 대한 항거, 해방의 면에서 보니까 허무주의가 되기 쉽지요. 적극적인 건설적인 면이 없으니까. (……) 그러나 언제나 자유는 해방인 동시에 무엇을 위한 자유인 줄 압니다. 적극적인 건설에 대한 방향을 가져야 할 줄 압니다."[64] 이 부분에서 우리는 다시금 박종홍이 왜 실존주의가 허무주의적인 경향을 갖고 있다고 보는지, 그리고 이를 극복하기 위한 대한으로 적극적인 건설의 측면에 대한 모색의 필요성을 강조하고 있음을 발견한다.

"자유는 해방인 동시에 무엇을 위한 자유"라는 박종홍의 짧은 주장은 대단히 함축적인 의미를 갖고 있다. 이는 실존주의의 자유가 공허하고 내용이 없다는 실존주의의 한계에 대한 박종홍의 비판의식을 압축적으로 표현하고 있다. 주지하듯이 사르트르의 실존주의적 자유도 그 스스로 자인하듯이 아무런 내용을 갖고 있지 않다. 실존이 본질에 앞선다는 실존주의의 제1원리에서 분명하게 알 수 있듯이 인간이 지향해야 할 보편적인 기준이나 본질을 거부하는 사르트르에게 인간이 자유로운 존재라는 것은 결단의 중요성에 있는 것이다. 인간 본성이 없다고 보는 사르트르에게 "인간은 인간 스스로가 구상하는 무엇이며 또한 인간 스스로가 원하는 무엇일 뿐"인 존재이기 때문이다.[65] 달리 말하자면 사르트르의 실존주의에서 인간은 선택하는 인간으로서 간주되기 때문이다. 이 선택

---

64) 같은 글.
65) 장 폴 사르트르, 박정태 역, 『실존주의는 휴머니즘이다』, 이학사, 2009, 33쪽.

행위를 통해 인간은 비로소 스스로 인간으로서 존재하게 되는 것이다. 그러므로 사르트르에게 반드시 인간이 선택하도록 정해진 그 어떤 보편적인 것이란 존재하지 않는 것이다. 같은 논리적 맥락에서 사르트르는 심지어 사람들이 "전체주의를 수립하기로 결정"하면 전체주의는 "인간적 진리"가 된다고 주장한다.[66]

그렇다면 박종홍은 '무엇을 위한 자유'에서 구체적으로 염두에 두는 것은 어떤 것일까? 이에 대한 그의 의견은 안병욱이 "한국의 휴머니즘이 해결해야 할 역사적 사회적 혹은 시대적 과제"가 무엇인지 말씀해달라는 질문에 대한 대답에 잘 나타나 있다. 박종홍은 '빈곤'에서의 해방을 언급하는 안병욱의 말에 공감하면서 다음과 같이 말한다. "실존주의니 뭐니 다 좋기는 한데 (……) 제 생각에는 그것도 우선 먹고 나서 ……(笑聲) 먹고 나서 하는 사람들의 타령인 것 같아요. 괴롭다, 어떻다 하는 것은 그래도 아직 관계치 않은 때 같아요. 정신을 차릴 수 있을 만한 정도니까 괴로움도 의식할 수가 있지요. 정말 괴로우면 괴로운 것조차 자각하지 못합니다. 독일이나 불란서나 매우 비참하여 침울한 생활들을 하고 있는 줄 알았는데 실지로 가서 보니 명랑하게 우리보다 모두 잘 살고 있지 않아요? 그러면서 실존이니 무엇이니 부르짖는데 오히려 생활이 그들만 못한 이집트니 그리스니 그런 나라에 실존이 문제되고 있다는 말 아직 듣지 못하였습니다. 생활에 너무 쫄리면 그런 사상에 대한 흥미조차 별로 느끼지 않는 것이 아닙니까?"[67]

---

66) 같은 책, 56쪽.
67) 「문학자·철학자가 오늘과 내일을 말하는 좌담회―휴머니즘을 중심으로」, 앞의 글.

이처럼 대담회는 실존주의를 휴머니즘의 원리로 수용하면서 그것이 갖고 있는 허무적이고 부정적인 경향을 현실에 대한 저항과 비판, 그리고 참여의 정신으로 변형시키려는 노력을 보여준다. 그리고 저항의 대상, 즉 극복되고 타파되어야 할 구체적인 대상은 '무지'나 '부정'(不正), 그리고 '빈곤'으로 요약되어 있다.

앞에서 고찰한 것을 토대로 실존주의와 근대화론의 결합은 장준하를 중심으로 한 한국의 온건 자유주의 세력이 자각적으로 시도한 것으로 보아야 한다는 결론이 도출된다. 이런 해석은 1950년대 실존주의 철학과 문학의 수용사에 대한 기존 연구 경향을 비판적으로 검토할 수 있는 발판이 된다. 50년대 실존주의 연구에서 늘 언급되는 쟁점 중의 하나는 바로 실존주의 철학에 대한 이해의 정확성 여부이다. 달리 말하자면 50년대 철학과 문학 영역에서 실존주의 수용을 둘러싸고 진행되는 논쟁에서 당대의 지식인들이 실존주의를 잘못 이해하고 있었다든지 혹은 제대로 이해할 수 없는 상황에서 실존주의적 개념이나 용어들을 그저 자의적으로 차용했던 것에 그쳤다든지 하는 등의 문제들이 반복해서 제기된다는 것이다.[68] 최근에 이런 입장을 극복하고자 시도가 이루어졌고, 그에 따라 주목할 만한 연구들이 등장했다. 과문한 탓도 있겠지만 그 중 대표적인 것을 들라면 다음 세 가지일 것이다. 한수영(『한국 현대비평의 이념과 성격』, 국학자료원, 2000), 김건우(『사상계와 1950년대 문학』, 소명출판, 2003), 그리고 권보드레 외(『아프레걸 사상계를 읽다―1950년

---

[68] 특히 50년대 문학에 대해 김현이 가한 비판, 즉 50년대의 문학과 비평은 서구 이론을 무비판적이고도 부정확한 방식으로 수용하고 맹종했던 시기라는 평가는 대표적이다. 김현의 평가는 50년대 비평을 부정적으로 보는 사람들의 "공통적인 논거"가 되었다고 한다. 한수영, 앞의 책, 2000, 19쪽 참조.

대 문화의 자유와 통제』(동국대학교출판부, 2009) 이 바로 그것이다. 이들 연구는 실존주의의 수용사에 대한 과거 연구에 비해 진일보한 것임에는 분명하지만 문제점도 존재한다.

앞에서 필자는 실존주의와 50년대 한국의 계몽 담론으로서의 근대화론 사이의 결합을 박종홍 및 『사상계』에 초점을 두고 살펴보았다. 본래 실존주의가 근대화 담론으로서 계몽주의적인 방식으로 수용되었다는 점에 대하여 체계적으로 분석한 사람은 김건우이다. 그러므로 이 글은 그의 연구 결과에 공감하는 면도 크다. 그러나 그의 해석이 안고 있는 문제점도 존재한다. 김건우는 말한다. "결국 실존주의는 1950년대 후반의 한국에 와서 굴절되어 '계몽'의 담론으로 화하게 되었다. 표층에는 '실존' 담론이 있었지만 실상 그것은 서구적 의미 그대로의 '실존주의'는 아니었으며, 지식인들의 '근대화'에 대한 강한 열망과 더불어 그 심층에 '계몽'의 담론이 강하게 자리잡아가고 있었던 것이다."[69]

김건우의 해석에는 실존주의와 근대화론의 만남은 본래 이상하다거나 어딘가 모르게 불편한 관계인 것이라는 의구심이 깔려 있다. 그런데 실상을 보면 실존주의 철학 내부에도 어떤 방식으로든지 사회에 대해 참여하려는 태도와 정신을 갖고 있었다. 실존주의를 둘러싼 프랑스나 독일의 논의를 회고해본다면 박종홍이나 조가경 등과 같은 철학자들이나 50년대 진보적 민족문학론의 옹호자인 최일수[70] 등의 지적이 특별히 이상하거나 논리적인 근거를 결여하고 있지는 않다. 앞에서 서술한 바 있는 실

---

69) 김건우, 앞의 책, 2003, 127쪽.

70) 최일수의 실존주의 비판에 대해서는 한수영, 앞의 책, 2000, 제4장, 그리고 이명원, 『종언 이후―최일수와 전후비평』(새움, 2006) 참조.

존주의적인 자유개념의 비규정성으로 인해서 결국은 모든 것을 허용하고 마는 사르트르의 입장이 이를 잘 보여준다. 사실 그가 실존주의와 마르크스주의의 결합을 시도하는 것도 자신이 주장한 실존주의가 안고 있는 문제점에 대한 자각의 결과라고 해석될 수 있다. 간단하게 말해 박종홍이나 조가경 역시 사르트르와 마찬가지의 정신으로 실존주의(특정한 국면의)의 부정적인 양상을 극복하고자 주체적으로 애썼던 것이다. 다만 그들은 이런 비판을 한국사회에서의 근대화 기획과 연결시키고자 노력했다는 점에서 서구에서의 실존주의를 둘러싼 논쟁의 양상과 구별될 뿐이다. 이는 이론이 특정한 역사적 맥락을 갖고 있는 다른 사회에 들어올 때 생기는 당연한 현상으로 이해되어야 할 것이다.

그러므로 한국적 상황에서 실존주의의 정신이 근대화론 및 자유민주주의와 결합해서 한국사회의 부조리하고 부당한 현실을 극복하려는 움직임으로 나타난 것이 반드시 실존주의의 정신과 배치되는 것은 아니라고 본다. 사르트르의 경우 사회참여가 공산주의와의 연대로 드러난 것을 보면 50년대 한국의 지식인 집단이 지나치게 자유진영 대 공산진영이라는 진영의식과 냉전적 사유의 틀에 속박되어 있는 것으로도 해석될 수 있다. 이는 어떤 면에서는 분명 정확한 것이다. 이런 문제점으로 인해 리영희가 50년대 후반기와 60년대 초반기에 한국 지식인사회의 길잡이였던 『사상계』에 깊은 공감을 하지 못했던 것이다. 즉 그는 『사상계』로 대변되는 친미적이고 미국 중심적 사고방식에 동의할 수 없었던 것이고, 그런 시각으로는 한국사회의 모순의 토대인 국제관계 및 남북관계에 대한 현실적인 분석을 도모할 수 없다는 비판의식을 갖고 있었던 것이다.[71] 물론 50년대의 극우반공주의와 광적인 폭력성이 분단 및 미국과 소련의 냉전질서와 연결된 것임을 충분하게 자각하여 이에 대한 치열한 문제제기를 하지 못했다는 점은 아쉽다고 할 수 있을 것이다.

실존주의와 자유민주주의적인 근대화 담론과의 결합에 대한 김건우의 연구가 갖고 있는 또 다른 문제점으로 넘어가 보자. 김건우는 실존주의가 한국사회에서 수용되는 여러 방식에 대해 충분하게 주목하고 있지 않다. 실존주의는 근대화론과 결합했을 뿐만 아니라 한국 전통사상과도 결합했다. 이는 박종홍과 조가경의 작업이 잘 보여준다. 특히 박종홍은 실존주의를 동양 및 한국 전통사상과의 친화성을 강조할 뿐 아니라, 동양의 유학사상이 실존주의의 결함을 치유할 수 있는 보다 폭넓은 사유방식임을 밝히고자 애썼다. 물론 전통사상에 대한 강조도『사상계』의 움직임과 연관되어 해석될 소지가 있다. 이는 이미 앞에서 강조되었다.

그럼에도 한국의 전통사상을 강조하는 것은 동서양을 대비하고 동양내지 한국을 새로운 인류사의 정점으로 재해석할 수 있는 흐름과 결부될 수 있다는 점에서 좀더 세심한 분석이 요구된다. 이 흐름은 일제 식민지 시기부터 존재했던 일종의 탈근대적 관점 혹은 '근대의 초극'에 대한 관점이 한국사회에서도 지속적으로 존재했음을 보여준다. 물론 박종홍은 근대의 초극을 적극적으로 내세운 인물은 아니다.[72] 박정희 독재정권의 경제적 근대화에 적극 참여한 그의 이력이 잘 말해주듯이 그는

---

71) 리영희 · 임헌영,『대화』, 한길사, 2009, 202쪽 참조.
72) 김기석이라는 철학자는 50년대와 60년대에 근대의 초극의 논리를 한국적 상황에 맞게 재구성한 대표적 인물이다. 그는 동양과 서양을 대비시키고 한국을 서구 근대 극복의 주체로 설정했고 한국의 역사 과정을 서구 근대 극복을 체현하는 것으로 해석하고자 노력했다. 그는 한국전쟁을 세계사의 철학을 통해 해석한다. 그에 의하면 한국전쟁은 세계사의 중심이 한국으로 이동하는 계기로 해석되어야 한다. 이에 대해서는 허은, 앞의 책, 2008, 367~372쪽 참조.

한국사회가 근대화되어야 함을 의심하지는 않았다. 그러나 사상적으로 그는 서양의 과학기술문명보다도, 그리고 실존주의의 지나친 내면지향적인 사유방식보다도 동양의 유학전통이 위대함을 강조했다. 그러면서 하이데거와 야스퍼스 같은 탁월한 서양사상가들도 서양이 안고 있는 문제를 극복하기 위해 동양사상에 대한 관심을 기울이는 태도를 높이 사고 이로부터 큰 고무를 받았던 것이다.[73] 여기에서 우리는 박종홍 사상이 근대의 초극의 관점을 일정 정도 자신의 것으로 삼고 있음을 볼 수 있다.

박종홍과 근대의 초극과의 연관성을 좀더 살펴보자. 주지하듯이 박종홍은 현대의 위기를 극복하기 위해서 동서양의 정신적 및 문화적인 교류의 필요성을 인정하였다. 더구나 그는 전통사상을 강조하면서도 서구의 과학적인 사유방식을 시급히 배워야 함을 강조했다.[74] 그럼에도 그는 서구의 인권사상이나 민주주의의 중요성에 대해서는 비교적 관심을 덜 갖는다. 동서양 사상을 비교하는 과정에서, 그리고 현대의 위기를 극복하는 과정에서 민주주의 및 인권이나 자율성이 갖고 있는 의미는 과학사상의 중요성에 비해 큰 비중을 차지하지 않는다. 그에게는 다음과 같은 생각으로 충분했던 것이다. "현대의 실존철학이 성실성에 의한 결단을 통하여 본래적인 자아로 돌아감으로써 인간의 존엄성을 그의 소외된 퇴폐성(頹廢性)으로부터 구출 탈환하려는 기본적 자세야말로 동양의 전통적인 주류사상을 연상케 한다 하겠거니와, 가장 첨단적인 착상처럼 외치고

---

73) 박종홍, 「전환하는 현대철학」, 앞의 책, 1998, 475쪽 이하 참조. 「실존철학과 동양사상―특히 유학사상과의 비교」, 앞의 책, 1998, 506쪽 이하 참조.
74) 박종홍, 「실존철학과 동양사상―특히 유학사상과의 비교」, 같은 책, 507쪽; 「동양사상이 서구에 미친 영향」, 같은 책, 529쪽 참조.

있는 사회참여 같은 것도 동양에서는 유교에서 이미 불가결한 계기로 다루어온 것이요, 오히려 더 나아가 대지(大地)의 화육(化育)을 돕는 것까지를 이상으로 삼아온 것이다."[75]

조가경은 박종홍의 결합방식이 안고 있는 문제점을 예리하게 지적한 바 있다. 그에 의하면 실존철학이 영미 계통의 소위 향외적 형태의 철학과 종합되는 것을 통해서는 향내적으로만 치닫는 사유의 단점이 완전히 극복될 수 없다.[76] 완전히 극복되기 위해서는 "응당 역사철학과 당대의 지배적인 이데올로기와의 적극적 대결에까지 전진"할 필요성이 있다고 그는 강조한다.[77] 간단하게 말해 조가경이 보기에 박종홍은 인간의 상호주관적 세계에 대한 정확한 인식과 철학적 반성을 소홀히 하고 있다. 이는 바로 내면적 · 도덕적 결단이 "출중한 인격으로서의 선택과 행동"일지언정 그런 선택과 결단 자체가 바로 그 행위의 정당성을 보장해주는 것은 아니라는 비판으로 이어진다. 그래서 조가경은 실존철학의 주관적 내면성을 완전히 극복하기 위해서는 바로 "보편적 도덕성의 전체를 구체적으로 규정"하는 데에까지 이르러야 한다고 강조하는 것이다.[78]

박종홍이 박정희의 군사독재정권에 적극적으로 동참하는 것도 그가 민주주의적 이념을 충분하게 체화하지 못한 데에서 기인한다고 보아야할 것이다. 그는 한국 현실에서 가장 중요한 근대화의 과제는 빈곤 및 가난으로부터의 해방이라고 생각했을 뿐 아니라, 그의 이론은 결단에 대한 실존주의적 강조가 안고 있는 계몽주의적인 엘리트주의의 위험성을 안

---

75) 박종홍, 「동양사상이 서구에 미친 영향」, 같은 책, 529쪽 이하.
76) 조가경, 앞의 책, 1961, 420쪽 이하. 특히 423쪽.
77) 같은 책, 423쪽.
78) 같은 책, 423쪽.

고 있었다. 이런 요소들은 앞에서도 언급한 인간의 사회성에 대한 역사적 인식 및 민주주의에 대한 확고한 신념의 결여와 상호 작용하면서 독재권력의 정당화에 이른다. 그는 개인의 실천과 목적은 시대의 흐름이 무엇인지 정확하게 인식하고 있는 지도자를 중심으로 뭉칠 때 비로소 '역사창조의 힘'으로 전환될 수 있다고 생각했다.[79] 박종홍은 근대화의 길을 걷는 과정에서는 민주주의나 인간의 기본권 등은 민족의 번영과 발전을 위해서 제한될 수 있다고 생각했다. 그는 유신독재체제도 민족의 번영과 통일의 이름으로 정당화될 수 있다고 생각했다. 평생 동안 박종홍이 지도자나 선각자의 길을 한국 민족을 구원할 유일한 길이라고 생각했는지는 좀더 상세한 연구를 요한다. 그러나 이미 일제 식민지시기에도 박종홍은 현실파악의 힘을 아주 힘든 것으로 보았다. 달리 말해 "극소수의 예외자"에게만 허용된 것으로 "현실파악의 길"은 "형극의 길, 사투의 피의 길"로 이해되고 있다. 더 나아가 이 예외자는 "선각적 지도자"로서 "대중의 첨단적 대표적 소임"을 떠맡는 존재임을 박종홍은 강조한다. 이 죽음을 건 선각자의 길은 "문화의 창조를 위한 투쟁"과 "국가 건설을 위한 성전"으로 자리매김되는 것이다.[80]

▬▬▬

79) 박종홍, 「새 역사의 창조—유신시대의 기초철학」, 열암기념사업회 편, 『박종홍전집』 VI, 민음사, 1998, 559쪽 이하 참조.

80) 박종홍, 「현실파악」, 열암기념사업회 편, 『박종홍전집』 I, 민음사, 1998, 432쪽. 박종홍의 결단의 윤리를 하이데거의 히틀러 지지와 비교한 것으로는 다음 글 참조. 김윤식, 『한국현대문학 비평사』, 서울대출판부, 1982, 219쪽 참조, 김윤식의 입장에 대한 비판은 다음의 글 참조. 이병수, 『열암 박종홍의 철학사상—천명사상을 중심으로』, 한국학술정보, 2005, 58쪽 이하 주35.

6. 분단체제의 지성사 너머를 향하여

앞에서 살펴보았듯이 실존주의는 50년대에 근대화의 기획과 더불어 적극적으로 수용되었다. 달리 말하자면 실존주의는 전쟁 이후의 상처와 허무주의적 심성을 토로하는 기능을 넘어서 한국의 후진적 상황과 독재 권력이 횡행하는 상황에 대한 저항의 의식과 결합되어 수용되었다. 이런 긍정적인 측면에도 불구하고 한국의 실존주의 수용은 철저하게 냉전의 식의 틀에 매몰되어 있었다. 50년대 한국사회의 가장 표준적인 개혁 성향의 집단이라 할 수 있는 『사상계』 역시 미국식 자유민주주의를 문명의 보편적 기준으로 설정하고 이에 미치지 못하는 후진적인 한국의 상황을 미국적 가치와 기준에 맞게 근대화하려는 입장에 서 있었다. 마찬가지로 실존적 자유에 대한 강조는 서구의 자유민주주의적인 가치의 옹호와 연결되어 수용되었음은 이미 언급한 바 있다.

냉전질서 및 분단상황에 대한 철저한 인식과 그에 대한 극복의 움직임이 50년대에 아주 없었던 것은 아니다. 최일수의 민족문학론이 보여주듯이 50년대에도 우리 역사의 현실을 정면으로 응시하고자 하는 모색은 존재했다. 그러므로 50년대의 실존주의 철학의 의미를 제대로 이해하기 위해서는 미국 중심의 세계질서 재편에 적극적으로 편입된 한국전쟁 이후의 상황과 더불어 탈냉전을 지향했던 50년대 국내의 여러 지적인 흐름들을 종합적으로 연구하는 작업이 요청된다.

물론 50년대 지성사의 총체적인 연구는 말할 것도 없이 당대의 실존주의에 대한 총체적인 연구조차도 철학 영역에서 실존주의 수용사에 관한 연구로 종결되지 않음은 분명하다. 주지하듯이 실존주의는 철학의 영역외에도 문학과 비평, 그리고 대중문화의 영역에서도 큰 영향을 주었다.

그러므로 이들 영역에서 실존주의가 어떤 방식으로 수용되는지, 그리고 그것이 철학에서의 수용사와 어떤 연관 속에 있는지를 연구하지 않으면 안 될 것이다. 그러나 이런 영역들에 대한 상세한 연구보다 더 중요한 것은 50년대 설정된 미국 중심의 사유방식과 그것을 제도적으로 재생산하는 대학, 출판, 그리고 잡지를 포함하는 넓은 의미의 학술장의 제한성을 극복하는 문제일 것이다. 80년대의 변혁적 움직임이 현실사회주의 국가들의 붕괴로 일단락된 후 분단체제와 연동된 세계체제에 대한 비판적 성찰의 움직임이 존폐의 위기에 직면해 있음은 명확하다. 90년대 이후 우리 사회의 진보적 학계에서 인권과 민주주의 중심으로 진보의 위기를 극복하고자 하는 움직임이 진행되고 있는데, 이는 우리 지성사회가 서구에서 발생한 근대 사유의 틀을 주체적으로 넘어서지 못하고 있는 것을 보여주는 극적인 예이다.

물론 인권과 민주주의가 지니는 규범적 타당성이 보여주듯이 서구적 근대가 내세우는 사유의 틀에 내장된 해방적 잠재력을 완전히 무시하는 태도 역시 역오리엔탈리즘적 사유방식으로 우리가 지향할 바는 아니다. 그럼에도 인권과 민주주의를 넘어설 수 없는 진보의 벽으로 설정하는 태도 역시 우리의 인문적 상상력을 제한하는 좁은 틀에 지나지 않는다. 더구나 우리의 근현대사의 경험은 서구적 근대의 수용과 더불어 그 너머를 상상할 것을 요구하고 있다. 아직도 존재하는 분단체제를 너머 한반도와 동아시아, 그리고 세계사회에서의 보다 인간적인 삶을 가능하게 할 사유의 모색은 자유민주주의, 인권과 민주주의 등으로 표상되는 서구적 근대 사유의 틀을 진정으로 넘어가고자 하는 노력으로 이어질 수밖에 없을 것이다. 그리고 그런 사유의 모색에서의 첫 출발은 당연히 우리 사유의 틀을 제한하는 기존의 사유방식에 의해 억눌려 있는 상상력의 해방일 것이다. 인문학의 위기를 넘어 대안적 인문학을 지향하는 '사회인문학'은 바로 인간다움의 마지막 버팀목이자 보물인 우리의 인문적 상상력에 날개를 달아주고자 하는 시도이다.

대학생의 인문적 소양과 교양 '지'(知)의 형성

최기숙 · 한국문학

1. 제도로서의 교양, 대학의 교양강좌와 대학생의 교양문화

근래에 들어 인문학의 위기와 더불어 '대학 교양교육의 위기' 문제가 제기되면서, 변화하는 시대적 흐름에 따른 대학 교양교육의 재편에 대한 관심이 제시된 바 있다.[1] 제도적으로 대학생의 교양은 교양(필수/선택) 과목에 대한 학점 이수의 형식으로 확보되는 행정 처리의 과정을 거치지만, 개인의 인격수양이나 심성, 취미생활, 또는 가치관과 인생관, 인간관계나 사회적 관계 형성 방식에 관한 성찰, 정서적 성숙과 심리적 성장의 문제 등은 여전히 대학생 개인이 처한 사회적 환경이나 관심 여부에 의

---

1) 이에 대한 문제의식은 김성우 · 최종덕, 「대학 교양교육의 위기와 인문학의 미래」, 『사회와철학』제20권 제1호, 사회와철학연구회, 2009를 참조. 2006년에는 '한국교양교육학회'가 발족하여 2007년에 교양교육의 이론과 실천에 관한 연구를 축적하고자 학회지 『교양교육연구』를 창간했다. 이러한 움직임은 교양교육이 단지 교육행정의 차원이 아니라 학술적 접근을 동시에 수행함으로써 '행정-연구-교육' 간의 상호 교섭에 대한 필요성이 제기된 결과로 볼 수 있다.

존해 있다. 다시 말해 이들을 학점으로 관리하는 학점 운영체계는 존재하지 않으며, 이와 관련된 강좌를 수강하고 학점을 이수한다고 해도, 이수 학점이나 평점의 지표가 개인에게 내면화되거나 체화된 상태를 지시한다고 보기 어렵다. 오히려 그것은 지식과 정보 차원의 학적 습득 정도와 관련된다고 판단하는 것이 일반적이다. 이는 단지 교양교육 프로그램이나 커리큘럼 기획안, 또는 학생들이 이를 인격의 완숙과 삶의 실천적 장에서 어떻게 체화했는가를 측정할 수 있는 평가 형식이나 체계의 완성 여부와 관련된 문제라고만 보기는 어렵다.

이러한 상황은 대학문화의 차원에서도 마찬가지다. 사회 변화 속에서 다변화해가는 대학문화와 관련하여, 이에 대한 분석적 차원의 강좌가 개설되거나 또는 교양과목의 일부 커리큘럼을 통해 대학생의 주체적인 정체성과 대학문화·청년문화에 대한 분석적 차원의 성찰이 수행되는 경우도 있지만, 이는 대학 강좌에서 교수자의 교육 프로그램 운용방식이나 대학생들의 문화적 활동을 통해 실천되는 자율성의 영역에 속한다. 그러나 그 내용이 대학생이 실제로 경험하는 대학생활을 통해 구성하는 정체성이나 삶의 방향 설정에 미치는 영향력을 고려한다면, 이는 결코 소홀히 할 수 없는 실질적인 대학문화이자 교양으로서의 문화적 지위를 확보하고 있음을 부정하기 어렵다. 즉 대학생활을 통해 형성되는 문화와 교양의 문제는 교양교육이나 교양과목의 이수라는 제도적 형식을 '초과하는' 형태로 존재하는 것이다.

그럼에도 불구하고 현재 대학생의 정체성 구성이나 교양 능력을 대변하는 제도화된 형태는 대학의 교양교육 강좌가 대표적이다. 교양교육 프로그램을 기획할 때 대학의 이념이나 지향점을 고려하거나, 변화하는 시대적 흐름에 대한 일종의 학적 대응과 저항, 변혁의 도구로서 간주하여 이에 반영하는 것은 교양교육이 단지 대학생이라는 특정 대상에게 영향력을 갖는 것이 아니라 사회와 문화 전반에 설득력을 발휘하는 '교양'으로서의 문화적 코드와 관련되기 때문이기도 하다. 대학교육은 대학생의 사회·문화적 위치와 관련되기 때문에 대학생이 갖는 청년으로서의 사회적 위상, 생애 성찰의 본격적인 시작 단계이자 청소년기를 넘어서 성년기 정체성을 재구성하는 단계로서의 위치, 취업 준비생, 또는 (예비) 지성인이라는 위치, 정치적 주체, 나아가 실질적인 경제활동인구로서의 사회적 역할 등과 긴밀하게 연계된다.

그런 점에서 대학생의 교양이라는 문제는 단지 대학 내에 개설된 교양 강좌 및 교양교육, 이에 대한 학점 이수라는 제도적 차원으로 회귀하는 문제를 넘어선다. 따라서 대학생의 교양에 대한 접근은 근원적으로 대학 교육의 주요한 이념이자 문화 내용으로 간주하는 대학제도 자체에 대한 문제와 접속하며, 대학제도와 교양, 사회와의 관계라는 상호적 연계성을 고려한 가운데 논의해야 할 필요성이 제기된다. 대학제도 내부의 교양교육의 위치와 역할에 대한 전반적인 재점검이 필요한 것이다.

현재 대학 내에서 제도화된 교양의 문제는 대학의 교양교육 시스템이 제도적으로 정비되는 1950년에 연원을 두고 있으며,[2] 해당 시기에 형성

---

2) 1949년 12월 31에 「교육법」(법률 제 86호)이 공포됨으로써 고등교육은 제도적 체제를 갖추는데, 여기에 명시된 대학의 목적은 '국가와 인류사회 발전에 필요한 학술의 심오한 이해와 그 광범하게 정치한 응용방법을 교수연구하고, 지도적 인격을 도야하는 것'이다. 교육법 제정 후 한국전쟁의 발발로 문교부는 1951년 5월 몇 개 대학을 연합하여 전시연합대학을 부산에 개설하여 대학교육의 명맥을 유지했으며, 이는 이듬해 5월에 해산되었다(우마코시 토오루, 『한국근대대학의 성립과 전개』, 한용진 역, 교육과학사, 2001, 191, 192쪽).

된 대학제도가 현재까지 대학에서의 학사 편제의 근간으로 작용하고 있다. 따라서 한국에서 현재까지 지속되는 대학제도의 기원과 전통을 이해하기 위해서는 1950년대 대학제도 및 대학문화에 대한 분석과 해명이 필요하다. 해당 시기에 대학에서의 교양의 의미가 어떻게 형성되고 확산되었으며 고착되거나 변화했는가를 이해함으로써, 현재의 제도를 재성찰하기 위한 매개로 삼으려는 연구방법론을 택하게 된 것은 이러한 소이에서다. 교양이란 단지 문화적 관습 차원의 사회적 합의의 산물이 아니라 대학이라는 제도 속에서 교양과목의 이수 형식을 통해 정착해온 역사화 과정이 존재하기 때문이다. 또 이에 관한 연구가 단지 대학제도 내부의 인문학 편제를 규명하는 데 한정되지 않고 대학생과 대학문화를 중심으로 고찰하는 과정을 함축해야 하는 것은, 교양이란 대학제도를 초과하는 삶의 영역이자 문화의 산물이기 때문이다.

2. 대학문화 주체로서의 대학생, 대학문화 정보지로서의 대학신문

1950년대의 대학에서의 교양과목 편제나 인문학 교육에 대한 연구는 곧 해방 후 대학이 제도적으로 인문학을 편제하는 과정에서 인문학 관련 과목이 교양과목으로 배치되는 현상과 더불어 대학생들이 인문교양이라는 자질을 대학문화, 또는 대학생의 소양으로서 어떻게 습득하고 향유해나갔는가의 실제를 규명하는 주요한 바탕이 된다.

1950년대에 한국의 대학들은 학생들이 전공 관련 학점을 이수하기에 앞서 교양필수과목을 두어 인문적 소양을 습득하고 교양을 함양하는 것을 필수적 요건으로 설정해왔다. 대학에서의 교양과목 이수 과정 및 그 안에 포함된 인문적 소양의 함양은 졸업을 통해 수여되는 학사학위 취득에 필요한 필수 요건이었다. 이는 해방 후는 물론 지금까지도 대학생에게 요구되는 교양교육의 자질로 간주됨으로써, 교양교육과 인문적 소양은 대학교육의 주요한 목적으로 자리매김해온 역사적 전통을 형성하고 있다.

이러한 맥락은 대학문화가 재정립된 전후 시기에 대학생들이 교양필수과목을 수강하는 과정에서 실제로 습득했을 인문학적 소양이나 인문교양의 내용에 대한 이해를 요청한다.[3] 이와 더불어 대학생들이 수강활동 이외에 어떠한 경로를 거쳐 인문교양을 쌓아가고 인문학적 소양을 함양해왔는지에 관한 문화적 이해를 요구한다. 이는 '제도'로서의 인문교양의 교육과 학적 배치라는 문제와 더불어 '문화'로서의 인문교양의 형성과 확산이라는 차원에서 접근해야 할 문제이다. 이는 실제 대학생이 대학생활을 통해 학문활동을 어떻게 문화적으로 향유했으며 사회적으로 실천해나갔는가를 규명하기 위해서이다.

이 문제에 접근하기 위해서는 대학문화의 주체로서 대학생이 실제 대

---

3) 과목으로서의 교양과 대중적 개념으로서의 교양은 차이가 있다. 구와키 겐요쿠는 일반적 용법으로 교양이란 개인의 식견이 고매하고 광범위한 것을 말하며, 학술연구와 관련이 있다고 정의함으로써, 도덕적 수양의 의미가 강한 수양의 개념과 대비시키면서도 도덕적 수양과 인격적 수양을 학식과 완전히 구별하는 것은 적절하지 않다고 지적했다(가와이 에이지로 편, 『학생과 교양』, 양일모 역, 소화, 2007, 54~56쪽). 그 밖에 교양에 대한 용어의 일반적 정의 및 서구에서의 '근대적 교양' 개념의 정리는 김복순, 「근대초기 여성교양의 성립과 파트너십 문화론의 계보」(『여성문학연구』 제17호, 한국여성문학학회, 2007), 181~184쪽의 정리와 김성우·최종덕, 2009, 13, 14쪽을 참조. 한국 전통사회에서의 교양의 의미에 관해서는 이국환, 「전통적 교양과 대학 교양교육으로서의 '글쓰기' 연구」(『석당논총』 제42집, 동아대 석당학술원, 2008), 140~145쪽을 참조.

학에서 어떤 학술적 경험을 통해 인문적 소양과 교양 '지'를 습득해왔는
지를 파악할 수 있는 신뢰도 있는 문화사적 자료가 필요하다. 여기에는
대학생이 발간에 직접 참여한 대학 발행 매체인 교지 · 대학신문 · 학회
지 · 학보 등이 해당하는데, 그 중에서도 주간 발행의 대학신문[4]이 여타
의 매체에 비해 정보의 양이나 정보 전달 속도가 가장 빠르며, 대학의 학
사일정이나 행사, 대학생의 학문활동과 생활정보 등을 가장 폭넓고 다양
하게 반영하고 있다는 점에서 유효성 차원에서의 비교 우위를 확보한다.
따라서 대학신문을 대상으로 살펴보되, 특히 1953년에 연희대[5]에서 발
간된 『연희춘추』[6]의 1호(53. 6. 15)~231호(60. 12. 19)까지를 주요 분
석 대상으로 삼고자 한다.[7]

　『연희춘추』는 창간호가 두 번 발행되었는데(53. 6. 15와 53. 6. 26),

4) 국내 고등교육기관의 선구(1호)를 표방한 연희대학은 백낙준 총장을 발행인으
　로, 민영규 교수를 편집인 겸 인쇄인으로 하고 이한직을 주간으로 하여 1953년 6
　월 26일, 『연희춘추』를 창간하여, 98호(57. 4. 1)부터 제호 『연세춘추』로 변경한
　이래로 현재까지 연세대의 대학신문을 발행하고 있다. 처음에는 반월간으로 출
　간되었다가 12호부터는 방학을 제외한 학기 중에 주간으로 발행되었다. 백낙준
　총장은 『연희춘추』의 창간사에서 『연희』, 『연희타임쓰』 등의 신문 및 수종의 학
　술연구와 수양을 목적으로 하는 여러 간행물이 있었음을 언급하면서 학교 간행
　물을 맨 처음 분포하기 시작한 것이 연희학원임을 밝히고, '학문과 수양'을 발간
　의 이유로 선언했다(백낙준 총장, 「학인의 공기(公器)됨을 기하여」, 1호: 53. 6.
　26). 『연희춘추』 3호(53. 7. 15)에 기고한 조풍연의 글에 따르면 『연희타임쓰』
　는 1936년 9월에 창간되었다.
5) '연희대학교'는 1957년에 세브란스 의과대학과 통합하면서 '연세대학교'로 개
　칭하였다. 이하 '연세대'로 통칭하되, 1957년 이전이라는 역사성이 강조된 경
　우, '연희대'라는 명칭을 사용한다.
6) 『연희춘추』는 1957년에 『연세춘추』로 개칭되었다. 이 글에서는 발간 연도에 따
　라 『연희춘추』와 『연세춘추』를 구분하고, 통칭할 때는 『연세춘추』를 사용한다.

두 번째 창간호에는 창간사와 함께 논총·시사평론·학원춘추·서평·학생동의(學生動議)·시·학회소식·편집후기 등이 편제되었다. 연희춘추사가 73호(56. 6. 25)에 '연희춘추중요색인'을 만들면서 구분한 주요 난은 논단·논설·시·잡고(雜考) 등이다. 그 중에서 가장 큰 양적 비중을 차지한 것은 논문의 성격을 지닌 '논총'란이다. 실제로 3주년 기념호(73호: 56. 6. 15)에서 이길현 주간은『연희춘추』에 학생들이 질적으로 우수한 '학술논문'을 많이 게재할 것을 무엇보다 앞선 요건으로서 촉구

7)『연세춘추』 170호(59. 6. 15)의 「교내정기간행물」 기사에 따르면 연세대에는 1922년 학생기독청년회(S.C.A.)가 창간한『연희』를 비롯해, 문과대에서 연 2회 발행한『교우회 회보』, 상과대에서 1928년 창간한『경제연구』, 수물과(수학·물리과)에서 연 2회 발간한『연구회 회보』, 1932년 12월 창간된『문우』, 학생기독청년회가『연희』발행을 학생회로 옮긴 뒤에 발행한『시온』, 1932년 연희동문회에서 발행한『연희동문회보』, 1935년 9월 5일 한국 최초의 대학신문으로 창간된『연희춘추』의 전신인『연희타임쓰』, 1950년 문과대학 연구회에서 창간한『사학회지』, 1953년 상경대에서 발행한『경제학총』, 1953년 7월 1일 신과대학 신학회 창간의『신학논단』『시온』이 중단된 뒤 학생기독청년회에서 창간한『좁은 문』, 정법학회에서 1955년 8월 창간한『화백』, 문과대학 영문학회에서 1958년 발행한『작가와 작품』, 1957년 정법대학 정치학회에서 창간한『정치학 논총』, 1957년 법학회 창간의『연세법학』, 이공대학 출신의 동문과 교직원·재학생으로 구성되어 1957년 창간된『학우회보』, 문과대 사학회에서 간행한『학림』을 문과대학 기관지로 확대한『인문과학』, 한국 대학에서 한국에 대한 학적 연구가 행해지기 이전에 대학 부설 동방학연구소가 창설되어 기관지로 발행하여 한국과 세계 학계에 공헌하고 있는『동방학지』등이 소개되었다. 『연희춘추』에 관한 연구는 현재로서는 '미국유학 담론'과 '대학문화'를 연계시킨 이선미의 연구(「1950년대 미국유학 담론과 대학문화」,『상어학보』 제25집, 상허학회, 2009)가 유일하다. 교지『연희』에 대한 선행 연구는 박헌호의 연구(「『연희』와 식민지시기 교지의 위상」,『현대문학의 연구』 제28집, 한국문학연구학회, 2006) 324쪽에 정리되었다.

한 것으로 보아, 『연희춘추』의 주요 기능 중의 하나는 학술논문의 게재를 통한 학문의 소통과 진작임을 알 수 있다.

『연세춘추』의 편제는 이후 회를 거듭하면서 논단, 학사일정, 학내 소식, 동문 소식, 교수 동정, 교수와 강사의 논문, 학생 글, 교수와 학생에 대한 설문, 광고 등의 지면 구성으로 변이되었다. 『연세춘추』의 주요 독자는 물론 동대학의 소속 학생과 교수 · 교직원이 주를 이루지만[8], 대학생 일반, 나아가 대학에 입학하고자 하는 입시생과 학부모를 포괄하고 있었던 것으로 보인다. 대학신문에 정기적으로 연세대학 입학시험 문제가 기고되는가 하면,[9] 서적 광고에서도 고등학생에게 적합한 것으로 보이는 책들이 소개되었고, 여중/고에서 발행한 교지가 소개되기도 했기 때문이다.[10]

그러나 무엇보다도 중심 독자는 본교의 대학생이었고 기고자의 절대 다수는 본교의 교수와 강사 · 대학생이었다. 대학신문을 통해 학생들은 강의 및 대학행사, 대학생활과 관련된 학내 소식은 물론 교수의 동정과

---

8) 교직원이 기고한 글이나 교직원에 대한 관심은 학생과 교수에 대한 관심에 비해 시기가 훨씬 뒤선다. 161호(59. 4. 13)에 '가려진 사람들'란에 처음으로 교무처 김길홍 씨가, 이후 164호(59. 5. 4)에 총무처 홍종서 씨가 소개된다.

9) 12호(54. 4. 1)에는 '특집'란에 국어 · 사회생활 · 경제학개론 · 수학 · 영어 분야의 「연희대학 입학시험문제」가 실린다.

10) 165호(59. 5. 9)에는 「새로 나온 책: 교우지 『배화』 제35집, 배화여자중고등학교 발행」이 소개되었다. 서울대 발행의 대학신문인 『대학신문』의 경우에는 238호(58. 11. 3)부터 288호(60. 4. 18)까지 총 51회에 걸쳐 한 면짜리 '고교판'을 발행하여 선인 · 명작 · 문장 · 사상과 관련된 글을 연재하는 한편, 대학입시와 관련된 정보(입시 전반 정보 및 과목별 입시출제 경향과 비판 및 요망 사항, 고교생의 질의에 대한 대학측의 응답 등)를 소개함으로써 예비 대학생으로서의 고등학생 독자들에 대한 문화 정보지로서의 역할을 적극적으로 펼쳤다.

학문활동을 일종의 '대학생활의 정보'로 수용하는 한편, 사회문제에 대한 교수와 학생의 입장을 접할 수 있었다. 특히 대학신문에 소개된 교수들의 연구 및 학문활동과 관련된 소식에 대해 학생들이 일종의 지식인의 '모범' 또는 '예시'로 이해하는 기회를 가질 수 있었고, 교수의 저·역서와 강의 교재가 지속적으로 교양서적 시리즈로 광고됨으로써 대학신문은 대학생들의 대학생활 정보지이자 교양지로서 자리잡았다.

대학신문에는 교수들의 강연이나 연설 내용은 물론,[11] 대학연구소 발행 전문 학술지의 서론과 결론, 또는 요약문이 기고되었다. 또한 해당 학술지의 목차를 소개하여 학술논문의 주제와 방향성, 글쓰기 방식을 섭렵하는 매개가 되었으며, 해당 학문의 경향성을 홍보하는 역할도 담당했다.[12] 이러한 것은 초기의 '대학신문'이 전공의 전문성을 갖춘 정보지로

---

11) 예컨대 『연희춘추』 75호(56. 6. 29)에는 정창범의 「현대비평의 방향」을 게재하면서 '이 글은 제3회 문학의 오후에서 강연한 초고를 가필, 수정한 것'이라고 부기했다.

12) 예컨대 14·15호(54. 5. 20)에는 '동방학지특집' 기사가 실리면서 '동방학지를 발행하면서'라는 기사와 더불어 『동방학지』 1호(연희대 동방학연구소 편, 1954)에 게재된 '이상백(李相佰)의 「서얼금고시말」(庶孼禁錮始末)의 서언'과 '결론'이 전재된다. 이병도(李丙燾)의 「강서고분 벽화에 대한 연구─특히 '대묘'(大墓) 벽화에 대하여」와 김상기(金庠基)의 「동이(東夷)와 회이(淮夷), 서융(徐戎)에 대하여」는 개요가, 이홍직(李弘稙)의 「일본 서기 소재 고구려 관계 기사고」와 방종현(方鍾鉉)의 「훈몽자회고」는 세부 목차와 개요가 실린다. 이들은 해당 학술지에 실린 논문 총 6편 중 5편을 비교적 상세히 소개한 셈이다. 편집부는 "본고는 전체의 논문을 요약하여 그 개요만을 게재하였음"을 글의 끝에 밝혔다. 동 학술지의 목차는 『연희춘추』 25호(54. 10. 4)에 소개되었다. 또한 나운영은 「음악교육개혁론」을 50호(55. 6. 15)에 게재하고 그 속편을 64호(56. 3. 1)에 게재하면서 이미 잡지 『교육문화』(2권 3호)와 『춘추』 50호에 발표했음을 밝힌 바 있다. 94호(57. 2. 18)에 실린 「미국의 원자발전에 대하여─

서의 기능을 담당했음을 의미한다.

따라서 대학신문을 통해 대학생의 학사일정에 따른 학문활동과 연구, 문화적 영역과 교양이 제안되고 형성되며 확산되는 과정을 살펴보는 것은 어느 정도 유효성을 지닌다고 판단된다. 그 과정에서 『연희춘추』/『연세춘추』에 대한 분석이 연희대/연세대라는 개별 대학에서의 인문적 소양과 교양지의 형성 문제로 한정될 가능성을 고려하여, 해당 논제에 대한 대학간 동질성과 차이성(개성)을 비교하는 차원에서 서울대에서 1952년 발간된 『대학신문』을 1960년까지 자료로서 참고하기로 한다. 이 두 신문은 발행의 취지를 개별 대학의 정보지로 한정하지 않고 '학인의 공기(公器)'(『연희춘추』 제1호, 백낙준 총장 창간사), 또는 '범대학의 공기'(『대학신문』 제1호, 김윤경)[13]로 자처하면서 공공성을 확보한 대학 언론임을 강조했던바,[14] 특정 대학의 대학신문에 실린 내용이 해당 대학의 학술활동이나 대학문화로 한정되는 것은 아니라는 가능성을 열어두고자 한다.

이를 통한 분석의 과정에서 학문활동의 기본 요소로 간주되는 독서와 학회 발표, 학술적 글쓰기 등의 학문활동이 대학 내에서 형성되는 과정

특히 그 종류와 기본구조」도 서울대 교수 윤세원의 강연 내용을 일부 요약해 실은 것이었다. 즉 당시의 『연희춘추』는 정보지로서의 성격 이외에 학술지로서의 성격을 일정 정도 담보했던 것으로 보인다.

13) 김윤경, 「범대학의 공기(公器)로」, 『대학신문』 1호: 1952. 2. 4.

14) 그 밖에도 『연희춘추』 3주년을 맞아 경향신문사 논설위원이 기고한 「여론과 대학신문」(73호: 56. 6. 15)에는 정치가 학문의 자유로운 비판을 받아 발전할 수 있기 때문에 학문이 정치보다 우위를 차지함을 강조하면서 대학신문의 자율성이 보장되어야 한다는 논지를 펼치고, 대학신문이 학문의 여론을 반영시키고 형성시키는 주요한 매스커뮤니케이션이 됨을 강조했다.

을 재구성하는 한편, 교수의 '추천도서'라는 형식으로 대학 내에서 고전 읽기가 교양문화로 자리잡고, 해당 전공의 특수한 학적 소양으로 자리매 김되는 과정, 교양 '지'가 대학생의 동아리 활동 등의 문화적 실천과 접 합됨으로써 문화적으로 확산되고 오늘날의 대학문화의 전통으로 자리하 게 된 과정을 해명하고자 한다.

3. 교양필수과목으로서의 인문학과 교양과목의 편제

1950년대 대학생 인문적 소양과 교양 '지'의 습득과 형성 과정을 규명 하기 위해, 우선 해당 시기 대학생들이 교양과목으로 수강했던 과목의 종류와 성격을 파악할 필요가 있다. 이를 위해 같은 시기의 수강 편람 자 료를 구할 수 있었던 1959년의 연세대·서울대·이화여대를 대상으로 교양필수과목의 편제를 분석해보았다.[15]

먼저, 『연세춘추』 157호(59. 3. 10)와 175호(59. 8. 31)에 실린 1·2 학기 학사시간표를 통해 연세대의 교양필수과목의 편제를 살펴보면 아 래와 같다(표1·표2).[16]

1959년 연세대에서는 교양필수과목으로 국어, 영어(영어강독, 영어,

---

15) 해당 분석은 연세대 국학연구원 HK사업단 '제도팀' 세미나의 구성원인 홍정완· 이시은·이시욱·김유경 연구보조원이 1950년대 이화여대와 서울대의 학과목 편 제에 대한 자료 조사를 수행한 덕분에 가능했다. 이 자리를 빌려 감사를 전한다.

16) 이수 학점은 학기에 따라 약간의 차이를 보인다. 예컨대 문과대의 1학기 영어 강독은 4학점, 현대영어는 2학점인데, 2학기에는 각각 5학점, 1학점으로 제시 되었다. 1, 2학기의 차이가 있을 경우, 표에는 1학기의 내용으로 표기했다. 표 안의 과목명 옆의 괄호 안의 숫자는 이수 학점이다.

표1 1959년 연세대 공통과목 편제

1학년		기도회, 초급독일어(3), 초급불어(3), 초급중국어(3)
2학년		고급독일어(3), 고급불어(3), 고급중국어(3)
여학생	2학년	가정학(2), 가정문제(2)
	2-4학년	아동학(2), 체육(1)

표2 1959년 연세대 교양과목 편제

	1학년 1학기/2학기	2학년 1학기/2학기	1-4학년/3-4학년	
문과대학	국어(3), 영어강독I(4), 영어(6), 현대영어(2), 사람과 사상(2), 사람과 우주(2), 사람과 사회(2), 초급한문(3) / 철학개론(3)	영어강독II(3), 고급한문(3)	체육(1)/	여학생
상경대학	영어A(6), 종교(3), 사람과 사상(2), 사람과 우주(2), 사람과 사회(2)	영어B(3), 자연과학(3), 철학개론(3)	체육(1)/	영어(미국의 문화)(1)
이공대학	국어(3), 영어강독(3. 의예과는 영어A로 5학점), 사람과 사상(2), 사람과 우주(2), 사람과 사회(2), 체육(1) / 종교(3)	영어(3.의예과는 영어B로 3학점), 종교(3)	/독일서(화학독어)(3), 독일서(3), 문화사(3), 사회과학(4)	
신과대학 정법대학	국어(3), 영어강독I(4), 현대영어(2), 사람과 사상(2), 사람과 우주(2), 사람과 사회(2), 철학개론(3), 체육(1)	영어강독II(3)		

현대영어), 철학개론, 사람과 사상, 사람과 우주, 사람과 사회 등을 편제했으며, 공통과목으로 독일어 · 불어 · 중국어 등 3개 과목을 초급(1학년)과 중급(2학년)까지 총 6학점 이수하는 제2외국어 과목을 편성했다. 국어와 영어 · 철학 · 자연과학 · 사회과학 등을 전교생 대상의 교양과목

으로 편제한 것이다. 특히 영어에 대한 의무 이수 학점(6학점)이 국어(3학점)의 2배이며,[17] 여기에 제2외국어 학점을 총 6학점 이수하도록 배치한 것으로 보아 교양에 국제적 언어 소통 능력, 특히 영어가 중요한 비중을 차지하고 있음을 알 수 있다.[18] 영어의 이수 학점 비중이 높은 것은 미군정 이후에도 대학 편제에 미국의 영향력이 여전히 강세를 띠고 있었음을 뜻한다.[19]

이와 더불어 기독교를 건학의 바탕으로 삼고 있는 연세대의 특성에 맞게 전교생을 대상으로 한 '기도회'(현재의 채플에 해당)가 배치되었으며, 여학생을 대상으로 한 강좌가 별도로 개설되었다는 특징이 있다. 예

---

17) 『연희춘추』 25호(54. 10. 24)의 「백양로」란에는 "외국어를 배우기 위해서는 즘생하고라도 외국어를 쓰는 것이 좋다"며 연습의 중요성을 강조하는 한편, "그러나 글(文)에 있어서는 어디까지나 외국어와 국어의 한계를 밝혀야 할 것이다." "글짓기에 대한 국민적 수양이 낮은 나라라 할지라도 모름직이 대학생만은 우리말로서 글짓는 데 대한 소양을 가져야 할 것이다. 자기 나라 말로 글짓는 데 대한 기초도 닦지 않고 외국문을 먼저 요리하려고 한다면 국민문화는 어디다 발을 올려놓아야 할 것인가(……) 우선 문이라는 것을 알아야 하겠다. 문을 알기 위해서는 우선 자기 말에 충성해야 할 것이다. 자기 말을 요리할 줄 모르는 사람은 외국어를 요리할 생각을 가지지 말아야 할 것이다"(3쪽)라는 논지의 글이 게재되었다. 외국어 공부의 필요성 및 한국어 능력의 선취에 대한 학생 필자의 자각이 드러나 있다.

18) 『연세춘추』의 학사시간표란에는 '주의사항'으로서 "1, 2학년은 먼저 교양과목 시간을 필수로 해야 한다. 물론 3, 4학년에서도 교양과목 학점을 아직 이수 취득치 못하였으면 우선적으로 이를 택해야 한다"고 함으로써 교양과목의 이수가 졸업의 필수 요건임이 명시되어 있다. 이와 더불어 전교생이 제2외국어(독일어 · 불어 · 중국어 · 한문)를 고급까지 이수해야 졸업 학점에 가산됨을 강조했다.

19) 미군정 초기의 대학교육정책 및 미국적 학문 패러다임의 이식에 대해서는 학술단체협의회 편, 『우리 학문 속의 미국』, 한울아카데미, 2003을 참조.

컨대 학생을 대상으로 가정학(2학점), 가정문제(2학점) 등의 강좌가 편성되었으며, 2 · 3학년 여학생 대상의 아동학(2학점), 여학생 대상의 체육이 설정되어 있었다.[20] 체육은 전교생 교양필수과목인데 남녀반을 따로 나누어 운영했다.

교양과목 편제의 단과대별 특징은 문과대학에서는 영어 강의의 학점 비중이 높고 다양한 과목이 개설되었다는 점이다. 또한 상경대학에서는 2학년 때 자연과학(3학점)을 들을 수 있도록 했고, 이공대학의 경우 3 · 4학년에 독일서(화학독어)(3학점), 독일서(3학점), 문화사(3학점), 사회과학(3학점) 등의 교양과목이 배치되었는데, 이공대에서 독일어를 필수로 택한 것이 특징적이다.[21] 독일어가 이공 계열의 전공 공부에 필요한 소통 언어로 상정되었음을 보여준다.

서울대학교의 경우, 1959년 교과과정표에 실린 단과대별 교양필수과목은 표3과 같다.

1959년의 서울대학교 학칙 제19조에 따르면 '각 대학의 교과는 필수과목과 선택과목으로 하고 필수과목은 일반교양과목과 전공과목으로 나눈다'고 되어 있으며, 제21조에 '졸업에 필요한 학점은 160학점(졸업논문과 군사훈련에 관한 학점은 제외) 이상으로 하되, 일반교양과목은 36학점 이상, 전공과목은 80학점 이상으로 한다'고 되어 있어 교양과목의 수강 비중이 총학점의 19%에 달하고 있다. 제22조에는 '일반교양과목

---

20) 이는 『연희춘추』 157호(59. 3. 10), 2, 3쪽 기사에 따른 것이다.
21) 이에 대해 현재 연세대 학부대학의 이보경 교수(화학 전공)에게 문의한 결과 1980년대 학번까지도 연세대의 화학과 박사과정 입학시험과 졸업자격시험에 독일어 과목이 포함되어 있어 독일어 논문을 번역하는 테스트를 받았다고 한다.

표3 1959년 서울대 교양과목 편제(교양필수과목)

공과대학	국어(4), 영어(8), 독어(4), 철학개론(4), 체육(2), 수학A(4), 수학B(4), 문화사(2), 자연과학개론(2), 〔윤리(2), 심리(2)-택 1〕, 〔법학통론(2), 경제사(2)-택1〕
	교양선택: 영어(4), 독어(4)
농과대학	국어(4), 영어(8), 독일어(4), 철학개론(4), 문화사(4), 자연과학개론(4), 체육(2), 경제원론(2), 수학(4), 물리학(2), 화학(2), 식물학(2), 동물학(2)
문리과대학	국어(한문)(4), 영어(8), 독어 또는 불어(4), 문화사(4), 자연과학개론(4), 철학개론(4), 체육(4), 인문과학(2), 사회과학(2), 자연과학(2)
미술대학	국어(2), 한문(2), 영어(8), 독어 또는 불어(4), 철학개론(4), 자연과학개론(4), 문화사(4), 체육(2), 천문학(4), 심리학(4)
법과대학	국어(2), 제1외국어: 영어(4), 제2외국어: 독어(4), 제2외국어: 불어(4), 철학개론(4), 자연과학(4), 문화사(4), 경제학개론(4), 통계학(4), 체육(4), 사회학(4)-법학과, 심리학(4)-행정학과
사범대학	국어Ⅰ·Ⅱ(6), 영어 1·2·3(9), 제2외국어1·2(4), 자연과학(3), 교육원리(3), 문화사(4), 철학개론(3), 체육(4)
상과대학	국어 및 국문학(4), 체육(4), 철학개론(4), 문화사(2), 자연과학개론(2), 영어 및 영문학 제1부(4), 영어 및 영문학 제2부(4), 제2외국어(4), 심리학(2), 법학통론(2), 헌법(2)
수의과대학	국어(4), 영어(11), 독일어(5), 철학개론(4), 문화사(4), 자연과학개론(4), 체육(2)
	교양선택: 물리학(1), 유기화학(1)
약학대학	국어(4), 영어(8), 독일어(4), 철학개론(4), 문화사(4), 자연과학개론(4), 체육(2),
	교양선택: 수학(2), 물리학(4), 광물학(2), 교육학(4), 경제학(2)
음악대학	국악개론(2), 문화사(4), 국어(4), 영어(12), 독어(8), 이탈리아어(4), 불어(4), 철학(4), 자연과학(4), 체육(2), 심리학(4)-국악과 제외
의과대학 간호학과	국어(4), 영어(8), 독어(4), 수학(2), 자연과학개론(2), 심리학(2), 생물학(3), 화학(2), 화학실습(1), 문화사(2), 가정학개론(3), 철학(2), 체육(2)
치과대학	-

은 국어 · 제1외국어 · 제2외국어 · 철학개론 · 문화사 · 자연과학개론과 체육을 필수로 하는 외에 다음의 각 계열에서 1과목 이상(전공 과목에 속한 것은 제외)을 선정하여 도합 3과목 이상을 이수하여야'(사범대학은 계열별 교직과목으로 대체 가능) 하며, '일반교양과목은 제1학년, 제2학년에 걸쳐서 과함을 원칙으로 하며 각 교과목의 학점은 2학점 이상으로 한다'고 규정했다.

그런데 실제로 교양필수과목을 보면 과목 편성이나 이수 학점 규정에 단과대별로 약간의 차이가 있음을 발견할 수 있고, 이는 비교 대상으로 삼은 연세대와 이화여대에 비해서도 차이가 있다. 이러한 교양과목 편제의 '유연성'은 단과대별 소속 전공과의 관련성 속에서 형성된 것이었다. 예컨대 농과대학의 경우, 경제원론 · 수학 · 물리학 · 화학 · 식물학 · 동물학 등이 교양필수과목으로 배치됨으로써 전공 공부에 필요한 기초과학적 지식을 미리 섭렵하는 기회로 활용한 것이나, 법과대학의 경우 행정학과에 심리학을, 법학과에 사회학을 교양과목으로 배치하고, 수의과대학에 물리학과 유기화학을 교양선택으로 배치함으로써 전공 공부에 필요한 인접 학문을 미리 섭렵하도록 한 것을 들 수 있다. 물론 공과대학의 경우처럼 윤리나 심리, 법학통론이나 경제사를 선택하게 함으로써 공대 학생이 전공을 통해 배울 기회가 없는 '교양'을 학문의 차원에서 섭렵하도록 배치한 경우도 있어 반드시 교양과목이 전공에 종속적으로 편성되었다고는 볼 수 없다. 그러나 교양과목이 전공 공부 이전에 습득해야 할 예비전공 지식을 미리 섭렵하거나, 전공 공부에 필요한 소양을 미리 함양하는 기회로 간주, 또는 전용(轉用)되는 관점이 작용했음을 배제할 수는 없다.

이화여대의 경우, 1969년 학칙 제30조에 '본 대학교의 교과는 필수과

표4 1959년 이화여대 교양과목 편제(교양필수과목)

공통필수과목 (총 41학점)	일반국어(4), 일반영어(8), 제2외국어: 중국어 · 불어 · 독어 중 한 과목(8), 기독교문학(8), 문화사개론(3), 자연과학개론(3), 철학개론(3), 일반체육(4)	
과별 필수과목	* 각 3학점. 위의 과목과 합산해 각기 전공과목 총학점의 2분의 1을 초과하지 않는 범위 내에서 계열마다 한 과목 이상(각자의 전공에 속한 것은 제외)을 학과별로 선택하여 필수케 한다.	
	인문과학계	윤리학개론, 문학개론, 사학개론, 심리학개론, 논리학, 교육학원론, 인문지리학통론, 인류학, 교육사
	사회과학계	헌법, 법학통론, 정치학개론, 경제학개론, 사회학개론, 사회사, 통계학, 가정학개론
	자연과학계	일반수학, 일반물리학, 일반화학, 생리학개론, 일반지리학, 천문학, 피복학
의예과 특례	위의 사회과학계에 속하는 과목 외에 수학(8), 물리학(10), 화학(10), 생물학(10)을 이수	

목과 선택과목으로 하고 필수과목은 일반교양과목 및 전공과목(사범대
학의 교직과목을 포함한다. 이하 같다)으로 구분'한다고 규정되었으며,
제31조에 '일반교양과목의 학점'이 규정되어 있었다.

이화여대의 경우, 1959년 학사학위 취득에 필요한 총학점은 160학점
(의예과는 80학점) 이상으로 하며, 이 중 공통필수과목의 학점은 총 41
학점으로 25%이며, 전공필수과목과 합산해 총 50%를 초과하지 않아야
함을 규정함으로써, 교양과목에 대한 학점 배정이 유연하고 허용 범주
가 높았음을 알 수 있다. 국어와 영어, 제2외국어와 기독교문학이 필수
로 배치되었고 문화사 · 자연과학 · 철학이 개론의 차원에서 편성되었
다. 이중 기독교문학은 이화여대의 교학 이념과 관련된 과목인데, 같은
기독교 대학인 연세대에서 '기도회'나 '종교' 과목을 배치하여 종교의

차원에서 접근한 것과는 달리 기독교를 문학과 예술, 폭넓게는 문화의 차원에서 교육하고자 했음을 알 수 있다. 이와 더불어 '계열별 필수과목'을 두었는데, 이는 서울대의 경우처럼 전공 공부와 친연성을 지닌 과목들로 전공 공부에 진입하기 전에 알아야 할 기초과목의 성격을 띠고 있다.

위와 같이 연세대·서울대·이화여대의 교양과목 편제를 통해 볼 때, 국어·영어·제2외국어와 개론 차원의 철학·자연과학·사회과학 과목이 교양필수과목으로 편제되었으며, 체육 과목도 필수과목으로 배치되었음을 알 수 있다.[22] 전공을 불문하고 알아야 할 '교양'의 내용에 문학 텍스트의 이해와 글쓰기, 외국어 소통 능력, 논리와 사고, 윤리 등의 인문적 소양과 관련된 내용이 가장 많았고, 이수 학점도 가장 높았다. 그 외에 자연과학과 체육이 공통되었으며, 사회과학을 교양필수로 배치한 경우도 있었다. 연세대의 경우에는 일반교양의 성격을 강조했지만, 서울대와 이화여대의 경우에는 일반교양 이외에 전공 진입을 위한 인접 또는 해당 학문의 기초 소양을 미리 함양하는 기회로 교양과목을 배치하기도 했다.

다시 말해 일부 대학에서는 주로 이공대나 자연과학 계열의 경우, 전공 진입을 위한 전공 기초학문의 성격을 띠는 교양과목을 배치했지만, 개별 대학 내의 단과대학이나 개별 대학 단위별로 공통된 교양과목은 국어·영어·제2외국어 및 개론 차원의 철학과 자연과학 과목으로 한정되었음을 알 수 있다.

---

22) 이러한 교양과목의 배치는 대학신문에서의 학술적·문화적 기사나 학생과 교수의 기고문에도 유사한 편성 비율을 보여주고 있어 주목된다.

이처럼 대학에서의 교양교육이란 '지식의 섭렵'을 의미했으며, '학점 이수'의 형식으로 제도화되었다.[23] 이는 교양의 본래적 의미에 함축되어 있는 품성이나 덕성, 수양 등의 문제를 "제외한" 교양 지의 섭렵이 대학에서의 교양교육과 등치되었음을 뜻한다.[24] 대학에서의 교양교육의 편제는 '(예비)지식인'의 공유지식체계로서 자리매김되어 학점을 이수하고 평가를 받는 제도화된 지식의 체계는 존재했지만, 학점 이수라는 대학생의 학문적 의무와 평가제도를 벗어난 인격이나 품성, 미적 감수성 차원의 교양을 함양할 수 있는 제도적 장치는 없었다. 교양과목의 편제는 전공 진입을 위한 기초교육의 습득, 외국어 습득을 통한 국제적 소통 능력의 확보, 학술적 글쓰기 능력의 확보를 통한 학문 능력의 연마라는 지식의 차원에 한정되어 있었다. 학점의 그물망을 벗어난 교양의 영역은 오히려 학생들이 학점을 이수하는 행위 이외의 대학활동(동아리,

---

23) 학점 획득의 방식에는 대체로 출석률, 중간·기말시험, 보고서 등이 해당된다. 그러나 평가에 대한 정확한 측정 지표의 확정이나 실시 여부의 문제, 또 강의시간의 엄수 등에 관해서는 또 다른 맥락의 연구가 필요할 것으로 본다.

24) 영남대 법학과의 박홍규 교수는 "법학도들에게 예술을 통한 교양을 심어주겠다는 희망과 의지에서" '법과 예술'이라는 교양과목을 담당해왔으나 법학과 "신입생들이 법은 물론 예술에 대해서도 심각할 정도로 그 이해 수준에 문제가 있다는 느낌을 받았다"고 언급하고 체계적 고전교육의 필요성을 역설했다(「교양과 교양교육의 방향」, 『인문과학』 제49집, 영남대 인문과학연구소, 2005, 79~81쪽). 그 과정에서 현재까지도 이어지는 대학의 교양교육과정을 서양의 근대지식체계를 무조건 이상화한 식민주의적인 것으로 해석하고, 초기 산업화를 벗어난 21세기에는 맞지 않는 프로그램임을 역설하며, '교양적 지혜' 또는 '겸손', '수양의 방법으로서의 공부'라는 개념을 제안했다. 이는 현재의 대학 교양교육이 지혜·겸손·수양 등 품성과 인격 차원의 함양을 누락시키고 있음을 함축한다.

사회참여, 문화생활 등)을 통해 생활적으로 채워나갔던 분야였다.

4. 대학생의 교양 '지'와 교양문화

대학에서의 교양이 교양필수과목으로 배정되는 과정은 교양 '지'에 대한 대학 공통의 합의점이 생성되는 과정을 보여준다.[25] 즉 국어 · 영어 · 제2외국어 · 철학 · 자연과학 및 문화사 등에 관한 지식과 언어적 소통 능력 등이 대학 보편의 주요한 교양의 내용으로 자리잡아갔던 것이다. 이는 고등교육을 받은 '지식인'의 공통 '지'로서 자리매김되었으며, 전공 공부를 이수하기 위한 도구 획득으로서의 외국어 소통 능력 및 배경 지식의 섭렵으로 축소되었다. 그러나 대학의 과목 편제로서의 교양이 학문과 지식의 차원에서 편성된 것과는 달리, 학생들은 생활적 차원에서 독서와 문화 향유, 사회참여의 형태로 대학생의 교양을 문화적으로 형성하고 실천하며 확산해가는 경향성을 보여주었다.

---

25) 물론 과목별로 담당교수의 차이가 있으므로 실제의 교육 내용이나 커리큘럼은 차이가 있을 것이나, 그 내용이 강좌명을 벗어날 수 없다는 점에서 일정한 합의 체계가 존재했음을 알 수 있다. 특히 연희대의 국어 과목의 경우 국문과 교수회에서 최현배 부총장의 사회로 국문과 교수회가 개최되어 1학년의 교양국어의 교수 방침을 논의한 기사가 있어(73호: 56. 6. 15), 교양필수과목 운영에 일정 정도의 체계를 고려할 수 있음을 시사한다. 1930년대 일본의 대학생들을 대상으로 간행된 『학생과 교양』에서도 「교양을 위한 학문」란에 각기 '교양을 위한 [철학 · 윤리학 · 역사 · 문학 · 자연과학 · 사회과학]' 등의 글이 실려 있어, 일본에서의 교양과목 편제를 짐작할 수 있다(가와이 에이지로 편, 2007).

1) 대학신문에 기고된 교수의 추천도서, 교양과 고전이라는 독서의 키워드

『연세춘추』에는 독서 관련 기사가 다수 기고되었으며, 주요 필진은 연세대의 교수진이었다. 『연세춘추』에는 교수들의 일상적 책읽기에 대한 관심이 지속적으로 표현되었는데 이러한 교수의 독서 관련 언급은 학생들의 독서열과 학구열을 자극했을 것으로 보인다. 1호의 「설문」란에는 교수들을 대상으로 '가장 소중히 여기시는 장서는?'이라는 질문을 두어 교수의 독서 경험을 공개했고, 20, 21호(54. 7)에는 설문에 대한 답신의 형태로 교수들의 추천도서 목록을 제공했다.[26] 독서 경향에 대한 『연세춘추』의 설문은 이후 대학생으로까지 확대되어[27] 독서문화를 대학문화의 주요 요소로서 설득하는 문화적 역할을 담당했다. 독서 권장의 사설도 빈번해 『연세춘추』 145호(58. 10. 20)의 「독서를 습관화하자」, 182호의 「독서하는 대학생이라야 한다─독서주간에 즈음하여」(59. 10. 19), 177호(59. 9. 14)에서 178호(59. 9. 21)에 걸쳐 양주동의 「가을과 독서」

---

26) 펄벅의 『어머니의 초상』과 『영원한 평화』, 칸트의 *Rosco Pound Philloshopy Of Law*(신동욱); 고려사원본(장지영); 존 듀이의 *The Guide for Certainty*, M.J. 애들러의 『독서법』 『흙』, 존 듀이의 *How We Think*, 톨스토이의 『전쟁과 평화』(임한수); 서머싯 몸의 *Summing Up*(오화섭), Strausz-hupe and posnsy, *International Relations*, Fredrick Schuman, *International Politics*, Morgenthau, *Politics Amongnations*, Sweezy, *Socialism*(조효원); R.H. 뉴맨의 *Annal of Christian Church*(박상래) 등 (제20-21호, 5쪽) 제88호(56. 11. 19)에도 교수의 독서에 대한 설문 기사가 실렸다.

27) 예컨대 『연희춘추』 제33호에는 대학생을 대상으로 한 설문, '요즘 특별히 좋았던 책'(33호)에 대해 읽은 책이 없다. 톨스토이의 『인생독본』, 앙드레 지드의 『비밀일기』, 니콜라이 베르자예프의 『노예와 자유』, 『안나 카레니나』 일역본, (어린 소녀들이 읽을 수 있는) 『별초롱꽃초롱』, 기번의 『로마 쇠망사』, 펄벅의 『여학사』(女學士), T. S. 엘리엇의 『칵테일 파티』 등의 답변을 실었다.

(상·하)가 기고되었다. 이로써 교수의 독서가 학생들에게 예시나 모범으로 소개되는 문화가 있었음을 알 수 있다.

교수에 대한 독서 관련의 설문은 서울대의『대학신문』50호(53. 6. 8)에도 게재되어, 독서량과 번역 추천도서가 답변으로 실리기도 했으며,[28]「독서술」(권중휘)과「독서촌감」(2호: 52. 11. 10),「책을 아끼자」(이희승, 45호: 53. 5. 4),「독서론: 무엇을 어떻게 읽을까」(김형석, 143호: 58. 10. 6: 144호: 58. 10. 13),「독서법」(권중휘, 144호: 56. 4. 23),「독서와 방학」(이휘영, 170호: 56. 12. 10), 특집 전면기사「독서」(196호: 57. 9. 30),「독서의 요령」(고승제 상대 교수, 230호: 58. 9. 8),「독서를 안하는 변」(권중휘 문리대 교수, 230호: 58. 9. 8),「독서와 학문」(김정록 문리대 대우 교수, 233호: 58. 9. 29),「독서유감」(최재희 문리대 교수, 233호: 58. 9. 29) 등의 글을 통해 교수가 독서를 권장하는 길을 지속적으로 기고했다.

그 밖에『연세춘추』106호(57. 7. 8)에는 심인곤 교수의「방학과 독서」가 기고되었으며 143호(58. 10. 6)에는 난독(亂讀)과 다독(多讀), 정독(精讀)과 선독(選讀)의 차이를 설명하고 개인 연구와 정독의 시간을 가지라는 제언의 글인 김형석의「논 독서: 무엇을 어떻게 읽을 것인가」가, 144호(58. 10. 13)에는「무엇을 어떻게 읽을까」가 기고되었다.

사설: 독서를 습관화하자 '우리가 현재 남에게 뒤떨어지고 무지와 몽매가 가시지 않는 상태에 있는 것도, 지난날 우리 선조들이 책을 읽는 습

---

28) '1. 선생은 하루 몇 페이지나 독서를 하십니까. 2. 독서하시는 중에 번역했으면 좋을 책과 그 이유는?'(『대학신문』50호: 53. 6. 8)

관을 길러주지 못한 데 그 원인의 일단이 있다고 할 수 있는 것이므로 우리는 책을 읽어 새 지식을 쌓고 사람 되는 도리를 배워 어떻게 하면 새 나라를 살기 좋은 곳으로 만들고 피차 낯을 붉히고 이웃을 저주하지 않고도 살 수 있는가 하는 도리를 어서 속히 배워야 할 것이며 한걸음 더 나아가서는 우리만 사는 것이 아니라 문화적으로 다른 나라와 더불어 공헌하고 살 수 있도록 되어야 할 것이다. (……) 우리가 독서를 습관화하자는 것도 잘 살기 위한 열쇠를 찾아보는 길이 바로 거기에 있다고 믿기 때문이다. (145호: 59. 10. 20)

134호(58. 6. 16)에는 창간 5주년을 맞이해 「진실한 대학생활의 향상을 위한 재검토」라는 특집란을 마련하고 홍이섭 교수가 「현대적 지식에서의 고립: 교양을 위한 독서의 해결책은 없나?」라는 글을 기고했다. 여기서는 대학생이 전공 이외의 독서 기회가 부족함을 지적하고 학교·사회·정치에 관심을 기울여야 하며, 대학생은 앞으로 사회의 대중교양을 위한 독서의 기반을 닦을 사람이므로 "원전에 근접한 것"을 읽고, "고전 이해"에 있어서 자구의 음의 이해에서 나아가 "현대적 의의의 포착"에 이르는 방향으로 나아가야 함을 강조했다.

대학문화에서 독서 강조, 나아가 고전 읽기에 대한 경향성은 서울대의 『대학신문』에서도 빈번하게 발견되는데, 1호(1952. 2. 4)부터 「밤을 새워 읽은 책」이라는 난이 마련되어 주로 고전과 소설작품이 추천되었음을 알 수 있다.[29]

「순회도서관」란을 통해서는 학생들이 '읽을 만한 책'에 대한 교수들의

---

29) 1호에는 황산덕의 『묘법연화기』와 『삼국지연의』가, 13호에는 이건호가 추천한

리뷰를 실었고, 「내가 추천하는 서적」란(25호: 54. 10. 4)에 교수들의 추천도서 목록을 열거해 제시했다.[30] 『대학신문』 32호(52. 11. 10)에는 「내가 추천하는 대학생의 교양도서」를 특집으로 싣기도 했다(표5).

『대학신문』에 교수들이 추천한 대부분의 책은 '고전'과 '강의 교재'이며 그 가운데서도 고전이 우위를 보였다. 『연희춘추』 76호(56. 7. 6)의 '논단'에는 조우현 교수가 「고전에의 초대」를 기고하여 "전공 이전의 인간에 참여하는 고전에 접"할 것을 강조하고 플라톤과 아리스토텔레스 등의 고전 철학자와 『파우스트』 등을 예로 고전 읽기를 촉구한 바 있다.

『연세춘추』에 보이는 독서문화와 관련된 연세대의 특징은 문학작품과 고전 독서에 관한 글이 많다는 것이다. 조우현 교수는 「현대적 교양과 고전」(103호: 57. 6. 1)에서 "교양이라는 것은 개인이 객관적 문화재를 주체화하여 지금의 자아존재가 반드시 있어야 할 자아존재로 그 능력을 발전시키기 위한 의식적 작용의 과정 또는 그 작용의 결과"로 정의하고, 교양은 "감성적이며 동시에 정신적인 전체로서의 생이 주체로서의 자아와

노벨문학상 수상자의 최근작 『바라바스』와 조규동 추천의 『죄와 벌』이, 14호에는 권중휘가 추천한 서머싯 몸의 *The summary*, 법대 정광현과 유기천이 추천한 J. S 밀의 『자서전』과 칼라일의 『크롬웰전』(14호)이, 15호에는 게오르규의 『25시』와 *New Testament Rome*이, 16호에는 『마담 퀴리』와 칼라일의 『과거와 현재』가, 21호에는 솅키에비치의 『쿠오바디스』가, 23호에는 『드보르작 전기』와 빅토르 위고의 『레미제라블』 등이 추천되어 대부분이 '고전'에 해당하고 특히 문학작품이 많음을 알 수 있다.

30) 최현배 『국문학사』(김형규), 지동식 『정의와 사회질서』(에밀 부르너), Bible to-day(C. H. Dodd), 심인곤 『성경』『논어』『중용』『실낙원』, 정병욱 『채근담』, 홍승국 『동서위인전』『문상』『크리스도의 생활』(카를 바르트), *The Message of The New Testment*(A. M. 헌터) 등.

표5 내가 추천하는 대학생의 교양도서(『대학신문』 제32호, 1952. 11. 10)

추천자	도서명[31]
이양하 (문리대 교수)	논어, 공화국(플라톤), 명상록(아우렐리우스), 수상록(몽테뉴), 팡세(파스칼), 수필집(베이컨), 존슨 박사(보즈웰), 행복론(러셀), 생활기술(모루아)
고병국 (법대 교수)	바이블, 참회록(루소), 파우스트(괴테), 참회록(아우구스티누스), 신국(아우구스티누스), 수상록(몽테뉴), 명상록(파스칼), 실낙원(밀턴), 논문집(에머슨), 우치무라 간조(內村鑑三) 전집
김기석 (사범대학장)	아가페와 에로스(니그렌), 기독교의 본질(하르낙), 감리대계(파울젠), 자유에의 길(러셀), 플라톤, 칸트(파울젠), 페스탈로치(나토르프), 참회록(아우구스티누스)
김윤경 (총장 서기)	세계문화사대계(H. G. 웰스), 동양철학사(누구의 것이나 좋음), 서양철학사(누구의 것이나 좋음), 서양사개설(조의설), 조선사개설(이인영), 신구약전서(민주주의와 서양문화의 이해에 필요함), 훈민정음(해제본. 한글을 이해하기에 필요함), 동양통사(이치무라 산지로[市村瓚次郎]). 국어로 된 것을 아직 못 보았기에 이것을 우선 대신 소개함), 우리말본(최현배)과 나라말본(김윤경), 조선문학 및 어학사(김윤경)와 한글갈(최현배), 이상 전문가 아닌 교양서로서 내가 기억나는 대로 소개한 것에 지나지 않음
이희승 (문리대 교수)	삼국유사, 가곡원류, 훈민정음, 삼국사기, 고려사제요, 홍길동전, 한글갈(최현배), 한글맞춤법 통일안, 조선문학사상사(상·하), 조선(국)문학사(우리어문학회 편)
신태환 (법대 교수)	국부론(애덤 스미스), 국민경제학원리(카를 멩거), 순수경제학요론(레옹 발라), 경제학원론, 고용과 이자와 화폐의 일반이론(케인스)

객체로서의 자아로 분화하여 상호 발전을 도모하는 것"이라고 보았다. 고전을 읽어야 하는 이유는 "고전이라는 보편에서 나라는 특수를 발견하

---

31) 저자명은 현대어 발음으로 고쳐 적었으며, 인쇄 상태 등의 이유로 정보가 불확실한 경우는 제외했음을 밝힌다.

자는 취지에 있다"고 강조했다.

한편 문학작품의 독서에 관한 대학생들의 경향성은 서울대의 『대학신문』을 통해서도 확인된다. 『대학신문』 205호(57. 12. 2)에는 '당신의 독서 경향은?'에 대한 설문 통계가 실렸는데, 대상 학생 928명 중에 학술논문이 170명으로 17.3%인 데 반해, 소설은 총 326명으로 33.1%[32]를 차지한 것으로 나타났다.

독서와 관련해 연세대가 보여주는 독자적인 독서 경향은 기독교 관련 서적이 일종의 '교양서적'의 뉘앙스를 지니며 지속적으로 추천되고 거론되었다는 점이다. 『연희춘추』에는 기독교 정신과 기독교 문화가 1호부터 소개되는 것은 물론, 교수들이 학생들에게 읽을 만한 책에 대한 서평을 실은 '순회도서관'란에서도 1호부터 존 베네트의 『기독교윤리와 사회정책』이라는 기독교 관련 책을 소개한 것이 특징이다. 신과대학의 지동식 교수는 지속적으로 기독교 관련 글을 『연세춘추』에 기고했으며,[33] 홍현설의 「대학 캠퍼스와 신앙생활」(168호: 59. 6. 1), 임어당의 「나는 왜 기독교로 돌아왔나」 등과 같이 생활적 차원의 글이 실리기도 했다. 영문과의 최재서 교수는 영문학은 물론 문학 일반에 관한 글을 『연세춘추』에 기고하는 한편, 165호(59. 5. 9)부터 215호(60. 9. 5)까지 총 47호에 걸쳐 『연세춘추』에 '인상(印象)과 사색(思索)'란을 꾸준히 연재함으로써 학생들에게 교수이자 인생 선배로서의 영향력을 쌓아갔는데, 채플 시간에 「그리스도교와 영문학: 12월 8일 채플 시간에서」에서 밀턴의 『실낙원』을 언

---

32) 세부는 탐정소설 76명(7.7%), 애정소설 170명(17.3%), 기타 소설 80명(8.1%)이며, 그 밖에 월간 잡지 136명(13.8%)과 불기재 178명의 답변이 있다.

33) 지동식, 「현대인의 위기와 예수그리스도」(19호), 「성서 번역의 참뜻」(110, 111호) 등.

급함으로써, 기독교를 건학 이념으로 삼는 연세대의 설립 취지에 맞게 문학과 기독교를 연계하는 발상을 실천하기도 했다.

특히 12월의 『연세춘추』는 항상 크리스마스와 관련한 교회 및 문화축제적 행사, 기독교 정신이나 성서적 해석에 대한 기고에 많은 지면을 할애함으로써 기독교를 하나의 문화로 홍보하는 역할을 했으며,[34] 지식인으로서의 삶을 실천함에 있어서 그리스도 교훈을 바탕으로 삼는 내용을 기고함으로써[35] 학문의 의의를 기독교 정신과 연결시켜 탐구하려는 태도를 표현하고 설득했다. 아울러 『연세춘추』에는 기독교 서적 광고가 자주 실린 것도 특징이다.[36] 대학신문이 게재하는 읽어야 할, 읽을 만한 서적 광고로 기독교 서적이 선택된 것은[37] 연희대의 건학 이념과 함께 기독교를 교양필수로, 신학을 독립된 전공 영역으로 설정했던 연희대의 정체성과 상관성을 갖는다. 『기독교사상』과 같은 잡지 광고가 지속적으로 게재한 것은 기독교를 신학과 소속 학생과 교수의 학문 영역이거나 신앙인의 관심사로 제한하지 않고 일종의 교양 또는 문화로 설득하고 홍보하

---

34) 이는 같은 기간 서울대에서 발행된 『대학신문』에서 크리스마스를 대서특필하거나 특집화하지 않았던 편성과는 차별되는 지점이다.

35) 예컨대 「학문하는 의의를 밝혀라」(97호: 57. 3. 23) 등.

36) 예컨대 104호(57. 6. 11), 105호(57. 6. 22)에는 『월간 기독교사상』 창간호를 광고하면서 목차를 실었다. 108호(57. 9. 16)에는 『기독교사상』이 '대호평리에 발매중'임을 광고하면서 9월호 목차를 소개했는데, 그 안에 『에큐메니칼 운동해설』 『사해사본』 등에 관한 북리뷰가 있다. 이런 기독교 잡지는 기독교를 일종의 교양 또는 문화로 설득하고 홍보하는 기능을 했을 것으로 보인다. 111호(57. 10. 21)에는 『청년과 장병문제』 등 기독청년생활총서의 광고도 실린다.

37) 예컨대 『기독교사상』 광고(108호: 57. 9. 16)에 목차가 소개되어 구체적인 신학적 주제 및 기독교 서적을 섭렵할 수 있도록 안내한 것을 들 수 있다.

표6 『사상계』에 연재된 최재서 교수의 「셰익스피어 연구초」

번호	게재호	제목
1	66호	셰익스피어 비극의 개념
2	67호	에이븐 강의 백조
3	68호	시성의 수업시대
4	71호	역사, 질서, 문학(1)―셰익스피어 사극 싸이클
5	72호	역사, 질서, 문학(2)―셰익스피어 사극 싸이클의 제14부작
6	73호	정치는 음악처럼―헨리 5세의 주제와 상징
7	75호	호랑(虎狼)의 세계―헨리 6세, 3부작
8	76호	인간혼돈, 리처드 3세가 의미하는 바

는 기능을 했을 것으로 보인다.

한편 대학신문에 기고한 교수의 추천도서 목록이나 교수의 글에 인용된 서적과 논문을 전공 학생은 물론 기타 전공의 학생도 일종의 지적 교양의 일부로 섭렵하면서, 교수의 학문에 대한 태도, 삶의 방식, 글쓰기 방법, 인용 서적 등도 일종의 권위를 지닌 지적 자산으로 수용되었다. 이 중에서 특히 문학과 철학 분야는 전공을 불문한 교수의 보편적인 추천 도서로 자리매김되었으며, 해당 전공의 교수들의 지속적인 기고 활동은 문학과 철학 분야의 고전을 일종의 교양 '지'로 설득하는 문화적 효과를 발생시켰다. 이러한 연재는 필자로서의 교수가 종합잡지나 문예지에 유사한 내용을 기고함으로써 문화적 파장 효과를 가져왔다.

표6과 같이 연희대 영문학과의 최재서 교수는 영문과에 개설된 '셰익스피어 강독'을 통해 셰익스피어의 작품에 대한 해독 능력을 학부생들의 고유한 전공 소양으로 교육하는 한편, 『사상계』 66호부터 6회에 걸쳐 「셰익스피어 연구초」란을 연재함으로써 셰익스피어 문학을 일종의 대중 '지', 또는 교양 '지'로 매개하는 작업을 병행하기 시작한 것이

그 대표적 사례이다.

2) 문화 향유와 실천으로서의 교양

『연세춘추』에는 강의와 학문활동에 관한 소식 이외에 스포츠, 음악, 영화, 미술, 축제, 이성교제, 결혼, 동문회, 군사훈련 및 입대, 동아리 관련 기사가 대학문화 또는 대학생의 교양문화와 관련된 맥락 속에서 게재되었다. 그 비중은 학술적 글쓰기나 학술활동을 압도할 정도는 아니지만, 이들은 대학문화의 전반적 경향과 그 중에서도 교양과 관련된 내용을 재구하는 데는 유용한 자료이다.

『연세춘추』 170호(59. 6. 15)에 실린 「대학생의 보람 속에 익어야 할 로망」에 관한 2면 기사에 따르면, 교수들은 이에 대해 「싱싱한 '젊음'의 탐구열: 이론과 실천을 동일시하는 세대」(양주동), 「교수의 학문의 로망, 젊음의 로망: 그것은 학문에의 레지스탕스」(오화섭), 「학구에 충실한 진리의 생활: 로망은 공상이 아닌 것, 현실도피, 데카당은 금물」(김상겸), 「피곤과 권태를 모르는 생활」(김형석)이 실려 모두 '학문'을 강조한 반면, 학생들은 이성교제, 미래에 대한 두려움, 고민, 희망에 대한 기대, 자유에 대한 갈망, 시험 지옥, 결혼 등의 현실적인 문제에 대한 관심을 표현하는 글을 기고하여 교수와 대학생 사이에 대학생활에 대한 기대 차이가 존재했음을 알 수 있다.

연희대에는 체육 과목이 교양필수였는데, 대학생활에서도 대학간 친선경기를 펼치거나 아세아경기대회에 출전하고,[38] 체육대회를 개최하는 등[39]의 대학생 스포츠가 종종 화제에 올랐다. 그러나 무엇보다 가장 많

---

38) 예컨대 「연희선수가 말하는 아세아경기대회. 대만 배구원정」 기사(16호: 54.

은 기대와 관심이 되었던 것은 '연고대 체육대회'로서, 당시로서는 "장안 사람이면 누구나가 연보전[40]의 감격을 잊을 수 없는" 대학생의 축제로서의 위상을 가졌던 것으로 기록되었다. 연고전은 해마다 두 번씩 열리는 교내 체육대회라는 맥락 속에서 학생들의 호응을 얻었으나[41] "많은 정력과 경비 및 시간을 필요로 함에도 불구하고 전체 학생들이 참가한 가운데 뜻있게 보내지지 않는다"는 이유로 1959년에 교무위원회가 폐지를 결정하고 단과대학별 소풍으로 대체할 것을 제안한 바 있다. 그러나 『연세춘추』는 학생과 동문 설문을 통해 「연고전은 열려야 한다」는 기사를 실었으며, 이듬해 219호(60. 10. 3)에 따르면 60년에는 다시 개최되었다. 이는 대학 스포츠가 '뜻있게 보내야 할' 문화활동으로 인식되었던 당대의 시각을 보여준다.

---

6. 7)를 통해 육상·축구·농구·역도·레슬링 등 5종목 56명의 선수를 포함해 총 81명이 참여했음을 알 수 있으며, 99호(57. 4. 15)의 「국제친선체육대회 성황」 기사를 통해 뉴질랜드군과 연대 OB의 친선 럭비 축구전이 열렸음을 접할 수 있다.

39) 110호(57. 10. 9)의 '추계체육대회 개최' 기사인 「대야평에 뛰노는 젊은 정기―12일 추계체육대회 성황리에 종막」에 따르면 전체 합동체조, 남자 100m 결승전, 줄당기기 결승전, 공수도부 시범 광경, 동문 대 교직원 축구전, 교직원 각 대학 대항 400m 경주, 펜싱부 시범 등이 있었음을 알 수 있다.

40) '연보전'(延普戰)을 뜻한다. '연보'란 연희대와 보성전문(고려대 전신)의 앞글자를 딴 것이다.

41) "장안 사람이면 누구나가 연보전의 감격을 잊을 수 없으려니와 동 게임이 과거 수십 년 동안 우리 학원 스포츠계에 군림하여 자웅을 다투고 국내 체육계 발전에 많은 공헌을 하여 왔음은 물론 일제 아래 숨은 민족의식의 발로로서 전통 속에 묶인 친선경기이며 이날 경기장에는 양교 출신 체육인으로 구성된 「연우」 「고우」 체육회 공동주최로 양교 재학생을 비롯한 졸업생 등과 수만 명을 헤아리는 시민들이 운집하여 관람하는 가운데 성대히 거행되었다."(114호: 57. 12. 2)

그 밖에 대학생의 문화활동으로서 동아리 활동과 영화감상, 시낭송회, 문학의 밤,[42] 문학작품 발표회,[43] 음악회[44] 등이 개최되고, 영화 감상,[45] 미술작품 감상 등을 대학신문에 소개함으로써 이들을 대학문화 활동으로 공유하려는 태도를 보여주었다. 이 중에서도 연극동아리 활동이 활발했는데, 전교생 동아리 연희극예술연구회와 의대를 비롯한 단과대에서도 연극반을 마련해 공연을 올리고 이에 대한 학생들의 감상과 비평, 대학생들의 연극론이 전개되기도 했다.[46]

　특히 극예술연구회는 교수와 학생들이 직접 작품 번역, 무대 장치, 연출, 공연에 참가하여 문학과 번역, 문화활동을 연계해 나가고, 이 중에서 현대극의 고전이 된 작품을 배출하는 등 문화적 영향력을 발휘해나

---

42) 예컨대 148호(58. 11. 10)에는 수도여사대 강당에서 '영문학의 밤'이 개최되었는데, 문과대학장 조의설 교수가 사회를 맡아 경기고등학교 교사인 동문의 강연 발표로 시작되었으며, 연세영문학회가 참여하여 강연과 독창 등을 했다는 기사가 실렸다.

43) 148호(58. 11. 10)에는 연세문학작품 발표회를 갖고 김윤경의 격려사와 국문과 3년생인 문우회 회장의 사회로 진행되었으며, 윤동주의 시가 낭독되었고, 학생들의 창작 작품이 발표되었으며, 박두진 지도교수가 맺는말을 했다는 기사가 실렸다.

44) 117호(57. 12. 20)에는 2주간 전국 각지 주요도시를 순회하며 절찬을 받은 본교 종교음악과 합창대가 출연하는 '연세대학교 음악회'가 시립극장(시공관)에서 본사와 조선일보사 · 연희동문회 · 세브란스 동창회 후원으로 성대히 막을 열었다는 기사가 실렸다.

45) 100호에는 '주간명영화'란에서 「욕망이라는 이름의 전차」 등 당시 상영중인 영화를 소개했으며, 119호(58. 2. 15)에서는 '주간영화감상'란을 마련해 최근 상영하는 영화를 소개하고 사진도 게재했다.

46) 221호(60. 10. 17)에는 의과대학 생화학교실 조교 김병호가 「대학극 확립의 첩경: 의대 '분극의 밤'을 앞두고」를 게재하기도 했다.

갔다는 점이 주목할 만하다. 극예술연구회는 처음에는 교수가 서구에 새롭게 소개된 희곡을 번역하여 학생 연기자를 통해 무대에 올리는 활동으로 출발하여, 점차 새로운 작품을 학생이 직접 번역해서 연출하고 무대에 올리는 학생 중심의 문화활동으로 변화했으며,[47] 원어를 그대로 살린 영문극도 기획하는 등 다양한 차원의 실험과 시도를 하게 된다. 신작 희곡을 발굴하여 번역하거나 원어로 공연하는 데 그치지 않고, 연극 이해에 필요한 정기 강좌를 마련하는 등[48] 학문과 문화를 연계하는 실천적 활동을 지속해온 것이다. 영문과의 오화섭 교수는 작품을 발굴하고 연출함과 동시에 연극평을 기고함으로써,[49] 극예회의 활동을 동아리 차원뿐 아니라 학생 전체의 문화 영역으로 홍보하는 적극적 역할을 담당했다.

『연세춘추』는 극예회 공연 이전에 배우를 소개하고 이를 광고했으며, 공연 후 감상문을 게재하는 등 홍보에 적극성을 보였다.[50] 동아리 자체적으로도 미국 작가 시프린(Shiffrin)의 「트와일라이트 워크」(Twilight Walk, 가제: 황혼의 산보)에 대한 우리말 제목을 응모 공고함으로써 공연물에 대한 대학생 관객의 관심을 제고하고 참여도를 높이려는 노력을 기울였다(142호: 58. 9. 29). 극예회의 공연을 관람한 교수들은 이에 대

---

47) 극예회의 제3회 공연물인 「헛소문」은 작품의 번역과 연출, 무대감독 등을 모두 본교 학생들이 담당했다 (『연희춘추』 28호).

48) 54년 11월 13일자 『연희춘추』 30호 기사에 따르면 제1회 정기강좌는 연희대학관 28호실(11월 9일 2시)에서 있었던 오화섭 선생의 「비극의 본질」이었다.

49) 오화섭, 「궤도에 오른 연희연극—추계발표회에 겸하여」, 28호(54. 10. 25).

50) 극예회 활동은 당시 텔레비전에 소개되기도 했다. '극예회 텔레비전에 출연. 「트와일라이트 워크」를 스페셜 이벤트로 소개하고자 7시부터 30분간 방영' (150호: 58. 11. 24).

한 비평을 게재하거나[51] 독려의 글을 실었고,[52] 극예회 활동은 점차 학생들의 창의적인 문화활동으로 인정받아 갔다. 극예회의 공연물 중에서 당대로서는 최초 공연의 신작이었지만, 오늘날 연극계의 고전이 된 작품도 생겨났으며,[53] 당시 연출을 맡았던 학생이 직업으로서의 연출가가 되기도 했다.[54] 이는 학생의 대학 내 문화활동이 대중적으로 확산되고 영향력을 발휘해갔던 구체적 사례라 할 수 있을 것이다.[55]

---

51) 박영준, 「『사랑은 죽음과 함께』 공연을 보고서」, 74호(56. 6. 22).

52) 오기형 학생처장, 「학생집단활동의 제분야―독창력을 바라며」, 33호(54. 12. 4); 34호(54. 12. 11).

53) 극예회에서 올린 아서 밀러의 「세일즈맨의 죽음」은 당시로서는 최근작으로, 지금은 연극계의 근대적 고전으로 자리잡은 작품이다(10호: 53. 12. 15). 해당 작품에 대한 극예회의 공연은 신협에서의 공연보다 앞선 것으로 대학 내의 공연 예술이 대중문화를 선도하는 역할을 담당했음을 보여준다('신협'은 1950년대 한국 연극의 주류로서 '미국극 붐'을 주도하던 극단이다. 최성희, 「미국 연극의 수용과 전후 한국여성의 정체성」, 김덕호·원용진 편, 『아메리카나이제이션』, 푸른역사, 2008, 102쪽). 『연세춘추』 지령 100호 기념으로 연세대 노천극장에서 극예회 9회 공연물로 상연된 테네시 윌리엄스(1911~83)의 「유리동물원」 전 7장은 1944년 미국에서 초연된 것으로, 한국에서는 극예회에 의해 국내 최초로 공연되었다(이는 『연세춘추』 103호에 기사화된다). 이 작품은 지금도 상연되는 공연계의 근대적 고전이라 할 수 있으며, 최근에는 2009년 9월 홍인표 연출로 대학로 '아름다운 극장'에서 공연된 바 있다.

54) 『연세춘추』 창간 6주년 기념공연으로 극예회 13회 발표회가 개최되었는데, 이때 도널드 베번·에드먼드 트로진스키 합작의 「제17포로수용소」를 연출한 사학과 4년생 표재순과 배우로 출연한 국문과의 오현경은 이후 전문 연출가와 배우로 성장한다. 이때 공연된 작품은 1978년에 국민대 북악극예술연구회에서 번역본으로 출간되었다.

55) 이는 미국 문화가 공연예술을 중심으로 한국의 대학 내에 수렴되어 교양이라는 문화적 지위를 확보하면서 대중적으로 유포되는 역할을 했던 것으로 해석

이와 아울러 미술 분야에서는 143호(58. 10. 6)부터 162호까지 '회화 유파 및 작가와 작품'란이 신설되어 인상파 화가와 대표작품을 사진으로 소개하여 마네(143호), 피사로(144호), 드가(145호), 모네(146호), 르누아르(147호), 시슬리(148호), 모리소(149호), 세간티니(150호), 후기 인상파(151호), 세잔(152호), 고갱(153호), 고흐(154호), 로트렉(155호), 르동(156호), 야수파(157호), 마티스(158호), 루오(159호), 드랭과 블라맹크(160호), 입체파(161호), 피카소(162호) 등이 소개되었다. 음악 분야에서는 134호(58. 6. 16)부터 '음악감상 프로 안내'를 통해 클래식곡을 소개했으며, 155호(59. 2. 16)부터 신설된 '뮤직 에센스'란을 통해 고전파의 헨델(155호), 바흐(156호), 하이든(157호), 모차르트(158호, 177호), 라벨(163호), 차이코프스키(164호), 그리그(165호), 베토벤(166호), 두 개의 서곡(베토벤 · 차이코프스키, 169호), 리하르트 스트라우스(170호), 프로코피예프(171호), 비제(178호), 쇼팽(179호) 등을 소개했다. 음악연주회나 감상 문화는 학생들이 음악 비평문을 작성하는 등 문화체험을 비평적 글쓰기를 통해 재정리하고 공유할 만한 교양문화로 형성해가는 경로를 보여주었다.[56]

할 여지가 충분하다. 이것이 극예회 중심으로 이루어졌던 것은 동아리의 지도 교수로서 영문과의 오화섭 교수가 관여한 것과 관련된다. 즉 대학 내 동아리 활동이 미국 문화를 대학생들이 직접 번역하고 무대에 올려 향유해야 할 '지적인 교양물'로 간주되도록 하는 문화적 영향력을 행사한 것으로 볼 수 있는 것이다 (이에 관해서는 이선미, 2009, 3장에서 상세히 논의되었다). 그러나 대학문화를 미국화 중심으로 조명하는 것은 본 논문의 주요 취지와는 상이하므로, 따로 분석의 초점으로 삼지 않는다. 1950년대 한국 문화에서의 미국화 경향성 및 문제에 관해서는 김덕호 · 원용진(2008)과 권보드래 외, 『아프레걸 사상계를 읽다』(동국대출판사, 2009) 등을 참조.

연세대에는 미술대학이나 학과가 존재하지 않았으나 『연세춘추』에서 미술 관련 난을 마련해 소개를 한 점, 클래식 음악을 소개하고 감상 프로그램을 마련했던 점은 예술 분야를 대학생이 갖추어야 할 교양의 일부로 인식했음을 보여준다. 그러나 해당 글들은 정보와 지식의 차원에서 화가와 음악가의 생애 및 그 작품을 소개라는 수준이어서, 실제로 이를 통해 향유 가능한 예술문화의 내용이 무엇인지에 대한 관심은 소거되어 있었다. 예술 분야는 대학의 교양과목의 편제에서는 배제되고, 학생들은 이를 대학문화 또는 대학생활의 일부로서 포섭하려는 태도를 보여주었지만, 이 또한 정보 차원에서 제공되는 지적 교양의 콘텐츠로 치환되었음을 알 수 있다.

3) 사회참여와 정치로서의 교양

『연세춘추』에는 사회·정치적인 문제에 대한 대학생들의 관심을 제고하는 기사문이 실리고, 사회적 사안에 대한 교수와 대학생의 참여·기행·탐사 등에 관한 기사가 지속적으로 실림으로써 학과목에 배치되지 않은 생활 문화적 차원의 교양을 자생적으로 기르고 확산해가는 움직임을 찾아볼 수 있다. 이는 대체로 다음과 같은 활동으로 요약된다.[57]

---

56) 예컨대 『춘추』 72호(56. 6. 6)의 '문화' 란에는 오세웅(정외과 4년) 학생의 「로스앤젤레스 필하모닉 교향악단의 연주를 듣고」라는 비평문이 실린다.

57) 231호(60. 12. 19)에 실린 「기자가 본 연세의 1960년 10대 사건」에는 ① H. M. Y. A. 첫 방송(한국 최초의 초단파 방송인 연세교육방송국), ② 4·19데모, ③ 정비석 씨 필화사건, ④ 학교기구 개편과 교수 강의 거부, ⑤ 백낙준 총장 사임, ⑥ 3교수 파면, 학생맹휴, 교수 농성, 7교수 사임, ⑦ 연고전, ⑧ 체육관 낙성, ⑨ 9·3학생 제적과 불상사, ⑩ 정식 총장에 고병간 박사 등이 선택되었다.

첫째, 농촌계몽활동을 들 수 있는데, 주로 학생 계몽활동의 차원에서 농촌운동에 대한 관심이 환기되는 과정을 통해 대학생의 사회참여가 계몽의 차원에서 이루어진 초기 현황을 살펴볼 수 있다. 139호(58. 9. 8)에는 「학생이 보고 느낀 농촌 사정」이란 기사[58]와 더불어 동이리 농촌활동 체험기가 게재되었으며, 214호(60. 8. 29)에는 「농촌사회의 당면 과제」라는 주제로 해남지역에 다녀온 대학교 지역사회 개발대 58명과 S.C.A. 녹양회, 사회사업연구회, 간호학과, 의과대학 무의촌 순회진료반 등에서 300여 명의 학생들이 농촌·어촌의 개발, 계몽, 진료사업을 전개한 체험을 통해 농촌사회의 당면 과제에 관해 의료, 부업, 전도, 아동, 협동조합, 부녀자 문제, 복지, 어촌 실태조사 등에 관한 글을 실었다.

둘째, 전후의 사회문제로 환기된 전재(戰災) 고아(孤兒)에 대한 봉사활동을 비롯해 사회봉사활동에 관심을 기울인 점이다. 10호(53. 12. 15)에는 「연희춘추, 전재 고아를 찾아가다」라는 3쪽 기사를 마련해 '2천 명 연희학도'에게 '백환성금거출운동'에 참여할 것을 독려하고 촉구하고자, 「삼

대학 내의 학사일정과 학문활동 이외에 대학생의 사회참여가 주요 관심사로 부각되었음을 알 수 있다.

58) "'학생생활은 자유와 강렬한 감정의 순수하고 완전한 표현이다.' 이것은 1815년 독일의 예나(Jena)대학생들이 분열된 독일을 다시 일으키기 위해 「부르센샤프트」 학생운동을 일으키면서 젊음이 끓는 시절에 하나의 위대한 목적을 향하여 공동적으로 살려고 노력한다고 부르짖던 말이다. 이제 우리는 우리의 농촌의 비참한 실정을 더 이상 방관할 수는 없는 때가 왔다고 본다. 나의 부모형제를 구할 길과, 그 사람은 오직 우리 대학생들이다. 보다 적극적인 학생계몽운동을 우리는 전개하여야 할 것이 아닌가? 그때 조국은 기뻐할 것이다."(139호: 58. 9. 8)

애보육원을 찾아서」와 「오류애육원을 찾아서」라는 기사를 배치함으로써 성탄절을 맞아 백낙준 총장 내외와 정석해 문과대학장, 박상배 학생처장, 민영규 도서관장, 교육학과 박창해, 국문과의 정병욱, 대학원의 김구문 등이 방문단을 조직해 방문한 탐방기를 상세히 실었다. 64호(56. 3. 1)에는 「집 없는 고아들을 육영. 사랑의 천막학교 최창균 법과 3년의 미거」 기사가 게재되었다.

셋째, 시사해설 또는 시평(時評)의 형태로 사회에 비판적으로 개입하고 사회적 이슈나 쟁점에 대해 비판의 목소리를 가했다는 점이다. 이는 교수와 학생의 차원에서 동시에 전개됨으로써 사회비판적 태도란 지식인과 지성인으로서 마땅히 갖추어야 할 태도라는 인식을 확산시켰다. 이는 처음에는 단발적인 기고로 표현되다가 나중에는 시사해설 · 논단 · 학생논단 등의 고정란을 통해 정기적 섹션을 마련함으로써 『연세춘추』의 주요한 지면으로 자리잡았다.

55년에는 김용현 교수가 「시사해설」을 3회 운영하면서 학생이 관심을 기울여야 할 사회적 문제나 동향에 대한 논평과 해설을 실었는데, 이는 사회적 문제에 대한 대학생의 입장을 형성하고 공유하는 역할을 담당했다. 시사적 문제는 『연세춘추』의 매호 1면 모두에 실린 '논단'란이었다. 여기에는 정치 · 문화 · 사회 · 경제 문제에 관한 교수 필진의 논평이 게재되었다.

넷째, 정치적 현황이나 흐름에 대한 학생들의 실천적 개입을 들 수 있다. 1960년대에는 4·19관련 기사가 게재되는데 그 처음은 201호(60. 4. 27)에서이다. 204호(60. 5. 16)에는 「4·19정신론」이 두 면에 걸쳐 게재된다. 박재범(영문과 4년)이 김동길 교수에 대한 공개 서한을 기고했으며, 장경학 교수는 「4월 혁명과 민주주의」를, 홍이섭 교수는 이 문제를

표7 『연세춘추』에 실린 사회문제 관련 기사

필자명	제목	게재호(연월일)	비고
김용현	북경회담의 복선	37호(55. 2. 2)	「시사해설」란 64호(56. 3. 1)에 문과대 조교수
김용현	일본의 양면정책―대소(對蘇) 교태(嬌態)는 대미(對美) 흥정 외교	38호(55. 2. 9)	「시사해설」
김용현	대만해협(臺灣海峽)의 풍운과 국공정전(國共停戰)의 전망	39호(55. 2. 14)	「시사해설」
김윤경	3·1운동과 연희	41호(55. 3. 15)	
이항구	민주주의와 정당정치	49호(55. 6. 9)	법과 3년
정태섭	신앙의 자유와 학생의 지위	50호(55. 6. 15)	
김용현	6·25와 민족정신	75호(56. 6. 29)	「논단」
조우현	고전에의 초대	76호(56. 7. 6)	「논단」
김용현	8·15와 청년학도의 각오	78호(56. 8. 16)	「논단」
안병욱	학문과 편견	80호(56. 9. 17)	
김용현	청년이여 구국운동에 용감하라	81호(56. 10. 2)	「논단」
이재면	학생과 신앙	82호(56. 10. 2)	「논단」
김윤경	인격수양은 인생의 목적	85 ·86호(56. 11. 5)	「논단」
지동식	시대와 신앙	88호(56. 11. 19)	「논단」
윤기중	일본의 대공무역 정책을 박(駁)함	100호(57. 4. 25)	「학생논단」 대학원생
조창현	학원생활과 자율정신―생활지도부의 발족을 보면서	100호(57. 4. 25)	「학생시평」
황창섭	외국원조와 한국경제	105호(57. 6. 22)	「학생논단」 상과 4년
신동욱	한국의 UN가입 문제	112호(57. 11. 2)	

역사화하여「한국사적인 것의 과거, 현재 전망」을 기고했다. 사회 변화는 운동의 차원에서 학생의 참여와 실천으로 이어지는 것은 물론, 역사·사회적 연구 과제로 탐구의 대상이 되기도 했다. 215호(60. 9. 5)에 안병준 (정외과 4년) 학생이「피의 흔적을 더듬다: 사월혁명 연구반 보고문」을 기고한 것은 정치적 사안에 대한 학생 토론이 연구의 차원에서 논의되었음을 보여준다.[59]

이러한 활동들은 대학생들이 주체적으로 형성한 실천적이고 생활적인 대학문화의 내용들이다. 대학생들은 교양교육을 통해 주로 전공 진입을 위한 기초교육의 토대를 다져갔지만, 교양교육의 편제에서 누락된 예술과 감성적 경험을 '문화적'의 차원에서 향유하고 있었으며,『연세춘추』는 이를 교양 '지'의 차원에서 일종의 정보로 제공하며 문화활동을 '향유할 만한 것'으로서 권유하는 역할을 담당해왔다.

한편 대학생들이 사회와 연대하는 방식에서는 농어촌을 대상으로 실태조사라는 학적 탐구를 수행하고 분석 보고서를 작성하는 학술적 차원을 택하고 있었다. 스스로 지식인으로서의 자기 정체성을 형성해왔던 대학생들은 이를 농촌계몽이라는 형태로 표현했으며, 정치적 사안에 대해

---

59) 편집자는 이에 대해 "한국사상 유례를 찾아보기 어려운 사월혁명은, 퇴폐를 거듭하던 한국사에 전환점을 마련하여 한국에 있어서 새로운 역사를 창조할 계기를 태동시켰다. 불의에 대한 항쟁에 과감했던 젊은이의 피로 얻어진 이러한 역사적 전기는 민족발전의 거점이 되고 있을 뿐만 아니라, 한국의 민주주의 발전을 기대하는 보루가 되고 있다. 이와 같이 사월혁명이 갖는 역사성의 중대함에 의거하여, 본 대학교는 사월혁명의 사료를 후대에 전할 필요를 느껴, 사월혁명의 연구반을 조직하여 사월혁명을 전후한 피의 흔적을 샅샅이 더듬어왔다. 다음의 글은 연구반의 일원인 안병준(정 4) 군이 연구 과정을 보고하는 보고문인 것이다"(제215호, 2쪽)라고 소개했다.

발언하는 형식으로 사회참여를 시도했다. 그 과정에서 교수와 학생 간에 정치적 쟁론이 발생했으며, 대학신문이라는 공적 매체를 통해 이를 공론화했다.

이때에도 학생들은 이를 '연구'와 '보고'의 대상으로 삼음으로써 학문적 분석방법을 현재진행형의 사회적 사안과 접속시키는 실천 방법을 택하고 있었다. 이러한 태도는 사회적이고 정치적인 사안에 지성과 교양이라는 완충 기제를 작동시키는 방식이 되었다. 즉 학생들은 현실 사안들에 직접 대면을 시도하고 충돌을 경험하면서도 이를 분석탐구하는 학적 태도를 통해 객관성을 확보하고자 했으며, 자신의 입지와 사회 사이에 일정한 '거리'를 조율하는 성찰의 위치를 생성하고자 했다. 이것이 1950년대 대학생들이 사회와 연대하고 접속하는 실천 양식의 중심 내용이었다.

5. 학문으로서의 독서와 학술적 글쓰기의 확산

1) 교수의 학술적 글쓰기, '연구' 형식과 주제의 공유와 전범화

『연세춘추』는 1회에서부터 각 전공별로 조직된 학회활동에 대한 기사를 수록함으로써,[60] 학술활동을 주요한 보도의 대상으로 간주했다. 그런데 해당 학회지의 발간은 대체로 학회 조직보다 뒤선 것으로 나타나[61]

---

60) 『연희춘추』 1호에는 '국문학회 소식' '사회학회 소식' '화학회 소식' '신학회 소식' '교육학회 소식' '영어문학회 소식' 등이 실려 있고, 발표자 및 발표 제목이 실렸는데 발표자에 학부생이 포함되어 있다. 『연세춘추』에 따르면 '철학회'의 발족은 55년 5월이다(45호. 회장에 한철동 군이 당선되었다는 것으로 보아 학생 중심의 학회이다).

학회의 발표 논문을 소개하고 기고했던 대학신문은 당시로서는 학문활동을 가장 신속하고 기민하게 전달했던 정보지로 기능했음을 알 수 있다.[62] 당시 대학을 중심으로 생겨난 학회는 일종의 학문적 연대를 지닌 학술공동체로서 학생 주최이거나 교수 주최, 교수와 학생 협력 형태가 모두 존재하고 있었다.[63] 『연세춘추』는 학회 소식란에서 교수의 강연 내용 전문을 기고하는 등[64] 교수의 학술활동의 보도에 적극성을 보였다. 전공별 학회 개최는 대학신문의 기사로 소개되었으며, 발표문의 일부가 게재됨으로써 일종의 학문적 공유 정보로 공개하는 전통을 마련해왔다. 예컨대 이미 30년대부터 『사상계』 『청색지』 『박문』 『여성』 『문장』 『인문

---

61) 『연세춘추』 117호에 따르면 문과대학 차원에서 발행하는 학술연구지 『인문과학』이 출간된 것은 57년 12월이고, 같은 시기에 『정치학논총』과 『이공학우회보』도 발간된다. 『연세춘추』 120호(58. 2. 25)에 따르면 영문학회 논문집이 창간된 것은 58년으로, 영어영문학회 소식이 실린 1호(53년)의 5년 후이다.

62) 단과대별, 또는 전공별 학회의 성립 시기를 살피는 것은 대학제도와 학회 및 학회 기관지의 상호 관련성을 해명하는 데 긴요하다. 예컨대 근대 초기의 대한자강회(1906)·대한협회(1907)·호남학회(1907)·관동학회(1907)·서북학회(1908) 등은 국권회복운동을 목적으로 하는 애국계몽단체나 지역의 흥학(興學)을 목표로 설립되었다(우마코시 토오루, 2001, 93~95쪽). 이후 근대 대학제도가 확립되면서 전공별, 또는 세부 전공별로 학회가 창설되는 과정은 학술의 제도화와 대학제도와의 관련성을 해명하는 주요한 관건이 된다.

63) 예컨대 89호(56. 11. 26)의 기사에 따르면 영문과의 최재서 교수가 회장을 맡았던 영문학회의 사회를 영문과 4년생이 맡고 있어, 해당 학회에 학부생과 교수 모두가 참여하고 있었음을 알 수 있다. 78호(56. 8. 16)에 따르면 최재서는 한영 문협 창립에 이사장으로 피선된 바 있다. 144호(59. 10. 13)에 소개된 '이공대학화학회'도 회장이 화학과 3년생으로 학생 주최의 학회임을 알 수 있다.

64) 예컨대 1호에 학회 소식란에 소개되었던 최재서의 강연 내용은 2호에 전문이 실린다.

표8 『연세춘추』 1-231호(60. 12. 19)까지 교수·강사의 논문(초록 포함)·강연·서평 기고 현황

구분 / 학과	문과대학						신학	정법대	사회사업	생물	상경대	의대	이공대	미확인	총계
	국문학	영문학	사학	철학	교육학	기타									
연세대 교수	24	12	11	6	13	9	14	28	1	5	9	16	10	26	184
타대학 교수	1	2		1											4

평론』 등의 잡지에는 논문 형식의 글이 수록되었으며, 『사상계』에는 박사학위 논문의 요약이 실리기도 했다. 이로써 교수의 개인적 학회활동은 대학신문이라는 공적 미디어에 의해 공공의 지적 자산으로 공표되었음을 알 수 있다. 특히 학회에서 발표되는 논문이라는 글쓰기 형식은 주로 대학원 석사 졸업 이상의 회원을 중심으로 수요가 제한된 요즘과는 달리, 당시의 월간 종합교양지나 문예지 등에서도 일정한 섹션을 구성할 정도로 대중적인 소통성을 확보하고 있었다.

학회에서 통용되는 글의 형식은 연구 발표의 성격을 띤 논문이 주를 이루었지만, 비평적 글쓰기인 서평도 학술발표로 인정되고 있었다. 예컨대 『연희춘추』 90호(56. 12. 3)에는 문과대 전임강사 배동호의 서평 「버지니아 울프 저 '물결'의 문학적 소고」가 실렸는데, 이는 전호에 영문학회 발표문으로 가시화되었던 내용이다. 즉 학술발표의 내용을 서평의 형식으로 대학신문에 기고했음을 알 수 있다.

연세대 교수들의 학술적 글쓰기에 대한 기고 편수는 총 184편으로,[65] 타대학 교수들의 기고 편수(4편, 동문 고교 교사의 글이 7회 실림)에 비해 압도적으로 많았다. 『연세춘추』는 창간의 취지나 독자층에 대한 고려

그림1 『연세춘추』 강사 · 교수 필자의 전공 비율

의 차원에서는 열린 입장을 취했지만, 실제 필진은 거의 본교 교수와 학생들로 구성되어 있었다. 그 중에서도 문과대학 소속 교수의 글이 압도적으로 많아 총 75편으로 전체의 41%를 차지했다. 이는 신문의 성격상 전공과 무관하게 모두에게 이해 가능한 분야, 또는 관심 분야가 문학과 철학 · 역사 · 교육학 등 인문학 분야라는 인식이 존재했음을 보여준다. 다음으로는 주목할 것은 정법대 교수들의 기고가 활발해 전체의 15%를 차지했다는 점이다. 이는 정치와 행정, 사회적 이슈에 대한 교수들의 태도나 입장이 학적 차원에서 학생들에게 영향력을 행사하는 주요한 대학

65) 이 숫자는 학술적 글쓰기인 논문의 전문 또는 초록 · 강연록 · 비평 등으로 한정했으며, 단순한 학술적 동향 소개문은 제외했다. 물론 그 경계가 모호한 경우도 있으나, 통계 오차 범주를 넘어서지는 않을 것으로 본다. 아울러 동일 필자가 신문에 논문을 나누어 실은 경우에는 합산하여 1편으로 인정했으며, 시리즈 물이 매호에 독립성을 가지고 게재된 경우는 각각 1편씩으로 인정했다.

문화의 일부로 자리했음을 의미하는 것이기도 하다. 그 밖에 의대가 9%, 신과대가 8%를 차지했는데, 이 역시 세브란스·기독교 등의 연세대 정체성과의 연관성을 상정해볼 수 있다.

그런데 『연세춘추』에 기고된 교수의 글들은 절대 다수가 전공과 관련된 내용이었으며, 비전공 분야는 사학과 교수가 문학에 대해 1편, 영문과 교수가 음악에 대해 1편, 문과대 교수가 미술에 대해 쓴 것이 1편으로 그 비중은 미미했고, 글의 형식 또한 가벼운 비평류에 해당했다. 즉 전공이 아닌 영역에 대해 본격적인 학술적 글쓰기를 기고한 교수는 존재하지 않았고 비평의 경우는 필자의 전공보다는 해당 분야에 대한 소양이나 독창적 시각이 우선해 '전공을 불문하고 쓸 수 있는 글'로 간주되었음을 알 수 있다.

이러한 상황은 대학신문에 기고한 글은 필자의 전공과 관련된 학술적 글쓰기로 제한되었으며, 그 주요 필자였던 교수는 자신의 전공을 공유 가능한 것으로 만드는 글쓰기에 전념하는 전문 필자라는 사회적 합의가 형성되었음을 짐작할 수 있다.

『연세춘추』에 실린 학술적 글쓰기 양식 중에서도 논문은 전공과 관련된 연구적 성격이 강했다. 논문 양식은 독자들에게 전공 분야의 최근의 쟁점, 연구 주제와 방법론을 알림으로써 전공 공부를 독려하고 지적 자극을 주는 방법으로, 관련 주제에 대한 독서를 견인하는 간접적 효과를 발휘하고 있었다.[66] 교수가 쓴 논문은 대학신문에 게재됨으로써 대학생들이 이를 일종의 학술적 글쓰기의 사례로서 체험할 수 있는 기회를 제

---

66) 예컨대 120호(58. 2. 25) 1면에 실린 「영문학회 논문집」 창간 기사에는 '최재서, 르네상스인 Marlowe ; 배동호, 체험의 문학 Robinson Crusoe ; 이근섭

공했다. 이에 비해 비평이나 서평은 전공을 불문하고 모든 독자 대상에게 대상 텍스트를 알리고 독서로 견인해낼 수 있는 가장 보편적인 방식이었다.

『연세춘추』에 실린 교수들의 학회활동 및 연구논문과 서평들은 대학생 독자들에게 '연구방법론'과 '독서방법론'이라는 두 가지 차원의 교육 효과를 발휘했던 것으로 보인다. 논문의 경우 교수가 전공 분야의 학회에서 발표한 내용을 소개함으로써 『연세춘추』는 교수-학회-학생을 이어주고 강연과 독서를 매개하는[67] 유력한 매체적 효과를 발휘했다. 예컨대 『연세춘추』에 기고된 한글 관련 연구는 국문학의 하위 전공으로서의 국어학이나 그 담당교수들의 주요 연구 내용이었을 뿐 아니라, 대학생과 일반 교양인들에게 일종의 문화운동 차원의 파급효과를 발휘했다. 해당 내용은 학회의 발표를 통해 공개되는 것은 물론, 대학신문에 소개되어 대학생들에게 학적 공론화를 가능하게 했으며, 종합지에 관련 글이 지속적으로 게재됨으로써 일종의 문화운동 차원, 나아가 교양 담론으로까지 자리매김되었다. 대학신문에 학생들이 이에 관한 글을 기고한 것은 이에 대한 반향효과로 볼 수 있다.[68]

이처럼 대학신문에 소개된 논문이나 서평은 일종의 학술적 글쓰기로

Deserted Village에 대하여; 송석중, 비평가 Mathew Arnold; 고병려 Fransis Thompson의 시; 이봉국 "황무지"로의 길; 이혜구 Rhythm of Poetry' 등의 목차가 실려 있다. 이는 학생들에게 영문학의 연구 주제를 소개하고 관심을 제고하는 역할을 했을 것으로 볼 수 있다.

67) 정창범이 기고한 「현대비평의 방향」(75호: 56. 6. 29)은 제3회 '문학의 오후'에서 강연한 초고를 가필, 수정해 게재한 것이었다. '문학의 오후'에 대한 관련 기사는 74호(56. 6. 22)에 「신문예활동의 성전. 국어국문학 주최 3회 '문학의 오후' 성대」라는 표제로 실려 있다.

간주되면서 고유의 '읽기 방법론'을 형성해내기 시작했다. 학생들은 대학신문에 게재된 논문과 서평 형식의 학술적 글쓰기를 통해 학문적 대상, 논의 주제, 글쓰기 양식 등에 관해 섭렵할 수 있는 학술 경험의 기회를 갖게 되었다. 그 과정에서 논의 대상이 된 텍스트는 학생들로 하여금 자연스럽게 독서를 유도했으며, 텍스트 읽기 방법론에 대한 전문적 · 학술적 이해를 높일 수 있었다. 이러한 독서는 취미로서의 독서와는 구분되는 전문적 독서로 간주되면서 일종의 '읽기 방법론'에 대한 지식과 '공부'를 요청하는 지적 능력으로 간주되었다. 예컨대 문학은 단순한 취미 독서의 대상이 아니라 연구 대상이었으며, 대학은 이러한 연구의 태도로서 문학을 대하고 고유한 읽기 방법론을 배우는 학적 장으로 인지되었다.

대학에 들어올 때에 그들은 한 가지 자각심(自覺心)을 가지고 들어온다. 즉 대학은 학문을 연구하는 곳이라는 자각이다. 연구하려면 연구의 대상과 방법을 가져야 한다. 연구 대상에 관련되는 사실들을 수

68) 예컨대 『연희춘추』 54호(55. 10. 10)에는 한글날 특집으로 「조선어학회사건 회고」(김윤경)와 더불어 「한글날을 맞이하야」란에 장지영 · 최현배 교수의 글이 실리며, 대학원생 최동우의 「서양인의 한글갈과 한자 없애기에 대하여」가 같이 배치되었다. 110호(57. 10. 9)에는 「제나라 말을 가진 겨레와 갖지 않은 겨레의 문화」(최현배), 「국어를 깨끗이 하자는 말씀」(장지영), 「국어 정책은 세워지지 않는가?―그 구체적인 문제를 들어 밝힘」(박창해) 등 교수의 글이 실린다. 그 밖에 한글 운동의 성격을 띤 학생 글로는 주동설(상경대 1년), 「한글을 바르게 쓰자」, 70호(56. 5. 22), 71호(56. 5. 28); 송준호(국문과 3년), 「현대판 최만리의 주장: 『조선일보』 연재 '한자어는 한자로 써야 한다'를 읽고」, 216호(60. 9. 12) 등이 있다.

집해다가 분석하고 비교하고 귀납하여 추상적인 원리를 발견하고 그 원리에 의하여 지식을 정리 분류해서 이론적 체계를 세운다.——이것이 학문 연구다. (……) 그러면 체계 있는 문학연구가 없는가 하여 참고서를 찾아보면——이런 데는 Gayley and Scott; *An Introduction to the Method and Materials of Literary Criticism*(Gin and Co. 1901)이 매우 유익하다.(최재서, 「문학연구의 태도」, 53. 7. 1, 3쪽)

최재서 교수가 2-3호에 발표한 「문학연구의 태도」(53. 7. 1)라는 글은 문학을 연구 대상으로 전제하고 고유한 태도를 강조함으로써 대학신문의 독자들에게 취미로서의 독서 이상의 전문적 독법과 태도를 설득한 글로 볼 수 있다. 국문학·영문학·불문학 등은 문학을 대상으로 한 읽기 방법론을 배우는 학문의 장으로서의 학적 영역을 보유하고 있었으며, 대학신문은 이러한 읽기 방법론을 전공을 불문하고 이해할 수 있는 교양의 차원에서 공유할 수 있도록 허용하는 지적 교류의 장으로서 기능했다. 특히 대학신문은 문학 관련 학회활동의 공지를 통해 읽기 방법론의 사례를 전달하는 한편, 이를 일종의 학적 모델로 홍보했으며,[69] 외국의 서평 사례를 소개함으로써 '전문적·학술적 읽기 방법론'을 학적 태도의 하나

---

69) 89호(56. 11. 26)에는 '연구회의 뉴모델: (영문학회) 꾸준한 발전'이라는 표제로 오화섭 교수의 강연 '현대비극의 정의'가 소개되었는데 "오교수는 아리스토텔레스의 시학을 인용하여 고전 비극의 정의를 제시한 다음 헨리 입센 이후의 근대극에 발단하여 버나드 쇼에 이르는 idea-play에 있어서의 moral passion이 고전 비극에 있어서의 카타르시스에 해당하는 현대비극의 특징이라는 점을 지적하였다"고 소개했다. "배동호(裵東虎) 선생은 버지니아 울프의 「*The waves*」에 대해서 작자의 생활 배경의 소개와 울프의 소설에 대한 개념을 해명

로 설득하는 역할을 담당했다. 『연희춘추』 38호에 실린 『타임』지 서평의 번역 사례[70]는 이러한 읽기 방법을 일종의 국제적 코드로 인식시키면서, 텍스트를 읽는 비평의 방법론에 대한 필요성을 문화적으로 설득하는 효과를 발생시켰을 것으로 보인다. 이러한 것은 실제로 학생들이 『연세춘추』에 기고한 학술적 글쓰기 형식의 주류가 논문과 서평인 것으로 이어진다.

2) 대학생의 인문적 소양, 교양으로서의 비평적 글쓰기

『연세춘추』에 실린 학술적 글쓰기에는 교수와 강사의 논문과 서평 이외에 학생들이 자발적으로 기고한 논문과 비평, 독후기가 포함되어 있었다. 그 중에는 교수가 학생이 제출한 리포트를 선별하여 기고하는 경우도 있어, 55호(55. 10. 20) 3쪽에는 영문과의 최재서 교수가 최익환 학생의 리포트를 게재하면서 "매학기 비평사 리포트 중에서 우수한 한 편을 택해서 『연희춘추』에 발표하는 일은 이제는 관례가 되다시피 했다. 이 논문도 그러한 것이다. 전 학기에 제출된 50여 편 논문들 중에서 이 한 편을 얻은 것은 적지 않은 기쁨이었다. 무엇보다도 강의 내용을 완전히 소화해서 자기 자신의 사고를 가졌다는 점이 기쁘고, 둘째로 그 문학적 사고가 믿음직해서 좋다"는 글을 게재했다. 여기서 주목할 점은 학생

한 다음 「*The Waves*」에 나타난 그의 수법에 논급(論及)하여 인간의 심리 내부에 저류를 이루고 있는 의식의 흐름의 표현에 힘을 기울여, 프루스트 · 조이스의 수법을 완성시켰다는 점을 밝혔다"고 소개했다.

70) 「뒤마와 스코트의 위력—타임 지에서」 김정숙 옮김, (베스트셀러들의 비교, 서평) Hesketh Pearson, *Sir Walter Scott is life and personality*, Andre Maurois, *Alexandre Dumas, A Great Life in Brief.*

이 교수의 '강의 내용을 완전히 소화'해서 '자신의 사고'로 표현한 것을 좋은 글쓰기의 요건으로 평가했다는 점이다. 이는 교수의 학술적 주제나 글쓰기 양식 등이 학생들의 학술적 글쓰기의 전범으로 작용했음을 뜻한다.

위 인용문에서 더불어 주목할 점은 학생들의 리포트가 전교생들이 학술적으로 공유 가능한 읽을거리로 인지되었으며 그 중에서도 특히 문학 비평의 경우 전공을 불문하고 이해 가능한 교양의 형태로 인지되었다는 점이다. 이는 문학 비평이 전문적인 학술적 글쓰기로서의 논문 양식과는 달리 형식과 체제면에서 보다 접근성이 높은 글쓰기 양식으로 간주되었기 때문이며, 비평이 요구하는 '텍스트 해석력'과 '비평적 안목'이 특정 전공 학생에게 요구되는 전공 소양에서 나아가 전교생 대상의 교양교육으로 간주되었던 것과 관련된다.[71]

실제로 당시 연희대학교에서는 전공필수과목으로 교양국어가 개설되었는데, 여기서 주요하게 다루어진 교육 내용 중의 하나가 글짓기였다. 교양국어과목은 학생들이 쓴 글에 대해 교수가 비평하는 것을 주요한 교

---

71) 『연희춘추』 12호에 실린 '연희대학 입학시험문제'에서 장지영 교수는 「국어시험 답안을 끊고 나서」라는 글에서 "외워 쓰기와 말마디 풀이와 같은 공식적 문제를 적게 하고 글 전체의 뜻을 풀고 그 속의 품은 뜻을 찾아내며 또 그 글을 이 모저모로 뜯어서 깊은 맛을 알아내도록 하였으며", "글 가운데에서 그 표현이 잘못되었거나 또는 사실에 어긋나는 바를 찾고 비평하게 하여 글에 대한 감식과 비판의 힘을 보이게 하는 한편 그들의 지혜와 주의력을 시험하게 하였"다고 강조했는데, 이는 해석력, 비평적 능력, 감식안, 비판적 능력 등을 대학 수학 능력의 지표로 간주했음을 시사한다. 즉 텍스트를 읽고 해석하는 능력은 인문학에 한정되는 것이 아니라, 대학 수학에 필요한 전교생의 보편적 자질이자 학적 능력으로 간주되었던 것이다.

표9 『연세춘추』 1–231호까지 학부생과 대학원생의 학술적 글쓰기 기고 현황[72]

구분/학과	국문	영문	사학	철학	신학	법학	정외	상과	경제	의대	수학	물리	총계
학부생	12	13(4)	6	3	1(2)	7	9	4(1)	11	4	1(1)	-	71(8)
학부 졸업생	-	4	-	-	-	-	-	-	-	1	-	-	5
대학원생	4	5	3	1	-(1)	5	3	-	1	1	-	1	25(1)
대학원 졸업생	-	-	1	-	-	-	-	-	-	-	-	-	1
총계	16	26	10	4	4	12	12	5	12	6	2	1	111

수 방침으로 삼고 있었던 만큼,[73] 대학에서의 글쓰기 능력은 주요한 교육적 소양으로 간주되었으며, 대학생들은 바른 표기법에 따른 의사표현 능력을 갖출 것을 요청받았다. 대학신문에 대학생들이 기고한 글의 대부분이 주장과 논거를 갖춘 비평적 글쓰기 양식이었던 점, 단일 주제로서는 문학비평과 관련된 것이 가장 많았던 것은 이러한 맥락에서 연유한

---

72) 아래의 숫자는 해당 전공의 학술적 글쓰기의 편수이며, 괄호 안의 숫자는 번역 글의 편수를 가리킨다.

73) 73호(56. 6. 15)에 따르면 최현배 부총장의 사회로 국문과 교수회가 개최되어 1학년 교양국어의 교수 방침을 토의하였음을 알 수 있다. 교수회의의 내용은 첫째, 국어교육은 고등학교에서 완성되어야 할 것이겠으나 그렇지 못한 현상이므로 이를 대학에서 완성하도록 할 것. 그러기 위해서는 무엇보다도 의사표시를 정확하게 이왕이면 아름답게 하도록 노력해야 하는 것. 중고교에서 소홀히 여겨지는 글짓기를 되도록 자주 시켜서 이를 비평해주어야 한다는 것이었다. 교양 과목의 차원에서 글쓰기 교육 관련 회의를 이때부터 해왔음을 알 수 있다. 둘째는 맞춤법통일안에 유의해야 한다는 것이며, 셋째는 글쓰기에 사전이 필요하므로 사전 찾기 교육이 시행되어야 한다는 구체적인 교육 방법 및 교구에 대한 논의이다. 넷째는 수사학에 대한 교재가 부족하므로 만들어야 한다는 교재의 필요성에 대한 견해이다.

그림2 『연세춘추』 학생 필자의 전공 비율

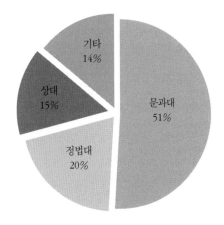

결과로 볼 수 있다. 표9와 그림2는 『연세춘추』 1-231호까지 게재된 학생들의 학술적 글쓰기에 대한 통계자료이다.

『연세춘추』 1-231호까지 수록된 대학생과 대학원생의 학술적 글쓰기 양식에 해당하는 것은 총 111편으로, 같은 기간 교수가 기고한 학술적 글쓰기 총 184편을 100%로 할 때 60%에 해당한다. 이 중 학부생과 대학생을 막론하고 문과대 학생의 기고율이 가장 높아 전체의 51%(56명)에 해당하며, 그 중에서도 영문과 학생의 기고율이 가장 높다. 그 다음으로는 정법대학(법학과 · 정외과)이 20%(24명), 상경대학(상학과 · 경제과)이 15%(17명), 의대 5%(6명), 신과대 4%(4명)로 나타났다. 『연세춘추』에 기고한 교수와 학생의 전공 비율이 동일하게 조응된 것이다.

학부생과 대학원생이 투고한 글 중에서 문예란에 기고된 소설 · 콩트 · 시 · 시조 · 희곡 등의 문학 장르[74]를 제외한 학술적 글쓰기의 주류 형식은 논문과 논문 요약본 · 보고서 · 비평문 등으로 나타났다. 총 109편의 글 중 87%(95편)는 필자의 전공과 관련된 주제에 관한 것이었지

표10 『연세춘추』 1-231호(60. 12. 19)까지 학부생의 학술적 글쓰기 주제 분야

전공 관련 여부/글의 주제	문학	철학	과학	대학문화	스포츠	미술	언어	총계
비전공	6	1	2	2	1	1	1	14
전공								95

만, 나머지 13%인 14편은 전공과 무관한 내용의 글을 기고했으며, 그 중
에서도 문학이나 문화 관련 내용의 비중이 높았다.[75] 이 중에서 미술 비
평에 관한 1편을 제외하면 해당 분야는 모두 교양필수과목이 다루고 있
는 주제에 해당했다. 즉 학생들은 대학신문에 기고할 때에도 전공과 관
련된 전문성과 학술성을 중요한 집필의 전제로 삼는 문화가 존재했으며,
교양필수과목을 통해 섭렵한 내용도 글쓰기의 범주로 간주함으로써 교
양교육을 이수했다는 것이 해당 분야에 대해 발언할 수 있는 자격을 부
여하는 효과를 발생시켰음을 알 수 있다.

　『연세춘추』에 게재된 학생들의 글은 대부분 각주가 달린 형식은 아니
었지만,[76] 텍스트의 분석을 목적으로 주장을 설득하기 위해 논거를 제시
하는 논리성과 체계성을 갖추고 있었으며, 주장을 내세우거나 기존의 견

---

74) 193호(60. 2. 15)에는 철학과 1년생 정현종의 시 「사랑을 위한 아포로지」가 실
　　리는 등 문예란에는 끊임없이 학생이 창작한 시·소설·콩트 등이 실렸다. 197
　　호(60. 3. 28)에는 '연세의 가족'란에 '현대문학서 추천 완료. 의과대학 마종
　　기 군'에 관한 기사가 실린다. 마종기는 211호에는 현대시를 진단한다는 글을
　　기고한다.

75) 예컨대 문학을 전공하지 않으면서 문학 관련 글을 쓴 학생들의 전공은 사학과
　　2명, 철학과·상과·법학과·의대 각 1명으로 총 6명이다.

76) 각주 없는 논문 쓰기는 논문이 게재된 매체의 성격과도 관련된다. 해당 시기에
　　는 대학신문을 비롯하여 종합지나 문예지에 수록된 교수들의 논문에도 각주가

해에 논리적인 반박을 가한 논설투의 문체, 또는 뚜렷한 시각을 지닌 비평 형식으로 구성되었다. 172-179호에는 '본사 주최 현상작품 평론 당선작'으로 「대학의 현대적 임무」라는 동명의 원고가 2명의 필자에 의해 기고되었다. 이는 대학생들 사이에 비평 형식이 접근이 용이하고 실제로 쓸 수 있으며 대학생 독자 전반에 걸쳐 소통할 수 있는 학술적 글쓰기의 대표적 양식으로 간주되었음을 보여준다. 주제나 분야로서는 문학이 가장 많았는데 장르론 · 작가론 · 주제론 · 독서와 관련된 주제가 주류를 이루었으며, 그 밖에 서양미술론 · 언어표기문제 · 교양론 · 역사학 등의 분야가 기고되었다. 학생 필자의 대부분은 학부생이었지만 대학원생과 졸업생의 글도 기고되었다.

『연세춘추』에 기고된 학부생의 서평 목록을 정리하면 아래와 같다.

학생이 쓴 서평은 본교 교수의 책을 읽거나 고전을 읽고 쓴 경우로 양분된다. 즉 교수가 집필한 학술서적과 고전이 학생들 사이에서 비평적

없는 경우가 많았으며, 원고 분량도 현재의 인문학 관련 논문 분량에 비해 적었다. 예컨대 『사상계』 22호의 '연구논문'란에 실린 장덕순의 「고대소설에 나타난 미인상」은 원문 인용 이외에 다른 연구자의 논저를 인용하지 않았으며, 참고문헌 표기도 되지 않았다. 물론 『사상계』 31호(56. 2)에 실린 장덕순의 「심청전의 민간설화적 시고(試考)」와 같이 각주와 참고문헌이 명시되고, 원전 인용 표기가 되어 있는 논문도 있으나, 오늘날처럼 연구사 수준의 각주가 달린 글은 아니었다.

당시 교수들이 대학신문에 기고한 논문은 대체로 요약문인 이유로 각주가 거의 달려 있지 않았다. 물론 각주 및 참고문헌을 포함한 글도 있었다(예컨대 안세희(이공대학 부교수)의 「Mev중성자에 의한 원자핵반응기구」, 180호(59. 10. 5)+181호(59. 10. 12)는 하와이에서 열린 미국물리학회에서 발표한 논문의 요약문으로 각주 달린 글이다. 정복성(의학과 4년)의 「일광화상과 그 치료법」, 140호(58. 9. 15)에는 참고문헌이 병기되었다.

표11 학생 투고 서평

필자명	기사 제목	호수(연월일)	비고
하현강	연암의 소설을 읽고:「허생전」「호질」을 중심으로	51호(55. 7. 1)	부산분교 사학과 2년
송석중	시대를 초월한 대가: G. B. 해리슨, 『셰익스피어 소개』(상·하)	60호(55. 12. 13) 61호(55. 12. 20)	영문과(대학원)
김국자	명작 소개: 지킬 박사와 하이드씨	74호(56. 6. 22)	분교 영문과 2년
최철	비판적 고전문학의 양식: 장덕순 지음, 『국문학통론』을 읽고	197호(60. 3. 28)	국문과 4년[77]

독서의 대상으로 인식되었으며, 이에 대한 비평적 글쓰기가 곧 공부의 과정과 동일시되었음을 보여준다. 서평을 쓴 4명 중의 3명(국문과의 최철, 사학과의 하현강, 영문과의 송석중)이 나중에 연세대에서 전임강사·교수가 되었다는 점, 이 중의 2명(송석중·하현강)은 서평뿐 아니라 논문도 기고했다는 점, 논문을 기고한 학생 중에서도 이후 본교의 교수가 된 이들이 있었다는 점(예컨대 국문과의 문효근·전규태·송준호, 사학과의 하현강, 영문과의 송석중·이상섭 등)에서 『연세춘추』에 논문과 서평을 기고하는 행위는 대학생들이 학문적 관심을 표현하고 역량을 함양하는 주요 활동으로 간주되었음을 알 수 있다.

---

77) 이 글이 소개된 후 199호(60. 4. 11)의 '연세의 가족' 란에 「문과대학 장덕순 조교수, 『국문학 통론』을 간행」이라는 기사가 실린다.

6. 대학생의 문화적 위치 변화와 교양문화의 함의

지금까지 1953~1960년까지 연세대의 『연희춘추』/『연세춘추』를 중심으로, 그리고 같은 기간 내 서울대의 『대학신문』을 참조 차원의 비교 대상으로 삼으면서, 대학 내에서의 교양과 인문적 소양이 학과목과 대학생활을 통해 습득되고 형성되며 구체적 문화로 형성되는 과정을 살펴보았다. 당시에 편제된 교양과목으로서의 글쓰기 능력, 외국어 교육, 철학, 문화사, 사회과학, 자연과학, 체육 과목 등은 현재까지도 대학의 교양필수과목으로 편제되어 교양의 명목을 유지하고 있다.

대학신문에 기고된 학술적 글쓰기의 주제 범주는 교수와 학생을 막론하고 인문학 전공자의 비중이 가장 높았으며, 이는 인문적 소양을 교양 '지'의 주요 요소로 간주해온 대학교육의 편제와 대학문화와의 연관성을 보여주었다. 교수는 전공과 무관한 글을 기고하지 않음으로써 대학신문은 전공 글쓰기에 기초한 학술적 글쓰기의 전범을 전달하는 매체로 기능하였고, 학생들은 교수의 글쓰기 형식이나 주제 범주, 접근방식 등을 학습하면서 '제도화된 글쓰기' 능력을 습득했고, 이것을 학문적 소양으로 간주하게 되었다. 대학에 개설된 교양국어 및 각종 보고서 작성 등은 이러한 학술적 글쓰기를 섭렵하는 학적 기회로도 작용했다.

당시의 학회는 오늘날과 달리 학생과 교수가 회원으로 공존해 있었고, 학회지에 실린 학술논문의 형식도 오늘날과 달리 각주나 참고문헌의 비중이 높지 않았다. 학회의 설립 및 학회활동에 비해 학회지는 뒤늦게 발간되었는데, 『연희춘추』/『연세춘추』는 학회활동의 내용들을 소개함으로써 학문적 공론장을 마련하는 공공의 매체로 기능하고 있었다. 『연희춘추』/『연세춘추』는 외국 학자의 발표나 강연, 교수의 해외 발표 논문, 학회 발표문과 서평 등을 실음으로써 대학생들에게 학문의 내용과 범주, 최근의 동향들을 기민하게 전달하는 학술 매체로 기능했다.

또한 학생들은 과목 편제로서의 교양이 누락시킨 예술과 문화, 사회 참여 및 정치적 발언 등을 대학생활 과정에서 하나의 대학문화로 형성해 감으로써 대학 편제의 한계가 남겨둔 공백을 채우려는 태도를 보여주었다. 그 과정에서도 학생들은 이를 지식과 정보 차원의 교양 '지'로 섭렵하는 태도를 보여주었으며 사회와 접속하는 직접적 체험과 실천성을 유지하면서도 이를 학적 분석과 탐구의 대상으로 거리화함으로써 사회와의 연대방식을 성찰하고 객관화하는 도구로 삼는 태도를 보여주었다.

이와 같은 대학에서의 교양과목 편제, 그리고 대학신문에 기고된 학술적 글쓰기를 통해 형성된 교양 '지'와 '인문적 소양'의 내용은 대학 바깥에서 형성되고 유통된 교양의 개념이나 교양생활과 어느 정도 접점을 지니고 있었던 것은 분명하다. 그러나 당시 대학생의 지위가 현대와 동일하지 않은 상태에서 일정 정도는 대중교양의 내용과 동일시할 수 없는 특권화된 지적 위상과 문화적 위치를 점유하고 있음을 상정할 필요가 있을 것이다.[78] 그 내용을 명확히 규명하기 위해서는 당시의 정치적 · 사회적 문화변동에 대한 역동적인 고려가 필요하며, 인문 대중/청중의 교양의 형성과 전파의 맥락에 대한 연구를 병행할 필요가 있다.

---

78) 윤대석은 식민지시기의 경성제대를 중심으로 교양주의가 식민지로서의 한계를 탈색시키고 특권화 · 성소화하는 입신출세주의의 의미를 갖게 되는 역사적 맥락을 설명한 바 있다(「경성제대의 교양주의와 일본어」, 『대동문화연구』 제59집, 성균관대 대동문화연구원, 2007). 그러나 전후에 이러한 태도가 어떻게 변용, 또는 지속되는지에 대한 연구는 또 다른 사회사적 맥락에 대한 연구를 통해서 가능할 것으로 본다.

이러한 역사문화적 맥락을 고려하면서 현재 대학에서 교양과목을 이수하는 형식으로 채워지는 교양교육의 형태를 넘어선 대학생의 교양문화에 대한 인식 변화의 추이와 대학생들이 주체적으로 생성하는 대학문화의 위상 변이를 동시에 논의할 때, 교양교육의 강화라는 제도적 차원의 변화를 넘어선 실질적 차원의 문화변동의 방향을 재점검할 수 있을 것이다. 1950년대 대학생이 보여준 대학문화 주체로서의 실천적 움직임, 그 안에서의 학문의 위상과 지식으로서의 교양 문제에 대한 분석이 현재의 대학문화와 교양의 위치를 재성찰하기 위한 자원 탐색으로서의 의미를 갖기를 고대해본다.

제3부

인문학 장의 형성과 지식유통

'문리과대학'의 출현과 탈식민의 욕망

박광현 · 비교문학

1. 공백의 시간과 탈식민의 욕망

강상중의 표현을 빌리자면, 근대일본은 '내국 식민지'라 일컬어지는 홋카이도(北海道)나 오키나와(沖縄)를 비롯해, 일본열도를 벗어나 "전방위에 걸친 집약적인 방사형의 식민지 제국"을 형성하고 있었다.[1] 1945년 8월 15일에 그런 제국이 해체되었다. 그것은 마치 제자리를 찾아 흘러가듯 이 권역 내 사람들이 이동하기 시작한 기점이었다. 당시 사람들의 이동은 그들이 생활해온 사회경제적인 모든 관계의 격변을 초래했다. 한반도와 일본 사이에서도 200만 명이 넘는 재일 조선인과 100만 명 이상의 재조 일본인이 서로 '교차'하며 이동하기 시작했다.

특히 남한에서 해방기는 그 교차 이동 과정에서 생긴 식민자들의 공백을 둘러싼 다양한 욕망의 분출과 갈등을 불러왔다. 마치 '봇물이 터지듯이' 분출하는 욕망은 다름 아닌 '탈식민화'(decolonize)의 중요한 동력

---

1) 姜尙中, 『オリエンタリズムの彼方へ』, 岩波書店, 1996, 86쪽.

이었다.[2] 하지만 그 욕망은 40년간의 식민통치체제를 통해 축적된 제도나 그로 인해 내면화된 의식의 기반 위에 상상된 것이기도 했다. 또 그것은 일본 식민통치의 공백을 미군정이 메워가는 국면에서 상상된 것이기도 했다. 따라서 그 당시 조선인의 욕망은 건국을 지향하는 탈식민화의 동력으로 작동했지만, 동시에 그것은 '미군정 민주주의'[3]의 제어로부터 자유로울 수 없는 것이었다.

이 글에서는 해방기의 남한사회에서 조선인의 욕망이 대학교를 둘러싸고 어떻게 분출했고 또 그로 인한 갈등 양상은 어떠했는지를 살펴보고자 한다. 이와 관련한 논의는 이제까지 '국립서울대학교안'(이하 국대안)에 경도되어 다뤄져온 경향이 있다.[4] 물론 당시 대학교를 둘러싼 논의 중 국대안이 차지하는 비중은 부정할 수 없다. 그 까닭은 그것이 대한민국이 '반공' 국가로서의 국가 정체성(national identity)을 형성하는

<hr />

2) 김남천, 『1945년 8·15』, 작가들, 2007, 58쪽. 이하의 인용은 쪽수만 표기한다. 강준만은 해방기의 역사를 기술한 저서에서 "한(恨)과 욕망의 폭발"이라는 머리말의 제목을 달고 있다(강준만, 『한국현대사산책―1권 1940년대편』, 인물과사상사, 2004, 10~22쪽). 당시 '한'과 '욕망'이 동일한 모멘트로 작동했다고 보는 측면에서 적절한 수사가 아닐 수 없는데, 이 글에서는 그것이 해방기 지식계의 상상력에 어떻게 작용했는지를 살피고자 한다. 특히 강준만은 당시 언론계나 문화계의 욕망 분출을 가리켜 제방 붕괴현상, 즉 '둑이 터진' 현상으로 묘사했다(같은 책, 149, 164쪽).

3) 한준상, 「미국의 문화침투와 한국교육」, 『해방전후사의 인식』 3, 한길사, 2008, 543쪽.

4) 국대안과 관련해서는 교육사의 영역에서 주로 이뤄져왔다. 그 외 미국의 문화제국주의의 관점에서 연구한 한준상의 위의 글과 학생운동사의 맥락에서 연구한 최혜월의 「미군정기 국대안 반대운동의 성격」(『역사비평』, 역사비평사, 1988. 6)은 주목할 만하다.

과정에도 깊은 유관성을 지닌 것이며, 또 오늘날 한국 대학들의 기원을 고찰하는 데도 필요한 논의이기 때문일 것이다. 하지만 이제까지의 논의가 국대안에 지나치게 방점을 찍다 보니 그 시기의 대학교를 둘러싼 논의가 식민/탈식민의 연속성이라는 맥락을 간과한 측면이 적지 않았다. 다시 말해 해방 이후부터 국대안이 시행되기까지 유일한 대학으로서 경성대학의 존재에 대해 너무도 무관심했거나 의도적인 누락을 행해온 경향이 있었던 것이다.[5]

경성대학은 1946년 9월부터 국대안이 실행되기까지 식민지시기 내내 유일한 대학으로서 권위를 지켜온 경성제국대학(이하 경성제대)의 형식을 그대로 계승한 일년 동안의 제도였다. 아니, 그후 9월 이후의 국대안 파동 속에서도 논란의 중심에서 유일한 대학으로서 기억되기도 했다. 따라서 1948년 정부수립까지의 대학교를 둘러싼 갈등은 경성대학이라는 식민지 유제(遺制) 위에 탈식민화의 욕망과 상상력을 덧씌우는 싸움의 하나였던 것이다.

김남천이 『자유신문』에 1945년 10월부터 연재한 미완의 장편 『1945년 8·15』의 도입부를 보면, 주인공 김지원이 조선인 징병에 반대하여 격문을 뿌린 죄로 투옥된 사건이 나온다. "이 땅에 아직도 청년이 살아 있다는 작은 하나의 신호등"(10쪽)이었다는 그 항거의 주역은 경성제대 '법문과 계통'인 이창현과 김성환, 그리고 의학부를 갓 졸업한 주인공 김지

---

5) 『서울대학교50년사』 상(서울대학교50년사편찬위원회 편, 서울대출판부, 1996)에서도 그에 관한 기술 내용은 3, 4쪽에 불과하다. 그러면서도 "고구려의 태학(太學), 신라의 국학(國學), 고려의 국자감(國子監), 조선의 성균관(成均館)"(5쪽)의 전통 운운하거나 창학의 배경을 설명하는 도입부(6쪽)에서는 '조선민립대학설립운동'을 기원의 한 부분으로 끌어들이고 있다.

원이었다. 그런데 이 소설에서 김지원은 8월 15일 이후 출옥한 뒤에 일본인 의사가 모두 물러가 새로운 의료진 보충이 원만하지 못한 상황에서도 다시금 대학병원으로 돌아가지 않는다. "진리에 눈이 뜨기 전까지" 자신이 "대학을 졸업한 문맹"(141쪽)이었던 그는 노동현장으로 들어간다. 또한 이창현은 옥사했고, 김성환은 서부조선에 "소련의 붉은 군대"(87쪽)가 진주했다는 소식을 듣고 평양으로 떠난다. 이렇듯 해방 이후 그들은 모두 경성제대(경성대학)를 떠난다. 김남천의 이러한 대학에 대한 생각은 "장래의 푸로펫사"라며 촉망받던 주인공 이관형의 욕망과 좌절을 그린 해방 전 작품 「낭비」(『인문평론』, 1940. 2~1941. 2)에서와는 사뭇 다른 것이었다.

『1945년 8·15』에서 대학은 부정의 대상이자 경원의 대상이었다. 그것은 당시 대학이 "교수 없고 학생 없는 대학이 되어버린"[6] 탓도 크다. 그런데도 당시 신문지상에서는 하루가 멀다고 대학에 관한 기사가 실렸다. 과거 어느 때도 경험하지 못했던 '대학의 시대'라고 불릴 만한 것이었다.[7]

---

6) 유진오, 「정치와 교육」, 『주보(週報) 민주주의』, 1947. 6; 『한국교육사료집성: 미군정기편』 II(이하 『사료집성』 II), 한국정신문화연구원, 1997, 324쪽. 경성대학도 자치위원회가 그 시설과 도서는 접수하였으나, 의대를 제외하고는 모두 미군이 진주한 탓에 1946년 1월까지 실제 거의 수업이 진행되지 못했다(『조선연감』, 조선통신사, 1947; 『사료집성』 II, 527쪽 참조).

7) 당시 대중을 상대로 이뤄졌던 학술강좌의 명칭도 조선민중대학이라고 했다. 이는 학술을 '민중에게로'라는 좌익계의 학술운동의 하나였다. 『자유신문』(1930. 10. 30)의 기사를 보면 조선민중대학에서 제3회 학술강좌를 개최했는데, 이원조·임화·안영일·김남천·김주경 등이 강사로 나섰다. 이러한 현상은 북한에서도 예외는 아니었다. 이향규·김기석에 따르면 북한에서도 대학은 빠르게 팽창하여 김일성종합대학을 비롯해 15개 대학이 개교하였다(이향규·김기석, 『북한사회주의 형성과 교육』, 교육과학사, 1999, 43~45쪽).

그것은 1920년대 초반의 민립대학운동의 좌절로 대표되는 식민지시대에 억눌렸던 욕망 분출에서 기인한 것이었다. 그러나 그로 인한 갈등이 좌우 이념의 양상으로 나타나는 상황에서 문교 당국은 대학교에 대한 욕망과 막연한 기대에 함의된 에네르기를 그냥 방관할 수 없었다. 경성대학(혹은 국대안까지)에 대한 통제는 대학교를 둘러싼 조선인의 욕망과 담론에 대한 통제로 이어졌다. 그런 가운데 한편에서는(특히 좌익계) 남한의 대학 재건을 둘러싼 민족의 자주적 성취를 포기하는 태도까지 취했다.[8]

한편 당시 대학교를 둘러싼 논쟁을 고찰하는 데 있어 또 하나 간과해 온 것이 있는데, 그것은 우후죽순으로 승격되거나 새롭게 설립된 공관립 및 사립대학에 관한 것이다. 이는 마치 1920년대 전반기에 일어난 민립 대학운동의 재연인 듯한 양상마저 띠었다. 그것이 개화기 이후 조선인의 대학 설립에 대한 욕망의 분출 양상으로도 읽히는 측면이 있음을 간과해 서는 안 될 것이다. 또한 국대안의 발표 이후 경성대학과 각종 공관립전 문학교(1946년 9월 실시되는 교육제도에 맞춰 5월에 대학으로 승격)와

---

8) 좌익계의 이러한 포기는 북조선에서 김일성종합대학을 비롯한 대학들이 설립된 사실도 영향을 미쳤다. 당시 서울대 교수였던 한인석(韓仁錫)의 경우는 교수와 학생의 자치를 부정하는 국대안이 "관료적 강행의 총체적 악례(惡例)"(한인석, 「국대안과 조선교육」, 『우리공론』 1947년 4월호; 『사료집성』 II, 320쪽)이기에 '일제의 독소'라고 비판했는데, 그 파동 속에서 그는 연희전문으로 옮겼다가 월 북했다. 한인석과 같이 월북한 이들은 "현금 조선에 있어 제반사가 민주적으로 정돈되지 못한 혼란 중에 반동적인 세력의 발악까지 보게 되는 이때에 대학의 유일의 방어선"(같은 글, 320쪽)이라며 그것을 지키는 것이 교수라고 했지만, 그것이 무너졌다고 판단되는 상황에서 월북을 단행했던 것이다. 김일성종합대 학의 창설시 전 서울대 교수 등 상당수의 남한 학자가 참여하였으며, 그후도 마 찬가지였다. 1947년 초빙 예정 교원 45명 가운데 20명이 "남조선 거주자"였던 것이다(이향규·김기석, 앞의 책, 1999, 42쪽).

의 통합 논의는 각 주체들이 전통을 운운하며 반대한 데서 알 수 있듯이, 1924년 이후 제국대학이 조선에 설립되는 과정에서 기존의 각종 전문학교가 소외되면서 불거졌던 사회적 갈등 양상을 재연하는 것처럼 전개되었다.[9] 따라서 이 시기의 대학교를 둘러싼 논쟁은 식민지시기에 관한 기억의 투쟁이었으며, 또한 거기에서는 경성제대라는 제도에 구속된 상상력의 일면을 발견할 수 있다고 하겠다.

2. 성대(城大)에서 경대(京大)로—식민제도의 관성과 상상력의 소박함

1926년에 개교한 경성제대는 식민지시기 내내 조선 유일의 대학이었다. 1918년에 개정된 대학령을 근거로 제국의 '특수한' 지방에 세워진 도쿄제국대학(1887년) 이후 여섯 번째로 세워진 제국대학이며, 식민지 최초의 제국대학이었다.[10] 제국대학, 즉 imperial university란 1886년에 제정된 '제국대학법'에 따라 설립된 제국 일본의 최고학부였다. 제국대학법 제1조의 내용을 보면, "제국대학은 국가의 수요(須要)에 응한 학술 기술을 교수하고, 그 온오(蘊奧)를 고구함을 목적으로 한다"고 되어있다. 이는 메이지(明治)정부 이후 진행된 중앙권력 중심의 국가주의에 입각한 지적(知的) 권력의 표현 규정이었다. "아카데미즘에 의해 국가를

---

9) 박광현, 「식민지 '학지'의 경합과 형성 양상」, 박광현·이철호 편저, 『이동의 텍스트, 횡단하는 제국』, 동국대출판부, 2011 참조.
10) 도쿄제대의 개교 이후 교토(1897), 도호쿠(1907), 규슈(1910), 홋카이도(1918)에 이어 여섯 번째로 개교하였으며, 그후 타이페이(1928), 오사카(1931), 나고야(1939)가 개교하였다.

학문으로 무장한 체제"[11]로 만들기 위한 시스템의 정점에 있던 것이 바로 제국대학이었다. 그러나 식민 본국의 제국대학들이 '국가의 수요'에 걸맞은 인재 양성을 교육 목표로 하였다면, 조선에 설립된 경성제대는 그들의 자찬처럼 식민지 지배를 위한 학교제도의 완성된 형태였다는 것은 두말할 필요도 없다. 제국대학법 제1조에 따르면 경성제대란 이미 타자성을 상실한 타자인 조선을 국가주의의 범주에서 자기동일성을 갖도록 포섭하기 위한 장치였다. 그 점은 일본의 정치권력의 상식에서 보면 더욱 그러했다. 그것은 가상으로나마 국민의 평등이 실현되는 것을 의미한다. 국민의 평등이라는 이상은 국민공동체 내의 평등의 공감에 의한 감상적(感傷的) 표상이면서 그 구성들을 결합시키는 '합체의 느낌'을 산출하지만, 사회제도의 변동을 피하기 위한 구실로도 간단히 전환시키는 것이 가능하다. 결국 이러한 경우의 평등은 사회 편제의 정당화와 비정당화의 양면을 포함하고 있으며, 평등을 둘러싼 사회적인 저항을 분절화하게 되는 것이다.[12]

식민본국의 제국대학령이나 대학령이라는 동일한 법령에 근거하여 내지연장주의에 입각해 설립되었으나, 이 제국대학은 식민지에 설립된 대학으로서 '특수한' 법제 위에 '특수한 사명'을 띠고 있었다.[13] 그렇기 때

---

11) 鹿野政直, 『近代日本の民間學』, 岩波書店, 1983, 26쪽.

12) 酒井直樹, 『死産された日本語・日本人』, 新曜社, 1996, 176쪽 참조. 이상의 논의와 관련한 좀더 자세한 논의는 박광현의 「경성제국대학에 관한 연구를 위한 시론」, 『한국문학연구』 제21호, 동국대 한국문학연구소, 1999. 12, 345, 356쪽 참조.

13) 조선에 제국대학이 설립될 수 있었던 중요한 법적 근거는 물론 식민본국의 '제국대학령'과 '대학령'이었지만, 그것을 토대로 '조선의 민도'를 고려하여 1921년에 개정된 조선교육령이라고 할 수 있다.

문에 교수상에서나 제도상에서 조선의 민도(民度)에 맞게 특별히 신중한 고려와 연구가 필요하다고 당시 경성제대 설립에 직접 참여했던 이들은 지적하곤 했다.[14] 다시 말해 당시 경성제대와 식민본국의 제국대학 사이에는 이같이 동일과 차이가 동시에 존재했던 것이다. 그렇기 때문에 식민지 조선에서 대학교를 둘러싼 민족간의 공방은 그것이 통치에 대한 저항 수단으로, 그리고 저항에 대해서는 차별의 내면화 수단으로 이용될 수 있었던 것이다.

경성제대는 조선이 해방되었어도 곧바로 사라지지 않았다. 구술이나 회고에 따르면, 해방과 거의 동시에 조직된 '경성대학자치위원회'는 1945년 8월 17일에 각 학부 교문의 경성제국대학이라는 표찰에서 '제국'이라는 두 글자를 가리고 경성대학이라고 불렀다 한다. 하지만 공식적으로는 9월 8일에 인천을 통해 입성한 미군정의 법령 제15호에 따라 10월 16일에야 비로소 정식으로 '서울(경성)대학'이 되었다. 그렇다면 8월 15일부터 10월 16일 사이에 이 대학은 어떠한 모습으로 존재하였을까. 우리는 그 기간 동안의 이 대학을 재구하는 것을 통해 무엇을 확인할 수 있을까.

1945년 8월 15일 현재, 우선 이 대학에는 조선인 교수가 단 한 명도 존재하지 않았다. 법문학부와 의학부, 그리고 이공학부 등의 재직 교수는 모두 일본인이었다. 그들은 11월 이후에야 미군정에 의해 정식으로 파면되었다. 또한 '내선(内鮮)공학'의 이 대학에는 일본인 재학생들이 대략 70%를 차지했다. 이런 압도적인 불균형은 경성제대뿐만 아니라 다른 관공립 고등교육기관도 대개 마찬가지였다. 그래서 각 학교의 조선인들은

---

14) 平井三男, 「京城帝國大學における規模組織とその特色」, 『朝鮮』, 1925. 4 참조.

각 학교마다의 설비와 기구를 확보하기 위해 해방 후 자치위원회 등을 조직하였다. 9월 12일에 구성한 응급위원회도 그 중 하나였다.[15]

미군정청이 총독부 정무총감 이하의 각 국장을 전원 해임 조치한 것은 9월 14일이었는데, 그 후임으로는 모두 미군 장교들을 임명하였다. 그 중 학무국장에는 록커드(Earl N. Lockard)라는 인물이 임명되었다. 그는 오천석의 추천으로 7명의 한국인으로 구성된 한국교육위원회를 조직하였다. 그 담당 영역과 담당자는 초등교육 김성달(金性達), 중등교육 현상윤, 전문교육 유억겸, 고등교육 김성수, 교육 전반 백낙준, 여자교육 김활란, 일반교육 최규동(崔奎東)이었다. 그 중 김성수는 10월 2일에 발표된 11명의 군정장관 고문관 중 교육가 대표로 임명되기도 했다. 그리고 11월에는 의학교육 윤일선, 농업교육 조백현(趙伯顯), 학계 대표 정인보를 추가하여 10인의 위원회를 운영하였다.

11월 23일에는 교육계와 학계의 권위자 100여 명으로 구성된 조선교육심의회가 발족하였다. 10개의 분과로 활동한 이 심의회 중에는 제8분과위원회가 고등교육을 담당했는데, 여기에는 김성수·유진오·백남운·박종홍·크로프트 소령·고든 소령이 위원으로 참여했다.[16] 그리고

---

15) 그 위원회의 위원으로서 박동길(광전), 이○○(?, 경의전), 신기범(京師), 김평수(대학 이공부), 이명선(대학 법문부), 조백현(수원농전), 김태오(중앙보전), 정인섭(연전), 김○식(숙전), 이정재(고상) 등이 위촉되었다(『자유신문』, 1945. 9. 13). 응급위원회가 사립전문학교에도 조직된 이유는 전쟁 말기에 '적산'(敵産) 등의 이유로 총독부에 의해 관리되었기 때문이다. 이와 같이 각 대학과 전문대학별로 자치위원회와 교우연합회가 발기하여 신입생 및 보결생을 모집하는 행정까지 진행하는 등 조선인 나름의 자치활동이 전개되었다. 이러한 자치활동은 결국 미군정에 의해 주도되는 교육 개편에 장애가 되는 측면이 있었다(이하 ○는 해독불능 한자임).

9과로 개편되는 학무국 산하의 고등교육과에는 교원양성계 · 대학교계 · 의학전문계 · 전문학교계의 4개 부서가 설치되었다.

이상의 미군정청 산하의 행정조직 및 자문조직이 대학교육을 비롯한 조선 교육의 미래를 좌지우지했다고 해도 과언이 아니다. 하지만 경성대학을 둘러싼 사안들에 대한 그들의 결정은 무엇보다 많은 갈등을 초래했다. 우선 10월 5일에 총장대리 겸 법문학부장에 백낙준과 경성대학 예과부장에 현상윤이 각각 임명된 것부터가 그랬다.[17]

오천석은 『한국신교육사』에서 "사실에 있어, 해방 직후 서울에서는 미군이 머지않아 도래할 것을 예상하면서, 한국인 사이에 장래 한국의 교육을 설계하여본 회합이 있었다. 이 회합에 참여한 교육계 인사는 김성수 · 유억겸 · 백낙준 · 김활란 및 오천석"[18]이었다고 기술하고 있다. 그런데 유진오는 그 부분을 인용하며 "이곳에 '해방 직후'라는 말도 '미군 도래 직후'의 의미가 아닌가 한다"[19]고 회고했다. 유진오의 이 예리한 지

---

16) 중앙대 부설 한국교육문제연구소, 『문교사 1945-1973』, 중앙대출판국, 1974, 6~11쪽 참조.

17) 자치회는 한민당의 간부였던 현상윤과 백낙준을 임명한 것은 경성대학을 "반민주적 일당 전횡처"로 만들려는 의도가 있는 것이라고 비난했다(『조선해방연보』, 조선통신사, 1946; 이길상 · 오만석 공편, 『사료집성』 II, 509쪽). 특히 백낙준이 총장대리로 임명된 것에 대해 당시 신문에서는 "백씨가 총장이 된 이유가 영어를 잘" 하는 데 있다고 해서 파문이 일었다(「해방 이후의 각계 건설 전망─교육편」, 『주간건설』 제1호, 1945. 11. 10; 이길상 · 오만석 공편, 『사료집성』 II, 3쪽)

18) 오천석, 『한국신교육사』, 현대교육총서출판사, 1964, 404쪽. 이하 인용의 경우, 일부는 현대표기법에 따라 수정한다.

19) 유진오, 『양생기』, 고려대출판부, 1977, 150쪽. 해방기를 동시대적으로 경험하던 문학자(지식인)들 사이에서는 작품 속에서 식민지-공백기-미군정기라는

적은 당시 주체들에게 '해방 직후'와 '미군 도래 직후'라는 그 두 시점 사이에는 물리적인 시간 이상으로 얼마나 커다란 감각이나 인식상의 격차가 존재했는지를 의미하는 것이다.

보전(普專) 재건 문제도 결코 간단한 문제가 아니었다. 보전을 이야기하기 전에 우선 우리나라의 교육제도를 어떻게 할 것인가 하는 문제가 있었고, 다음 경성제대를 비롯해서 법전(法專)·의전(醫專)·고공(高工)·고상(高商) 등 텅텅 빈 관공립학교들을 어떻게 할 것인가 하는 방대한 문제가 있었다. 인촌(仁村)은 나더러 보전을 맡으라 하지만 그 당시의 보전의 규모는 우리나라 고등교육 전체의 몇 십분의 1밖에 안 되는데다가, 이제는 관공립학교들도 다 우리의 기관이다.[20]

당시 일본인들이 떠나간 관공립학교들은 무주공산과 같았다. 그 공백

분명한 3분법의 시간 인식으로 작품을 쓰는 태도가 자주 보인다. 특히 김송의 경우 『백민』에 연작소설 「만세」(1945년 12월호), 「무기 없는 민족」(1946년 1·2월호), 「인경아 우러라!」(1946년 3·4월호)를 발표했는데, 그 연작소설이 대표적으로 그러한 시간 인식에 따라 쓰어진 작품이다. 당시 다른 단편 중에서도 그런 시간 인식을 심층에 깔고 쓰어진 작품이 다수를 차지한다. 이러한 시간 인식의 관점에서 경성대학을 규정한다면, 주로 공백기로 여겨지는 지점에 존재하다 점차 미군정기로 이양되어가는 흐름 속에 존재한 것이었다고 볼 수 있다. 이 문제에 관해서는 차후에 다른 글을 통해 좀더 면밀히 살펴보고자 한다.

20) 유진오, 앞의 책, 1977, 160쪽. 보성전문의 교수였던 유진오가 이와 같은 생각을 갖게 된 것도 미군정 이후였다. 그리고 그는 J. T. Young의 『The New American Government and It's Work』를 읽고 유명 사립대학의 전성기는 지났고, 이제는 미국의 유수한 주립대학과 같은 세금으로 지탱하는 국립대학 시대의 도래를 예측했다고 회고한다.

을 두고서 각 학교마다의 주체들은 자치의 문제를 둘러싸고 논쟁을 본격적으로 벌이기 시작했다. 유진오의 회고에 따르면 심의회 제8분과에서 경성대학의 재건을 위해 가장 먼저 착수한 일이 교수진의 편성이었다고 한다.[21] 그는 홍명희 등이 총장으로 거론된 내막 등을 비롯해 총장과 교수 인선 과정을 어느 자료보다 자세하게 회고하고 있다. 특히 총장 추천 투표가 이뤄진 대학총회의 풍경은 흥미로운데, 1차투표에서 김태준, 2차투표에서 박문규, 3차투표에서 이강국이 선출되었던 사정과 함께 그 과정이 "민주주의의 형식을 도용한 사기극!"이었다고 회고하였다.[22] 그러나 대학총회의 결과와는 다르게 미군정은 총장대리 겸 법문학부장에 백낙준, 그리고 의학부장에 윤일선, 이공학부장에 최규남, 예과부장에 현상윤 등을 임명하였다.

그런데 여기서 흥미로운 것은 『매일신보』의 보도에 따르면 윤일선이

---

21) 같은 책, 170쪽.

22) 같은 책, 174~181쪽. 김태준이 선출된 결과에 대해 이숭녕은 이렇게 회고한다. "1945년 12월 어느 날 별안간 일부의 젊은 조교들이 일어나서 총장선거를 하라고 나섰다. 국대안 반대의 첫 신호라고 할 수 있다. 말려도 들을 리가 없었다. 이들 좌익분자들은 의대 강당에서 젊은 김태준(金台俊)을 총장으로 선출했다. (……) 그가 중국 연안으로 도망쳐 갔다가 귀국한 공산당원이었듯이 바로 그들이 꾸민 각본대로라고 할 수 있다. (……) 사실 우리 교수들도 '어떻게 그자가 총장으로 나선단 말인가' 하고 어안이 벙벙할 지경이었다. 그야말로 일장의 연극이었다"(이숭녕, 「국대안 반대 맹휴」, 『전환기의 내막』, 조선일보사, 1982, 106, 107쪽). 하지만 이 회고의 기본 골격은 "북괴의 좌익학생 선동" 등의 소제목을 붙인 것처럼 반공의 자기서사를 만들어내기 위한 방식으로 서술되어 있다. 그런 가운데 경성대학과 국대안을 혼동하거나 국대안이 실시된 1946년 9월 이후에는 이미 예과가 없어졌는데, 1947년 1월에 예과부장으로 자신이 임명되었다는 등의 오류가 발견된다.

10월 5일에 공식 임명되기 전부터 이미 경성대학 의학부장으로서 의전의 개학 준비까지를 맡아 일했다는 사실이다. 10월 1일자의 「의전 등 개학은 과장 결정 후에」라는 기사를 보면, 경성대학 의학부장 윤일선 씨는 "각 과의 담임자로서 유능한 조선인들이 38도 이북 또는 일본에도 많이 있어" 지금 교섭 중인데 확정될 때까지 개교를 미룬다고 했다.[23] 이 기사를 통해 두 가지 사실을 유추할 수 있는데, 그 중 하나는 미군정의 임명 이전에 이미 조선인들은 자치위원회 등을 통해 각 학교 혹은 학부의 담당자를 선정했으며, 그 중 경성대학 의학부는 윤일선이 담당자였고, 그는 과장급의 임명에 관해 전권을 행사할 의사가 있었다는 사실이다. 그리고 또 하나는 경성제대 유일의 조선인 조교수라는 경력을 지닌 윤일선이 미군정청의 학무위원이자 경성대학 의학부장의 직함으로 의전의 개학에까지 관여했다는 점에서 적어도 경성제대의 후신으로서 경성대학을 정점으로 한 고등교육체제 및 운영의 정당성을 어느 정도는 인정하는 상황이 아니었을까 하는 점이다. 그렇다면 법문학부의 경우는 누가 윤일선과 같은 역할을 하며 법전 등과의 위계화된 관계를 염두에 두고 개학을 준비하고 있었을까.

1945년 10월 5일에 창간한 『자유신문』은 그 이튿날 「城大 총장 이하 결정」[24]이라는 타이틀의 기사를 싣는다. 먼저 이 기사 속 '성대'라는 표현을 보자. 이 '성대'(城大) 혹은 '조다이'(じょうだい)란 과거 9개의 제국대학 중 하나인 경성제대를 지칭하던 약칭이었다. 따라서 이 '성

---

23)『매일신보』, 1945. 10. 1.
24)『자유신문』, 1945. 10. 6. 그리고 3일 후에 미군정은 총장만을 새롭게 크로프트 중위로 임명하고 향후 조선인으로 인선할 것을 발표한다(『자유신문』, 1945. 10. 9).

대'(조다이)라는 용어는 과거 식민제도의 '관성'이 작용한 인식과 습관이 반영된 것이라고 할 수 있다. 그러면서 이 기사는 "해방조선의 준재(俊才)를 양성할 최고학부"라는 말로 시작하여 총장대리 및 각 학부장이 결정되었음을 알리고 있다. 이 대학은 기존 법문학부·의학부·이공학부, 그리고 예과로 구성된 체제를 그대로 유지하고 있을 뿐만 아니라, 향후 교수진이 확보되는 대로 대학이 "그 기능을 발휘"할 것이라는 보도처럼 아직 그 기능을 하고 있지 않았다. 따라서 기사는 식민제도의 '관성'과 탈식민의 욕망이 동서(同棲)하는 이 대학의 과거와 현재, 아니 미래까지가 혼돈된 정체성을 보여주고 있는 것이다. 또한 그 용어에는 당시 미디어의 탈식민적 상상력의 빈곤이 드러난다. 이 신문은 1945년 11월 이후 비로소 '경대'(京大)라는 약칭으로 보도하기 시작하는데, '城大'에서 '京大'로 고작 상용 약칭을 바꾸는 것을 통해 탈식민의 욕망을 표현하려던 미디어의 소박함, 그것이 당시의 상황이었다고 할 수 있다.[25]

미군정 학무국은 이 대학의 총장대리로 백낙준을 임명했다가 3일 후에 다시 정식 총장으로 크로프트(Alfred Crofts) 중위를 임명했다. 그 후에야 비로소 일본인 교수들을 파면하기 시작했다. 11월 5일에는 의학부 교수 22명과 조교수 26명이 파면되었고,[26] 6일에는 이공학부의 교수 31명과 조교수 21명, 의학부의 교수 8명이 파면되었다.[27] 11월 10일이 되어서야

---

25) 하지만 '京大'(게다이)라 함은 식민지시기에는 교토제국대학을 지칭했던 약칭이었다. 따라서 해방 직후 '京大'라고 쉽게 쓰지 못하는 상황은 식민지시기의 제도와 의식이 당시 사람들을 구속했던 한 측면이라고 할 수 있겠다.

26) 『매일신보』, 1945. 11. 6.

27) 「경대 일본인교수 육십 명 일거 파면」, 『자유신문』, 1945.11.7.

비로소 새롭게 이공학부의 교수진이 발표되기에 이른다. 따라서 그 며칠 동안은 총장과 4개의 학부장만이 있을 뿐 공식적으로 이 대학의 교수진은 공백 상태였던 것이다. 이공학부의 교수진은 "장차 이학부와 공학부를 독립하고 수학과를 신설"하여 "대확충할 예정"이라며 "도상록(都相祿) · 김봉집(金鳳集) · 김종원(金鍾遠) · 현원주(玄源柱) · 최법영(崔法英) · 김동일(金東一) · 김지정(金志政) · 한인석(韓仁錫) · 황갑성(黃甲性) · 김재을(金在乙) · 여경구(呂駉九) · 최창하(崔彰夏) · 이시현(李時鉉) · 최성세(崔成世)" 등이 임명되었고, 곧 개학할 것이라고 예고하였다.[28] 이 모든 것이 유진오의 말처럼 "미군 도래 이후"에 이뤄진 것들이었다.

그런데 법문학부의 경우는 그 공백 상태가 더 길게 이어진다. 조선 유일의 대학이었던 만큼 이 대학 교수진의 구성은 사회적으로 큰 관심을 불러일으켰던 상황에서 백낙준과 현상윤의 임명을 둘러싼 갈등이 수그러들지 않았다. 백낙준에 대해서 경성대학 학생자치회 등에서는 "적어도 대학 총장과 학부 부장은 심오한 학식과 고결한 인격으로 만인의 흠모를 받아야 하겠거늘 10년 전 연전교수를 사(辭)한 일개 브로커로 또는 일본 제국주의의 주구로서 활약한 백씨를 총장으로 맞을 이유가 없다"[29]는 성명을 발표하여 그의 임명을 반대하였다. 특히 학부장이 백낙준인 상황에서 실질적으로 그가 전형하여 뽑은 교수진을 인정할 수 없다며 학생들은

---

28) 『자유신문』, 1945. 11. 11.
29) 유진오는 자신과 백낙준 · 백남운 · 이병도 · 조윤제가 함께 1946년 11월 중순까지 교수진 편성을 마쳤다고 회고하고 있으나(유진오, 앞의 책, 1977, 170쪽), 그것은 기억의 잘못 내지는 의도적인 왜곡으로 봐야 옳다. 왜냐하면 11월에 이공학부의 교수진이 발표된 후 한 달 이상이 지난 12월 말에 발표한 것으로 보아 그 사이에 다른 타협의 과정을 그는 생략하고 있기 때문이다.

그들에 대한 '배척'운동을 펼쳤다.[30] 결국 12월 27일에 미군정은 법문학부의 교수진을 발표했다. 아래는 「경대 법문학부의 교수 진용을 결정」이라는 제하의 기사이다.

경성대학 법문학부 교수들의 인사문제는 그동안 대학 당국과 학생자치회와의 교섭을 둘러싸고 일반의 관심이 자못 큰 바 있었는데 二十七일 아널드 군정장관은 다음과 같은 교수를 정식으로 임명하였다.

白樂濬, 金庠基, 安浩相, 白南雲, 趙潤濟, 朴克采, 崔廷宇, 朴鍾鴻, 姜珽澤, 徐載元, 金斗憲, 孫晉泰, 金甲洙, 黃道淵, 李鍾甲, 尹東直, 李熙昇, 李仁榮, 李木寧, 李敭河, 兪鎭午, 尹行重(이상 교수), 李泰鎭, 李崇寧, 李想白, 李丙燾, 崔虎鎭(이상 조교수)[31](강조점—인용자)

위의 기사처럼, 결국 대학 당국과 학생자치회 사이의 타협을 통해 기사 중 27명의 교수가 임명되었다. 방기중은 당시 교육개혁세력을 세 부류로 분류했는데, 하나는 '진보적 민주사상의 배양'과 '자주적 민족문화교육'을 신교육 이념으로 내세운 백남운의 조선학술원이고, 다른 하나는 김성수·유억겸·백낙준·김활란 등 일제하 사학(私學) 운영자들이고, 나머지 하나는 신민족주의 이념을 주창한 한재홍, 진단학회, 조선어학회, 안호상 등의 조선교육연구회라고 했다.[32] 이러한 견해를 염두에 두고 교수진의 분포를 보았을 때, 우여곡절 끝에 합의를 도출한 당시 법문학부의 교수진은 결국 각 세력 간의 힘의 균형에 의해서 이뤄진 인선 결

---

30) 「교육」, 『주보 건설』 제1호, 1945. 11; 이길상·오만석 공편, 『사료집성』 II, 3쪽)
31) 『자유신문』, 1945. 12. 28.

과라고 할 수 있다.[33] 그러나 유진오의 회고에 따르면, 애초 미군정이 백남운을 "과대평가"하여 그에게 법문학부 교수진 편성의 전권을 부여할 것 같은 말을 흘림으로써 문제가 복잡해졌다고 한다.[34] 이 '문제가 복잡해졌다'는 표현은 내부의 갈등이 존재했다는 말일 텐데, 유진오는 결국 "백낙준 · 백남운 · 이병도 · 조윤제 · 유진오 5인의 손으로" 교수 인선을 이뤄낸 것은 성공이었다고 평가했다.[35] 이 교수진과 관련해서는 다음 장에서 좀더 자세히 살펴보기로 한다.

하지만 여기서 한 가지 간과해서는 안 되는 점이 있는데, 그것은 바로 당시 대학이라는 존재에 대한 상상력의 문제이다. 즉 유일의 대학으로서 경성대학을 전제로 법문학부가 지니는 대표성을 토대로 하여 그 상상력이 작동했다는 점이다.[36] 여기서 우리는 해방기의 대학 문제를

---

32) 방기중, 『한국근현대사상사연구―1930 · 40년대 백남운의 학문과 정치경제사상』, 역사비평사, 1992, 237쪽. 일반적으로 교육사학계에서도 이 시기의 주요 교육 주도세력으로 한국교육위원회-조선교육심의회-조선학술원-조선교육연구회 등으로 분석하고 있다(손인수, 『미군정과 교육정책』, 민영사, 1992).

33) 「최근의 인사문제―대학과 사법관에 대한 세론」(『매일신보』, 1945. 10. 20.). "다시 우리 최고학부가 될 경성대학의 법문학부장 백낙준 씨 그 예과부장 현상윤 씨 문제로 보아도 세론이 분분하대서 그것만으로 말하려는 것은 당초 아니다. (……) 오늘과 같은 정당과 파벌 간의 소위 정론 중의 일부에는 인신공격에까지 미쳐 대중의 정치적 계몽에 악영향을 주고 있는 분○한 차제에 정당인으로서 장래할 대조선의 중추인물을 ○成할 ○大한 독립성을 가진 기관의 책임을 맡는다" 운운하고 보도하였다(○는 해독 불능한자임).

34) 유진오는 백남운이 박극채가 주도하는 공산당계 과학자동맹과는 달리 미군정과 충분히 협력할 수 있는 위치였기에 그의 참가가 필요했으며, 그 또한 대학자치를 관철할 것을 조건으로 흔쾌히 응했다고 회고하였다(유진오, 앞의 책, 1977, 170쪽).

35) 같은 책, 170쪽.

둘러싼 상상력의 빈곤을 지적하지 않을 수 없다. 이는 물론 과거 식민지시기의 제도와 인식에 대한 관성적 대응과도 밀접한 관련이 있는 것이다. 그렇다면 가장 더디게 인사가 진행되었던 법문학부란 과연 무엇일까.

3. 법문학부라는 유제(遺制)와 길항하는 대학교

본래 법문학부란 기존 제국대학의 법학부와 문학부를 통합한 학부로서 그 전범은 도호쿠(東北)제대 법문학부라고 할 수 있다. 도호쿠제대는 동서의 두 제국대학, 즉 도쿄제대와 교토제대 이후 처음 세워진 대학이었다. 이는 1922년 당시 다이쇼(大正)데모크라시와 인문주의 사조를 배경으로 하고 있는데 귀족원의 요구에 따라 애초 "법학부의 학생이 흔히 법제 형식의 지식에 편중되어 있고, 그에 반해 문학부 학생은 대개 법제 경제의 지식이 결여되어 있는 것과 같은 폐단을 피하기 위해서"[37]라는 취지에서 탄생했다. 한편 법학부에 문학과를 더해서 법문학부로 하고, 훗날 이것을 각각 독립시켜 법학부와 문학부로 만들 계획이었다는 기록이 있는 것을 보면 법문학부는 단일한 의도로 계획된 것이라고 할 수 없다. 굳이 말하자면 법학에 강조점을 둔 학부라고 할 수 있다.

---

36) 유진오의 경성대학 재건과 관련한 회고 내용에서 재차 강조되는 점도 경성대학의 유일성이었다. 특히 제국대학 출신자들이 그 유일성을 강조하였는데, 그 점은 이후에 다시 자세히 살피겠지만, 제국대학 출신자들이 기득권을 주장하는 것과 관련한 비판의 대상이 되기도 한다.

37) http://www.ad.kanazawa-u.ac.jp/fifty_years/bk04-p235-244.pdf#search=法文學部(검색일: 2010. 6. 29.)

도호쿠제대 법문학부에서 첫 해에 개설한 강좌는 법문학부장이자 헌법학자인 사토 우시지로(佐藤丑次郎)의 헌법학을 비롯해 민법학·경제학·사학·철학·인도학·심리학 등 7강좌였다.[38] 법문학부는 그 다음으로 1925년 규슈(九州)제대에 개설되고,[39] 그 이듬해에 최초의 식민지대학인 경성제대에 개설되어 이 대학의 대표학부로서의 위상을 갖게 되었다.[40] 더구나 법문학부는 법학부와 문학부의 단순한 결합이 아니었다. 법문학부라는 명칭과 개념은 넓은 의미에서 동서 두 제국대학의 인문/사회과학 계열을 모두 아우르는 '변형태'로서 새로운 것이었다.[41] 또한 경성제대 교수들은 대개 도쿄와 교토의 두 제국대학 출신자들이었기 때문에 사실 법문학부의 경험이 없던 인물들이다. 이렇듯 경성제대 설립이

---

38) 경성제대와 비교하기 위해 기준시점을 1926년에 두면 원어민 강좌와 타대학 및 기관의 겸직 강사의 강좌를 포함해 모두 68강좌가 개설되었다.

39) 규슈제대의 경우에는 첫 해에 철학(2강좌), 윤리학(1), 사회학(1), 민법(1), 정치학(1), 정치사(1), 경제학(4), 서양사(1), 법리학(1), 헌법(1), 국제법(2), 재정학(1), 심리학(1), 교육학(1), 영문학(1), 독문학(1), 국사학(1) 등 모두 22강좌가 개설되었다. 그 이듬해에는 26강좌로 확대된다.

40) 도호쿠제대는 1876년에 개교한 삿포로농학교(札幌農學校)를 대학으로 승격시킨 농과대학과 그후에 새로 만든 이과대학이 대표학부였고, 규슈제대는 1910년에 공과대학으로 출발했고 의과대학과 농과대학이 개설되었다. 따라서 법문학부가 대표학부였던 경성제대와는 동일한 법문학부라도 그 위상에서 차이가 있다고 할 수 있다.

41) 패전 후 일본 문부성이 지방 국립대학 설립 과정에서 인문/사회계열 학부의 모델로 가장 많이 사용한 것이 바로 법문학부 모델이다. 특히 가나자와(金沢)대학의 예가 그러한데, 이 대학의 경우 도호쿠제대 법문학부 교수인 나카가와 젠노스케(中川善之助)가 설립 운동의 중심에 있었을 뿐만 아니라 경성제대에 교수로 있던 도리야마 기이치(鳥山喜一, 법문학부장)와 하세가와 리에(長谷川理衛)가 그 운동의 주요 멤버였다.

식민지에서의 제국대학이라는 새로운 실험인데다 법문학부는 내지에서
조차 아직 정착된 제도가 아니었다.[42]

하지만 제국일본의 패망과 동시에 해방을 맞이한 조선의 첫 대학에서
도 식민지 제국대학 법문학부의 상상력이 그대로 작동되었던 것이다. 이
는 신생국의 '새로운' 대학이라는 이념적 상상력이 발휘되지 못한 결과
로 나타났다고 할 수 있겠다.

그렇다면 여기서 1943년 현재 경성제대 법문학부의 교수진과 1945년
12월에 발표된 경성대학의 교수진을 통해 학과의 구성과 규모를 비교해
보자. 먼저 1943년 경성제대 법문학부의 교수진이 담당했던 강좌는 다
음 표1과 같다.[43]

교수 담당의 총 40강좌와 조교수 담당의 13강좌를 비롯해 강사와 강의

---

42) 경성제대 출신자들의 학술잡지 『신흥』 창간호(1929)는 크게 사회과학 · 철
학 · 조선연구로 편집된 논단과 '해외문화의 동향'란과 문예란으로 구성되어
있다. 그러한 논단의 편집 의도에는 사회과학과 인문과학을 아우르던 경성제대
법문학부라는 학부의 특성이 반영되었음을 알 수 있다. 특히 '조선연구'란에는
주로 조선의 문학과 사학에 관한 논문이 실렸다. 『경성제국대학법문학회논집』
을 발간했던 법문학회의 규칙 제3조를 보면, "본회는 문화에 관한 제학(諸學)
의 연구 및 보급을 그 목적으로 한다"(강조─인용자)고 했듯, 여기서 '문화'란
학문의 분과를 통합하는 의미와 학문 연구를 조직하는 방법의 의미를 지니고
있다. 이런 통합적인 조직은 조선 아카데미즘의 형성 과정에 나타난 과도기적
인 형태라고 할 수 있다. 이렇게 창간호를 통해 그들이 법문학부의 경험을 재현
하고 있음을 알 수 있다. 경성제대의 법문학회는 1934년에야 비로소 법학회와
문학회로 분리, 개편된다. 이 대학에서 발행하는 학술지 『경성제대법문학회논
집』의 경우는 그에 앞서 제1부(법학 · 경제학)와 제2부(어문학)로 분리된다
(박광현, 「경성제대와 『신흥』」, 『한국문학연구』 제26호, 동국대 한국문학연구
소, 2003. 012 참조).
43) 이 표는 『경성제국대학일람』(경성제국대학 편, 1943)을 참조하여 작성한 것임.

표1 경성제대 법문학부 교수진 담당 강좌

계열	소분류	강좌	강사 및 강의 촉탁 담당
인문학 (35)	철학 (10)	철학·철학사1·2 지나철학 심리학1·2 미학·미학사 윤리학1·2 교육학1·2	정신병학(촉탁)
	사학 (6)	동양사학1·2 국사학1·2 조선사학1·2	
	어문학 (11)	국어국문학1·2/국문학 조선어문학1·2 외국어문학1·2 지나어문학 외국어문학 불란서어 언어학	조선어학/영문학(원어민)/ 불란서어(원어민)/지나어 (원어민)/조선식 한문/영 어(이상 촉탁)
정치사회학 (6)		정치학1·2 외교사 사회학 종교학	지리학(촉탁)
법학 (19)		헌법 행정법1·2 법제사 국제사법 국제공법 법리학 상법1·2 형법1·2(하나무라 요시키[花村美樹]가 2강좌도 겸임) 민법1·2·3·4 행정법	민사소송법/형사소송법/ 법의학(촉탁)/서양법제사 (이상 촉탁)
경제학 (6)		경제학1·2 통계학 재정학 사회정책 농업정책	

• 괄호 안의 숫자는 강좌수

표2 경성대학 법문학부 교수와 전공[44]

계열	분야 및 전공		교수명(출신대학 및 경력)
인문학	철학	철학	안호상(독일 예나대), 박종홍(경성제대)
		윤리학	김두헌(도쿄제대)
		심리학	이본녕(경성제대)
		사회학	이상백(와세다대 사회철학)
	사학	서양사학	백낙준(프린스턴대)
		동양사학	김상기(와세다대)
		조선사학	이병도(와세다대), 이인영(경성제대), 손진태(와세다대)
	어문학	조선어문학	조윤제(경성제대), 이숭녕(경성제대), 이희승(경성제대)
		영문학	이양하(도쿄제대), 최정우(도쿄제대)
법학	헌법		유진오(경성제대)
	형법		윤동직(사회과학연구소)
	법학		서재원(경성제대)
	국제사법		김갑수(경성제대)
	상법		이종갑(경성제대)
	행정법학		이태진(보성전문-최종학력 불명)
경제학	재정학		백남운(도쿄상대)
	화폐론		박극채(교토제대-과학자동맹위원장)
	농업정책		강정택(도쿄제대-사회과학연구소)
	통계학		황도연(교토제대-만주건국대 교수)
	경제사		최호진(규슈제대)
	경제학		윤행중(교토제대)

촉탁이 담당한 13강좌를 모두 합하면 총 66개의 강좌에 이른다. 반면 경성제대의 법문학부라는 제도를 그대로 계승한 경성대학의 법문학부 교수는 교수 22명과 조교수 5명으로 모두 27명에 불과했다(표2).

---

44) 각 교수의 전공에 대한 정보는 『동아일보』(1945. 12. 28)의 「대학법문 교수진 금일 발표」라는 기사에 따른 것이다.

경성제대는 교수를 핵으로 하는 교수—(조교수)—조수로 구성된 강좌제 중심으로 운영되었다. 그렇기 때문에 어떤 교수가 어떤 강좌를 담당했는지는 바로 그 학부 강좌의 성격을 말해주는 것이었다. 따라서 각 강좌마다의 독립성이 강했기 때문에 그 총합이 곧 각 학부의 전체 성격을 의미하는 것은 아니었다. 그런 점을 염두에 두고 경성대학의 교수진과 각 전공을 볼 때, 규모면에서는 비견할 수 없을 만큼 왜소했긴 하지만 강좌 구성의 형식적인 면에서는 일정 정도 유사한 측면을 엿볼 수 있다. 그것은 법문학부가 앞서 언급했듯이 다이쇼(大正)데모크라시와 인문주의 사조에 근거를 둔 것이라는 이념이나 역사적 측면을 소거한 채(아니, 기억하지 않은 채) 법문학부의 강좌제를 그대로 답습한 것이며, 또 식민지적 상상력에 기반을 둔 것이라는 점을 부정할 수 없다. 한편 비록 교수진 구성이 각 교육 계파간 타협의 산물일지라도 일단 민족 사이의 인적 교체를 이룸으로써 탈식민의 욕망을 구현한 결과적 산물이라고 하겠다. 거기에는 신생국의 국가적 정체성(national identity)을 담아낼 이념의 부재와 그로 인한 새로운 대학상(像)을 창안해낼 상상력의 빈곤을 드러낼 수밖에 없었다. 이 대학에서 "상당히 긴장된 분위기 속"에 실제 강의가 진행된 것은 1946년 3월부터 국대안 파동 이후인 그해 9월까지 한 학기 동안이었다.[45] 그마저 4월 이후에는 곧 종합대학으로 재편될 것을 알고 있었기 때문에 자신들이 단명의 교수라는 사실을 인지하고 강의하였던 것이다.[46]

---

45) 유진오, 앞의 책, 1977, 186쪽.
46) 크로프트 총장이 임명된 후 1946년 3월경, 즉 국대안 구상 이전에 이미 미군정청 미국인 관리에 의해 종합대학안이 구상되었다는 주장도 있다. 이 안은 7개

그리고 교수진의 면면만을 보면, 안호상과 백낙준을 제외하고는 경성제대를 비롯한 내·외지의 제국대학 출신자에다가 와세다대나 도쿄상대 출신자 등 일본에서 아카데미즘의 세례를 받은 인물을 주로 임명하여 학문의 성격도 일본제 지식을 계승하는 모습이었음을 부정하기 힘들다. 그런 결과를 초래한 이유는 무엇보다도 식민지 조선에 고등교육이 절대적으로 부족했고 1945년 해방 직전까지 대학과 전문학교는 우열의 경계가 분명했기 때문에 교원수가 절대적으로 부족할 수밖에 없었다.

각 전문학교까지 고등교육기관에 포함하더라도 1945년 8월 현재 모두 19개의 학교(고등교육)가 있었으며 거기에 재직 중인 교원은 조선인 261명인 데 비해 일본인은 647명이었다.[47] 그 중 조선인 교원은 대개 사립전문학교의 교원이었다. 그렇다면 해방 직전의 그 학교들을 그대로 운영한다고 전제할 때, 교원수는 일본인 교원 숫자인 647명이 부족한 데서 출발할 수밖에 없었다. 특히 경성제대의 경우는 조선인 교수가 한 명도 없었으며, 관공립전문학교에도 극소수의 조선인 교원밖에 존재하지 않았다는 사실에서 교수 인력의 부족은 어쩌면 필연적일 수밖에 없는 것이라고 할 수 있겠다.[48] 여기서 최초 법문학부의 교수진을 볼 때, 법문학부

학부와 1개 대학원 체제로 계획된 것이었다(이길상, 『미군정하에서의 진보적 민주주의 교육운동』, 교육과학사, 1999, 37쪽).
47) 유억겸, 「남조선 교육 개황」, 『민주경찰』; 이길상·오만석 공편, 『사료집성』 II, 349쪽.
48) 당시 『조선총독부직원록』(1941)을 통해 필자가 파악한 관공립전문학교의 교원수(조선인/일본인)는 경성법학전문학교 0/9, 경성의학전문학교 0/25, 경성공업전문학교 1/26, 경성광산전문학교 0/17, 경성고등상업학교 0/14, 경성사범학교 3(4)/65(1인은 창씨개명자일 가능성이 있음), 수원고등농림학교 0/31 등이었다.

의 이념과 성격, 그리고 개설된 강좌 등을 구체적으로 설명할 수 없는 상황이기는 하지만, 분명한 것은 법문학부에 익숙한 제국대학의 학문적 세례를 받은 자들이 주로 교수로 임명되었다는 사실이다. 그것은 적어도 대학과 전문학교의 우열이 분명하고, 또한 경성제대가 그렇듯이 대학은 유일한 것이라는 의식이 아직 강하게 남아 있었음을 의미하는 것이다. 그래서 국대안을 찬성하는 일각에서는 새로운 종합대학이야말로 그러한 유일성의 해체, 즉 그 출신자들의 특권을 박탈하는 길이라고 주장하기도 했다.[49)]

그 외에도 교수진 구성에 있어 몇 가지 특징이 보이지만, 그 중 조선어문학의 경우 모두가 경성제대 출신일 뿐만 아니라 그 전공은 조선사학과 함께 상대적으로 경성제대에 비해 확대된 것을 확인할 수 있다. 두 전공

---

49) 조헌영은 국대안 필요성의 근거로 "경성제국대학이라는 것의 뿌리를 제거할 수 있는 방도"이기 때문임을 우선 강조한다(313쪽). 그리고 그에 반대하는 동맹휴학이 "특권을 상실하게 된 분자들이 그 특권을 어디까지든지 지키려는 최후의 발악"(315쪽)이라며, "종합대학안이 나오자 그들의 실망과 분노는 말할 수 없는 것"이었다고 주장했다(조헌영, 「국립서울대학안과 학생맹휴에 대하야」, 『재건』(再建), 1947. 3; 이길상·오만석 공편, 『사료집성』 II, 315쪽). 한편 윤석기(尹奭起)는 "심각한 교육자 결핍에 허덕이는" 조선에서는 기존 교육자를 최대한 활용하는 이외의 다른 방도가 없는 상황이라고 진단한다. 따라서 '교육자의 재교육'이 초미의 급무라고 주장하며 "학문적인 실력"만으로 교육자를 선발할 수 없는 일로, "교육자들은 일본제국주의의 교육정책의 실천자로서 그 정신에 있어서나 일정한 일본적 파쇼적 훈련을 체득하고 있는 인물들"이라고 단정한다(윤석기, 「조선교육의 당면과제」, 『인민』 제1호, 1946. 1; 이길상·오만석 공편, 『사료집성』 II, 102, 103쪽). 이 글은 특히 경성대학 사건을 비롯한 각 전문학교에서 계속되는 교수배척운동을 예로 들고 있어 고등교육의 교수선발론의 하나로 읽을 수 있다.

의 교수진은 이병도와 조윤제가 인선 과정에 영향력을 행사한 것으로 보인다. 또 유진오가 보성전문의 교수 출신자가 자신을 포함해 서재원·윤행중·박극채·안호상·손진태 등 6인이나 되었다고 회고했듯이, 어느 정도는 인선 과정에 작용했을 것으로 짐작되는 인맥 관계를 엿볼 수 있다. 그리고 경제학 전공에서는 백남운의 입김이 강하게 작용한 것처럼 보인다. 그것은 백남운이 위원장을 맡았던 조선학술원과의 관계를 염두에 둘 때 좌익계 학술 진영의 대응방식과도 관련이 있어 흥미롭다.[50]

조선학술원은 해방된 다음날인 8월 16일에 도봉섭(都逢涉)·안동혁(安東爀)·김양하(金良瑕)·이균(李鈞)·허규(許逵) 등 1930년대 중앙아카데미를 구상했던 인사의 주변 중견학자들이 발의하여 추진되었다. 그 목적은 크게 두 가지로 정리할 수 있는데, 하나는 '진리를 탐구하고 기술을 연마하는' 연구기관으로서의 지향이었고, 다른 하나는 신국가 건설에 학술을 동원할 때 그 중추적 역할을 할 '학문적 연총'(think tank)이 되기 위함이었다. 그리고 정치적으로는 무당파(無黨派)의 입장을 취했다.[51] 그 외 중요한 목표 중 하나는 '학술 요원의 육성'(조선학술원 규정 4조 제2항)을 제시했다는 점이다.[52] 이 점으로 미뤄볼 때 이미 김용섭이 지적했듯이 부속기관의 설치를 통한 학술 요원의 양성을 위한 교육기관·연구기관을 준비하고 있던 것을 짐작할 수 있다.

그렇다면 조선학술원은 대학(특히 경성대학)과의 관계를 어떻게 설정했을까. 당시 문헌 중 조헌영의 글에서는 "서울대학의 학생맹휴의 근원

---

50) 주8 참조.
51) 방기중, 앞의 책, 1992, 232쪽.
52) 김용섭, 『남북 학술원과 과학원의 발달』, 지식산업사, 2005, 30~32쪽.

을 찾아올라가면 재작년 8·15 직후에 설립된 조선학술원부터 시작되었다"며,[53] 조선학술원의 설립 목적이 경성(제국)대학의 접수에 있었고 그들이 대학총장 이하 각 과 과장까지 이미 내정했었다고 주장한다. 이 진술을 통해 경성대학자치회의 활동과 좌익계 주도의 국대안 반대운동에 조선학술원과의 직접적인 연관이 있었다고 증명하기에는 불충분하다. 하지만 그 중 한 가지 백남운이 조선학술원의 위원장이었으며, 또 그는 경성대학 법문학부의 주요 인사 중 한 명이라는 사실은 흥미로운 점을 시사한다. 왜냐하면 당시 미군정은 백남운이 위원장으로 있던 조선학술원의 협조 없는 교수 충원을 비롯한 대학교육의 실제 문제들을 해결할 수 없다고 판단했을 것[54]이라는 방기중의 추측이 맞는다면, 어떤 의미에서든 둘의 관계는 적지 않게 있었을 것이기 때문이다. 백남운이 경성대학에 관여하기 시작한 것은 학술원이 학무국에 「교육임시조치요강안」을 제출한 9월 하반기부터인데, 그는 학무국장 록커드와 법문학부의 3개 학부(문학부·법학부·경제학부)로의 개편과 교수회 자치제의 실현 등 두 가지 조건에 합의한 뒤 관여하기 시작했다.[55] 따라서 대학을 둘러싼 논의에서 조선학술원과 관련된 논의를 왜 찾아볼 수 없을까 하는 점은 더욱 의문이 든다. 더구나 조선학술원의 기구표를 보면 자연기술과학 분야에 ①이학부(도상록), ②공학부(최경렬), ③농림학부(조백현), ④수산학부(정문기), ⑤의학부(윤일선), ⑥약학부(도봉섭), ⑦기술총본부(윤일중)를 두었고, 또 인문과학 분야에는 ⑧경제법률학부(백남운), ⑨역

---

53) 조헌영, 앞의 글, 1947, 315쪽.
54) 방기중, 앞의 책, 1992, 237쪽.
55) 같은 책, 238쪽.

사철학부(이병도), ⑩ 문학언어학부(이양하)를 두는 등 그 분야는 10개에 달했다. 이렇게 볼 때 일견 다소 이공계열이 비대해보이긴 하지만 조선학술원의 상상력은 동시기에 법문학부·의학부·이공학부에 국한하여 추진되던 경성대학보다 훨씬 거대한 것이었다. 그렇다면 왜 도상록·윤일선·백남운·이병도·이양하 등이 경성대학의 교수로 인선되었음에도 불구하고 조선학술원에서 보여준 상상력이 대학의 논의에 반영되지 못했을까.

사실 그것은 이제까지 해방 직후의 대학을 둘러싸고 중요한 논의가 누락되었기 때문에 해명되지 않는 부분이다. 앞서 언급했듯이 국대안을 중심으로 살피다 보니 그 과정이나 결과를 중심으로 논의해왔고, 또 실제 유억겸과 오천석을 중심으로 한 우익계가 의도했던 대학 개혁의 논리 중 일단만을 봐왔기 때문이다. 방기중은 미군정 교육정책에서 미군정과 조선교육위원회의 정치적 입장이 여실히 반영되는 가운데 좌익계가 철저하게 배제되었으며, 또한 좌익계가 교육문제의 중요성을 강조하면서도 실제 이를 위한 정책적 차원에서의 대책을 강구하지 못하고 대중운동 방식으로 대응하는 데 그쳤기 때문이라고 지적한 바 있다.[56] 하지만 한 가지 덧붙여서 당시 상황을 반추해볼 필요가 있는데, 그것은 바로 사립대학을 둘러싼 논의에서 두 진영의 대응방식의 차이다. 좌익계는 사립대학 정책에 대해 무대응에 가까웠다고 해도 무방할 정도였지만, 일찍이 당시 교육개혁세력 중 중요한 한 축을 담당했던 김성수·유억겸·백낙준·김활란 등 일제하 사학(私學) 운영자들은 자신들의 전문학교를 대학으로

56) 같은 책, 237, 238쪽. 이 점과 관련해서는 『매일신보』 1945년 9월 14일 기사의 "상아탑에서 가두로 학계 총력 조선학술원을 창설"이라는 표제어가 상징적이다.

승격시키려는 활동을 활발히 전개했다.

여기서 1945년 10월 11일자 『자유신문』을 보자. 거기에는 「새 조선 당면의 중대 과제 위대한 건국은 교육에서」라는 특집을 꾸려 초등부는 이극로, 과학교육은 안동혁, 그리고 전문부는 유억겸을 인터뷰한 내용을 싣고 있다. 그 중에서 「사학(私學)의 장려로써 민주주의 교육에 전문부=유억겸 씨 담(談)」이라는 기사에서 유억겸은 "사립은 일종 없어야 좋은 것같이 생각하야 지도 장려는 고사하고 탄압에 노력한 그러한 지도는 적극적으로 배척하여야 하며 학원자치 연구의 자유도 사립이 아니고는 완성키 어렵다"며, 심지어 "재래의 국가주의적 판에 박은 교육을 배제하"고 사학을 장려하는 것이 "국민의 사기 고취와 학술진흥상 필요하다"고 주장했다.[57] 여기서 그는 학원자치가 사립을 통해 완성 가능한 것이라고 주장할 뿐만 아니라, 경성대학을 가리켜 "재래의 국가주의적 교육의 후신"이라고 단정함으로써 그것을 극복할 수 있는 대안으로서 사립대학을 상상하고 있다. 이는 연희전문의 교장을 지낸 바 있는 유억겸의 개인의 욕망에서 비롯된 것이라고 판단하기보다, 오히려 그들의 대학을 둘러싼 상상력이 좌익계에 비해 더 구체적이고 풍부했던 결과로 보는 편이 옳을 것이다.[58]

실제 연희전문은 해방 후 가장 먼저 대학 승격을 추진했다. 『자유신문』은 "5년 전에 대학 승격의 꿈은 적산 관리(敵産管理)라는 더러운 이름 밑에 그 자취조차 감추게"[59] 된 바 있다는 식민지시기의 기억을 떠올리

---

57) 이 특집을 꾸린 1945년 10월 11일자 『자유신문』의 사설도 「학자, 교육자에게」라는 제목이었다.

58) 해방 직후 유억겸은 연희전문 적산의 접수위원장이었으며 곧 연희전문의 교장을 맡다가 문교부장이 되면서 백낙준에게 교장 자리를 물려준다.

표3 국대안 발표 직후 사립전문학교의 대학 승격 및 신설 관련 기사

날짜	머리기사	비고
1945. 10. 3.	여의전 대학 승격준비위원회 설치	매일신보
10. 25.	세브란스의전 대학 승격 확정	매일신보
10. 8.	연전(延專)에 새 광명(光明) 대학 승격의 시동(始動)	
10. 20.	사범대학 기성운동	
10. 22.	교육대학 기성준비	
12. 10.	성균관대학재단을 촉성 천여 대표 참가로 전국유림대회	
12. 12.	조선건국대학 기성운동	
1946. 4. 18.	연희전문교를 대학으로 동창생 활동 1천만 원 기금 모집	
5. 9.	국학대학기성회(화산재단)	자유신보
5. 9.	동국대학으로 혜화전문도 승격	
6. 24.	부산대학 인가 수전(水專) 문제도 해결	
6. 24.	대구에도 종합대학 부산수전 · 광주의전도 각각 확대	
7. 16	사립대학도 재편성	
7. 23.	배영대학(培永大學) 기성회	
8. 24.	연희대학교 정식으로 인가	
12. 3.	청주상대교 정식 설립 인가	
12. 3.	대학 설립의 기준 규정 함부로 대학 참칭은 불가	

며 문리과(文理科)를 중심으로 종합대학의 형식을 갖추게 될 것이라고
보도하였다. 이 기사에서처럼 연희전문은 5년 전, 즉 총독부 교육정책의
피해자로서의 자기상을 만들어냄으로써 대학 승격을 통한 민족대학으로

---

59) 「연전에 새 광명 대학 승격의 시동」, 『자유신문』, 1945. 10. 8.

서의 자기상을 새롭게 구축했다. 식민 잔재로서의 경성대학 대 민족유산으로서의 사립대학이라는 이항대립마저도 만들어낼 수 있는 상상력이 거기에 작동하고 있었던 것이다. 당시 경성대학을 둘러싼 논쟁과 갈등이 사회적으로 큰 파장을 일으키고 있는 가운데 민간의 사회단체나 사립전문학교는 대학의 신설과 승격을 욕망하는 목소리를 냈다. 그로 인해 경성대학을 둘러싼 각 세력간의 갈등도 그런 방향에서 상쇄되는 측면이 적지 않았던 것이다. 국대안이 발표된 직후까지 사립전문학교의 대학 승격과 대학 신설이나 지방의 국립대학의 신설을 전하는 내용의 기사가 언론에 줄곧 보도되었다(표3).

여기서는 누락되었지만, 보성 · 이화 · 숙명 · 중앙여대(현 중앙대 전신) 등의 사립학교도 같은 시기에 대학 승격을 요구했거나 준비했다. 1946년 7월 16일의 기사는 9월 신학기부터 실시되는 새 교육제도에 따라서 "남녀 전문학교가 3개 이상의 학부를 가진 대학(칼리지)으로 승격"되었음을 보도하고, 그 학부 구성을 다음과 같이 밝히고 있다(표4).[60]

한편 기성의 전문대학 이외에도 사범대학이나 교육대학과 같은 시급한 교원 양성기관은 물론 1920년대 초반의 민립대학운동을 연상케 하는 대학설립기성회의 활동이 눈에 띈다.[61] 특히 "종합대학 창립과 학자 양성기관 설립"을 목적으로 한 가칭 조선건국대학은 이사장 유억겸, 고문 김성수 · 최규동 등 18명이 참여하여 국대안을 주도했고 또 사립대학의 교장을 지낸 인물들이 그와는 별도로 종합대학을 구상했다는 사실은 이

---

60) 「사립대학도 재편성」,『자유신문』, 1946. 7. 16.
61) 특히 교육대학의 경우는 경성사범의 교수나 학생의 찬동을 받아 결성되었음을 밝히고 있는 것으로 보아 사회적 합의를 중요시했음을 알 수 있다.

표4 사립대학의 학부구성

대학	학부수	학부 구성
연희전문	4개 학부	문학원(국문과 · 영문과 · 사학과 · 철학과), 상경학원(정치과 · 경제과 · 상학과), 이학원(수학과 · 물리학과 · 화학과), 신학원(신학과)
고려대	3개 학부	법학부(정치학과 · 법률학과), 경제학부(경제학과 · 상학과), 문학부(사학과 · 철학과 · 국문학과 · 영문학과)
동국대	3개 학과	불교학과 · 문학과 · 사학과
이화여대	3개 학부	한림원(문과 · 가사과 · 교육과 · 체육과 · 법정과), 예림원(음악과 · 미술과), 행림원(의학과 · 약학과)
숙명여대	3개 학과	국문과 · 가사과 · 이학과
중앙여대	3개 학과	문과 · 보육과 · 경제과

미 경성대학의 대안으로서 새로운 종합대학을 민간 차원에서도 구상했음을 의미한다. 그리고 그것이 국대안과는 어떤 관계가 있는지 좀더 의미를 분석할 필요가 있는데, 주목할 만한 사실은 부산대학과 같은 지방대학의 성립을 들 수 있다. 경성대학의 유일성은 해방 후 얼마 지나지 않아 우익계 사학(私學)이나 지방의 교육계에서부터 이미 붕괴되었던 것이다.

결국 문교 당국은 우후죽순처럼 분출하는 대학 설립의 욕망을 제어하기 위해 대학 설립의 기준 규정을 정하고 엄격히 적용함으로써 "함부로 대학 참칭은 불가"[62]할 것임을 공표하기에까지 이른다. 대학 설립의 유지 기금이나 대학교사의 등급 표준에 따른 고등교육기관의 명칭 등을 고등교육위원회의 논의를 거쳐 아래와 같이 결정한다.

62) 「대학설립의 기준규정 함부로 대학 참칭은 불가」, 『자유신문』, 1946. 12. 3.

표5 미군정하 고등교육기관의 양적 성장 추세[63]

연도	학교수	교원수	학생수
1945년(8월 15일)	19(1)	1,490	7,819
1948년(정부수립)	31	1,265	24,000

고등교육기관의 명칭

1. 대학교: 3개 이상의 분과대학으로 구성된 종합대학

2. 대학: 인문 혹은 자연과학 계통을 단위로 한 단과대학

3. 대학관(大學館): 주야 불문하고 입학자격 고등중학 졸업 이상에 수료 연한 2년 이상의 특정 교육기관을 지칭

4. 학과: 주야 불문하고 입학자격 고등중학 졸업에 수업 연한 1년 또는 1년 미만의 고등학술 강의기관을 지칭

5. 단과대학(인문계)

   현금 · 토지 · 도서를 기준으로 각 기관을 규정.[64]

이렇듯 당시에는 과거 경험하지 못했던 '대학의 시대'라고 불릴 만한 흐름이 있었다. 그것은 식민지시대에 억눌려온 욕망 분출의 결과였다. 하지만 경성대학을 둘러싸고 벌어지는 갈등이 좌우 이념의 갈등 양상으로 나타나는 가운데 문교 당국은 대학에 대한 욕망과 막연한 기대에 함의된 에네르기를 그냥 방관할 수 없는 상황에까지 이르렀던 것이다.

---

63) 중앙대 부설 한국교육문제연구소, 『문교사 1945-1973』, 중앙대출판국, 1974, 55쪽. 앞서 유억겸의 글에서 제시된 숫자는 당시 남한에 한정하여 조사된 숫자이다.

64) 『자유신문』, 1946. 12. 3.

그런 통제에도 불구하고 이미 사립대학의 양적 성장의 추세는 확연했다(표5).

그러나 앞서 언급했던 1945년 10월 11일자『자유신문』에 실린 유억겸의 인터뷰로 돌아가서 생각해볼 때, 경성대학을 둘러싼 논쟁과는 별도로 사립대학을 확대하려 했던 발상은 의도했던 바대로 이뤄졌음을 확인할 수 있다. 그런데 여기서 간과해서는 안 될 것은 사립대학의 확대가 경성대학을 둘러싼 논쟁의 불만을 어느 정도 흡수했다는 점이다. 그리고 그것이 구제도에 얽매이지 않는 신생 조선의 탈식민적 지향이라는 이념의 좌표를 선점한 측면이 있다는 사실이다.

4. 경성대학 법문학부의 해체와 문리과대학

이미 앞서 살폈듯이, 1945년 11월 100여 명의 인사들로 구성된 조선교육심의회 중 제8분과위원회에서 고등교육 전반에 관한 논의가 진행되었다. 그때 새로운 대학의 모델이 될 대학령과 학위령을 만들기 위해 백낙준(미국) · 안호상(독일) · 이인수(영국) · 정석해(프랑스) 등이 각국의 제도에 관한 발언을 하고 유진오가 초안을 작성했다.[65] 그리고 심의회는 신대학제도에 관한 심의 과정을 거쳐 각종 관공립 및 사립전문학교를 대학으로 승격시키는 안을 만들었다. 이때 이미 경성제대만이 유일한 대학이었던 식민지시기와는 다른 대학이라는 생각들이 제시되었을 것이다. 그러면서 자연스럽게 새로운 국립종합대학의 모델이 제시되었을 것이다.

---

65) 유진오, 앞의 책, 1977, 169쪽.

1946년 3월 29일 학무국이 문교부로 승격되면서 임명된 한국인 문교부장 유억겸과 차장 오천석의 주도로 국립대학에 관한 논의가 더욱 구체화되어, 그해 8월에 국대안이 반포되었던 것이다. 그러한 일련의 과정에서 주목할 만한 사건이 일어나는데, 그것은 문교부가 1946년 4월에 경성대학 의학부와 경성의전의 통합을 지시하여 부분적인 대학 개편을 단행한 사건이었다. 각 통합 주체들의 반대에 부딪혀 성사되지 않았더라도, 이 사건은 국대안 발표 이전에 이미 각 고등교육기관의 통합을 통한 새로운 국립종합대학 모델이 예정되었으며, 따라서 각종 관공립(및 사립) 전문학교의 대학 승격이 그것을 전제로 허가된 것이라는 사실을 의미한다. 그리고 이 계획은 경성대학 '재건'의 차원을 넘어서는 기획이었음을 보여주는 것이다.

현하 조선에서 가장 긴급한 것이 교육의 건설이다. 이번에 국립서울대학교의 설치는 신국가 건설에 요청되는 대량의 인물을 양성하는 데 의미가 있는 것이다. 부족한 설비와 1교에만 보존된 설비품을 여러 학교의 학생이 서로 교류하여 연구하여야 될 것이다. 현하 가장 부족을 느끼고 있는 교수 문제에 있어서도 유능한 교수로 하여금 최대한도의 능력을 발휘할 수 있도록 함과 아울러 단과목 일괄 교수 방법을 취하여 합리적으로 운영되어야 할 것이다. (……)

그러나 우리는 과거 일제의 교육 잔재와 배타적인 전통을 찾아서는 아니될 것이다. 완전한 종합대학의 설치는 학생으로 하여금 다방면으로 학구의 여지가 있게 되는 것이다.[66]

---

66) 유억겸 문교부장의 회견기사, 『대동신문』, 1946. 7. 14.

이 인용문은 국대안 발표와 함께 유억겸이 인터뷰한 내용인데, 국대안에 담긴 새로운 대학교의 형식과 논리가 무엇이었는지를 잘 드러내고 있다. 우선 국가 건설기의 과제로서 국가 정체성의 확립을 위한 인재 양성을 목적으로 제시한다. 그를 위해 "일제의 교육 잔재" 척결과 "배타적인 전통"의 배제가 동반되어야 한다고 주장한다. 국대안은 '전(全)조선을 대표하는 종합대학'으로 통합함으로써 그것들을 부정할 수 있는 방법과 대안으로 제시되었던 것이다. 그리고 그것이 학생수의 증가로 고등교육의 기회 확대를 가져다 줄 것이라는 점을 강조했다. 문제는 국대안이 "우리 정부가 어느 때 수립될지도 모르니 보류하고 기다릴 수 없"는, 즉 미군정하의 조선 상황에서 진행된 것이라는 점이다.[67] 이는 문교당국자들 사이의 독립정부 수립에 대한 비관적인 전망, 곧 미군정의 지속과 분단을 전제로 성안된 것이었음을 의미하기도 한다.[68] 하지만 국대안 논쟁은 분단문제와 관련되어 더 이상 논의가 확장되지 않았다. 결국 국대안은

---

67) 유억겸 문교부장은 국대안 반포 이후인 1946년 9월 17일의 인터뷰에서 ①이 사회―임시이사회는 이제까지 그들에 의해 전문대학의 중요정책이 결정되어 왔다. ②각 학교의 전통을 무시한다고 하나 일정(日政) 교육 잔재는 없애야 한다. ③열 학교가 한 학교가 되니 적어진다고 하나 종합대학은 능히 열과 백을 당할 수 있는 큰 학원이 된다. ④학생수가 4,730명으로 증가된다. ⑤학원의 문화적 분위기 안에서 교수와 접촉하고 동료 학생과 공동생활을 하는 것이 민주주의가 요구하는 전인의 교육이므로 출석제한 규정은 불가피하다. ⑥우리 정부가 어느 때 수립될지도 모르니 보류하고 기다릴 수 없다, 등의 주장을 한다 (『자유신문』 1946. 9. 17). 6)의 일방성에 대해서는 오천석도 "문교부가 관계자와의 상의 없이 이를 일방적으로 단행하였던 것은 물론 민주주의 방식에 역행하는 일"이었다고 회고한 바 있다(오천석, 『한국신교육사』, 현대교육총서출판사, 1964, 420쪽).

68) 최혜월, 앞의 글, 1988, 16쪽.

해방기교육의 가장 큰 파동을 불러일으킨 원인이 되었으며, 거의 1년간에 걸쳐 이 파동은 지속되었지만, 그 논쟁의 핵심은 역시 식민지 교육 청산의 문제로 귀결되는 한계를 보였던 것이다. 거기에 필연적으로 동반되는 것이 바로 경성대학을 극복하려는 주장이었다.

국대안을 반대하는 측에서는 대개 ①이사회의 관료독재화, ②미국인 총장 임명, ③학원자치의 훼손, ④학생수 대비 교수수의 부족으로 인한 교육의 질 저하, ⑤각 통합 주체의 전통 부정 등[69]을 이유로 들었지만, 그 핵심은 역시 봉건 잔재 중 하나인 일본의 관료주의적 교육의 청산, 즉 이사회의 관료독재화에 대한 반대였으며, 그를 위해서는 교수와 학생의 자치권이 보장되어야 한다는 것이었다. 반면 그에 대해서 유억겸 등은 이사회는 미국식 민주주의에 기초한 것이며, 이미 임시이사회가 모든 전문대학의 중요 정책을 결정해왔다는 점을 들어 정당성을 항변하였다.[70]

---

69) 통합의 주체인 각 대학과 전문대학의 구성원들도 극단적으로 반대한 결과가 보도되기도 했다. "대부분 반대 종대안 찬부여론"이라는 기사 제목의 경성대학 출판부가 실시한 여론조사 결과에 따르면, 전문대학(교수·조교수·강사) 113표 중 반대 106표, 찬성 7표/ 중등학교 교유 176표 중 반대 155표, 찬성 16표/ 초등학교(훈도) 37표 중 반대 36표, 찬성 1표였다(합계 반대 297표, 찬성 24표, 중립 5표). 그 반대 이유로는 학교 학생수 감소와 각 학교 특수성 말살, 비민주성, 관선이사회의 관료화 등이 제시되었다(「대부분 반대 종대안 찬부여론」, 『자유신문』, 1946. 8. 19)

70) 「종대이사회는 잠정적 유문교부장 구성 방침을 발표」, 『자유신문』, 1946. 8. 2. 그 내용은 문교부 미군부장, 미군 부장대리, 미군 고등교육국장, 조선인 부장, 조선인 부장대리, 조선인 고등교육국장 6인으로 미군정장관이 임명해 이사회를 구성했다는 것이었다. 학원자치를 둘러싼 논쟁이 국대안 논쟁의 핵심 중 하나였는데, 그 원인을 제공한 것이 바로 운영상의 가장 큰 특징인 중요정책 결정

하지만 국대안 파동이 심각해지는 과정에서 이사회가 관료에서 민간인으로 교체되고, 조선인(이춘호) 3대 총장이 임명되는 등의 변화뿐만 아니라 외형상으로 고등교육 기회의 확대가 이뤄짐에 따라, 당시 국대안의 입안자들은 교육개혁의 가장 중요한 요소 중 하나였던 일제 교육 잔재의 청산이라는 명분을 획득해갔다. 어쩌면 이는 새로운 모델로서 종합대학안과 일제 교육 잔재 청산이라는 명분이 지닌 대중적 호소력을 짐작케 하는 결과라고 할 수 있겠다. 좌익계를 중심으로 한 반대측의 주장도 점차 위축되기 시작했는데, 그래서 그들 중 일부는 경성대학을 종합대학으로 재조직화하고 각 전문대학은 특성을 살려 운영하자는 취지의 주장을 펴기 시작했던 것이다.[71]

국대안은 그야말로 "거대한 최고 교육기관"을 지향했다.[72] 그 내용인즉 유일의 대학인 경성대학에 1946년 5월 대학으로 승격한 기존 각종 전문학교가 합쳐져 1개 대학원과 9개 단과대학으로 구성된 종합대학의 구상이었다. 즉 1개의 대학원을 비롯해 문리과대학(경성대 예과+문학+이학), 법과대학(경성대 법학+법학전문), 사범대학(남녀 사범전문), 의학대학(경성대 의학부+남녀 의학전문), 상과대학(경성대 경제

기관으로서의 이사회라는 존재이다. 임시적이라고 단서가 붙기는 했지만, 첫 이사회가 문교행정 관리들로 구성되었기 때문에 대학의 관료독재화라는 비난을 면치 못하기도 했다.

71) 당시 서울대 교수였던 한인석은 국대안의 대안으로서 "국대안 실시 전 경성대학만을 종합대학으로 점차 발전시키며 각 전문학교는 단과대학으로 그 특수성을 ○○하며 발전하도록 육성하야 나가는 것이 당면한 시책"이라고 주장한다(한인석, 「국대안과 조선교육」, 『우리공론』 1947년 4월호; 이길상·오만석 공편, 『사료집성』 II, 320쪽).

72) 『조선연감』, 조선통신사, 1948; 이길상·오만석 공편, 『사료집성』 II, 538쪽.

+경제전문), 공과대학(경성대 공학+공업전문+광산전문), 치과대학
(치학전문), 농과대학(농림전문), 예술대학(신설) 등 9개의 단과대학
으로 구성된 종합대학이었다. 하지만 이 대학이 "거대한 최고교육기관"
으로의 통합을 목표로 창설된 것이었다 하더라도, 이미 유일한 대학의
신화는 그것의 안과 밖에서 무너지고 있는 상황이었음을 염두에 둘 필
요가 있다.

1946년 9월에 개교를 앞두고 문교부는 국대안을 계획대로 단행할 것
이라고 재차 공표했다. 그리고 8월에 교수진을 내시하였는데, 그 인명은
아래와 같다.

> 대학원장 윤일선, 부원장 조윤제, 문리과대학 이태규, 의과동 심호
> 섭(沈浩燮), 공과동 김동일, 농과동 조백현, 예과동 박명진(朴明鎭),
> 법과동 고병국, 상과동 이인기(李寅基), 사범동 장이욱(張利郁), 예술
> 동 장발(張勃), 대종의원장 백인제(白麟濟)[73]

앤스테드(Harry Bidwell Ansted) 총장을 비롯한 이상의 교수들이 각
단과대학의 교장을 맡았다. 이미 새 교육제도에 따라서 관공립전문학교
는 물론 사립전문학교 중 "남녀 전문학교가 3개 이상의 학부를 가진" 학
교의 경우 "대학(칼리지)으로 승격"되었을 뿐만 아니라 지방 국립대학
의 신설이 가시화되는 상황이었다. 따라서 국대안은 그것들과는 변별적
인 종합대학의 기획이었음은 분명하다. 당시 대학 숫자 통계를 보면 국
대안의 단과대학도 각각 하나의 대학(칼리지)으로서 따로 카운트되었

---

73) 「종합대학교는 예정대로 9월에 개교」, 『자유신문』, 1946. 8. 28.

다. 이는 사립대학의 조건으로 요구한 학부제가 국대안에는 적용되지 않음을 의미한다. 오히려 대학의 단위가 학과로 분할되는 양상을 띠었다. 그럼에도 불구하고 문교 당국의 입장에서 보면, 하나의 이사회를 통해 교수 임용, 재원, 시설, 교수회 등에 대한 통제를 일원화하기에 용이한 제도였다.

국대안 파동 중 가장 큰 대립은 학원자치의 문제였다. 그와 관련해 이사회라는 존재가 크게 부각되었는데, 문교 당국 등 입안자들은 오히려 이사회의 기존 역할을 강조했다. 신생 조선의 고등교육이 선택한 장래의 모습이 미국식이냐 일본식이냐로 단순하게 이분화하며 이사회의 논리를 이용했다. 이는 과거 경성대학의 성격을 어떻게 규정하고, 또 그것을 새로운 대학 이념에 맞게 재구축 혹은 재조정할 것인지를 함의하는 것이기도 하다.[74]

---

74) 1947년 2월에 앤스테드 총장과 9대학의 교장 및 문교부장과 차장이 문교부장실에서 회의를 갖고 대학총장과 이사진을 전부 조선인으로 임명하겠다고 발표한다(『자유신문』, 1947. 2. 16). 그리고 4월에 발표된 이사진은 유재성(공대, 현 용산공작소 사장), 안종서(치대 개업의사), 최규동(중동 현 학교장), 이의식(의대, 개업의사), 안동원(상대, 상공회의소), 서광설(법대, 변호사), 이용훈(농대, 전 수원군수) 등이었다(「국대이사 9명 선정」, 『자유신문』, 1947. 4. 11). 이사회의 구성이 미국인이든 조선인이든 이사회를 통해 대학 운영상의 제반문제를 결정한다는 뜻은 양보할 의사가 없음을 재차 강조하였다. 러치 군정장관도 기자단과의 회견 중에서 "이사회서 대학 운영은 미국적이요 민주주의적"(『자유신문』, 1946. 7. 24)이라고 거듭 강조했다. 1947년 3월에 피텐저 문교부장이 사임하고 그 후임에 지한파로 알려진 전 연전 교장 원한경(언더우드)이 임명되어왔을 때도 현하의 사태에 대해서 한 마디로 "학교행정을 교수나 학생들이 맡아보겠다는 것은 어느 나라에도 없는 일"(『자유신문』, 1947. 3. 18)이라고 했던 것도 동일한 맥락에서 이해될 수 있는 발언이었다.

또한 당시 문교 당국의 논리는 국대안이 '경성대학+관공립전문학교'라는 형식이라고 주장하지만, 이는 식민지 잔재로 낙인찍힌 경성대학의 유일성을 해체함으로써 고등교육기관의 인적 쇄신에 목적이 있었다고 보는 편이 옳다. 관공립전문학교도 1946년 5월에 이미 대학으로 승격한 상태였지만, 그렇다고 해서 그 대학들이 식민지 잔재로서의 모습을 탈각했던 것은 아니었다. 당시 『조선연감』의 지적처럼, 명칭 변경에 지나지 않은 것이었다.[75] 그 소속 주체들도 정통성이니 전통이니 하는 언사를 통해 경성대학과는 변별되는 정체성을 강조하였다. 결국 경성대학과 마찬가지로 학교 명칭만을 바꾸었을 뿐이다. 그래서 그 각 대학들의 통합은 "과거 일년간의 비민주성을 종합강력화"[76]한 것에 불과하다는 비판이 있었던 것이다.

유억겸 등은 연희전문을 문리과 중심의 대학으로 승격시키려고 준비했을 뿐만 아니라, '조선건국대학(가칭) 기성운동'[77]을 통해 경성대학의 재건과는 별도로 "종합대학 창립과 학자 양성기관 설립"에 관심을 기울인 바 있었다. 이런 상황에서 식민지시기 유일의 대학이었던 경성제대의 위상을 고스란히 이어받은 경성대학은 점차 신생 조선 안에서 다양화하는 대학들 중 하나에 불과한 존재가 되었다. 따라서 이미 국대안 파동은 유일한 대학을 둘러싼 이념의 논쟁이 아니었다.

그럼에도 불구하고 이 파동에서 경성제대(혹은 경성대학)를 둘러싼 문제가 중요한 이유는 결국 식민지 유제의 청산이 논쟁의 핵심이었다고

---

75) 『조선연감』, 조선통신사, 1948 ; 이길상 · 오만석 공편, 『사료집성』II, 538쪽.
76) 『조선해방연감』, 조선통신사, 1946 ; 이길상 · 오만석 공편, 『사료집성』II, 511쪽.
77) 『자유신문』, 1945. 12. 12. 이 '조선건국대학(가칭) 기성운동'에는 이사장 유억겸, 고문 김성수, 최규동 등 18명이 참여하였다.

할 때, 그 문제는 결국 경성제대(혹은 경성대학)를 둘러싼 해석의 논쟁으로 수렴될 수밖에 없기 때문이다.

국대안의 창안자들이 통합의 논리를 강조했지만, 오히려 경성대학(경성제대)의 해체라는 측면에서 해석할 수 있을 것이라는 전제하에, 여기서는 그 중 법문학부의 해체와 문리과대학의 성립이라는 측면에 맞춰 국대안의 문제를 살펴보고자 한다.

사실 경성제대가 법문학부와 의학부만으로 출발하면서도 종합대학(university)이라고 불릴 수 있었던 것은 도쿄제대와 교토제대를 비롯한 제국의 제국대학의 일원이었기 때문이었다. 이 말은 제국일본의 최고학부 시스템인 제국대학으로서 위계와 서열이 존재했을지언정 다른 지역의 제국대학과 마찬가지로 동일한 이념에 따라 작동하는 제국 내의 거점적 위상을 지닌 대학이라는 것이다. 특히 앞서 살폈듯이 법문학부는 식민지 유일의 대학 내 분과 구성의 특성과 지역성을 드러내기에 적합한 제도였으며, 또한 본국의 제국대학을 식민지에 이식하기에 적합한 형식이었던 것이다. 그를 통해 경성제대는 제국대학의 일원이라는 위상을 지닐 수 있었다. 하지만 제국의 붕괴 이후 경성제대의 그러한 위상은 상실되게 마련이다.

그렇다면 국대안을 통해 제시된 대학 형식 속에서 과거 경성제대의 형식을 계승한 경성대학은 어떻게 해체되었을까. 여기서는 그 점을 주로 법문학부의 해체 내용을 통해 살펴보고자 한다. 국대안은 앞서 살핀 것처럼 1개 대학원과 9개 단과대학으로 구성되었는데, 그 중 문리과대학(예과+문학+이학), 법과대학(법학), 상과대학(경제학)은 경성대학 법문학부의 해체와 예과의 해소를 통해 만들어진 대학들이었다.

그렇다면 법문학부가 해체되어 국대안에서 새롭게 제도화되는 문리과

대학은 무엇일까. 문리과대학이란 'College of Liberal Arts and Sciences'의 번역어인데, 당시 그것이 반드시 새롭거나 낯선 것만은 아니었다. 리버럴 아츠(Liberal Arts)란 영어는 그리스에서 노동하는 자, 직업적인 일에 종사하는 자, 기능인들과는 구별되는 의미에서 사용되었다. 그것은 자유인들이 스스로 교양을 쌓고 전인적인 인격도야, 지도자로서의 자질을 갖추게 하기 위하여 받아야 할 교육과정으로 시작되었다.[78] 오히려 미국에서 영국 · 프랑스 · 독일의 대학보다 독립된 리버럴 아츠 대학(Liberal Arts College)이 많았다. 한국과 일본의 교양과정은 대개 이 미국의 학제를 받아들인 것이다.[79] 그리고 미국이 식민지에 세운 대부분의 고등교육의 형식이 바로 이 리버럴 아츠였으며, 한국의 경우도 구한말의 배재나 이화학당, 그리고 숭실과 연희 등과 같이 선교사들이 조선에 설립한 학교의 대부분이 직업교육보다는 교양교육을 강조했다는 점에서 이 형식에 가까운 제도였다고 할 수 있다.[80]

공교롭게 미군정하의 일본에서도 각 제국대학이 해체되는 등 전면적으로 대학제도가 개편되는데, 거기서도 리버럴 아츠가 등장한다. 그 중 도쿄대학의 경우는 1945년에 먼저 개편되는데 그것을 구제(舊制) 도쿄대학이라 부른다. 그리고 1947년에 다시금 개편되는데 이를 신제(新制) 도쿄대학이라 부른다. 구제 도쿄대학에는 법학부 · 의학부 · 문학부 · 이

---

78) 이석우, 『대학의 역사』, 한길사, 1998, 423쪽.
79) 이광주, 「'대학의 이념'을 위하여」, 대학사연구회 편, 『전환의 시대 대학은 무엇인가』, 한길사, 2000, 448쪽.
80) 김기석 · 류방란의 『한국 근대교육의 태동』(교육과학사, 1999)에는 그 형식을 짐작할 수 있는 교과 구성(영어교육이 중심이기는 했으나)으로서 배재학당의 교양과정이 예시되어 있다(98쪽).

학부 · 농학부 · 경제학부 · 제1공학부 · 제2공학부 등 8개 학부를 두어 도쿄제대를 그대로 계승하는 모양새였다. 하지만 1947년에 새롭게 개편되었을 때는 법학부 · 의학부 · 공학부 · 문학부 · 이학부 · 농학부 · 경제학부 · 교육학부 · 교양학부 등 9개의 학부로 구성되었다. 그 둘 사이의 두드러진 차이라고 한다면, 신제 도쿄대학에서 교육학부와 교양학부가 신설된 것을 들 수 있다. 그 중 교양학부는 영어로 'College of General Education'이라고 표기했다. 거기서는 후기 과정의 진학을 전제로 한 교육 프로그램이 운영되었다. 이는 학제 개편(6+3+3+4)의 결과에 따른 조치로 실질적으로 대학 예과의 성격을 지녔던 구제(舊制) 고등학교 시대에 중시되었던 교양교육의 흐름을 계승한 것이었다. 신제 도쿄대학에서 교양학부를 신설한 것은 한 마디로 리버럴 아츠 교육을 대학교육의 기초로서 중시해온 예과의 전통에서 비롯된 것이었다.[81] 1983년 이후에 영어 표기가 'College of Liberal Arts and Sciences'로 바뀐 것은 자연스러운 일이었다.

그런 도쿄대학의 교양학부에 해당하는 것은 국대안의 문리과대학이다. 하지만 도쿄대학에서는 학부제의 전통을 계승하여 문학부와 이학부를 따로 둔 반면 국대안은 그렇지 않았다. 다시 말해 도쿄대학의 경우 그것이 가능했던 이유는 1897년 이후 이어져온 문학부와 이학부의 전통 때문이었으며, 교양학부는 일면 과거 대학 예과의 해소를 위해 마련된

---

81) 도쿄대학 교양학부는 과류(科類)에 따라 후기 과정에 진학 가능한 학부나 학과가 대개 다음과 같이 정해져 있다. 文科一類: 法學部/文科二類: 經濟學部/文科三類: 文學部 · 敎育學部/理科一類: 工學部 · 理學部 · 藥學部 · 農學部/理科二類: 農學部 · 藥學部 · 理學部 · 工學部 · 醫學部健康科學 · 看護學科/理科三類: 醫學部醫學科.

제도적 성격을 지닌 것이라고 할 수 있겠다. 한편 국대안에서도 예과가 제도적으로 해소되었지만, 그것은 문리과대학으로 통합하는 방식에 의해서였다. 결국 경성대학의 강좌제와 학부제가 폐지됨으로써 새롭게 기획된 국대안의 문리과대학은 예과에 법문학부와 이공학부의 일부, 즉 문학과 이학 전공만을 합한 학과제 대학이었다. 하지만 이 대학은 후기 과정의 진학을 전제로 하지 않았고, 그 산하에는 문학과 · 정치학과 · 사학과 · 철학과 · 수학과 · 물리학과 · 화학과 등의 학과를 두었다.[82]

이렇게 경성대학(경성제대)은 국대안을 통해 대학의 유일성을 상실하는 동시에 법문학적 전통이라는 유산을 잃게 되었다. 그뿐 아니라 1개의 대학원과 9개의 대학으로 비대해진 국대안의 비중이 기술과 과학, 그리고 실용 등에 두어지면서 문리과대학은 상대적으로 왜소해 보일 수밖에 없었다. 특히 경성제대가 제국대학의 일원으로서 지역성으로 대표하는 최고학부였으며, 그 중에서 법문학부가 조선을 학문적으로 표상하고 기술(記述)하는 대표기관이었던 점을 고려하면 더욱 그렇다. 조선어문학과 조선사학 강좌뿐만 아니라 그 외 법문학부의 대개의 강좌들도 제국에서 생산하는 조선학의 대표 역할을 하였다. 반면 국대안을 통해 그것이 해체됨으로써 대학 자체의 그와 같은 기능은 자연적으로 위축되어 상상될 수밖에 없었다. 그것이 결과적으로는 문리과대학의 신설이라는 외형적 변화로 나타났다. 하지만 중요한 것은 누가 거기에 참여할 수 있는 기회를 부여받았는가, 혹은 누가 거기에 적극적이고 주체적으로 참여했는

---

82) 국대안 실시 이후의 학과제나 그 분할 등과 관련해서는 좀더 면밀한 검토가 필요하다. 여기서는 그 구체적인 상(像)을 제시할 수 없으나, 『서울대학교50년사』 하(서울대학교50년사편찬위원회, 서울대출판부, 1996)의 「학과 및 대학원의 활동과 업적」을 참조하면 대강의 짐작을 할 수 있다.

가에 따라 그 성격은 달라질 수밖에 없었다는 점이다. 그런데 당시 문교부 차장이자 국대안의 입안자였던 오천석이 "국대안에 의하면, 기존 학교를 전면적으로 폐지하고, 새로운 학교를 세우려는 것이므로, 기존 학교의 폐지와 더불어 재직 교수들은 일단 자동적으로 해임되고, 자격에 따라 새로이 다시 임명되"[83]는 것이 원칙이라 했던 대로 대개의 좌익계 교수들은 해임되어 서울대를 떠나야 했다.[84] 결국 경성대학에서 국대안으로 이어지는 당시의 대학 파동은 교수의 문제로 시작해서 교수의 문제로 환원되어 매듭되는 양상이었다고 할 수 있겠다.

그리고 국대안이 신생 국가를 대표하는 대학상(像)이었지만, 그것이 지향했던 것은 경성제대가 강조했던 지역성이 아니라 보편적 대학상이었다. 예를 들어 김성식은 「중세대학사론」을 쓰는 이유에 대해서 "대학이 14세기 이후로 서구 각지에서 일어난 대문화운동의 근원지가 되었"고, "신시대의 선구자들이 모두 대학에서 배출되"던 점을 상기할 때 "공간적으로나 시간적으로 멀고 먼 중세서양사 일면이 금일의 우리들에게 그렇게 인연이 먼 것 같지도 않게 생각"이 들었기 때문이라고 말한다.[85] 1920년대 초반에 일어난 민립대학운동 때를 제외하면 식민지시기에는 거의 대학론이 거론된 바 없었다. 해방기에 비로소 대학을 둘러싼

83) 오천석, 앞의 책, 1964, 420쪽.
84) 최혜월의 조사에 따르면 국대안이 실시된 직후의 국립대 교수는 429명이었는데, 그 가운데 311명이 국대안을 반대하면서 사임하였고, 곧이어 191명의 교수가 새로 채용되어 309명이 되었다가, 그 가운데 205명이 사임하여 남은 교수는 100여 명에 불과했다고 한다(최혜월, 앞의 글, 1988, 22쪽). 그리고 김동광이 진보적 과학자의 월북을 다룬 「해방공간과 과학자 사회의 이념적 모색」(『과학기술학연구』 제11호, 2006. 6)에서는 이공계 주요인물들의 월북이 국대안 반대운동과 관계되어 있음을 확인할 수 있다.

논의가 급격히 확대되었는데, 김성식과 같은 논의의 핵심은 민립대학운동 때 "학(學)의 독립"이니 "조선인의 과학"을 강조하던 것과는 달리 중세의 대학에 기원을 둔 보편적 대학이었다. 그것이 가능했던 것은 다름아닌 미완성이나마 독립국가를 전제로 대학을 사고했기 때문일 것이다. 이처럼 당시 대학을 둘러싸고 자주 거론되었던 진리니 문화니 혹은 보편이니 민주주의니 하는 개념들은 탈식민의 욕망과 상상력이 군정 종식과 독립, 그리고 분단 극복이라는 현실의 정치적 과제를 초월하여 의미화되고 유통되었는지 모르겠다. 문리과대학도 그러한 상상에 근거하여 제도화된 것이라고 해도 무리가 아닐 것이다.

5. 대학교수 인플레시대, 그리고 경성(제국)대학의 기억

이미 서론에서 지적했지만 해방 직후 미디어는 "교수 없고 학생 없는 대학이 되어버"[86]린 현실을 비꼬았다. 그러면서 '대학의 시대'라고 부를

---

85) 김성식, 「중세대학사론」, 『조선교육』, 1948. 5; 이길상·오만석 공편, 『사료집성』 III, 477, 478쪽. 이 글과 비슷한 발상에서 씌어진 글로는 조동필(趙東弼)의 「대학과 학문」이 있다. 특히 조동필의 글에서는 중세에 헤브라이즘이 유지해온 세 가지 "협화적 요소"로서 "로마법황청(Sacerdotium)과 제왕권(Imperium)과 대학(Studium)"(16쪽)이라 하고 서구 보편주의의 하나로 대학을 들었다. 그리고 "근대사회에 있어서 대학은 또한 그 사회적 현실을 반영하여 근대 시민사회의 질서를 안정화하고 그 문명을 찬양하고 그 사회를 지속하는 데에 노력하였"(17쪽)다며 대학이 "세계사의 새로운 전망"(21쪽)에 대하여 문호를 개방해야 한다고 주장했다(조동필, 「대학과 학문」, 『신천지』, 1948. 2)
86) 유진원, 「정치와 교육」, 『주보 민주주의』, 1947. 6; 이길상·오만석 공편, 『사료집성』 II, 324쪽. 경성대학도 자치위원회가 그 시설과 도서는 접수하였으나,

수 있을 만큼 하루가 멀다고 대학 문제를 기사화했다. 특히 해방기의 학생운동에서 국대안 반대운동은 찬·반탁 운동과 단선·단정 반대운동과 더불어 중심 이슈 중 하나였다. 그런데 문학에서는 김남천의 『1945년 8·15』에서처럼 대학을 떠나는 사람들을 그렸을지언정 대학사회의 문제를 소설화하지 않았다. 그 어느 때보다 '해방'을 둘러싼 시사적인 소재를 많이 다뤄오던 문학자들이 대학 문제를 작품화하지 않았던 것이다.

이근영의 단편 「탁류 속을 가는 박교수」[87]는 그런 점에서 당시 대학 문제를 다룬 보기 드문 소설이다. 당시 미디어에서는 대학 문제를 다룬 기사가 범람하는 가운데 그 중에서 일부 학자나 신문 편집자들이 쓴 '교수(敎授)론'에 해당하는 글이 적지 않았는데,[88] 「탁류 속을 가는 박교수」는 그 교수론의 소설 버전이라고 할 만하다. 이 소설은 좌우의 이념 갈등, 학내 '쌈패'의 테러, 윤교수의 재산 증식과 윤리 문제, 학장 선거를 둘러싼 음모, 대학에서 쫓겨나는 좌파 경제학자 김교수 등의 소재를 통해 대학사회를 그려낸다. '쌈패'로부터의 테러로 병원 신세를 지게 되는 영문학과 박교수는 문학의 자율성과 학문의 순수성만을 고집할 수 없는 사회를 느끼며 '탁류'라는 단편소설을 구상한다. 그리고 "박의 작품이 정치성 없는 무가치의 것"(159쪽)이라고 비판해오던 김교수에게 그 구상

의대를 제외하고는 모두 미군이 진주한 탓에 1946년 1월까지 실제 거의 수업이 진행되지 못했다(『조선연감』, 조선통신사, 1947; 『사료집성』 II, 527쪽 참조).

87) 이근영, 「탁류 속을 가는 박교수」, 『신천지』 1948년 6월호. 이하 인용은 본문에 쪽수만 기입한다.

88) 이와 관련된 기사 이외에 대표적인 사설과 평론을 들자면, 사설 「학자, 교육자에게」, 『자유신문』, 1945. 10. 11; 사설 「대학의 사명」, 『자유신문』, 1946. 1. 26; 사설 「교수부족과 외국인교수문제」, 『자유신문』, 1946. 12. 17; 김동석, 「대학교수론」, 『신천지』, 1946. 10; 전석담, 「대학교수론」, 『신천지』, 1948. 2 등이 있다.

을 털어놓는다. 김교수는 덧붙인다. "탁류만을 그리지 말구 탁류 속에 흐르는 청류도 보아야 헌단 말이네. 그것이 진정한 리얼리즘이야."(167쪽) 이에 박교수는 "글쎄 내가 그걸 캐치하려는 것일세"(167쪽)라고 대꾸한다. 이러한 박교수의 태도 변화를 통한 두 교수 사이의 동의는 '이 시대'에 무엇을 가르칠 것인가, 아니 무엇을 가르쳐야 하는가, 그리고 더 나아가 무엇을 해야 할 것인가의 문제로 귀결되고 있다.

이근영은 소설에서 '이 시대'의 남한사회를 탁류로 그리려 했으며 곧 월북했다. 그렇다면 과연 이 소설 속의 박교수와 김교수는 탁류 속에서 어떤 선택을 했을까. 이 소설 속의 대학이 어디를 모델로 삼았는지는 소설상으로 확실치 않지만, 소설에서와 같이 경성대학에서 국대안으로 이어진 당시의 대학 파동은 교수들의 선택(혹은 선택됨의) 문제로 귀결되었다. 즉 그 파동은 교수(인선) 문제로 시작해서 교수(구교수의 복직과 미국인 교수 채용 반대) 문제로 환원되는 일련의 과정이었다 해도 과언이 아니다.

유진오는 자신의 회고록 『양생기』에서 "1947년은 좌익의 공세가 쇠퇴하고 우익의 반격이 격화된 해"[89]라고 적고 있다. 그의 기억의 옳고 그름을 떠나 회고록의 서사적 맥락에서 보면, 그것은 국대안 파동의 안정화와 더불어 대학 문제가 새로운 국면에 접어들었음을 기술하기 위한 배경으로 작동하고 있다. 당시 서울대 교수였던 그는 실제 1948년 벽두에 "해방 후 우리는 대학을 몇십 개씩 맨들었다고 좋아했지만 우리가 급원(急願)하던 실질을 가진 대학, 마땅히 그러해야 할 내용을 갖춘 대학은 아즉 하나도 창설되지 못했다, 하여도 과언이 아닌 것"이라는 주장의 글

---

89) 유진오, 『양생기』, 고려대출판부, 1977, 210쪽.

을 발표한다.[90] 이미 앞서도 살폈지만, 유진오는 해방기 대학제도를 구상하는 데 중심적 역할을 했던 인물이었다. 그런 그가 대학 문제에 대해서 그렇게 신랄하게 비판한 이유는 무엇일까.

유진오는 대학 자체가 가지고 있는 대학 위기를 재정·교수진·서적(연구 자료)의 결핍에 있다고 지적하면서, 그 모두가 "대학의 의의와 사명에 대한 일반의 인식의 결여"에서 비롯된 것이라고 진단한다. 그리고 "학문연구의 전당"이라는 대학 본연의 기준으로 볼 때 현하의 대학들은 전문학교나 고등직업학교의 명칭은 붙일 수 있으나 결단코 대학이라는 명칭을 사용할 수 없을 정도로 "중요한 대학의 사명"이 몰각되어 있다고 말한다.[91] 그런데 흥미로운 점은 그가 '대학의 사명'을 논하는 준거로서 과거 자신이 수학하고 조수를 지냈던 경성제대를 염두에 두고 있다는 사실이다.[92] "과거 일년간의 비민주성을 종합강력화"[93]한 것이라는 비난 속에서 출발한 국대안 파동이 안정화되는 과정에서 유진오는 재정·교수진·서적 등의 결핍으로 인해 진정한 대학이 부재하는 사회를 논하면

---

90) 유진오, 「대학의 위기」, 『조선교육』, 1948년 1·2월호; 이길상·오만석 공편, 『사료집성』 III, 392쪽.

91) 같은 글, 393쪽.

92) 경성제대 출신자들의 이러한 교수론을 둘러싼 경성제대에 대한 향수는 적지 않게 오래 간다. 조윤제의 경우도 정부수립 후 한국의 대학제도와 대학교수상에 대해 비판한 글에서 일본의 제국대학을 준거로 제시한다. 이처럼 그들의 경성제대에 관한 기억은 제도적인 차원에서 만들어진 것이었다. 예를 들어 조윤제가 그의 스승 오쿠라 신페이(小倉進平)에 대해 우호적으로 회고하며 바람직한 대학상을 제시한 것도 사실은 개인적 차원보다 그 이상의 의미를 지닌 제도적인 차원에서의 향수라고 생각할 수 있다(조윤제, 「대학교육의 자성」, 『도남(陶南) 조윤제전집』 5, 태학사, 1997, 142~144쪽).

93) 『조선해방연감』, 조선통신사, 1946; 이길상·오만석 공편, 『사료집성』 III, 511쪽.

서 식민지시기 경성제대에 대한 향수를 드러냈던 것이다. 특히 교수진에 관해 논할 때 그 향수는 더욱 짙게 배어나오는데, "갑자기 수십 개의 대학이 신기루처럼 실현"[94]되는 상황과 "고등교육을 담당할 수 있는 사람의 수라는 것은 극히 희소한 것이고, 고등교육의 경험을 가진 자도 그다지 많지 않은 현상(現狀)"[95]에서 그것은 교수란 무엇인가를 묻는 것과 같았다. 유진오는 문과 계통과 의학 계통의 교수진은 풍부했지만 그 또한 대학수의 팽창으로 인해 모두 공급할 수 없는 실정이며, "법정경 계열"(法政經系列)의 경우는 내외의 대학 출신자가 적지 않으나 그들은 대개 실무 방면으로 진출했기 때문에 실제 교수 경력자가 태부족하다[96]고 했는데, 이는 당시 대학에 재직 중인 교수들의 자질론을 언급한 것이었다. "경성제대를 비롯해서 법전(法專)·의전(醫專)·고공(高工)·고상(高商) 등 텅텅 빈 관공립학교들을 어떻게 할 것가 하는 방대한 문제"[97]에 몰두했다는 그가 교수진의 결핍을 들어 대학의 위기를 주장했던 때는 이미 좌익계의 교수들이 대학을 떠나고 국대안 파동이 안정기에 접어든 상황이었다.

그러나 한편에서는 거꾸로 대학과 "대학교수 인플레"[98]를 비판하던 시대였다. 그런 상황에서 유진오는 과거 경성제대(혹은 경성대학)라는 제도를 다시금 환기하고 있었던 것이다. 이제까지 해방기의 대학에 관한 논의가 주로 국대안을 둘러싸고 이뤄져왔지만, 국대안 파동 이후에도 탈

---

94) 유진오, 앞의 글, 1948, 395쪽.
95) 한인석, 앞의 글, 1947, 320쪽.
96) 유진오, 앞의 글, 1948, 395쪽.
97) 유진오, 앞의 책, 1977, 150쪽.
98) 전석담, 앞의 글, 1948, 6쪽.

식민의 상상력의 결여로 인해 성공을 거두지 못했던 경성대학의 재건 프로젝트가 당시 지식인들 사이에서 계속 환기되고 있었음을 보여주는 것이다. 그 심층에는 대학을 비롯한 지식계가 미국의 세계체제 구상에 편입되고 심화되어가는 과정에 대한 반작용도 있었을 것이다. 하지만 그런 점을 우려했던 유진오와 같은 인물들조차 그것에 대응할 수 있는 행정력을 발휘하지 못할 정도로 미군정청의 획일적 통제 시스템이 확대되었을 뿐만 아니라, 또한 그들 스스로도 상상력의 결여로 과거 경성대학을 넘어설 수 있는 그 대안을 제시하지 못했다.[99] 그래서 이 글에서는 국대안을 고찰함에 있어 경성대학을 비판적으로 재론해야 했으며, 해방기 대학교를 둘러싼 담론 안에서의 당시 지식인들이 어떻게 고민하고 대응해갔는가를 살펴보았던 것이다.

---

99) 국대안 반대가 일본의 제국대학식으로의 복귀를 주장하는 것인지 하는 대안 없는 투쟁이었다는 이숭녕의 회고도 경성대학을 경성제대와 동일시하는 맥락에서 이해될 수 있다. 이는 더 나아가 한국전쟁 이후의 반공국가적 상상력을 토대로 국대안 반대를 북한 공산당의 작전쯤으로 단정하고 서사화한 회고의 한 장면이라고도 할 수 있겠다(이숭녕, 앞의 글, 1982, 122쪽).

대학 연구소의 학술지를 통해 본 '(한)국학'의 형성사

연세대 동방학연구소의 『동방학지』를 중심으로

김현주 · 한국문학

1. 한국학 연구소의 실천에 대한 학술사적 검토의 방향 설정

해방 이후 1950년대 말에 이르기까지 대략 10여 년에 걸쳐 인문학의 학과와 전공, 학자 단체, 그리고 대학의 연구기관들이 설립됨에 따라 독립된 국민국가로서 대한민국의 문화적 정체성과 이념을 뒷받침할 자국학 생산의 제도적 기반이 마련되었다. 먼저 해방 직후 설립된 대학에 국어국문학과 · 사학과 · 철학과 등 인문학의 주요 학과와 세부 전공들이 설치됨으로써 한국학의 제도적 기초가 놓여졌다. 이어서 이들 학과 및 전공 분야에 바탕을 둔 학술단체들이 한국학 장에 참여했다. 역사학회는 1952년 3월에, 국어국문학회는 1952년 12월에, 그리고 한국철학회는 1953년에 창립되었다.

대학 부설 연구소들은 1950년대 후반, 그러니까 한국 관련 인문학 학과와 전공, 그리고 학술단체들이 설립된 이후에 비로소 등장했다. 연세대에서는 백낙준 총장의 주선으로 비교적 이른 1949년에 연구소가 설립되었다고 하는데 바로 활동을 시작하지는 못했다. 동방학연구소

(Institute of Far Eastern Studies)가 재발족하여 학술활동을 개시한 것은 1953년이었다. 성균관대에서는 1957년에 '동방문화연구기관'의 설립이 제안되었고 1958년에 대동문화연구원(Far Eastern Research Center)을 창립했다. 고려대에서는 1957년에 한국고전국역위원회가 결성되었는데, 이것이 1963년에 민족문화연구소(Korean Cultural Research Center)로 개편되었다. 대학의 인문학 연구소들은 1960년대 중반 이후 자국의 역사와 문화에 대한 학술적 연구와 토론을 활성화하면서 한국학 장의 주요 에이전트로 부상했다.

한국학 아카데미아에서 대학 연구소는 학과나 전공단위 학회와는 다른 위치를 점해왔고 수행한 역할 또한 달랐다. 한국학 연구소들은 연구의 기초가 되는 자료의 수집·보존·보급, 상대적으로 많은 시간과 자원을 필요로 하는 연구의 기획·추진, 그리고 다양한 학술행사와 출간사업 등을 자신의 역할이자 책임으로 의식해왔다. 대학 연구소의 학술사업을 통해 한국에 대한 지식을 생산하는 여러 분야, 전공들이 서로 협력·경쟁하면서 다양한 방식으로 결합·종합되었으며, 나아가 그것들 사이에 물리적·화학적 반응이 발생하기도 했다. 무엇보다도 대학의 한국학 연구소들은 한국문학이나 한국사 같은 분과적 지식이 아니라 한국학 자체를 정의하고 구축하기 위해 노력해왔다는 점에서 한국학의 역사적 전개에서 그 위치가 남다르다.

그런데 대학 연구소의 경험과 실천에 대한 자세한 검토는 아직 이루어지지 않고 있다. 2000년대 후반에 한국학을 대표(한다고 자임)하는 한국학 연구소들이 자신들의 과거를 정리한 결과물을 차례로 내놓았다. 연세대 국학연구원은 2006년에 『연세국학연구사』를 펴냈으며,[1] 고려대 민족문화연구원은 2007년에 『민연50년 1957~2007』을 간행했다.[2] 성균관대 대동문화연구원은 2008년에 『대동문화연구원50년 1958~2008』을 출간했다.[3] 이들 연구소에 뒤이어 설립된 다른 대학의 한국학 연구기관들도 곧 지난 50년의 성과를 수습하고 정리한 공식적인 '자서전'을 내놓을 것으로 예상되는데, 지금까지의 작업들에는 대학 연구소의 과거를 검토하기 위해 어떤 관점에서 접근해야 할지에 대한 모색이 부족했다고 판단된다.

대학 연구소들의 자기 역사 서술을 보면, 정도 차이가 있기는 하지만, 연구소들이 자신의 성장 과정에 대해 명료한 윤곽을 가진 자서전을 얻으려는 욕망이 강하다는 것을 알 수 있다. 연구소들이 지나온 길을 되돌아보면서 스스로에게 제기한 질문은 아래와 같은 것들이다. '우리는 어떤 중요한 목표를 설정했는가? 그러한 목표에 도달하기 위해 우리는 어떤 사업이 필요하다고 판단했으며 그 사업을 어떻게 진행해왔는가?' 이러한 질문에 답하는 방식으로 연구소의 역사를 쓰게 되면, 그것은 연구소의 주관적인 의도와 계획, 그에 따른 일관된 자기발전의 과정을 기술한 자서전으로 떨어질 위험이 크다.

한국학 연구소는 대학 안에서 관련된 여러 학과들과 단과대학, 그리고 대학 본부와 다양한 형태의 물적·인적 관계망을 형성해왔다. 대학 밖의 학술단체와의 교류와 영향 관계, 민간의 문화·학술재단 등과의 관계도 중요하게 고려해야 할 사항이다. 아울러 정부의 고등교육·학술

---

1) 연세대 국학연구원, 『연세국학연구사』, 연세대출판부, 2006.
2) 고려대 민족문화연구원, 『민연50년 1957~2007』, 고려대 민족문화연구원, 2007.
3) 성균관대 대동문화연구원, 『대동문화연구원50년 1958~2008』, 성균관대출판부, 2008.

제도와 연구지원정책도 연구소의 운영에 영향을 미쳤다. 또 외국의 대학이나 학술단체와의 네트워크, 외국재단의 지원도 검토할 필요가 있다. 이러한 제도와 네트워크는 비단 인적·물질적으로 뿐만 아니라 사회적·이데올로기적으로도 서로 복잡하게 연결되어 있었으며, 한국학 연구소의 위치와 존재방식은 이러한 복잡한 네트워크와 힘 관계에 의해 영향을 받아왔다. 한국학 연구소들은 자신들의 목표 설정과 그것의 실현 과정에 개입한 여러 형태의 힘과 관계 구조에 대해 더 많은 관심을 가져야 한다.

아울러 한국학 연구소들의 자기에 대한 관심이 매우 형식적이고 표피적인 데 그치고 있다는 점도 지적할 수 있다. 다시 말해 앞서 말한 객관적인 조건들과 교섭하면서 자신들이 어떤 경험과 문화를 축적해왔는지에 대한 진지한 조명이 부족하다는 것이다. 한국학 연구소들의 자기평가서에는 학과·학회와는 구분되는 학술 조직체로서 대학 연구소가 축적해온 특수한 경험과 문화, 예컨대 연구소 운영의 관례, 참여자들 사이의 커뮤니케이션과 공통문화 등이 주요 항목으로 잡혀 있지 않다. 물론 연구소의 규약, 조직도 등 제도와 관련된 자료들은 제시되어 있다. 아울러 역대 소장(원장)과 임원을 비롯한 참여자들의 명단도, 상세함의 정도 차이는 있지만, 어느 정도 정리되어 있다. 하지만 연구소는 제도적 규정이나 규약에 의거해서만 운영되는 것이 아니다. 그리고 구성원들의 명단은 그들 사이의 커뮤니케이션 형식의 특징이나 그들이 공유해온 공통의 전제와 사고방식을 이해하는 데 충분한 자료가 되지 못한다. 한국학 연구소들은 다양한 형태의 힘과 관계망 안에서 자신들이 축적해온 경험과 문화를 복원하기 위해 좀더 노력해야 한다.

한국학계에서 대학 연구소의 현재 위치를 측정한다는 취지에서 볼 때,

또 하나 지적할 것은 연구소의 학술적 실천을 개별 분과나 전공 분야의 업적으로 환원시키는 경향이 강하다는 점이다. 한국학 장에서 대학 연구소는 학과나 전공 분야 단위에서는 추진하기 어려운 여러 가지 사업을 수행해왔는데, 고전 자료의 영인과 번역, 사전이나 전집류 · 연구총서 등의 간행, 기관지 발행, 학술행사 개최 등이 그 대표적인 예이다. 그런데 연구소들의 자기평가서는 이러한 학술적 실천과 성과를 고전문학 · 국어학 · 국사학 · 철학 또는 역사학, 사상 · 철학 · 문학의 단위로 다시 분절하여 인식, 평가하고 있다. 연구소가 스스로에게 제기한 질문은 '우리의 학술적 실천과 그 결과물은 분과 · 전공의 학문적 발전에 얼마만큼 기여했는가?'였던 것 같다. 연구소의 활동을 다시 분과의 프리즘 안에 집어넣어 분사시키는 서술방식, 즉 특정 분과 · 전공에 대한 기여라는 관점에서 분류하고 평가하는 서술방식은 대학 연구소의 학문사적 위치를 조명하는 데 도움이 되지 않는다.

자기중심주의와 형식주의, 그리고 분과주의의 틀을 벗어나 한국학 연구소의 과거를 검토하는 것은 어렵고도 복잡한 과제라고 생각된다. 하지만 위의 세 가지 요소는 대학 연구소의 학문사적 검증에 인식론적 장애가 될 뿐만 아니라 대학 연구소의 새로운 관계 모색과 위치 설정도 어렵게 한다. 이와 같은 문제의식을 바탕으로 할 때 한국학 연구소가 간행해온 학술지에 대한 분석은 어떤 목표를 가져야 할까? 또 어떤 분석틀로 그것에 접근해야 할까? 2절에서는 국학연구원과 『동방학지』의 과거를 개괄하면서 학술지 분석의 목표와 틀을 좀더 구체화해보기로 한다.

2. 한국학 연구소 학술지 분석의 목표와 틀

국학연구원은 올해로 창립 62주년을 맞은, 한국에서 가장 오랜 역사를 자랑하는 한국학 연구소이다. 국학연구원이 걸어온 길은 크게는 동방학연구소(1949~77) 시절과 국학연구원(1977~현재) 시절로 구분할 수 있다. 하지만 연구소의 정체성과 학술이념, 제도적 · 비제도적 조건과 문화, 학술적 실천의 형태와 성격 등을 두루 고려한다면 4시기로 나누어 살피는 것이 더 적절하다. 각 시기의 특징과『동방학지』의 간행 상황을 요약하면 아래와 같다.[4]

제1기 1949년 동방학연구소 설립부터 1961년까지 1949년에 설립된 동방학연구소는 1953년에 하버드-옌칭연구소(Harvard-Yenching Institute)의 재정 지원을 받아 재설립되면서 활동을 개시했다. '국고총간'(國故叢刊)으로 명명된 고문서의 복각본 발간과『동방학지』창간이 하버드-옌칭연구소의 지원하에 이룬 주요 성과이다. 이 기간 동안『동방학지』는 제1집(1954. 3)에서 제5집(1961. 12)까지 총 5집이 발간되었다.

제2기 1962년 동방학연구소 조직 개편 논의부터 1977년 4월까지 1962

---

4) 국학연구원의 역사를 정리한 최근 책으로는 연세대 국학연구원, 앞의 책, 2006이 있다. 연구소의 창립 과정과 운영 및 학술사업에 대해 포괄적으로 기술되어 있으며, 특히 동방학연구소 시절『동방학지』에 실린 고전문학 · 국어학 · 국사학 분야 논문의 일반적 경향과 주요 기고자의 논문 및 그 학술적 위치에 대해 상세히 정리되어 있다.『동방학지』에 대한 연구로는 이만열, 「국학의 성립 발전과 그 과제」,『동방학지』제100집, 연세대 국학연구원, 1998. 6이 있다. 이 글은『동방학지』100집 발간을 기념하여 발표된 것으로 이만열은 5절 '해방 후 국학의 발전과 성과'에서『동방학지』제1집에서 98집까지를 국사학을 중심으로 분석했다.

년에 동방학연구소의 조직 개편에 대한 논의가 있었으며, 홍이섭 운영위원장을 중심으로 연구소 운영의 주체와 연구 방향이 재구성되고 학술사업이 본격화된 것은 1963년 이후였다. 동방학연구소는 1967년부터 매년 '실학 공개강좌'를 개최했으며『동방학지』도 연 1회를 발간했다. 이 기간 동안『동방학지』는 제6집(1963. 6)에서 제17집(1976. 12)까지 총 12집이 발간되었다.

제3기 1977년 5월 국학연구원 설립부터 1996년까지 동방학연구소를 확대 개편하는 방식으로 1977년에 설립된 국학연구원은 한국학 연구기관으로서의 정체성을 확립하고 연구 주제의 심화와 확대를 이뤄냈다. 연구소의 조직이 정비되었고 운영과 참여 주체의 동질성과 연속성을 확보했다. 또 연구비와 연구 공간 등 연구 환경과 조건이 안정되었고 이를 바탕으로 학술사업도 체계성과 정기성을 유지할 수 있었다. 1981년부터 『동방학지』는 계간지가 되었는데, 이 기간 동안『동방학지』는 제18집(1978. 6)에서 제94집(1995. 9)까지 총 77집이 발간되었다.

제4기 1997년부터 현재까지 인문사회과학계의 학문적 지형 변화, 신자유주의적 대학체제의 성립, 그리고 '학진체제'로 대표되는 김대중 정부 이후의 학문정책에 의해 대학에 설치된 한국학 연구소의 정체성과 학문적 목표, 제도적·물질적 조건, 학술사업의 형태와 특징 모두에서 재조정과 변화가 일어나고 있는 시기이다. 국학연구원 역시 한국학 학술장 내외에서 위치 재조정과 변환을 요구받고 있으며『동방학지』의 존재방식도 크게 변화했다. 제4기에『동방학지』는 제95집(1997. 3)부터 제154집(2011. 6)까지 총 60집이 발간되었다.[5]

---

5) 1997년 이후를 새로운 시기로 본 것은 연세대 국학연구원, 앞의 책, 2006과 이

국학연구원의 학술실천에서 『동방학지』는 특별한 위상을 갖고 있다. 다른 한국학 연구소들, 예컨대 민족문화연구원이나 대동문화연구원은 고서의 영인과 한글 번역, '대계'(大系)류·'총서'(叢書)류의 간행에 비해 학술지 발간에 그다지 많은 자원을 투여하지 않았다.[6] 『대동문화연

광호, 「'국학연구원'의 성과」(『진리·자유』, 연세대, 2006년 봄호)에서 국학연구원의 역사를 시기 구분한 것과 좀 차이가 있다. 앞의 책은 1977년부터 현재 (2004년)까지를 연속된 시기로 규정하고 있으며, 뒤의 글은 연세대에 '국학연구단'이 구성된 2001년을 기점으로 국학연구원과 연세대 전체의 '국학연구'가 새로운 시기에 들어섰다고 평가하고 있다. 하지만 이 글에서는 ①정체성과 학술이념, ②제도적·비제도적 조건과 문화, ③학술적 실천의 형태와 특징이라는 기준에서 1997년 이후를 구분했다. 1997년 이후 국학연구원은 위상과 존재방식, 그리고 문화라는 측면에서 큰 변화를 요구받고 있으며 당연히 『동방학지』의 편집 역시 적지 않은 변화를 겪고 있다. 이는 1990년대 후반 이후 신자유주의적 대학 시스템과 한국연구재단(구 한국학술진흥재단) 시스템이 연동하면서 조성된 상황으로서 대학의 한국학 연구소들과 그 학술지들이 공통으로 처한 것이라고도 볼 수 있다. 인문학 또는 한국학의 학문사라는 포괄적인 시야에서도 1997년을 분기점으로 보는 것이 타당하다고 생각된다. 1990년대 후반 이후 대학체제의 변화에 대해서는 천정환, 「신자유주의 대학체제의 평가제도와 글쓰기」, 『역사비평』, 2010 참조.
6) 대동문화연구원은 고서의 영인과 번역에 중점을 두었다. 1958년 『율곡전서』 1·2권, 『서애문집』, 『퇴계전서』 1·2권의 발행으로 시작하여 주로 경서·사서·문집을 영인했고, 1959년 『국역 증보명심보감』에서 시작하여 국역 사업도 중요시했다. 고전자료 집성과 번역, 해석에 주력했다고 볼 수 있다. 이외에 『한국사상대계』를 발간했으며(1973년 제1권~1984년 제4권 완간), 연구총서는 1982년에 제1권을 발행한 후 1년에 1권 정도를 발간했다. 민족문화연구원은 대계와 연구총서 발간에 힘을 쏟았다. 『민족문화사대계』(1964년 제1권~1972년 제7권 완간), 『한국현대문화대계』(1975년 제1권~1980년 제5권 완간), 『한국민속대관』(1980년에 제1권~1982년 제6권 완간) 등 '대계'의 간행에 주력했다. 1981년부터는 '민족문화연구총서'를 기획, 출간해왔다.

구』는 1963년에 창간되었으며 33집(1998. 12)까지 매년 1집 정도가 발행되었다. 반년간지가 된 것은 34집(1999. 6) 이후이며 계간지로 전환한 것은 42집(2003. 6)부터이다.『민족문화연구』는 1964년 창간 이후 1966년에 2호, 1969년에 3호를 발간했다. 1970년부터 1999년까지 연 평균 1집씩을 발간했으며 2000년 12월(33호)부터는 반년간지 전자출판으로 발간 형태를 전환했다. 국학연구원 설립 이후 1981년에 계간 발행으로 전환되면서『동방학지』에 많은 자원이 투입되기 시작했지만,[7] 동방학연구소 시절, 그러니까 1970년대 중반까지도 위의 두 학술지보다『동방학지』의 발행 호수가 더 높았다. 이런 점에서 국학연구원의 학술사업 가운데『동방학지』의 비중은 도드라진다.

학술 담론을 생산하고 유통하는 매체 가운데 학술지는 고전의 영인본이나 한글번역서, 대계·총서와 대비할 때 몇 가지 특징이 있다. 고전의 영인이나 번역은 학술 담론을 생산하는 실천이라기보다 그 토대를 마련한다는 의미가 크다. 즉 그것은 본격적인 학술 연구의 산물이라고 할 수 없다. 한편 대계는 총체화되고 체계화된 지식의 생산을 목표로 한 것으로서 그 세부를 구성하는 지식들은 널리 인정된 기준과 논리에 의해 일관되게 분류되고 종합되어야 한다.[8] 연구총서 역시 대계에는 미치지 못

---

7)『동방학지』를 계간지로 전환한 당시의 회계보고서를 보면 국학연구원은 대학 본부의 지원금이 연 4,000만 원 정도였을 때『동방학지』 발간비(원고료+인쇄비)로 평균 2,500만 원 정도를 지출했다. 정부와 외부재단의 지원을 끌어들이려는 노력이 막 시작되고 있었지만, 연구소 운영 자금의 거의 대부분을 대학 본부에 의존하던 당시에 전체 지원금의 3분의 2 가량을 학술지 발간에 투입한 것은 놀라운 일이다.『동방학지』의 발간 비용 및 외부재단의 지원에 대한 자세한 내용은 김현주,「『동방학지』를 통해 본 한국학 종합학술지의 궤적」,『동방학지』 제151집, 연세대 국학연구원, 2010. 9 참조 바람.

하지만 체계적인 기획의 산물이며, 개별 저서 단위에서도 체계화와 일관된 구성이 필수적이다. 이에 비해 학술지는, 논문들을 '기획'이나 '특집'이라는 이름으로 묶어놓았다고 하더라도, 대계는 물론이고 저서만큼의 체계와 구성도 가지기 어렵다. 학술지는 새로운 지식을 신속하게 발표·소통하는 제도로서, 비록 심사를 통과한 논문이라고 할지라도 그것들은 아직 동료와 전문가의 검토와 판단을 기다리는 지식이라고 할 수 있다. 학술지에서 지식들은 아직 자리를 배정받기 이전, 즉 경합하는 상황에 놓여 있다. 이런 점에서 학술지에 대한 검토는 해당 연구소의 학술적 이념과 목표가 '형성되는 과정'을 탐색하는 데 유용하다.

이 글은 동방학연구소 시절 발간된 『동방학지』를 통해 (한)국학의 구성 과정과 그 특징을 살펴보고자 한다. 앞서 한국학 연구소의 학문사적 검증과 새로운 위치 설정을 위해서는 연구소들의 자기 분석이 자기중심주의·형식주의·분과주의에서 벗어날 필요가 있다고 지적한 바 있는데, 이는 대학 연구소가 발행해온 한국학 종합학술지의 과거 기술에 대해서도 유효하다. 따라서 이 글에서는 『동방학지』의 발간과 관련된 다양한 형태의 물질적·인적 조건들을 고려하는 한편, 그러한 조건들과 교섭하면서 동방학연구소가 『동방학지』를 통해 추구하고 축적해온 경험과

---

8) 예컨대 민족문화연구원의 『민족문화사대계』는 한국사를 민족·국가사, 정치·경제사, 과학·기술사, 풍속·예술사, 언어·문학사, 종교·철학사의 부문으로 나누어 기술했다. 이는 '한국사에 대한 최초의 분류사적 연구 성과'로 평가된다. 『한국현대문화사대계』 역시 개화기 전후부터 당시에 이르기까지의 역사를 문학·예술사, 학술·사상·종교사, 과학·기술사, 정치·경제사, 문화운동·민족항쟁사의 부문별 특수사로 구성했다. 이들 '대계'는 한국에 대한 지식들을 분류하고 종합한 결과물이다.

문화를 복원하기 위해 노력할 것이다. 아울러『동방학지』를 통한 동방학 연구소의 학술적 실천을 분과나 전공으로 분절·환원시키지 않을 수 있는 방법을 모색해보고자 한다. 이는 간단히 말해『동방학지』의 성취를 개별 분과나 전공 지식의 구성이 아니라 (한)국학의 구성이라는 관점에서 접근하는 것이다.

위와 같은 목표에 도달하기 위해 이 글에서는 동방학연구소의 내부 문건을 검토했다.[9] 그리고 연세대 교무처와 대학원으로부터 교원 임용 기록 등의 자료를 받아 참조했다. 대학 설립 초기에 교수들의 이동이 심했기 때문인지 선행 연구들 간에도 교수들의 임용과 이직 시기 등이 통일되어 있지 않았다. 이 글은 연세대 교무처의 자료를 기준으로 삼았다. 아울러『동방학지』를 구성하고 있는 인적·담론적 요소들을 조사하여 계통적으로 분류하는 통계작업을 수행했다. 동방학연구소의 정체성의 핵심이자 학문적 목표인 (한)국학이 어떠한 지식들=담론들로 구성되었으며 어떻게 배치되고 있었는지, 그리고 이러한 한국학의 구성을 위해 동방학연구소가 대학 내외에서 어떤 자원을 어느 정도 끌어모을 수 있었는지를 살펴보기 위해서이다. 기본 항목을 담론과 담론 생산자로 설정했다. 담론의 성격을 분석하기 위해 수록 논문의 연구 대상 지역, 시기, 그리고 학문 분야를 조사했다. 담론 생산자의 성격을 분석하기 위해 필자를 연세대 내부·외부, 연세대 내부의 소속 학과로 구분했다. 이와 같은 기본 분류를 바탕으로 하되 필요한 경우 본문에서는 더 세부적인 분류를 행하기도 했다.[10]『동방학지』를 통해 소통된 지식들과 그 생산자들의 성

---

9) 아쉬운 점은 동방학연구소 시절에 대한 서면 자료가 거의 남아 있지 않다는 것이다. 개인 인터뷰 등을 통해 보완해야 할 점이 많다.

격은『동방학지』에 의해 구성된 한국학의 성격에 직접 관련되며 한국학계 내외에서『동방학지』의 객관적 위치 및 그에 대한 자기의식과도 밀접하게 관계된다.[11]

대학의 한국학 연구소들은 대학 본부의 지원 정책, 운영 주체들의 학술이념과 성향, 그리고 그 밖의 다양한 교내외의 조건들에 영향을 받으면서 서로 다른 경험과 문화를 축적해왔다. 동방학연구소와『동방학지』의 경험에는 일반화하거나 보편화할 수 없는 지점도 많을 것이다. 따라서 이 글이『동방학지』의 특성을 드러내는 데 그치지 않고 한국학 종합학술지의 궤적에 대한 학술사적 검토에도 기여하기 위해서는 각별한 주의가 필요하다. 한국학 종합학술지의 궤적에 대한 학술사적 기초 연구로서, 이 글은 동방학연구소가 한국학계 내외의 제도적·비제도적 조건 변화에 대응하면서 독특한 정체성과 문화를 형성·유지해온 맥락을 놓치지 않으면서도, 동방학연구소의 의견이나 자기합리화에 휩쓸리지 않고『동방학지』의 '객관적 의미'를 포착하기 위해 노력했다.

10) 담론과 그 생산자의 성격을 구분하는 일은 기준 설정의 문제를 제기한다. 특히 연구 대상이 되는 지역과 시기, 연구 분야 등을 구분하는 데 엄밀한 기준을 설정하는 것은 어려웠다. 따라서 계량적 비교는 대체적인 경향을 보여주는 지표로 받아들여야 할 것이다.

11) 이 글은 학설사나 이론사를 목표로 하지 않기 때문에『동방학지』에 실린 논문들이나 거기서 전개된 담론들의 학술적 위치·가치에 대한 엄밀한 평가를 시도하지는 않는다.

3. 동방학의 하위 범주로부터 국학의 독립
: 제1기 창간호(1954. 3)에서 제5집(1961. 6)까지

이 절에서는 동방학연구소 시절의 『동방학지』 가운데 하버드-옌칭으로부터 연구비와 발간비를 지원받아 간행된 1~5집까지를 살펴본다. 1~3집이 동방학연구소가 하버드-옌칭의 지원금을 분배하는 역할을 맡았던 기간에 진행·간행된 것이라면, 4~5집은 하버드-옌칭의 지원금을 분배하는 기구로 서울동아문화연구위원회(The Seoul Research Council of East Asian Studies)가 구성되고 난 후 그 결정을 거쳐 지원금을 받아 간행한 것이라는 점에서 차이가 있다.[12] 아래에서 보겠지만, 이러한 조건 차이는 『동방학지』의 편집에 적지 않은 영향을 끼쳤다.

『동방학지』의 영문 명칭은 'THE DONG BANG HAK CHI—Journal of Far Eastern Studies'였다. 『동방학지』 창간호 간행사에서 백낙준 총장은 『동방학지』의 성격과 동방학연구소의 학술적 목표에 대해 아래와 같이 소개했다.

『동방학지』는 동방연구집록이다. 동방문화 지역에는 구문화의 결실을 이미 거두었고 신문화는 그 생장기에 처하여 있다. 우리는 근역(槿域) 및 그 인근 문화의 학술적 연구로써 구문화의 진수를 이해 체득하고 신문화의 발전을 조장하려 한다.[13]

---

12) 1950~60년대 하버드-옌칭연구소의 한국 대학 연구소 지원에 대한 좀더 자세한 검토는 김현주, 「한국학연구소와 인문학자들, 그 관계의 역사」, 『사회인문학의 시각에서 본 잡지』(학술대회 자료집), 연세대 국학연구원 HK사업단, 2010. 8. 19~20 참조 바람.

위 인용문에 따르면, 동방학연구소는 "근역 및 그 인근 문화", 곧 "동방문화"의 학술적 연구를 통해 구문화를 이해하고 신문화를 발전시키는 것을 목적으로 한다. 그리고 『동방학지』는 동방문화에 대한 학술적 연구를 모은 "동방연구집록"이다.

그런데 백낙준은 제2집의 간행사에서는 연구 범위와 내용을 설명하면서 '동방'이라는 용어를 사용하지 않았다. 백낙준은 동방학연구소를 "우리와 우리 이웃의 문화 연구에 종사"하는 기관으로 소개했다. 『동방학지』에 실린 논문 가운데 국어·국악에 대한 것만을 거론했고 '국고연구(가)'와 '국학'의 가치에 대해 강조했으며 "우리 학문의 건설"을 강조했다.[14] 이 간행사에서 백낙준이 강조한 것처럼, 당시 동방학연구소가 하버드-옌칭의 지원금을 집중 투입한 학술사업은 언어와 역사 분야의 고서들을 복각하는 일이었다.[15] 백낙준의 간행사에는 동방학과 국학의 관계에 대한 적극적이고 구체적인 규정은 찾아볼 수 없다.

『동방학지』 제1집(1954. 3)~제5집(1961. 6)은 46배판으로 평균 330쪽 분량이었고 300부 정도씩 발간되었다고 한다. 논문 수가 적고 기간도 짧기 때문에 통계의 의미가 제한적일 수밖에 없지만, 제1~5집에서 두

---

13) 백낙준, 「간행사」, 『동방학지』 제1집, 동방학연구소, 1954. 3.
14) 백낙준, 「간행사」, 『동방학지』 제2집, 동방학연구소, 1955. 5.
15) 동방학연구소는 '국고총간'이라는 이름으로 『고려사』 상·중·하·색인(1955, 1961, 1961, 1961), 『시용향악보』(1954, 1969), 『소아론, 동문유해, 팔세아, 삼역총해』(1956), 『월인석보』(1956, 1957, 1957), 『한한청문감』(1956), 『한한청문감』 색인(1960)을 발간했다. 대학 연구소가 간행한 최초의 영인본으로 알려져 있는 이들 저서는 국어학과 국사 분야의 고전들이다. 조선시대에 간행된 만주어 어휘 사전과 학습서 등이 다수 포함되어 있는데, 이 책들은 '만주어'가 아니라 '국어' 연구의 자료로서 '국고총간'에 포함된 것이었다.

표1 『동방학지』 제1~5집의 게재 논문 현황

연구 대상 지역 (총 31편)	한국 21편 (67.7%)	한국과 중국·일본의 관계사 연구 7편(22.6%)		연구방법론 등 3편 (9.7%)	
한국 대상 논문의 학문 분야 (총 21편)	어학 9편 (42.8%)	문학 3편 (14.3%)	역사학 3편 (14.3%)	음악사 3편 (14.3%)	서지학, 미술사 등 3편(14.3%)
한국 대상 논문의 대상 시기 (총 21편)	조선시대 12편 (57.1%)	해방 후 5편 (23.8%)	고대 3편 (14.3%)		고려시대 1편 (4.8%)
필자의 소속 대학 (총 31편-중복 포함)	연세대 14편 (45.2%)		연세대 외부 17편 (54.8%)		
연세대 필자의 소속 학과 (총 14편-중복 포함)	국어국문학과 9편(64.3%) 어학 3편 | 문학 4편 | 음악사 2편		사학과 3편 (21.4%)		신학과 2편 (14.3%)

드러진 점을 정리하면 다음과 같다. 게재 논문 총 31편 중 7편, 즉 약 23%가 중국이나 일본과 한국의 관계를 다루었고 한국을 대상으로 한 논문은 68%에 이르고 있다. 한국 연구 가운데 어학 분야 논문의 수가 역사학과 문학에 비해 3배가 되며 어학과 문학을 합치면 한국 연구 논문의 2분의 1을 넘는다. 연세대 교수와 연세대 외부 교수의 비율은 45:55 정도이며 국어국문학과 소속 교수들의 비중이 가장 크다.

위의 표1에는 잘 드러나지 않지만, 1~3집(1954. 3~1957. 12)과 4~5집(1959. 6~1961. 6) 사이에는 필자 구성에서 적지 않은 차이가 있다. 1~3집은 동방학연구소가 하버드-엔칭의 지원금을 분배하는 역할을 맡았던 기간에 진행·간행된 것이다. 총 16편의 논문이 수록되었는데, 필자는 김상기(2편)·이병도·이홍직(2편)·방종현(2편)·이상백·이숭녕(2편)·고유섭·이혜구(2편)·허웅·이병기·양연승으로 총 11명이었다. 이들은 대부분 식민지시기에 경성제대나 일본에서 대학을 졸업했고 해방 직후 설립된 대학에 교수로 임용되어 당시에 이미 각 분야에서 손꼽히는 저명한 학자들이었다.[16] 이혜구·이홍직·허웅을 제외한 8명이 연세대 외부 교수였고 그중 6명이 서울대 교수였다.[17] 특히 창간호는 필진의 대부분을 서울대 소속의 중견 학자들로 구성하고 간행사에서 필진의 권위('학계의 중진')를 강조했다.[18]

4집과 5집은 동방학연구소가 더 이상 연구비 분배자의 역할을 할 수 없게 된 상황에서 간행된 것이다. 제4집은 연세대 교수의 논문으로만 구성되었다. 제5집에서는 다시 연세대 외부의 중진이 포함되었지만 1~3집에 등장했던 필자 11명 중에 5집에 다시 등장한 필자는 2명(이혜구·이병기)뿐이었다. 4, 5집을 종합하면, 전체 필자 14명 가운데 8명, 즉 최

---

16) 제1~3집의 필자 11명의 출신대학-재직대학은 다음과 같다. 김상기(와세다대-서울대), 이병도(와세다대-서울대), 이홍직(도쿄제대-연세대), 방종현(경성제대-서울대), 이상백(와세다대-서울대), 이숭녕(경성제대-서울대), 고유섭(경성제대-1944년 작고), 이혜구(경성제대-서울대/연세대), 허웅(연희전문 중퇴-연세대), 이병기(한성사범학교-서울대). 양연승(楊聯陞)은 하버드대학 동아시아센터에서 존 페어뱅크를 도와 중국사 관련 원전을 소개하고 제도사를 가르쳐 미국의 중국학 발전에 기여한 중국인 학자이다.『동아일보』, 1981. 9. 3 참조.

17) 1960년대 초까지는 교수들이 여러 학교에서 강의를 했으며 자주 학교를 옮겼다. 연세대 재임기간은 허웅은 1954~58년, 이혜구는 1947~58년, 이홍직은 1952~58년이다. 허웅과 이혜구는 서울대로, 이홍직은 고려대로 자리를 옮겼다.

18) 1집의 경우 김상기·방종현·이병도·이상백·이숭녕·이홍직 6인의 논문이 총 490쪽에 달했다.『동방학지』창간호는 경성제대와 도쿄제대, 그리고 와세다대 출신들로 하여금 한국학계를 대표하도록 편집되었던 셈이다.

현배·유창돈·장덕순·이가원·김윤경·권오돈(이상 국어국문학과), 이광린(사학과), 한태동(신학과)이 연세대의 교수 혹은 전임강사였다. 이들은 대개 1952~57에 국어국문학과·사학과·신학과에 부임한 교수들로서, 4명은 원로, 중진이었고 4명은 신진이었다. 최현배·김윤경은 연희전문 문과의 교수를 지냈고 권오돈과 유창돈 역시 식민지시기에 교육을 받았다. 장덕순은 연희전문 문과를 졸업했지만 해방 후 서울대에 진학했으니 신진에 가까운 세대라고 할 수 있다. 해방 후에 연희대와 성균관대에서 교육을 받은 이광린·이가원과 예일대에서 학위를 받고 돌아온 한태동은 신진학자였다.[19] 4, 5집의 필자 구성의 가장 의미 있는 특징은 식민지시기 연희전문 조선학 연구의 전통을 상징하는 국어학의 원로가 진입했다는 점이다.

4집 이후 연세대 교수들이 진입하면서 연구 대상이 한국으로 초점화되었다. 1~3집의 16편 중 한중·한일의 관계를 다룬 것이 6편이었던 데 비해 4, 5집의 15편 중 한국 이외의 지역에 관심을 둔 논문은 1편밖에 없었다. 앞의 세 권에서는 연세대 외부 필자의 비중이 크고 동방문화 연구라는 취지를 어느 정도 충족시키려고 했다면, 뒤의 두 권에서는 연세대 필자의 비중이 급증했고 동방문화 연구라는 규정이 매우 흐릿해지고 있었다. 1958년에 작성된 '연구소 규약(안)'의 2조에서도 연구소의

---

19) 연세대 교수들의 출신대학과 연세대 재임기간은 다음과 같다. 한태동(미국 예일대, 1957~88년), 최현배(일본 교토대 철학과, 1954~60년), 이광린(연희대 사학과, 1954~63년), 유창돈(일본 츄오대 법학과, 1954~66년), 이가원(성균관대, 1959~82년), 김윤경(연희전문 문과와 일본 릿쿄대 사학과, 1945~61년), 장덕순(연희전문 문과와 서울대 국문과, 1954~60년), 권오돈(한학자·중국에서 활동한 독립운동가, 1956~60년).

목적을 '동방문화에 관한 연구와 그 보급'으로 명시하고 있었지만,[20] 실제로 '동방'에 대한 관심과 연구 추진 의지는 강하지 않았던 것이다.

이런 현상을 이해하기 위해서는 1950년대에 활동했던 인문학자들(어문·사·철 연구자들), 더 좁혀서 연세대의 인문학자들 내부에 동방에 대한 문제의식이 어느 정도 절실했는지, 동방을 감당할 학문적 능력이 어느 정도였는지를 따져봐야 한다. 식민지시기 연희전문 문과의 전통은 '조선학'에 집중되어 있었으며 해방 후 연희대학에도 일본이나 중국 관련 학과는 설치되지 않았다. 『동방학지』에 참여한 연세대 교수들의 관심은 한국에 집중되어 있었다.

1954년에서 1961년까지 『동방학지』를 살펴보면, 한국학 아카데미즘이 형성되던 시기에 이미 세대 간, 대학 간, 그리고 학술적 이념과 목표를 두고 복잡한 경쟁관계가 싹트고 있었음을 알 수 있다. 동아시아나 극동 연구 안에서의 한국 연구와 한국 안의 한국 연구('국학') 사이에 복잡한 긴장관계가 형성되고 있었다. 아울러 식민지시기에 대학을 다닌 세대와 해방 이후에 대학을 다닌 세대 사이에, 식민지시기에 형성된 다양한 학적 전통과 문화적 유산들 사이에서도 복잡한 경쟁이 나타나고 있었다. 『동방학지』를 보면, 1950년대 말 이후 연세대의 인문학자들은 '동방학'을 경유하거나 동반하지 않고도 '국학'이 권위를 얻을 수 있도록 하려고 애썼다는 것을 알 수 있다. 국학의 연구 대상과 관점을 대표하는 용어는 '문화'였다. '문화'는 동방학연구소가 언어와 문학 분야의 유산을 연구 대상으로 삼는다는 것을 표현하고 있으며, 그것을 중심으로 자국학을 구성하려 한다는 점에서 동방학연구소의 관점은 '문화주의적'이었다. 즉

20) 1958년 '연구소 규약'과 연세대 국학연구원, 앞의 책 참조.

연세대의 인문학자들은 언어와 문학을 핵심으로 한, 자기 문화에 대한 지식을 축적하는 과제에 몰두했는데, 『동방학지』는 원로 국어학자들을 등장시킴으로써 이러한 지향을 표명했다. 식민지시기 연희전문의 문화주의적 조선학의 전통을 계승한 국어학자들을 전면에 내세움으로써 자신의 지향점을 상징적으로 표현했던 것이다.

4. 국학의 구성과 역사학의 부상
: 제2기 제6집(1963. 6)에서 제17집(1976. 12)까지

동방학연구소가 한국학 연구소로서 학술적 목표와 성격을 명확히 할 수 있게 된 가장 중요한 계기는 홍이섭이 운영위원장을 거쳐 1965년에 초대소장으로 부임하고 그를 중심으로 사학과의 한국사·동양사 전공 교수들이 결집한 것이었다. 1963년 6월에 간행된 6집의 휘보에 따르면, 1962년 가을에 '한국 학계의 급속한 발전과 교내의 기구 개편 방침'에 따라 동방학연구소가 '잠정적으로' 개편되었는데, 연구소장은 총장이 맡고 5명 내외의 운영위원과 2명의 간사를 두게 되었다. 운영위원장에 홍이섭(한국근대사·사상사)이 선임되었고, 운영위원으로는 민영규(동양사·사상사·서지학), 최호진(경제학·한국경제사), 박창해(언어학·한국어학), 한태동(신학·역사방법론), 김철준(한국고대사), 이광린(이조사), 유창돈(한국어학), 강병근(사무간사, 행정학), 황원구(편집간사, 동양사·사상사)가 선임되었다. 『동방학지』의 투고 규정이 구체화되었으며 1963년부터 운영 경비는 대학의 보조금과 기타 찬조금으로 충당하기로 결정되었다.[21] 동방학연구소가 총장이 연구소장을 겸임하던 형식을 벗어나 전임 소장 체제로 전환한 것은 1965년 4월이며 초대 소장으로 홍이섭이 취임했다. 홍이섭 소장(1965. 4~1974. 3, 사학과)과 민영규 소장(1974. 4 ~1977. 4, 사학과)이 중심이 되고 1959~64년 사이에 부임한 사학과·국어국문학과 교수들이 합류함으로써 연구소의 운영이 체계화되었고 연구 사업도 진행되었다.[22] 특히 사학과 교수들의 열성적 참여가 주목되는데, 예컨대 1971년에는 소장과 부소장, 그리고 운영위원 4명 중 3명이 사학과 교수였다.[23] 1960년대 중반 이후 연세대 동방학연구소에는 역사학자들을 중심으로 연구의 목표와 문제의식을 공유하는 교수 집단이 형성되었던 것으로 보인다.

1963년부터 1976년까지 14년 동안 『동방학지』는 총 12집이 발간되었다. 1961년 6월 제5집이 발간된 후 2년 동안 정간 상태에 있던 『동방학지』는 판형을 훨씬 작은 국판으로 바꿔 1963년 6월에 6집이, 63년 12월에 7집이 발간되었다. 그 후 3년 동안 다시 정간 상태에 놓였다가 1967년부터 1976년까지는 매년 1집씩 정기적으로 발간되었다. 1집 분량은 평균 240쪽이었다. 판형이 작아지고 분량이 적어진 것은 학교 보조만으로 학술지 간행이 어려웠던 사정을 보여준다.

제6~17집에 실린 논문 81편 중 한국 밖의 아시아 지역에 대해 관심을

---

21) 게재 논문에 대해 조사 연구비를 지급한다고 되어 있으며 논문의 분량과 본문 및 초록의 언어가 규정되었다. 「휘보」, 『동방학지』 6, 동방학연구소, 1963. 6, 292, 293쪽 참조.

22) 황원구는 1960년, 이종영은 1961년, 손보기는 1964년에 사학과에 부임했다. 국문과 교수로는 이가원이 1958년, 김석득이 1962년, 김동욱이 1963년에 부임했다.

23) 1971년 국학연구원의 운영진은 소장 홍이섭, 간사 황원구, 운영위원은 민영규·손보기·김동욱·이종영으로 구성되었는데, 김동욱(국문과)을 제외하고는 모두 사학과 소속이었다.

표2 『동방학지』 제6~17집의 게재 논문 현황

연구 대상 지역 (총 81편)	한국 69편 (85.2%)		한국과 중국·일본의 관계사 연구 11편 (13.6%)		그외 1편 (1.2%)	
한국 대상 논문의 학문 분야 (총 69편)	역사학 29편 (42.0%)	어학 15편 (21.7%)	문학 12편 (17.4%)	서지학 3편 (4.3%)	철학 등 10편 (14.5%)	
한국 대상 논문의 연구 시기 (총 69편)	조선시대 37편 (53.6%)	선사, 고대 10편 (14.5%)	근대전환기에서 식민지시기 10편 (14.5 %)	해방 후 6편 (8.7%)	고려시대 3편 (4.3%)	통시기 3편 (4.3%)
필자 소속 (총 81편)	연세대 43편(53.1%)			연세대 외부 38편(46.9%)		
연세대 필자의 소속 학과/전공 (총 43편)	사학과 21편 (48.8%)		국어국문학과 15편 (34.9%)		그외 7편 (16.3%)24)	
			어학 8편	고전문학 7편		

보인 것은 한국과의 비교연구를 포함해도 14%에 불과했다(표2). 주변 지역에 대한 관심이 앞 시기의 23%에 대비할 때 크게 줄어든 반면, 한국 연구는 68%에서 85%로 증가했다. 동방학연구소는 1960년대 후반까지 '사업계획서' 같은 공식적 문서들을 통해서는 동방 연구에 대한 의지를 보였다. 예컨대 1968년도의 사업계획안을 보면 한국의 전통문화를 연구하는 '한국문제연구실'과 함께 중국·일본의 전통문화와 한·중·일 전통문화를 비교연구하는 '극동문제 연구실'을 설치하려고 계획했음을 알 수 있다.25) '동방'을 '극동'으로 교체하고 범위를 한·중·일로 구체화

---

24) 신학과·정치외교학과·철학과·법학과·도서관학과·교육학과·영문학과 교수가 1편씩을 썼다.

했지만, 실제 연구를 실행할 의지가 있었는지는 확신하기 어렵다. 제10집(1969. 12)에 처음 등장한 기획 논문의 주제는 '한국사상의 기저(基底)'였고 제11집(1970. 12)의 기획 주제는 '한국서지사 연구'였다.

위와 같은 기획특집에서도 한국 연구의 집중성이 드러나지만, 더 중요한 특징은 연세대 교수를 중심으로 핵심 필자군이 형성된 것이었다. 연세대 교수의 비중은 앞 시기의 45%에서 53%로 증가했는데, 이러한 변화는 매우 극적인 방식으로 시작되었다. 속간된 6집에 실린 논문 12편 중 10편이 연세대 교수가 쓴 것이었고 7집의 7편 중 5편이 마찬가지로 연세대 교수들이 쓴 논문이었다. 연세대 교수의 논문 15편 중 사학과 교수의 논문이 7편으로 민영규·김철준·이광린·황원구·홍이섭이 각 1편, 이종영이 2편을 썼다. 국어국문학과 교수로는 어학에서 유창돈(2편)과 박창해·문효근(1편)이, 문학에서 김동욱(2편)·이가원(1편)이 참여했다. 이들은 모두 한국을 연구 대상으로 하고 있었다. 동양사 전공 교수인 민영규와 황원구도 조선시대에 대한 연구 논문을 발표했다. 제6~17집의 주요 필자들의 논문 수를 정리한 표3을 보면, 6·7집의 필자였던 민영규·김동욱·황원구·홍이섭·이종영·유창돈에, 1962년에 부임한 김석득, 1964년에 부임한 손보기, 1975년에 부임한 김용섭이 합류하여 연세대 내부의 핵심 필자군이 형성되었음을 알 수 있다.

총 81편의 논문 중 2분의 1을 넘는 42편을 주요 필자 14명이 썼는데, 이 필자군을 통해 1963년부터 10여 년간 『동방학지』의 담론을 구성한 주요 분야를 알 수 있다. 어학에는 유창돈·김석득·김선기가 총 7편, 문학에는 김동욱이 5편, 그리고 철학에는 이을호가 2편을 썼다. 역사학

---

25) 1968년 사업계획안은 연세대 국학연구원, 앞의 책 참조.

표3 『동방학지』 제6~17집의 주요 필자들

편수	연세대 교수 필자	연세대 외부 필자
5편	김동욱(문학), 황원구(사학)	
4편	민영규(사학)	김철준(사학)
3편	김용섭(사학), 유창돈(어학), 홍이섭(사학)	이광린(사학)
2편	김석득(어학), 손보기(사학), 이종영(사학)	이을호(철학), 한우근(사학), 김선기(어학)
총 42편	9명, 29편	5명, 13편

의 필자 9명은 어·문학과 철학 분야를 합친 14편의 두 배가 되는 28편을 썼다. 표3에 집계된 한국사 논문 전체 29편 중 95%인 28편을 9명의 필자가 써낸 것을 고려할 때, 역사학 담론이 상대적으로 일관성과 통일성이 높았을 것으로 추측된다. 1963년에 서울대와 서강대로 옮긴 김철준과 이광린의 지속적 참여도 포함하면 역사학 분야의 결속력이 상당히 강했다고 할 수 있다. 이 시기 『동방학지』 편집의 가장 두드러진 특징은 어학과 역사학의 비중이 크게 역전된 것이다. 앞 시기에는 분야별 비중이 어학 43%, 문학 14%, 역사학 14%였는데, 이 시기에는 역사학 42%, 어학 22%, 문학 17%가 되었다.[26] 1963년부터 1976년까지 『동방학지』에서 가장 활발하게 담론을 생산한 분야는 역사학이었다.

동방학연구소가 맨 처음 본격화한 학술사업인 '실학 공개강좌'의 전개 과정을 보면, 역사학이 단순히 비중이 컸던 분야가 아니라 지식 생산을 선도한 분야였음을 알 수 있다. 1967년 10월에 대학 차원에서 총장의 주

---

26) 『동방학지』에서 국어학의 비중 축소는 국어학 연구의 경향 변화(역사주의적 언어학의 퇴조), 세대교체 등에 따른 것으로 보이는데, 인문학 (중심의 한국학 연구소)에서 국어학의 지위 변화에 대해서는 더 자세한 검토가 필요하다.

선으로 실학연구위원회가 구성되었고 그해 11월 3일에 동방학연구소는 제1회 실학 공개강좌를 개최했다. 1967년에서 1976년까지 진행된 실학 공개강좌는 총 10회였고 발표자는 20인이었다. 한국사 연구자는 8명이 었지만 역사학에 매우 근접한 경제사나 한국의 실학에 대해 발표한 동양사 연구자까지 포함하면 역사학 분야의 발표자는 14명에 달한다. 그 외에는 백낙준이 실학의 현대적 의의와 강좌의 의의에 관한 발표를 2회했고, 철학 연구자가 2회, 어학과 문학 연구자가 각각 1회를 발표했다. 동방학연구소가 의욕적으로 시작한 실학 연구에 역사학자들이 가장 적극적으로 접속하고 있었으며, 이 가운데 특히 연세대의 사학과 교수들은 '실학'을 동방학연구소의 대표 브랜드로 만드는 데 집단적으로 참여했다. 20명의 발표자 가운데 10명이 연세대 교수였는데 이 중 사학과 교수가 6명이었다.[27]

『동방학지』에서 실학 연구를 계기로 하여 분명해진 역사학의 부상은 당시 한국학 아카데미즘의 구성적 특징을 보여준다. 실학 연구는 1950년대 초 천관우·홍이섭에서 시작하여 주로 역사학자들에 의해 진행되고 있었다.[28] 동방학연구소가 실학 연구를 추진한 바로 그때『창작과비평』에서도 '실학의 고전'을 9회에 걸쳐 연재했는데, 실학 고전의 해설과 번역에 참여한 9인 중 7인이 역사학자였다.[29] 철학이나 문학 분야에서

---

27) 연세대 교수로는 1회 백낙준, 2회 홍이섭, 3회 이가원, 4회 백낙준, 5회 황원구, 6회 민영규, 7회 손보기, 8회 이종영, 9회 김석득, 10회 김용섭까지 총 10명(중복 포함)이 발표자로 참여했다.

28) 실학 공개강좌의 첫 번째 강연의 초청자는 천관우로「조선 후기 실학의 개념 재검토」에 대해 발표했다. 천관우는 홍이섭과 함께 해방 후 맨 처음 실학 연구를 제안하고 실행한 권위자였다.

실학 연구에 집단적으로 참여한 것은 몇 년 후였으며,[30] 실학 공개강좌의 진행이 보여주듯이 그 이후에도 실학 연구는 역사학자들에 의해 주도되었다. 실학 연구에서 역사학의 주도는 비단 동방학연구소에 한정되지 않는 한국학계 전반의 특징이었다.

1960년대 중반에서 1970년대 중반 사이에 추진된 동방학연구소의 기구적 독립, 학술이념과 목표의 명료화, 그리고 연구사업의 활성화는 4·19 이후 한국에 대한 지식 생산이 요청되고 활성화되면서 한국학 아카데미즘이 성장하던 정황과 관련이 깊다. 한국학계는 4·19 이후 형성된 민족주의적 분위기에 반응하면서 그것을 학문적 문제의식으로 전환하고 또 심화하고 있었다.[31] 이러한 한국학의 약진을 선도한 것은 역사학이었다. 한국에 대한 지식들 가운데서 역사학의 비중과 권위가 크게 높아진

---

29) 『창작과비평』에는 1967년 여름에서 1970년 봄까지 이성무·송찬식·한영우·정구복·한영국·정창렬·정석종·이돈녕·박종홍에 의해 박제가·박지원·정약용·유형원·유수원·우하영·이익·최한기(2회)의 글이 번역되고 해설되었다.

30) 아세아문제연구소는 1971년에 한국연구실 주관하에 제1회 실학사상 연구발표회를 개최하여 이상은이 「실학개념에 대한 사상사적 고찰」을, 윤사순이 「박세당의 실학사상연구」 등을 발표했다. 1975년에는 한국문화예술진흥원에서 연구비를 지급받아 실학사상에 대한 연구를 진행했다. 연세대에서는 이가원이 비교적 이른 시기에 실학자의 글을 문학적 측면에서 접근하는 연구를 왕성히 전개했지만, 집단적인 결과물이 나오기 시작한 것은 그 이후였다. 예컨대 제36·37집(1983. 6) '이가원 교수 정년퇴임기념 논총'에는 박지원·박제가·이덕무의 시대인식, 사상과 문학을 연관시킨 연구들이 맨 앞에 배치되었다.

31) 1960년대에 "한국적 특성과 주체성을 강조하는 분위기는 기본적으로 4·19 직후부터 고양된 민족주의의 흐름과 맥락을 같이한다." 홍석률, 「1960년대 한국 민족주의의 분화—통치담론/저항담론으로서의 민족주의」, 『1960년대 한국의 근대화와 지식인』, 2004, 선인, 212쪽.

데에는 이유가 있다. 1960년대에 들어서면서 역사학자들은 사회적 현실과 역사에 대한 과학적 연구 방법의 모델을 제시하는 한편, 정체성과 타율성을 특징으로 하는 식민사관을 극복하고 '근대'의 성취와 '민족'의 실현을 지향하는 역사를 쓰기 위해 노력하고 있었다.[32] 사회경제사로 대표되는 과학적 · 실증적 연구의 모델과 '올바른' 사관을 제시함으로써 역사학은 어문학이나 철학 분야 학자들에게 연구의 전제를 제공해주었고 또 방향성을 부여해주었다.[33]

5. 국학의 정립과 인문학 담론의 지형 변화

대학 연구소는 근대 국민국가의 역사적 · 문화적 정체성을 수립하는 데 기여하는 인문학 지식 생산 제도의 정점에 위치한다. 인적 · 물질적 자원을 동원하는 데서, 연구를 조직하고 수행하는 데서, 그리고 무엇보다도 분과나 전공의 차원을 넘어서 한국학 전체의 차원에서 유의미한 연구 과제를 수렴하고 제안하는 데서 대학 연구소는 학과나 학회와는 구별

---

32) 역사학회 편,『역사학의 반성』, 탐구당, 1969 참조.
33) 예컨대 1960년대 중반부터 성과를 가시화한 조선 후기에 대한 사회경제사 연구는 조동일 · 임형택 등 고전문학 연구자의 연구 전제이자 방향타가 되었다. 조동일,「전통의 퇴화와 계승의 방향」,『창작과비평』, 1966년 여름호; 임형택,「흥부전의 역사적 현실성」,『문화비평』, 1969 참조. 1970년대 초에 김윤식도 김용섭의『조선후기농업사연구』1(1970)에 의해 식민사관 극복 가능성의 지표 가운데 하나인 자본주의 생산양식의 형성이 어느 정도 확인되었다고 생각했다고 한다. 김윤식,『내가 살아온 한국 현대문학사』, 문학과지성사, 2009 참조. 1960~70년대 (한)국학을 구성하는 데 주도적으로 참여한 지식들의 성격과 배치에 대해서는 더 많은 논의가 필요하다.

되는 위치를 점해왔고 능력을 발휘해왔다. 이 글은 인문학 분야 한국학 연구소의 초창기 모습을 보여주는 동방학연구소와 그 학술지를 대상으로 국학의 형성 과정과 그 특징을 살펴본 것이다.

동방학연구소는 1977년 5월 14일에 '연세대학교 부설 연구기구의 설치 및 운영에 관한 규정'에 의거해 국학연구원으로 폐합되었다.[34] 원장에 민영규(사학과—동양사), 부원장에 황원구(사학과—동양사)가 임명되었으며, 운영위원회와 총무부, 자료편찬부, 그리고 4개의 연구부가 구성되었다. 연구부는 어문 연구부(언어·문학), 역사 연구부(역사·고고·과학), 철학 연구부(철학·종교·예술), 사회과학 연구부(정치·경제·사회)로 구성되었다. 1978년에 사회과학 연구부에 법률과 교육 분야가 보완되었다. 연구부에는 본교 교수들을 연구원으로 소속시켰는데, 창립 당시 어문 연구부에 11명, 역사 연구부에 8명, 철학 연구부에 2명, 사회과학 연구부에 10명의 연구원이 있었다.

국학연구원이 한국학 연구기관으로서의 정체성을 더욱 명확히 한 것은 1980년에 제2대 원장으로 이종영이 취임하면서였다. 이종영 원장은 취임 후 처음 개최한 부장회의(80. 4. 4)에서 "한국 중심의 연구에 초점

---

34) 국학연구원의 설립은 학내 구성원이나 동방학연구소 참여자들의 공개적인 토론과 의견 수렴을 거쳐 진행된 것이 아니었다. 연구원 설립 후 처음 열린 부장회의에서 부장들이 민영규 원장에게 연구원의 설립 경위를 질문했는데, 민 원장은 부장들보다 더 많이 알고 있는 사실이 없다고 대답했다. 연세대 국학연구원 HK사업단이 주최한 '사회인문학의 시각으로 본 잡지' 학술대회(2010. 8. 19~20)에서 박찬승 교수가 1970년대 후반 문교부가 각 대학에 한국학연구원의 설립을 지시했으며 자금을 지원했다고 지적해주었다. 이는 1978년 한국정신문화연구원의 설립과도 연결된 일일 텐데 국학연구원이 정부의 정책적 지시 및 지원에 의해 추진된 사실을 확인하지는 못했다.

을 둘 것임"을 밝혔다. 1981년 4월17일 회의록의 별지로 붙어 있는 '연구원 규약 개정(안)'에는 동방학연구소의 규약과 수정된 규약이 대비되어 있다. 개정의 골자는, 동방학연구소 규약의 "본 연구원은 한국문화 및 이와 연관 있는 외국 제민족의 문화를 종합적으로 연구함으로써 한국의 전통문화와 학문을 계승 발전시킴을 그 목적으로 한다"는 문장을 "본 연구원은 한국의 역사와 문화를 연구함을 목적으로 한다"로 고친 데 있다. 「국학연구원 규약 개정 시안」의 제1장 제3조(목적)는 "본 연구원은 한국문화를 종합적으로 연구함을 그 목적으로 한다"로 최종 확정되었다.

아울러 『동방학지』의 성격도 더 분명하게 규정되었다. 학술지 간행사업과 관련하여 약간의 우여곡절이 있었지만, 결국 1978월 11월 14일 회의에서 '학술지 발간사업 변경 업무협의'를 통해 연구원의 기관지를 『동방학지』로 통일한다는 결정이 내려졌다. 1980년 4월 24일 회의에서는 『동방학지』의 수록 논문을 "한국을 중심으로 한 또는 한국과 관련된 극동문제나 순수한 한국학에 대한 원고로 제한한다"는 결정을 내렸다. 1981년 1월 국학연구원 연구계획 협의보고서에서는 연 4회 발행의 원칙을 세웠다. 1983년 회의(83. 4. 8)에서는 『동방학지』의 영문 표기를 The Journal of Korean Studies로 바꾸고 "동방학지 원고는 (가급적) 우리나라 문화와 역사에 관계되는 것으로 한정한다"고 결정했다. 회의록은 타자기로 작성되었는데, '가급적'이라는 표현은 볼펜 글씨로 삽입되어 있다. 1980년대에 『동방학지』는 '우리나라 문화와 역사에 관계되는' 논문을 게재하는 학술지로서의 정체성이 더욱 강화되었다.

동방학연구소가 보여준 것처럼, 초창기 인문학 연구소들은 자신들이 생산하는 지식―국학―을 동방학이나 동양학, 동아시아학과 병치하거나 그 하위 범주로 배치했다. '동방/동양/동아시아학'이라는 프레임은 식민지시기부터 학문적 담론을 지배해온 일본 중심의 동양학 담론과 제2차 세계대전 이후 지배적인 영향력을 행사한 미국 중심의 지역학적 패러다임 및 그 영향력 아래 재구성된 중국 중심의 문화론적 패러다임이 서로 복잡하게 교차하던 정황을 암시한다. 초창기 인문학 연구소들은 자신들이 생산하는 지식을 동방학/동양학/동아시아학 안에 배치하고 그 틀 안에서 설명하도록 유도되었다. 1960년대 중반 경에는 이 세 가지 상이하면서도 서로 연결된 지역적 관점들로부터 국학을 독립시키려는 움직임이 광범위하게 나타났는데, 이에 의해 한국 인문학 담론의 지형과 내용이 크게 변화되었다.

동방학연구소는 국학의 정립과 인문학의 지형변화를 잘 드러내는 사례이다. 동방학연구소는 1953년 하버드-옌칭으로 대표되는 미국의 지역학체제의 강력한 영향력 아래 설립되었다. 동방학으로부터 국학의 독립은 1950년대 말에는 국어학을 선두로 한, 식민지시기에 형성된 문화주의적 조선학의 전통에 의거하여 이루어졌으며, 1960년대 중반 이후에 국학을 서구 중심의 지역학체제에 대한 비판 패러다임으로 발전시켜 간 것은 역사학이었다. 동방학으로부터 국학이 독립한 과정은 지역적 시야의 쇠퇴 내지 상실뿐만 아니라 문화주의적 민족주의에 기반한 국어학의 전면화 및 뒤이은 주변화, 역사학을 선두로 한 자의식적 관점의 주류화 등을 수반했다.

인문서의 출판과 번역정책

박지영 · 한국문학

1. 1950년대 지식 장과 인문서 번역

한국 현대지식사에서 1950년대는 그 토대를 닦은 시대이다. 1950년대는 전후 국가재건이라는 목적하에 본격적으로 지식 장(場)이 재편되는 시기이기 때문이다. 식민지시대 일본을 통해 근대지식을 섭취했던 조선은, 해방 이후에는 태평양을 건너 서구의 지식을 받아들이게 된다. 해방은 많은 이들에게 검열에서의 해방을 의미했고, 해방기는 이러한 점을 반영하듯 책의 시대, 혁명의 시대이기도 했다.[1] 좌우를 막론하고 당대 지식인들은 탈식민의 과제와 새로운 국민국가 건설을 위해 쏟아져 들어온 새로운 지식을 흡수하기에 바빴다.

그러다가 한국전쟁, 분단이라는 역사적 상황은 단독정부 수립 이전의 시기를 우리 지식사에서 단절시켰다. 1949년을 기점으로 더 이상 좌파적 성향의 텍스트는 번역하기 힘들어졌으며, 번역 장은 서구 지식 중심

---

[1] 이에 대한 자세한 사항은 이중연, 『책 사슬에서 풀리다』, 혜안, 2005.

으로 재편되기 시작한다.[2)]

물론 이 과정에 혼란이 있었다. 가장 중요한 것은 언어의 문제이다. 이 제는 더 이상 식민지시대처럼 일본어를 통해서 지식체계를 구성할 수 없는 시대이기 때문이다. 일본어로 사유했던 지식인들은 이제는 조선어로 지식을 사유해야 했다. 해방기에도 여전히 식민지시기 유통되었던 일본어 텍스트가 김수영·고석규 등 당대 지식인들의 지식 욕구를 채워주기도 했지만, 문자로 사유할 때에는 반드시 조선어로 번역해야 했다. 바로 여기서도 번역의 중요성이 대두한다.

이 시대 번역의 중요성은 현재 몇몇 연구사를 통해서 밝혀진 바이다. 최고의 지식인 잡지 『사상계』에 실린 사회과학 관련 번역 기사가 당대 자유민주주의 개념 형성에 미친 영향력은 논증된 바 있다.[3)] 또한 당대 번역 장에 대해 개괄하고 문학 장의 형성에 기여한 번역의 역할에 대해서도 연구되었다. 이 연구에서는 당대 서구 도서의 번역이 미공보원과 제 단체의 원조에 의해 이루어졌다는 점을 밝혔다.[4)]

1950년대 번역 시장의 활성화에 공헌한 것은 미공보원 등 미국 기관과 문교부 등 대한민국 국가기관의 번역정책이었다. 해방 이후 미군정 선전국인 OCI는 기존의 공보국이 담당하던 공보활동 이외에도 미국적 삶의

---

2) 해방기 번역 현황에 대해서는 졸고, 「해방기 지식 장(場)의 재편과 '번역'의 정 치학」, 『대동문화연구』 제68집, 2009. 12. 참조.

3) 이에 대한 자세한 내용은 권보드래, 「실존, 자유부인, 프래그머티즘」, 『한국문학 연구』 제35집, 동국대 한국문학연구소, 2008. 12, 제4장 '미국 사회과학과 자유 민주주의' 참조.

4) 이에 대해서는 졸고, 「'번역'의 시대, 번역의 문화정치—1950년대 번역정책과 번역문학 장」, 『대동문화연구』 71, 성균관대 대동문화연구원, 2010. 9.

방식을 한국에 심기 위한 자체적인 프로그램들을 진행시켰는데, 그 중에서 중요한 것이 도서의 번역과 배포에 관한 것이다. OCI의 뒤를 이어 전후에 설치된 미공보원(USIS) 역시도 영어 관련 서적을 정책적으로 사회에 보급한다. 미국은 한국전쟁 이후에는 한국의 정치기관인 문교부를 통해서 번역원조정책을 시행한다.[5]

이러한 번역원조는 개별 출판사에도 시행된다. 특히 1958년 즈음해서 불기 시작한 세계문학전집 출판 붐은 전쟁으로 인해 파괴된 출판계가 재건되는 데 큰 역할을 하게 되고, 향후 문학 장(場)의 중심이 일본문학에서 서구문학으로 옮겨가는 데 크게 기여한다.

그런데 이러한 왕성한 번역문학 텍스트의 발간은 당대 고급 독자층이 형성되었다는 것을 반증하는 것이기도 하다. 해방 이후 경성제대 · 이화여전 등 식민지시기 설립되었던 대학들이 그 체제를 갖추어 다시 문을 열고, 고등교육제도가 정비되면서 지식인들이 다량으로 생산된다. 대학제도의 설립은 곧 교재 혹은 교양 텍스트의 수요를 가져왔고, 이러한 상황은 번역서를 발간하게 된 주요 계기가 된다.

당대 문사였던 정비석은 "오늘날의 대학생들은 거의 전부가 초등학교 5 · 6학년 재학 중이거나 그렇지 않으면 중학교 1 · 2학년 시절에 해방을 맞이한 셈이었다. 일본어 실력이 없는 것은 당연"하다면서 이들의 언어 상황을 문제삼고, "장래의 문화의 주인공이 될 대학생들에게 읽을 만한

---

5) 미국의 번역정책에 관해서는 김균, 「미국의 대외 문화정책을 통해 본 미군정 문화정책」, 『한국언론학회』, 2007. 7; 허은, 「미국의 헤게모니와 한국 민족주의─냉전시대(1945-1965) 문화적 경계의 구축과 균열의 동반」, 민족문화연구총서 128, 고려대 민족문화연구원, 2008 참조. 이외에도 1950년대 번역정책과 번역문학장에 대한 자세한 내용은 졸고, 앞의 글 참조.

번역서적이 없다는 것은 창고에 쌀이 없는 것과 마찬가지로 중대한 일"[6]
이라고 심각하게 문제 제기한다. 이러한 점은 이러한 당대 주체의 언어
적 기반을 고려한 것이다.

이러한 상황 속에 조급한 번역정책이 시행되었고, 당대 "번역 발행된
도서는 전국 각 대학, 공공도서관 및 특수도서관, 언론기관, 문화단체 등
에 무상 배포"[7]되었다. 이러한 방식이 지식을 대중적으로 확산시키는 데
가장 빠르고 확실한 것이었기 때문이다. 사실 당대 번역도서 중 다수가
대학의 교재로서 기획된 산물이었다. 그리하여 실제로 당대 대학에서 고
등교육을 받은 지식인들은 한국인의 저서보다는 번역도서를 통해 교육
을 받았고, 교재가 아니더라도 발간된 번역도서를 통해 지식의 욕구를
채웠다. 그만큼 번역서가 당대 지식 장, 특히 대학제도의 학문적 기반을
형성하는 데 끼친 영향력은 큰 것이다. 그렇다면 기초교양의 핵심, 인문
학적 지식의 토대를 이루는 번역된 인문서가 어떠한 것이었는가를 알아
보는 일은 당대 대학제도, 나아가 1950년대 지식 장 내부에서 인문학이
어떠한 방식으로 자기 학문의 위상과 정체성을 구성하며 성장해나가는
지 점검하는 데 필수적인 일이 되는 것이다. 당대 번역 텍스트는 지식 장
의 핵심 콘텐츠였기 때문이다.

그러므로 본 연구는 이 중요성을 인식하고 당대 인문서 번역 현황을
실증적으로 고찰하고, 그 경향성을 분석하도록 하겠다. 이는 분명 현재
위기라 논의되는 인문학적 인식의 토대를 논구하는 일이 될 것이다.

---

6) 정비석, 「번역문학에 대한 사견」, 『신천지』, 1953. 12.
7) 「도서번역심의위원회 규정을 제정 —업적 및 본 위원회 규정 제정의 의의」, 『문
   교공보』 58, 1960. 12.

2. 국가 주도의 번역정책과 고등교육제도의 성립

당대 인문 번역서의 발간은 미국의 번역정책에 힘입은 바 크다. 단정 수립 이후 미공보원 출판과의 번역사업은 1951년 3월에 시작하여 1957년 한 해 61권의 번역서 출간으로 정점에 오른다. 1951년부터 1961년 상반기까지 번역 발간된 책은 모두 310권, 1966년 11월에 이르기까지 412권에 달했다고 한다.

번역정책은 문총 등 국가 주도의 문화단체나 문교부 등 국가기관에서도 실시된다. 문교부는 "외국의 양서를 우리글로 번역하여, 민족문화의 향상과 새 문화창조의 기반을 마련"하기 위해 이 사업을 실시한다고 한다. 그러나 이 역시 외국 원조기관인 운크라(UNKRA)[8]에서 원조를 받아 실시한 것이다.[9]

이를 위해 문교부 내부에서는 번역심의위원회를 독립적으로 설치하기도 한다. 문교부령 제30호로 외국도서번역심의위원회 규정을 제정하고

8) 1950년 국제연합(UN) 총회의 결의에 따라 한국전쟁으로 파괴된 한국경제의 재건과 복구를 목적으로 설립된 기구. UNKRA의 관심은 경제재건 문제뿐만 아니라 제2차 세계대전으로 뿔뿔이 흩어진 이산가족과 전란으로 보금자리를 잃어버린 난민문제에도 집중되었다. 1억 4,850만 달러의 기부금이 34개 위원국과 5개 비위원국으로부터 출연되었다. 1958년 7월 1일 활동이 종료되었다.

9) 운크라는 전반적인 한국부흥계획 중 문교부 사업 부문에 800만 달러를 할당하고 있는데, 그 중 외국서적 도입용으로 1953년 6월 말까지에 20만 달러, 1954년도 7월 이후부터는 약 50만 달러를 할당하고 있다는데 이는 신년에 실시될 문교부 번역사업을 위하여 배정된 것이라고 한다. 그리고 이미 동 사업에 소요되는 원고료인 6억의 예산도 계상하고 있다고 한다(「교과서 일체경신—번역위원회 설치코 사무개시」, 『조선일보』, 1953. 1. 5).

각 분야의 권위자를 심사위원으로 위촉하였다. 철학을 비롯하여 21개 부문에 걸쳐 28명으로 구성된 이 심의위원회에서는 사업에 관한 종합적 계획 수립과 아울러, 번역할 도서와 역자의 선정 및 기타 필요한 사항을 심의 결정하여 문교부 장관에 자문했다고 한다.[10]

그리하여 1953년 6월부터 900만 환을 들여 '외국양서번역사업'이 시작되고, 1954년에는 47종이 선정되어 번역 원고가 탈고되어 인쇄 출판[11] 되었다고 한다. 그 분야도 철학 · 종교 · 심리학 · 교육학 · 법학 · 정치학 · 경제학 · 사학 및 고고학 · 사회학 · 언어학 · 수학 · 천문기상학 · 지리학 · 물리학 · 화학 · 생물학 및 지질학 · 의학 · 생리학 · 약학 · 농학 · 문학 · 예술학 · 수산학으로 다양하다.[12]

처음 발간된 텍스트는 1954년 10월 발간된 『법에 있어서의 상식』(Paul Vinogradoff, 서돈각 역, 문교부)이다.[13] 이후 외국도서번역심의위원회

---

10) 문교부, 「외국도서 번역사업」, 『문교개관』, 1958, 456~459쪽 참조.
11) 외국도서번역심의위원회에서는 1953년 6월부터 매년 한 번씩 50권의 우량외국도서를 채택해서 번역정책 5개년계획을 세워서 사업을 추진시키고 있다고 하는데, 이미 탈고되어 앞으로 계속해서 나올 것이 30권이나 있다고 한다(「농학개론 등—외국우량도서 번역」, 『조선일보』, 1955. 3. 30). 『문교개관』에 의하면 4년 동안 172권을 선정하여 그 중 133권을 번역 완료하였다고 한다. 번역을 완료 못한 39권의 도서는 역자들이 교환교수로 도미했다든가 기타 해외여행으로 인하여 부득이 중단 혹은 포기한 것이다(문교부, 같은 책 참조).
12) 「번역도서 불원 출간—민약론 위주 50종의 양서」, 『동아일보』, 1954. 3. 15; 조선일보에서는 철학 · 심리 · 사학 · 사회학 · 언어학 · 수학 · 화학 · 생물학 · 광물 · 농업 · 공업으로 보도하고 있다(「외국우량도서번역 900만 환 들여 착수」, 『조선일보』, 1954. 8. 8 참조).
13) 당시 신문기사에 의하면, "전문 227페이지 46판으로 되어 있는 동 서적은 법의 기본 원칙, 즉 사회규범과 법규범 권리와 의무 관계들, 그리고 법의 목적과 수

에서는 1955년에도 우량도서로 채택한 외국서적 두 권이 번역되어 나왔다고 발표한다. 이 두 권의 서적은 조백현 번역의 W. 페터슨의『농학개론』과 정대위 씨가 번역한 아널드 토인비의『역사의 한 연구』이다.[14]

이외에 문교부 번역정책에 의해서 출판된 양서는 루소의『민약론』, 빈델반트의『철학개론』, 칸트의『프롤레고메나』, 듀이의『민주주의와 교육』, 헤겔의『법철학의 근거』, 밀의『자유론』, 뒤르켐의『사회학방법론』, 괴테의『파우스트』등과 수학 · 천문학 · 생물학 · 의학 등 광범위에 걸친 50종에 달하는 저명한 서적들이라고 한다.[15]

이들 중 인문서의 비중은 전체 번역도서의 반 정도였다. 1954년 한 신문기사는, "문교부에서 알려진 바에 의하면 외국도서번역심의위원회에서는 4287년도 외국 우량도서로 번역할 것을 27권으로 결정하였다고 한다. 그런데 선정된 서적은 인문과학 13권, 자연과학 14권으로 되어 있으며 자연과학 서적 중에서는 아마 3권이 탈고되어 머지않아 출판"된다고 전한다.[16] 사회과학도서를 따로 언급하지 않은 것을 보면, 이 기사가 지칭한 인문과학도서의 범주에는 사회과학도서가 포함된 것으로 보인다. 그렇다면 번역 인문서의 비중은 더 줄어들어, 전체 번역 도서 중 4분의 1가량이 정책적으로 인문과학 분야에 배정되었다고 볼 수 있다.

을유문화사와 같은 개별 출판사에도 번역원조가 시행된다. 예를 들면 을유문화사에서 1954년 이후 발간하기 시작한 '구미신서'(歐美新書)와

단을 간명하게 해명하는 법학인문서이다"(「당국 번역서 첫 출간」,『동아일보』, 1954. 10. 18).
14) 주11 참조.
15) 주12 참조.
16) 「우량외서 번역—87년도엔 17권」,『조선일보』, 1954. 12. 2.

'현대미국단편소설선집', 이 두 시리즈는 미국공보원의 지원으로 번역 출간된다. 을유문화사는 이외에도 1956년부터 '번역선서'(飜譯選書) 시리즈를 발간하는 등 왕성하게 번역서를 발간한다. 이를 발판으로 을유문화사는 대형 출판사로 발돋움하게 된다.[17] 미국의 번역원조는 이렇게 다양한 기구를 통해서 전방위적으로 진행되고 있었다.

이외에도 한불문화협회에서 불문학총서가 기획된다든가, 문교부 원자력과에서 원자력 전문 번역을 기획하는 등, 다양한 통로에서 번역정책이 기획되고 실천된다.[18] 그 결과 을유문화사의 경우처럼, 개별 단행본이 아닌 다수의 총서류 기획이 이루어지게 된다. 『출판연감』[19]에서 확인한 바에 의하면, 당대 기획 번역된 총서류는 법문사의 '위성문고', 신양사의

---

17) 을유문화사 세계문학전집 중 가장 잘 팔린 책은 신상초가 번역한 파스칼의 『팡세』라고 한다. 1965년 11월 카뮈와 사르트르의 『반항인』과 『문학이란 무엇인가』를 끝으로 전60권이 완간된다. 을유문화사의 최대 숙원 사업이었던 『큰사전』의 출판에는 미군정과 록펠러 재단의 도움이 있었다(미군정 문교부 편수국에 있던 앤더슨의 도움으로 록펠러 재단의 도움을 받게 된다. 이 재단의 원조는 한국전쟁기인 1952년에도 이어진다. 그러나 정부의 방해로 록펠러 재단의 원조가 중단되었다고 한다(정진숙, 『을유문화사 50년사』, 을유문화사, 1997, 123~125, 134~137, 182~186쪽 참조).

18) 한불문화협회에서는 불문학총서 전12권을 번역 간행하기로 되어 『몽테뉴의 수상집록』(손우성 역)을 위시하여 작품과 역자가 결정되고 제1차 간행이 오는 9월 초순에 있게 되리라고 한다(「불문학총서 번역」, 『동아일보』, 1958. 6), 문교부 원자력과에서는 원자력에 관한 지식을 널리 보급, 주지시키며 원자력에 관한 계몽사업을 추진하는 의미에서 원자력에 관한 서적을 우리말로 번역하도록 전문가에게 위촉하였다는 바 위촉한 서적명과 번역 위촉자들의 성명은 방사능방어법에 이영재(李永在), 소디움 흑선원자로를 사용한 발전소에 현경호(玄京鎬), 우라늄과 로륨 자연광 이철재(李哲在)이다(「원자지식을 보급—당국 전문가들에 외서번역 위촉」, 『조선일보』, 1956. 6. 22).

'교양신서', 경지사의 '교양선집', 박영사의 '박영문고', 양문사의 '양문
고' 등이다. 이 문고의 기획과 번역 출판은 고등교육의 제도화로 지식
에 대한 열망이 높았던 당대 지식계의 수요에 부응하는 것이었다. 이러
한 지식계의 수요에 당대 출판사의 '월부' 판매라는 마케팅 전략이 맞아
떨어져[20] 왕성한 기획이 가능했던 것이다.

그런데 앞서도 언급했듯, 대중적인 유통을 지향했던 출판사 기획 번역
총서와 달리, 번역정책에 의해 기획, 번역된 도서는 고위 군간부와 일반
참모대학 등에 기증[21]되고, 일부가 대학 교재로 선정되어 학생들에 의해
직접 구입되었다고 한다.[22] 이렇게 번역 인문서가 대중적으로 유통되지
못하고 군대나 대학가 중심으로 한정적으로 수용된 것은 당대 번역 인문
서의 유통 과정이 비효율적이었기 때문이다.

출판사의 상업적 의도와 결합되어 출간된 문고본과 달리, 당대 문교부

---

19) 한국출판문화협회, 『출판연감』, 1957. 이 논문에 기초 데이터를 제공한 『출판
    연감』 자료 정리와 분석은 성균관대 조은정 선생님이 해주신 것이다. 이 자리
    를 빌려 감사드린다.
20) 김붕구 외, 좌담회, 「르네상스가 가까웠다—번역문학 붐이 의미하는 것」, 『사
    상계』, 1959. 9 참조.
21) 1955년에 미공보원은 미국의 정치·군사·역사·경제·문학 등 분야의 번역
    서 22권을 묶어 고위 군간부와 일반참모대학 등에 기증했다. 프레데릭 호프만,
    『20세기 미국 시론』, 박문출판사, 1955; 『미국현대소설론』, 박문출판사, 1955
    가 그 예이다(김균, 「미국의 대외 문화정책을 통해 본 미군정 문화정책」, 『한국
    언론학회』, 2007. 7 참조)
22) 『서양사상사』 『현대정당론』 등은 이러한 책들 가운데 대표적이다. 즉,
    Brinton·Crane, 최명관 역, 『서양사상사』, 수도문화사, 1957; Neumann·
    Sigmund, 민완기·오병헌·양호민 역, 『현대정당론』, 수도문화사, 1960으로
    추측된다.

기획 번역도서는 실제로 대중적으로 서점에서 유통되지 못했다. 번역도서 출판이 부진한 가장 큰 원인은 수요층이 엷은 것이다. 이는 문교부에서 선정한 번역도서가 대개 전문도서인 데 기인하는 것이다. 이 제도에 의해 번역된 『농학개론』이나 원자력 관련 서적은 전공이 아니면 사서 보기 힘든 것이기 때문이다.

또 서점에서는 낮은 수수료 때문에 이 도서를 취급하기 꺼려했다고 한다. 30% 정도의 수수료를 떼는 다른 단행본에 비해 이 도서의 판매 수수료는 15%였기 때문이다.[23] 이 때문에 번역은 완수했으나 출판하지 않는 원고가 존재했던 것이다.[24] 문교부를 비롯한 정부 당국은 번역료는 지불하되, 그 원고가 어떠한 방식을 유통되어야 하는지에 대한 진지한 고민이 없었던 듯하다. 그렇기 때문에 문교부 기획 번역도서는 대부분 대학도서관에서 수용되었다고 보아도 과언이 아닌 것이다.

현재 각 대학도서관에서 1954년부터 문교부가 기획한 도서를 출판했던 '합동도서'주식회사와 '한국번역도서', 혹은 '문교부'란 키워드로 검

---

23) 이 문제의 원인에 대해서 문교 당국자는 "①번역도서를 추천하여도 잘 사지를 않아 판매에 애로가 있다. ②잘 사지를 않으니까 국정교과서를 취급하고 있는 문교부의 지정 공급인이 공급망을 통해서 서적을 판매하려고 않는다. ③서적 판매 수수료를 서적 가격의 3할 내지 3할 5부나 받고 있는 시중 서점에서는 판매 수수료가 1할 5부인 문교부의 번역도서를 가져가지 않는다"라고 분석한다 (「출판된 것 겨우 8권뿐. 외국우량도서의 번역사업」, 『조선일보』, 1955. 10. 8 일자 참조).

24) 이 중 헤겔과 괴테의 저서는 출판연감에 의하면 합동도서주식회사나 한국번역도서에서 출간되지 않았다. 이를 볼 때 번역만 되었지, 출간은 되지 않은 것으로 보인다(「번역도서 불원 출간—민약론 위주 50종의 양서」, 『동아일보』, 1954. 3. 15 참조).

색하면 거의 대부분의 텍스트가 비치되어 있다. 이러한 점 역시 당대 미 공보원, 혹은 문교부 기획 번역도서가 주로 대학가를 중심으로 유통되었다는 점을 증명해준다.

또한 번역도서가 대학가를 중심으로 소비된 이유는, 이 번역원조의 최대 수혜자인 번역가의 거의 대부분이 대학교수층이었기 때문이다. 1950년대 번역 활동의 주역은 1910년대 후반에서 1920년대 초반생이 대다수로, 이들은 거의 서울과 지방대학의 강사·전임교수로 있었다.[25]

인문서를 번역했던 정대위(토인비, 『역사의 한 연구』 역자, 한국신학대 교수), 송기철(피구〔Arthur Cecil Pigou〕, 『자본주의 대 사회주의』 역자, 중앙대 정치학 강사), 서돈각(비노그라도프, 『법에 있어서의 상식』 역자, 서울대 법대 교수), 정석해(러셀, 『서양철학사』 역자, 연희대 철학과 교수), 한철하(상동, 연희대 전임강사, 당시 미국 유학 중), 조의설(토인비, 『시련에 선 문명』 역자, 연희대 교수)은 모두 당대 대학의 조교·강사·교수로 활동했던 이들이다.

---

25) 김용권, 「문학이론의 번역과 수용(1950~1970)」, 『외국문학』, 1996. 8 참조. 당대 번역가로도 활동했던 영문학자 김병철에 의하면, 1950년대 활약했던 번역가들은 주로 당시 30대 전후로 주요 번역 멤버를 살펴보면 영미 문학에 강봉식·정병조·김재남·장왕록·이가형·유영·이종구·양병택·이기석·이창배·김병철, 불문학에 안응렬·이휘영·양병식·김붕구·오현우·이진구·방곤·정기수·조홍식·이항, 독문학에 김종서·김성진·곽복록·강두식·구기성, 러시아 문학에 차영근·함일근·김학수, 중국문학에 김용제·김광주, 일본문학에 김용제였다고 한다. 물론 이들 중 김용제(1909년생)·김광주(1910년생) 등이 식민지시대부터 활동했던 문인이고, 이후는 대개 1920년대 이후 출생자로 신세대 외국문학 전공자들이다(김병철, 『한국현대번역문학사연구』 상·하, 을유문화사, 1998 참조).

1950~1960년대는 전반적으로 문인들이 번역가로 활약했던 시기이다. 그러다가 외국문학 전공자, 즉 학자들이 본격적으로 번역일을 맡아 하기 시작한 것은 1950년대 중후반부터이다.[26]

외국 학문 전공 번역가군, 일명 '교수 번역가군'의 등장 역시 1950년대 대학제도를 기반으로 지식·문화의 제도화가 이루어지는 상황과도 관련이 깊은 문제이다. 1950년대 교양의 내용과 이념이 상당 부분 대학이라는 제도와 긴밀한 관련 속에서 구성되면서, 대학은 명실상부한 지식의 터전으로 자리잡게 된다.[27] 번역가란 직업 역시도 이러한 토대에서 최고의 교양인·지식인으로 만들어지고 성장한 것이다.

실제로 이들은 번역 활동을 통해 자신들의 정체성을 찾아갔다고 한다. 대표적인 사람이 영어영문학회의 학자들이다. 여석기·김병철 등 영어영문학회 1세대는 그들이 이 번역을 통해서 자신들의 생계를 꾸리고 정체성을 찾아갔노라고 회고하고 있다. 그만큼 이들의 의무감과 자부심도 대단했다고 본다. 다른 번역가 역시 마찬가지이다.

---

26) 문인들은 해방 직후부터 1950년대 중반 이후 전문 번역가들이 등장하기 이전까지 번역가의 수요를 메워주고 있었다. 이들의 일본어 실력은 중역이 성행하던 시절에 번역가로서 활동하는 데 큰 역할을 하였다. 이하 당대 번역가의 현황에 대해서는 졸고, 「1950년대 번역가의 의식과 문화정치적 위치」, 상허학회, 『상허학보』제30집, 2010. 10 참조.

27) 서은주는 이에 대해 연구하는 자리에서, 비판적 성찰을 근본적으로 방해하고 규율하는 전후 이념의 지형 속에서 정신주의와 속물성의 균열을 읽어낼 수 있다고 한다(이에 대한 자세한 사항은 서은주, 「특집논문: 제도로서의 '독자' - 1950년대 대학과 '교양' 독자」, 한국문학연구학회, 『현대문학의 연구』 40, 2010 참조.

온 세계는 민주주의 사회를 건설하고자 노력하고 있다. 물론 오늘의 대한도 세계가 지향하는 이념에 의하여 통일된 민주국가를 재건해야만 된다. 이는 눈에 보이는 정치적 · 사회적 · 경제적인 재건일 뿐 아니라, 우리 자신의 생활의 재건이 되어야 한다. 우리 자신의 한 사람 한 사람의 내적 · 심적 개조를 토대로 한 재건이 요청이 된다.

전쟁을 일으키는 것도 우리의 마음에서 생기는 것이며, 전쟁을 멈추겠다는 것도 우리의 마음에서 일어나는 것이다. 그러므로 우리는 먼저 우리 국민의 마음의 개조와 갱신이 필요하다. 이러한 마음을 양육시키는 것이 곧 민주주의 교육의 원리 원칙이다. 세계의 요청이요, 한국의 요청인 민주주의 생활의 건설에 있어, 존 듀위의 민주주의 원칙은 우리에 유일한 지침이 될 것이다. 민주주의는 마땅히 우리 인간이 소유해야 할 일종의 생활양식이며 동시에 최선의 생활양식이다."[28]

듀이의 『민주주의와 교육』을 번역했던 임한영은 자신의 번역이 "민주주의 사회의 건설"에 이바지할 것이라고 확신한다. 이 번역서가 한국전쟁 이후의 폐허에서 "생활의 재건, 국민의 마음의 개조와 갱신"에 기여할 것이라고 기대하고 있는 것이다. 실제로 듀이의 제자이기도 했던 번역자 임한영과 오천석 · 김활란 등의 향후 활동이 말해주듯, 이 번역서는 당대 국가건설의 이념, 미국식 민주주의, 실용주의 교육학에 걸맞은 교육제도와 이념을 만들어내는 데 이바지하게 된다. 번역가는 이러한 점에 큰 자부심을 느끼고 있었던 것이다.

---

28) 임한영, 「역자의 말」, 존 듀이, 임한영 · 오천석 공역, 『민주주의와 교육』, 한국번역도서주식회사, 1955. 6, 1~3쪽 참조.

번역사업의 초기 수행자로 비노그라도프의 『법에 있어서의 상식』을 번역한 서돈각(경성제대 출신, 당시 서울법대 교수)은 「역자의 머리말」에서 "역자는 문교부의 외국도서 번역사업의 일부로서 본서의 번역을 의뢰받아서, 그 사업의 중대성을 스스로 느끼어 될 수 있는 대로 정확한 번역을 하려고 노력하였으나, 저자의 진의를 잘못 전하는 점이 있지 않을까 스스로 불안하게 여긴다"[29]고 한다. 이 역시 국가의 사업을 수행하는 학자로서의 의무감이 느껴지는 대목이다.

또한 미공보원의 번역 지원 프로그램에 힘입어, 번역가들에게 지원되는 특혜는 단지 번역료를 일시에 지불하는 '당대로서는 파격적 대우'[30]에만 있었던 것은 아니다. 번역가 중 극히 소수가 프랑스 · 독일과 영국에서, 그리고 상당수가 미국에서 연수할 기회를 갖게 된다.[31] 이처럼 당대 대부분의 외국(서구 중심) 학문 전공 교수들은 큰 혜택을 누리고 이로 인해 자부심을 갖고 번역가로 활약하게 된다. 그리고 자연스럽게 그들이 번역한 도서가 교재로 채택되는 경로를 밟는다.

29) 서돈각, 「역자의 머리말」, 비노그라도프, 서돈각 역, 『법에 있어서의 상식』, 합동도서주식회사, 1954. 9, 3쪽 참조.
30) 김용권, 앞의 글, 1996, 16쪽 참조.
31) 1954년 이후부터는 미국무성의 교환교수계획(Smith-Mundt-Hays Act)에 의해 영미 문학 전공 교수들이 미국 각지의 대학에서 1년 또는 2년간 대학원 과정을 마치고 돌아왔다. 1900년대생의 선배 교수들은 같은 프로그램의 연구학자(research scholar)로 초빙되기도 했다. 이들은 미국식의 문학교육과 문화 연구의 실상을 체험하였고, 신비평가들을 위시하여 각 분야의 유명 학자들과 친교를 맺기도 했다. 백철이 르네 웰렉이나 I. A. 리처즈를 만난 것도 이 프로그램을 통해서였다(김용권, 앞의 글, 1996, 21쪽 참조).

3. 대학 교재/총서류의 발간과 서구(미국) 중심의 편재

앞서 밝힌 대로 인문서 번역에 중차대한 역할을 한 것은 미공보원과 문교부의 번역사업이었다. 다음은 문교부의 번역정책에 의해 기획 번역된 인문과학도서 목록이다.

다음 표1을 살펴볼 때 제일 먼저 눈에 띄는 것은 토인비의 저서들이다. 이외에 철학자로 칸트·러셀·사르트르·플라톤 등의 저서가 있다. 이를 살펴볼 때 당대 번역도서의 원저자들은 플라톤·칸트 등 고전 텍스트의 필자들이거나 사르트르·토인비 등 당대 영향을 끼치고 있는 지식인 필자이다. 학문 분야는 철학·역사(전기)·문화·예술·종교·언어학 등으로 비교적 다양하다. 원저자의 국적은 주로 미국과 서구 중심이다.

이 번역사업은 1950년대 번역 열풍의 도화선 역할을 한다. 그리고 이에 불을 붙인 것은 1950년대 말부터 일기 시작한 문고본 출판 붐이다.[32] 한국 출판문화사에서 이 시기인 1950년대 말부터 1960년대까지는 바로 제2차 문고본 붐이 일어난 시대라고 한다. 양문문고·교양문고·경지문고·현대문고·박영문고·사상문고·탐구신서 등이 발간되면서 문고본 전성시대가 이루어진 것이다.[33] 최하 20원에서 대략 평균

---

32) 이미 밝혀진 대로 1950년대 번역문학 장의 핵심은 1958년경부터 일기 시작한 세계문학전집 간행 붐이다. 이 문학전집 붐 속에서 당대 전위적 문화계층이 구성했던 문학 텍스트는 '최첨단의 작품'과 '19세기 작품'이었다. 이러한 컬렉션은 비교적 최근까지도 유효한 선택의 축이다.

33) 우리나라에서 대량 보급을 위한 문고본이 본격적으로 출발한 시점은 1909년 최남선이 10전 균일가로 '십전 총서'를 발간한 때부터로 친다. 또 1913년부터는 '육전소설'이라는 문고본이 "옛 책 가운데 가치 있는 것만 정선해 바르게 고쳐 출간하겠다"는 취지로 신문관에서 발간됐다. 해방 이후에는 여러 차례 문고

표1 1950년대 문교부 번역도서 목록

총서제목	저자	역·편자	도서명	발행처	발행연도
문교부 번역도서	J. 살윈 샤파이로	신한철	현대구라파사(상)	합동도서 주식회사	1954
	토인비	조의설	시련에 선 문명		1955
	토인비	정대위	역사의 한 연구		1955
	H. R. 매킨토시	김재준	현대신학의 제형		1955
	로버트 T. 올리버	박마리아	이승만 박사전		1956
	칸트	박종홍	형이상학서론		1956
	셰익스피어	피천득	셰익스피어이야기들		1957
	제임스 T. 플렉스너	박갑성	아메리카회화사		1958
	러셀	정석해, 한철하	서양철학사(상)		1958
	러셀	정석해, 한철하	서양철학사(하)		1958
	토인비	정대위	역사의 한 연구(하)		1958
	찰스 C. 프리스	김형국	영어교수의 이론과 실제		1958
	사르트르	손우성	존재와 무		1958
	J. G. 안데르손	김상기, 고병익	중국선사시대의 문화		1958
	에밀 부르너	김재준	그리스도와 문명		1958
	존 I. H. 바우어	박갑성	현대 아메리카미술의 조류		1958
	조르주 르페브르	민석홍	불란서혁명사		1959
	S. 라아나 외	장발	서양미술사		1959
	알프레드 J. 에이어	이영춘	언어와 진리와 논리		1959
	토인비	정대위	역사의 한 연구(중)		1959
	로버트 라도/ 찰스 G. 프리스	전형국	영어문형연습 (상·중·하)		1959
	T. 벌핀치	이하윤	전설의 시대		1959
	에른스트 오페르트	한우근	조선기행		1959
	첸무(錢穆)	차주환	중국문화사총설		1959
	로버트 T. 올리버	김봉호	한국동란사		1959
	플라톤	조우현	향연		1959
	J. 살윈 샤파이로	신한철	현대구라파사(하)		1959

50원 정도에 머무는 가격[34]은 주독자층인 고등학생 · 대학생의 소비 수준에 걸맞은 것이다. 물론 이러한 문고본 출판에 미공보원과 제단체의 원조가 큰 역할을 했지만, 개별 출판사의 적절한 할부 마케팅 전략이 유효하게 작용하면서 이 출판 붐은 당대 독서계 · 지식 장에 큰 변동을 가져온 것이다.

그런데 『출판연감』을 기반으로 작성된 인문서 출판목록을 살펴보면, 앞서 제시한 문교부 번역도서 목록의 범주에서 크게 벗어나지 않는다. 역사철학자 토인비, 철학자 칸트 · 러셀 · 사르트르 · 플라톤 등은 여전히 문고본 · 단행본 출판에서도 인기있는 번역출판 대상이었다. 이러한 점은 미공보원과 문교부의 번역정책이 당대 번역 장에 끼친 영향력을 증명해주는 것이다.

당대 인문서 번역 장을 분석하기 위해서는 하위 학문별 고찰이 필요하다. 우선 철학서를 살펴보도록 한다. 당대 철학서 중 가장 많이 번역된 텍스트는 러셀[35]과 사르트르[36], 르네 마릴 알베레스[37]의 저서이다.

붐이 형성되는데, 제1기는 해방 직후에 일어난다. 을유문고 · 정음문고 · 민중문고 · 협동문고 등이 발간되면서 붐이 이루어졌다고 한다. 제3차 문고본의 황금기는 1970년대로 삼중당문고 · 서문문고 · 을유문고 등이 문고 종수 200종을 넘어섰고, 100종을 넘어선 출판사도 많았다(「추억의 문고본 다시 활성화할까」, 『연합뉴스』, 2007. 12. 13).

34) R. 트릴링, 양병탁 역, 『문학과 사회』(구미신서, 을유문화사, 1960)가 140원이고, 로겐 돌프, 윤형중 역, 『카톨리시즘』(경지문고, 경지사, 1958)이 20원이다(『출판연감』, 1957 참조).

35) 러셀, 강봉식 역, 『철학이란 무엇인가』, 신양사, 1958; 러셀, 이극찬 역, 『권위와 개인』, 신양사, 1959; 러셀, 이극찬 역, 『새 세계의 새 희망』, 을유문화사, 1959; 러셀, 강봉식 역, 『양식과 핵전쟁』, 을유문화사, 1959.

이외에 니체[38])와 루소[39]), 그리고 불트만[40]) · 스피노자[41]) · 야스퍼스[42])
의 저서가 번역된다. 러셀 등이 많이 번역된 것은 이미 연구사를 통해서
도 알려진 사실이다.[43]) 사르트르[44])와 야스퍼스가 1950년대 실존철학의

---

36) 사르트르, 방곤 역, 『실존주의는 휴매니즘이다』, 신양사, 1958; 사르트르, 인간
사 편집부 역, 『실존주의 해설』, 인간사, 1958; 사르트르, 정명환 역, 『자유의 길,
벽 외』, 정음사, 1958; 사르트르, 박이문 역, 『어떻게 사느냐』, 경지사, 1959.

37) 알베레스, 정명환 역, 『싸르트르의 사상과 문학』, 신양사, 1958; 알베레스, 방
곤 역, 『20세기의 지적 모험』, 일신사, 1958; 알베레스, 이진구 · 박이문 역,
『이십세기문학의 결산』, 신양사, 1960; 야스퍼스, 윤명로 역, 『현대의 정신적
위기』, 일신사, 1959.

38) 니체, 삼문사 편집부 역, 『철학독본』, 삼문사, 1952; 니체, 이봉래 역, 『니체의
철학독본』, 학우사, 1958; 니체, 이장범 역, 『비극의 탄생』, 양문사, 1962.

39) 루소, 박제구 · 박석주 역, 『에밀』, 청운출판사, 1960; 루소, 사상교양연구회
역, 『민약론』, 상구문화사, 1960

40) 불트만, 류동식 역, 『성서의 실존론적 이해』, 신양사, 1959; 불트만, 류동식 역,
『예수 그리스도와 신화론』, 신양사, 1959.

41) 스피노자, 사상교양연구회 역, 『윤리학』, 상구문화사, 1960.

42) 야스퍼스, 윤성범 역, 『실존철학 입문』, 신양사, 1958.

43) 권보드레는 1950년대 『사상계』에서 가장 많이 번역된 저자가 러셀 · 토인비 ·
후크 · 니버인 점을 밝히고, 그 이유로 이들의 사상이 "전체주의에의 도전과 자
유 및 민주주의 원칙의 옹호"인 점을 들었다. 토인비는 예외가 되어야 할 듯 보
이지만, 그 밖의 세 명은 공산주의의 영향이 빠르게 번지고 있던 제2차 세계대
전 후, 공산주의에서 파시즘과 다름없는 전체주의적 요소를 발견하고 그에 맞
서 자유와 민주주의의 가치를 제기한 이들이다. 이들은 자유를 경제적 원칙으
로서가 아니라 정치적 이념으로 주조하려 했으며, 민주주의에 대해 사회적 가
치뿐 아니라 정신적 가치까지 요구했다. 이들 사상가가 자유와 민주 이론가
로 받아들여졌다는 것 또한 사실이다. 그러나 1950년대에 널리 참조된 이들 사
상가들이 자유를 도덕화하고 민주주의의 계기를 강화하는 한편, 전체주의—
그리고 그 일종으로 이해된 공산주의—와의 대립구도를 정착시키는 데 기여
했다고는 말할 수 있을 것이다(권보드레, 앞의 글, 2008, 참조).

대대적인 유행을 알려주는 키워드였던 사실은 더 말할 필요도 없다.[45]

또한 백종현의 연구에 의하면 1950년대 들어서면서부터 독일철학 번역서들이 연이어 나왔다고 한다. 이는 독일 철학사상의 유입과 수용에서 획기적인 일로 후에 논리학·과학철학 전문가로 활동한 김준섭은 딜타이의 『철학의 본질』(을유문화사, 1953), 하기락은 하르트만의 『철학개론』(형설출판사, 1953), 전원배는 헤겔의 『논리학—철학체계 제1부』(행림서원, 1954), 김계숙은 같은 책을 『논리학』(민중서관, 1955)이라는 제목으로 번역했다고 한다. 박종홍과 서동익이 함께 칸트의 『형이상학서론』(한국번역도서, 1956)을, 최재희가 칸트의 『실천이성비판』(청구출판사, 1957) 등을 번역 출간하였다. 그 결과 이제까지 전문 학자들 손에만 머물던 독일 철학사상이 일반인에게도 파급되는 계기가 마련되었다[46]고 한다.

이외에 우리에게는 의사로 잘 알려진 슈바이처의 텍스트(지명관 역, 『아프리카 명상』, 동양출판사, 1960)는 당대에는 철학서로 분류되어 번역된다. 생명의 존중과 세계인으로서 인류애에 대한 임무를 강조한 슈

44) 사르트르는 문학계에서 더 큰 주목을 받았다고 볼 수 있다. 당대 출간된 사르트르 번역 문학 텍스트는 사르트르, 방곤 역, 『구토』, 신태양사, 1959; 사르트르, 방곤 역, 『삶과 죽음과 사랑』, 보문출판사, 1959; 사르트르, 임갑 역, 『작가론』, 양문사, 1960; 사르트르, 양병식 역, 『구토』, 정음사, 1955; 사르트르, 김붕구 역, 『파리떼』, 신양사, 1958; 사르트르, 최성민 역, 『더러운 손』, 양문사, 1960 등이 있다.
45) 이에 대해서는 나종석, 「1950년대 실존주의 수용사 연구—'교양'으로서의 실존주의를 중심으로」, 한국헤겔학회, 『헤겔연구』 27, 2010 참조.
46) 백종현, 「근대 독일철학 수용과 한국의 철학 전개」, 서울대 철학사상연구소, 『철학사상』 5, 1995, 130, 131쪽 참조.

바이처의 사상은 당대 윤리학의 유행 속에서 주목받았던 것이다.[47]

역사서의 경우는 단연 토인비[48]의 저서가 각광을 받는다. 토인비의 『시련에 선 문명』을 번역한 조의설의 경우도 "한 권의 역본도 햇빛을 보기가 대단히 어려운 형편에서 토인비같이 동일 저자의 역본이 몇 권이나 나와 있다는 것은 그 자체 희한한 일이요, 그만큼 토인비에 대한 대접은 이만저만한 것 같지 않"[49]다고 한 바 있다.[50]

이외에 역사학 저서는 주로 개론서가 번역된다. 대표적인 것이 베른하임의 『사학개론』(조기준 역, 창문사, 1957), 셔먼 켄트의 『역사학 연구법』(안정모 역, 성문각, 1958)이다. 또한 H. G. 웰스의 『세계문화사개론』(조규동 역, 박영사, 1950. 번역 텍스트는 1946년판 압축판이다.)이 번역 출간된다.

문화사 계열로 반 룬의 『인류사화』상·하(김의수 역, 아테네사, 1959), C. 도슨의 『중세문화사』(김정진 역, 가톨릭출판사, 1958), 미하일 일린의

---

47) 『사상계』 제69, 73호(1959. 4. 8)에는 슈바이처의 글 중 「윤리의 진화」가 심재영의 번역으로 실려 있다. 이러한 점은 당대 슈바이처가 철학자·윤리학자로 수용되고 있었다는 점을 알려준다. 이외에도 윤리학자인 김형석의 글 「긍정에서 초월로의 생명—슈바이처를 전환점으로」(『사상계』 제82호, 1960. 5)를 통해 슈바이처의 윤리학을 소개한다.

48) 앞서서 소개한 정대위 번역의 『역사의 한 연구』 이외에, 토인비의 저작은 정가은 역, 『세계와 문명』, 한국대학교재공사, 1959; 김기수 역, 『세계와 서구』, 민중서관, 1956이 번역 출간된다.

49) 조의설 외, 「역자의 머리말」, 토인비, 조의설·이보형 공역, 『시련에 선 문명』, 한국번역도서주식회사, 1955. 6. 1, 2쪽 참조.

50) 그래도 『역사의 한 연구』는 완역이 아니라, 축약본을 번역한 것이다. 국립중앙도서관에서 검색해본 결과, 완역은 이후 세계사학회 공동번역으로 1973년 홍은출판사에서 이루어진다.

『인간의 역사』(김영철 역, 연구문화사, 1957)가 번역 출간된다. 이 저서들은 토인비의 경우와 같이 세계문명사적 관점을 갖추어주는 텍스트로 볼 수 있다.

당대 텍스트 중 많은 부분이 직간접적으로 미국의 번역원조를 받아 발간된 도서들인 만큼, 미국사는 빠질 수 없는 번역 대상이었을 것이다. 앨런 네빈스·헨리 스틸 코메이저의 『미국사』(조효원 역, 사상사, 1958), R. B. 모리스의 『미국혁명사』(이보형 역, 을유문화사, 1960)가 그 예이다. 이외에 한국전쟁사로 M. W. 클라크의 『한국전쟁비사』(심원섭 역, 성좌사, 1958)가 번역된다.

문학이론서는 C. 데이루이스의 시론이 세 권이나 번역된다. 즉 『시학입문』(장만영 역, 정음사, 1954), 『현대시론』(조병화 역, 정음사, 1956), 『현대시작법』(조병화 역, 정음사, 1958)이다. 이는 1950년대 한국문학계에 끼친 영미 신비평 이론의 위력을 증명해주는 것이다.

이외에도 영문학 관련 도서가 발간되어 영미문학 이론 중심의 당대 번역문학 장의 현황을 알려준다.[51] F. J. 호프먼의 『미국의 현대소설』(주요섭 역, 수도문화사, 1959), G. S. 프레이저의 『현대영문학』(고원 외 역, 여원사, 1960), J. 메이시의 『근대세계문학강화』(백철 역, 민중서관, 1960), L. D. 더너의 『영문학의 이해』(신현규·이경식 역, 일조각, 1960), A. S. 다우너의 『미국의 현대극』(여석기 외 5인 역, 수도문화사, 1957), W. H. 허드슨의 『문학원론』(김용호 역, 대문사, 1959), 오코너(William Van O'connor)의 『비평의 시대』(김병철 역, 수도문화사, 1957), P. H. 뉴비의

---

51) 영문학 다음으로 많이 발간된 문학 텍스트는 불문학 계열이나 이론서가 아니라 문학 텍스트였기 때문에 이 논문에서는 다루지 않는다.

『전후의 영국소설』(김종운 역, 일한도서출판사, 1959), 서머싯 몸의『문학과 인생』(박진석 역, 집현사, 1959)이 그 예이다.

독문학 계열로는 괴테의『시와 진실』상 · 중 · 하(정경석 역, 박영사, 1959~1961), R. M. 릴케의『로댕』(김광진 역, 여원사, 1960)이 번역된다. 이는『젊은 베르테르의 슬픔』(김용성 역, 보문당, 1954 외 다수) 등이 많이 읽혔던 인기작가 괴테와 당대 시단(詩壇)에서 하나의 낭만적 전범으로 회자되었던 릴케에 대한 관심을 반영한다.

이외에 김수영이 좋아했던 영미 자유주의 비평가 그룹인 '뉴욕지성인파' 그룹의 일원인 R. 트릴링의『문학과 사회』(양병탁 역, 을유문화사, 1960)가 발간된다. 이는 당대 진보적 성향의 문인들이 지향했던 자유주의 문학론에 대한 관심을 반영한 것이다.[52]

이외에 대학 교재로 쓰인 번역서의 대표는 바로 어학 교재이다. 물론 언어학 개론서로 A. 도자의『언어학원론』(이기문 역, 민중서관, 1955)이 번역되기도 했지만, 주로 회화와 문법 교재가 번역 출판되었다.[53]

---

52) 뉴욕 비평가 그룹은 좌파적 성향의 자유주의적 성향의 지식인들을 지칭한 것이다. 이들은 개인의 정치적 자유를 침해하는 것에 대해서는 극렬히 저항하며, 소련의 정치체제는 혐오한다. 김수영과 이들 사상의 관계에 대해서는 졸고, 『김수영의 문학과 번역』, 민족문학사학회, 『민족문학사연구』39, 2009 참조.

53) 당대 번역된 어학 교재로는 J. A. 서전트, 동양사편집부 역, 『한미회화완성』(광지사, 1950)이 있다. 이외에 독일어 교재는 일본 텍스트가 번역되었다는 점이 특이하다. 번역된 독일어 교재는 다음과 같다. 關口存男, 이삼현 역, 『신독일어대강좌(기초입문편)』, 박영사, 1957; 關口存男, 이삼현 역, 『신독일어대강좌(상 · 중 · 하 합본)』, 박영사, 1957; 關口存男, 이삼현 역, 『신독일어대강좌(역독편)』, 박영사, 1957; 關口存男, 이병찬 역, 『신독일어대강좌(문법상설편)』, 박영사, 1958; 藤田五郎, 천기태 · 이병찬 · 이규원 역, 『독일어편람』, 향학사, 1959.

전기(傳記)가 많이 번역된 것도 당대 번역 장의 특성 중 하나이다. 주로 미국 위인 중심이다. 땅콩박사로 유명한 미국의 농업과학자 조지 W. 카버의 전기인『죠오지 W. 카아버 전』(랙햄 홀트, 김성한 역, 수도문화사, 1955), 록펠러 재단의 설립자이자 사업가인 록펠러의 2세에 대한 전기『죤 D. 록펠러 2세전』(레이먼드 B. 포스딕, 장왕록 역, 수도문화사, 1957), 벤저민 프랭클린의 전기인『프랭크린 자서전』(신태환 역, 수도문화사, 1956),『벤저민푸랭클린전』(수도문화사, 1959)과 대서양을 횡단한 비행사 린드버그의 전기인『대서양횡단실기』(찰스 린드버그, 박상용 역, 수도문화사, 1955)가 번역된다.

미국 대통령의 전기도 주요 번역 텍스트였다.『부커 와싱톤 자서전』(위싱턴, 장원 역, 대한기독교서회, 1960),『아이젠하워』(존 건서, 강원길·강영수 역, 종음사, 1956), 처칠의 전기인『승리와 비극』(조성식 역, 민중서관, 1958), 케네디의 전기인『용감한 사람들』(박희주 역, 삼중당, 1960)은 당대 위인의 형상이 미국 영웅 중심으로 재편된다는 점을 알려주는 것이다.

이외에 문인 등 예술가의 전기나 자서전이 번역된다. 유명한 로맹 롤랑의『(톨스토이 전기) 인생의 비극』(박정봉 역, 대동사, 1959),『(고뇌정신사) 인간 톨스토이』(자선사, 1957), 안톤 쉰들러의『베에토벤의 생애』(김동기 역, 국민음악연구회, 1960)가 그 예이다. 펄벅의 자서전도 많이 번역되는데『나의 투쟁』(이윤환 역, 신태양사, 1955)과『나의 자서전』(김귀현 역, 여원사, 1959)이 그 예이다. 이는 1938년 노벨문학상 수상자로서, 이후 1950~1960년대 대표 문학 번역 텍스트였던 펄벅의 인기를 반증하는 것이다.

이외에 종교적 성인의 전기가 번역 발간된다. 아스트라인의『성이냐시오』(박갑성 역, 가톨릭출판사, 1957), M. 러퀴에의 『로마의 성녀 프란치스까』(하한수 역, 가톨릭출판사, 1959), A. 톤의 『종군신부 카폰』(류봉구 역, 가톨릭출판사, 1956), 오첼리(Pierluigi Occelli)의 『성 비오 십세』(박양운 역, 가톨릭출판사, 1957), T. H. L. 파커의 『칼빈의 모습』(김재준 역, 대한기독교서회, 1960) 등이 그 예이다.

여성 위인 전기도 번역된다. 엘리사 포시의 『가시밭을 헤치고—미국 여성십인전』(고선일 역, 여원사, 1960)이 대표적이다. 이 텍스트의 목차를 살펴보면, "위대 이전의 겸손—마리안 앤더슨／헨리가의 천사—릴리안 윌드／반발의 발레—아그네스 드 밀／현대의 「포오샤」—플로렌스 E. 알렌／후조(候鳥) 줄리엣—캐서린 코넬／창공에 빛나는 등불—아멜리아 에어하트／세계의 시민—엘리너 루즈벨트／음악방송의 개척자—케이트 스미스／전화 속에 꽂핀 여기자—마거릿 히긴스／만인의 벗—줄리엣 G. 로우"의 전기가 편집되어 있다. 이 역시 미국인 중심으로 위인이 재편되는 현상을 보여주는 것이다. 이외에 A. 스타인버그의 『루즈벨트 부인전』(이일훈 역, 여원사, 1960)이 번역되었다.

여성 전기의 대표적 인물은 퀴리 부인과 헬렌 켈러다. 『꿔리부인』(에브 퀴리, 안응열 역, 성문각, 1958), 『나의 생활』(헬렌 켈러, 허현 역, 수도문화사, 1957), 『헬렌 켈러와 쌀리반 선생』(헬렌 켈러, 진해문 역, 수도문화사, 1957)이 번역 출간된다.

4. 인문서 번역의 제경향: 관념론·문명사 그리고 영웅주의

당대 번역된 역사학 개론서들은 사학도들의 필독서로 전공서적의 부족을 메워주는 데 큰 역할을 했다고 한다. 한 역사학자의 회고에 의하면 국내 학자가 저술한 중국사 · 동양사 · 동아시아사가 없는 가운데, 그 공백을 메워준 것이 라이샤워와 페어뱅크의 『동양문화사』상 · 하(전해종 · 고병익 역, 을유문화사, 1964)였다고 한다.[54]

서양사(세계사)의 경우도 서구 학자들이 연구한 저서의 번역본이 교재로 많이 쓰였다고 한다. 특히 토인비의 『역사의 한 연구』(압축판 상 · 중 · 하, 1955~1958), C. 브린튼 등의 『세계문화사』(상 · 중 · 하, 을유문화사, 1963)[55]가 많이 읽혔다고 한다. 전자는 그 파격적인 문명사의 격식, 그 문명의 발생 · 와해 · 성장 · 몰락 등에 대한 거침없는 냉철한 지적으로 화제가 되었으며, 『동양문화사』와 후자의 책은 대학 교재로 많이 이용되었다고 한다. 대학 교재를 위한 번역본 간행사업은 그후에도 당분간 더 계속되었다고 한다. 해방세대들에 의해 서양사 연구의 성과 저서가 나오기 시작한 것은 1970~1980년대에 들어서였[56]기 때문이다. 이를 볼 때 당대 역사학 특히 동양사학과 서양사학계의 형성에 번역서들이 큰 영향을 끼쳤다는 것을 알 수 있다.

한국사 연구에서도 이러한 상황은 마찬가지이다.

역사 발전 · 역사 이론과 관련해서는 사학개론류의 책을 많이 구독하였다. 그렇지만 나에게는 서양학자들이 아시아 사회, 아시아 역사를 보는 시각이론에 더 많은 관심이 갔다. 그것은 아시아의 역사, 우리의 역

54) 김용섭, 「나의 회고③: 해방세대의 역사 공부—한국사 연구를 위해서 참고한 외국사 문헌목록」, 연세대 국학연구원 제406회 국학연구발표회 발표문, 2009. 5. 28일자, 4쪽 참조.
55) 양병우의 번역으로 출간되었다.
56) 김용섭, 앞의 글. 2009, 5쪽 참조.

사를 어떻게 연구할 것인가 하는 문제와 직접 관련되기 때문이었다. 마쟈알, 위트포겔 등의 동양사회이론, 마르크스의 선행하는 제형태와 아시아적 생산양식, 세계사의 기본법칙과 이행논쟁, 베버의 이론 등이 매혹적이었다.[57)]

한국사 역시 식민지시대 실증사학에서 벗어나, 대상을 바라보는 새로운 의식적 패러다임을 형성하기 위해 "서양학자들이 아시아 사회, 아시아 역사를 보는 시각이론"을 학습했다고 한다.

이를 볼 때에도 당대 번역 인문서는 정부수립과 한국전쟁을 계기로 그이전 시대와 단절된 지식의 공백기를 메우는 데 중요한 역할을 한 것이다. 한국사의 사관을 정립하기 위해 서구의 아시아 역사 인식을 참조하는 상황은, 선구자로서의 자부심과 부담감을 동시에 가지고 있었던 당대학자들의 고뇌의 한 단면을 보여주는 것이다.

그러나 이렇게 영향력이 컸던 번역 인문서의 출간 현황을 살펴보면, 당대 번역기획이 얼마나 허술하며 또한 편향적이었는가를 알 수 있다. 철학서 번역 현황만을 살펴보아도 이러한 점이 잘 드러난다. 우선 당대 철학 번역서는 철학사적 관점이 없이 시대별로 필수적인 텍스트가 제대로 번역되지 못했다. 고대 그리스 철학 분야는 문교부 번역도서로 출간된 플라톤의『향연』(조우현 역, 합동도서주식회사, 1959) 이외에는 찾아보기 힘들다.『공화국』은 1963년이 되어서야 양시호의 번역으로 박영사에서 출판된다. 중세철학은 거의 배제되었으며, 근대철학의 경우는 데카르트도 찾아보기 힘들고 스피노자가 한 권 번역된 정도이다. 이는 현재

57) 김용섭, 같은 글. 5쪽 참조.

에야 고대 그리스 철학 번역이 진행 중인 한국철학계의 비체계적이고 빈약한 번역 현황을 말해주는 것이다.[58]

독일 관념론 계열은 많이 번역되었다. 한 철학사 연구에 따르면 이는 식민지시대부터 시작된 한국철학계의 특징이라고 한다. 식민지시대부터 가장 많이 번역된 철학자는 칸트 · 헤겔 · 하이데거 · 마르크스 · 후설 · 니체 · 야스퍼스 · 하르트만이었다고 한다. 이러한 점은 근대 초기 서구 철학사상의 유입이 식민지 제국인 일본을 통해 이루어졌으며, 같은 제국으로서 일본과 독일의 관계가 특별했기 때문이라고 한다.[59]

물론 1950년대에는 이러한 구도가 그대로 계승되지 않는다. 1950년대 반공주의 정치 상황에서 마르크스는 번역될 수 없었다. 하이데거가 본격적으로 번역되기 시작한 것도 거의 1970년대 이후라고 한다. 그래도 하이데거 · 마르크스 · 후설 등을 제외하면, 대체로 나머지 관념론 철학자에 대한 편향은 1950년대에도 그대로 계승된다고 볼 수 있다. 이 관념론

---

58) 플라톤이나 아리스토텔레스 등 고전철학의 완역이 이루어지고 있지 않은 현실에 대해서는 한 철학 연구자의 말을 빌리면 더 정확히 전달될 것이다. 박희영은 철학 수용사에 관한 한 연구에서 "번역의 경우에는 문제가 더 심각하여, 플라톤 · 아리스토텔레스 작품에 관한 번역은 원전에 즉하여 번역된 책이 오히려 더 적을 뿐만 아니라, 어떤 책들은 아예 비전공자에 의해 번역된 것도 있다. 물론 일반인들에게 교양으로 읽히기 위한 현실적 필요성에 부응하여, 초창기에서 지금까지 나온 번역들은 나름대로의 선구자적 계몽의 역할을 수행했다고 볼 수 있다. 그러나 이제부터는 그리스인들의 개념체계를 기본적으로 이해하고 그리스 철학을 충분히 연구한 전문가에 의해서 많은 원전들이 그리스어에 즉해서 번역되는 풍토가 다져져야 할 것이다"라고 개탄한 바 있다(박희영, 「고대 그리스 철학의 수용과 한국철학의 정립」, 철학연구회 편, 「현대철학의 정체성과 한국철학의 정립」, 철학과현실사, 2002, 191쪽 참조).

59) 백종현, 앞의 글, 1995 참조.

에 대한 편향성은 반공주의라는 한국 현대사의 기본 토대가 적용된 결과이기도 하다. 반공주의 체제하에서는 사상적 · 실천적 성향이 두드러진 철학은 수용되기 힘들었기 때문이다.

그리고 지식 수입 본국인 당대 미국 철학계가 매우 빈약한 것이었다는 점도 이와 무관한 것은 아니다. 영미 철학의 상대적 빈약성이 독일 관념론에 대한 관심을 지속시켰다고도 볼 수 있기 때문이다. 당대 미국철학은 행동주의(behaviorism) 이외에 대륙철학이라든가 심지어 역사철학에 대해서 실제로 관심을 전혀 기울이지 않았다고 한다. 단지 프레게와 초기 러셀, 논리적 실증주의의 일부를 제외하고는 사실상 알려져 있는 철학이 없었거니와 이들 역시 주로 현대 저작에 미친 영향 때문에 알려졌을 따름이라고 한다. 그나마 비트겐슈타인이나 옥스퍼드 철학 등 영국 철학이 영향을 끼치고 있었다.[60]

당대 한국에서 러셀의 저작이 그토록 많이 번역된 것도 이러한 현상과 연관된 것이라고 볼 수 있다. 물론 그가 1950년 『권위와 개인』으로 노벨문학상을 수상한 경력 때문이기도 할 것이다. 그러나 무엇보다 당대 지식인들에게 그의 철학이 매력적이었던 것은, 1960년대 신좌파들의 우상이었던 그의 활동경력, 반전 평화운동가, 무정부주의적 성향 때문이다. 실제로 러셀에 각별한 관심을 갖고 있는 『사상계』(1962년 9월)에 실린 안병욱의 러셀 인터뷰 기사[61]에서는 그는 "이성의 권위, 휴머니티의 존엄성, 개인적 자유의 복음을 강조하는 이", "철저한 평화주의자"로 "전쟁을 반대하고 또 전쟁을 없애기 위해서 앞으로 「세계국가」를 수립해야 한

---

60) 노암 촘스키, 「냉전과 대학」, 『냉전과 대학』, 당대, 2001, 51쪽 참조.
61) 안병욱, 「러셀과의 대화─지성, 행동 자유의 인간」, 『사상계』, 1962. 9.

다고 주장"하는 철학자로 소개된다.

동시대 서구에서 인정받고 있었던 그의 자유주의적 저항정신과 비판 정신은, 당대 반공주의 체제하의 한국의 지식인에게도 저항과 실천정신의 결핍을 보상해줄 대안으로 다가왔던 것이다.

철학이 독일 관념론 중심으로 번역되었다면 역사학 번역의 중심 테마는 문명론이다. 그리고 그 중심에는 토인비가 있다. 번역계에서 각광을 받으면서 한국에 미친 그의 사상적 영향력은 컸으리라 추측된다. 토인비의 역사관은 서구뿐만 아니라 개별 문명의 독자성을 인정하는 문명관으로 이는 세계 속의 한국이라는, 세계사적 동시성을 확보하고자 했던 당대 지식계의 요구에 걸맞은 것이었다. 역사 발전의 원동력을 시련에 대한 '도전과 응전'으로 기술한 그의 사관 역시 후진국으로서의 열패감을 극복하고 장차 서구적인 의미의 문명국으로의 발전을 희구했던 당대 지식인들의 의식 지향에 큰 자극이 되었을 것이다.

그러나 큰 시야로 세계사적인 문명을 살피고 있는 토인비도 제3세계에 시혜적인 시선을 갖고 있는 서구의 석학이었다. 그가 역사 발전의 원동력으로 제시한 '도전과 응전'의 태도는, 주체성을 강조한 정신주의적인 개념으로, 이 사관을 매우 관념적으로 만들 위험이 있다. 이를 볼 때, 그의 사상이 당대 지식계에 끼친 영향이 긍정적인 것만은 아니었다고 볼 수 있다.

실제로 토인비의 사상은, 말년에는 종교의 중요성을 강조하면서 더욱 관념화되었다고 한다.[62] 그렇다면 이 관념성이 후진국의 열패감을 극복

---

62) 인류의 전 역사는 계급투쟁의 역사라는 마르크스에 대해, 문명의 몰락은 언제 나 계급과 전쟁에서 온다고 본 토인비는 현대문명의 몰락을 구하려면 계급과

하기 위해 국민 주체의 정신무장을 강조하는 당대 사회 풍토와 어떠한 방식으로 결합되었는지는 능히 짐작할 수 있다.

이외에 문화사 계열로 번역된, 반 룬의 『인류사화』, 도슨의 『중세문화사』, 일린의 『인간의 역사』 역시 토인비처럼 당대 세계문명사적 관점을 갖추어주는 텍스트이다. 이들 역시 문명론이 던져주는 세계사적 시각은 '세계 속의 한국'이라는 지리학적 상상력을 부여해, 당대 지식인들에게 주체적인 자긍심을 부여했을 것이다. 그러나 이 텍스트들도 한국을 미국의 문명권 안에서 함께 숨쉬는 우방으로 꿈꾸게 하여, 제국의 위성국으로 재편하려는 미국의 정치적 논리를 받아들이는 데에 의식적·무의식적으로 기여했을 것이다.

이외에 베른하임의 사관은 역사적으로 인연이 깊은 것이다. 그의 『역사학입문』은 독일에서 1905년 출판되었으며, 1935년 일본에서 번역 출간되었다. 양계초와 신채호는 사료 수집과 사료 비판, 고증 등에서 베른하임의 영향을 받았다고 할 수 있다. 베른하임은 "역사학은 인간의 사회적 존재로서의 활동이 시간과 공간 속에서 이루어지는 발전 과정을 심리적·사회적 인과관계 속에서 구명하고 서술하는 과학"이라고 본다.[63] 이 역사학 개론도 토인비의 사관과 함께 당대 역사학도들이 사관을 정립하는 데 도움을 주었을 것이다.

냉전의식을 바탕으로 서술된 사회학적 저서도 있다. 드 뷰스의 『서양

전쟁을 없애는 데 전력을 다해야 하며 그러기에는 오로지 종교의 힘에 매달리는 수밖에 없다고 말한다(이해남, 「아널드 J. 토인비—역사학자」, 『사상계』 제35호, 1956. 6 참조).

63) 박찬승, 「1920년대 신채호·양계초의 역사연구방법론 비교」, 『한국사학사학보』 9, 2004, 204쪽 참조.

의 미래』(민석홍 역, 을유문화사, 1958)는 사회과학적 분석이 강한 텍스트이다. 네덜란드의 외교관이었던 저자가 유엔 대사로서의 활동 경험을 소재로 하여 '서양의 미래'에 대해 저술한 책이다. 향후 펼쳐질 자유진영과 공산진영의 싸움을 예견하고 이 전쟁의 승패를 좌우하는 결정적인 요인을 네 가지로 제시한다. 즉 첫째 공업생산력, 둘째 군사력, 셋째 개인에게 보장된 자유의 강도, 넷째 개인이 신봉하는 종교적 신념이다. 드 뷰스의 이러한 사회학적 구도는 당대 서구의 보편적인 냉전 논리로 구성되어, 향후 지식인들의 냉전의식에 영향을 끼치게 된다.

이외에 클라크의 『한국전쟁비사』(성좌사, 1958)는 미군이 반공주의적 관점에서 쓴 한국전쟁사이다. 이미 한국전쟁 직후인 1950년대 반공주의적 관점의 전쟁사가 번역되었다는 점을 알려준다. 반공주의 이념의 공고화를 위해 전쟁 체험을 기억 속에 재구성해내려는 미국 정부의 정치적 의도가 생각보다 신속하게 번역정책에 반영되었던 것이다.

이외에 미국사(史)의 번역도 서양 역사의 중심에 자국을 재배치하려는 미국의 패권주의적 욕망이 반영된 것이다.

문학이론서도 마찬가지이다. 1950년대 문학이론 번역의 중심이 신비평이었다는 점도 미국 중심주의를 증명해주는 예이다. 당대 미국 강단 비평의 주도권은 정치적 입장을 철저히 배제한 신비평에 있었기 때문이다.

이러한 미국 중심주의는 전기 번역에서 가장 두드러지게 관철된다. 당대 번역된 전기의 주인공인 워싱턴·프랭클린·록펠러·아이젠하워·처칠·케네디 등은 현재에도 매우 익숙한 위인전의 주체들이다. 1950년대 번역된 전기는 식민지시대와는 또 다른 위인전 컬렉션을 완성하는 데 기여하게 된다. 이들이 보여주는 미덕을 요약하자면 미국 중심의 영웅주의, 역경을 극복하는 주체의 불굴의 의지, 타인에게 헌신하는 희생정신이다. 이 모두 서구적 영웅상이 갖추어야 할 문명인으로서의 미덕이다. 또한 이들 전기는 모두 성공신화로 끝난다. 이렇게 전기가 많이 번역된 이유는 당대 개인의 성공과 행복이라는 주제로 집약된, 처세·수양 개념이 유행한 상황과도 관련된다. 그리고 '개인의 행복추구'라는 이 새로운 교양의 이념이 당시 경제개발주의와 관련하여 새로운 '자아'를 창출해내는 데 기여했다는 점[64]을 다시 상기시킨다. 이 영웅들의 형상은 개척자로서 미국인의 형상을 이상주의적으로 주입하는 데 매우 유효한 대상이기 때문이다.

여성 전기의 경우, 미국 여성 영웅 컬렉션인 엘리사 포시의 『가시밭을 헤치고─미국여성십인전』『루즈벨트 부인전』도 마찬가지이다. 이처럼 전기 번역은 당대 미국과 국가 주도 번역정책의 정치적 의도를 명확하게 보여준 예이다.

퀴리 부인과 헬렌 켈러의 경우는 좀더 면밀한 분석이 필요하다. 현재까지 좌파적 성향이 부각된 적 없는 헬렌 켈러의 전기는 당대 영웅이 반공주의, 미국식 자유주의식으로 각색된 대표적인 예이다. 헬렌 켈러는 실제로 장애인 차별 철폐, 여성운동, 좌파적 사회운동 등 각종 사회활동에 헌신적이었던 인물이다. 그랬던 그가 한국에서는 극한의 장애를 뚫고 일어선 의지의 인물로만 부각된다. 이렇게 선별되어 부각된 주체성 역시당대 이념에 순응하는, 건전하고 부지런한 국민 육성을 강조하는 국가적 풍토와 맞물려 재구성된 것이다.

퀴리 부인은 다소 예외적이라고 볼 수도 있다. 퀴리 부인은 1950년대

---

64) 천정환, 「처세, 교양, 실존─1960년대의 '자기계발'과 문학문화」, 민족문학사학회, 『민족문학사연구』 40, 2009 참조.

이전인 해방기부터 우상화되었던 인물이며, 해방기 지식인 여성의 롤 모델이었다. 이 전위적인 직업여성의 활약상은 당대 주체성 있고 능력있는 여성상의 표본으로 제시된다. 또한 원자탄, 소련 스푸트니크 호 등 미·소의 우주전쟁에 대한 관심[65]이 알려주듯, 이 여성 과학자에 대한 관심에는 당대 대한민국 지식 주체의 과학 입국에 대한 열망이 반영된 것이다. 또한 노벨상에 민감하게 반응하는 한국 상황을 고려할 때, 노벨물리학상을 탄 과학자라는 후광은 지속적인 관심을 갖게 한다. 이는 1950년 노벨문학상 수상자인 러셀과, 역시 같은 상의 수상자인 펄벅에 대한 관심과 동류의 것이다.

그런데 당대 역사서에서 예외적으로 주목되는 번역서의 원저자가 있는데, 바로 H. G. 웰스이다. 그 이유는, 관념적 세계주의를 주입하는 다른 역사서에 비해 그의 저서가 당대 저항 담론을 형성하는 데 영향을 끼쳤다고 보기 때문이다. 웰스는 한국의 대표적인 진보적 지식인인 함석헌에게 영향을 준 역사철학자로 유명하다.

함석헌은 오산 시절에 톨스토이·니체·베르그송 등 많은 서적을 탐독했는데, 그 중에서도 가장 큰 영향을 받은 것이 웰스의『세계문화사대계』라고 고백한 바 있다. 그리고 "지금 내가 세계국가를 주장하는 사상은 그때에 그 영향을 받아 터가 잡히기 시작했다. 역사에 대한 흥미를 가지게 된 것도 그의 영향, 진화론에 대해 좀 보게 된 것도 그의 영향이다. 이리하여 그때는 나타나지는 않았으나 정통적인 기독교 신앙에 만족 못하

---

65) 해방 이후 원자탄에 대한 관심은 일본을 패망시킨 도구라는 인식 때문에『신천지』등 대표 잡지의 기사에 잘 드러난다. 1950년대 이후 스푸트니크 호 등, 미국과 소련의 우주전쟁에 대한 관심은『사상계』의 세계 동정을 살피는 '움직이는 세계'란 등에서 잘 드러난다.

게 되는 원인이 거기서부터 놓여졌다"고 고백한다[66]. 이를 볼 때, 당대 진보적 지식인에게 웰스의 사상은 국가주의와 제국주의에 대항할 저항적 담론으로 인식되었던 것이다.

『우주전쟁』『투명인간』등 과학소설 작가로 더 많이 알려진 웰스는 제1차 세계대전 이후 인류의 분쟁에 큰 위기의식을 갖고 세계정부의 필요성을 주장한 사상가이다. 이상주의 · 점진주의 · 의회주의를 특징으로 하는 사회주의 이념의 일파인 페이비어니즘의 주자로서 그의 사상은 반공주의자인 함석헌에게도, 체제 전복이 아니라 그 내부에서의 혁명이라는 점에서 기꺼이 수용이 가능한 사상이었다. 이처럼 반공주의 검열하에서 웰스가 한국의 진보적 지식인들에게 저항 담론의 정점으로 끼친 영향력은 큰 것이었다고 볼 수 있다. 비록 이 번역서가 반공주의가 강화되기 이전인 1950년에 번역된 것이라는 점이 다소 아쉽기는 하지만, 그 위력은 1950년대 내내 지속되었으리라 추측할 수 있다.

5. 1950년대 인문서 번역정책과 한국 인문학 토대의 기형성

이상으로 1950년대 번역된 인문서의 번역 및 발간 현황을 살펴보았다. 1950년대 번역은 한국 지식인의 저서가 본격적으로 출판되기 시작한 1960 · 70년대 이전, 지식계의 공백을 메우는 데 큰 기여를 한다. 그만큼 당대 지식계에 끼친 번역의 정치적 영향력은 큰 것이었다.

이러한 영향력은 당대 인문서의 번역이 미공보원 및 제 단체와 국가 기관인 문교부의 원조로 이루어진 것과 관련된 것이다. 그만큼 미국과

---

66) 함석헌, 「이단자가 되기까지」, 『사상계』 제72호, 1959. 7.

당대 정부의 정치적 의도가 개입될 여지가 많았다. 그리하여 당대 번역된 인문서는 인문학계가 미국과 서구 중심의 학문으로 재편되는 데 기여하게 된다. 특히 이 번역서들은 대개 대학의 교재로 활용되어 당대 고등 지식인의 양성과 그 의식체계를 주조하는 데 큰 기여를 하게 된다. 당대 번역가들의 대부분이 대학교수층이었던 것도 이러한 현상에 영향을 주었다.

또한 미국의 번역원조는 개별 출판사에도 지원되어 1950년대 후반에 불기 시작한 전집류·총서류의 기획에 기여하게 된다. 그 결과 총서류의 기획이 이루어지고 발간된 텍스트의 거의 대부분이 서구의 텍스트를 번역한 것이었다. 그런데 이 컬렉션은 문교부 번역총서의 목록에서 크게 벗어난 것은 아니었다. 미국과 국가의 번역정책이 정치적으로 의도한 바가 관철된 것이다. "우리 국민의 마음의 개조와 갱신"[67]을 위해 듀이의 『민주주의와 교육』을 번역했다고 한 임한영의 말은 이러한 점을 증명하는 것이다.

물론 웰스·트릴링·러셀 등 자유주의 진보적 지식인들의 텍스트가 번역되어 당대 저항적 지식인들의 인식체계를 형성하는 데 영향을 끼치기도 했다. 그럼에도 불구하고 본 논문이 살펴본 인문서의 목록은 당대 반공주의·국가주의 담론의 자장 안에서 벗어나기 힘든 것이다. 특히 토인비 등 관념적인 사상가의 텍스트와 성공신화를 이룩한 미국 영웅들의 전기를 번역한 것은 당대 주체의 의지를 강조하며 국민국가 건설에 헌신하는 인재 양성을 부르짖는 당대 정치권의 의지가 반영된 것이다.

당대 대표 지식인 잡지인 『사상계』가 선정한 대표적인 현대 사상가를

67) 임한영, 앞의 글, 1995 참조.

살펴보면, 종교에 마리탱, 정치에 바커, 경제에 케인즈, 법철학에 켈젠, 역사에 토인비, 사회에 러셀, 법률에 파운드, 철학에 야스퍼스, 문학에 말로, 윤리에 슈바이처이다.[68] 이들은 모두 당대 발간된 번역 인문서의 저자와 대부분 일치한다. 이러한 점은 당대 지식 장이 얼마나 단선적인 것이었는가를 알려주는 하나의 징표이다.

이러한 점은 최근 들어 목소리가 높아진 '인문학의 위기'라는 인식의 근원을 추측하게 만든다. 한국을 하부 위성국으로 재편하려는 미국의 정치적 의도와 자의식을 상실하고 무분별하게 서구식 선진국을 추종했던 후진국 한국 지식계의 욕망이 만나, 성급하게 기획된 인문학 번역정책의 허술함과 경직성이 한국 인문학계의 기반을 기형적으로 만들었던 것이다.

---

68) 『사상계』, 1956. 6(남궁곤, 「『사상계』를 통해 본 지식인의 냉전의식 연구」, 서울대 석사학위 논문, 1987, 44쪽에서 재인용).

찾아보기

|ㄱ|

갈홍기 105, 107
강동진 229
강병근 409
강상중 339
강진철 81
경성대학 79, 124, 341, 343, 346,
　348, 350, 351, 355, 361, 365, 367,
　369~371, 378~380, 383
경성대학조선사연구회 80, 81, 87
경성제국대학(경성제대) 108, 109,
　110, 124, 126, 129, 130, 344~346,
　361, 363, 379, 380
고병익 221
고승제 300
고유섭 406
고형곤 116, 122, 127, 130, 242, 244
광의의 문화사 215, 225
괴테 427, 442
교양 147, 159, 176, 237, 244, 258,
　281, 282, 296, 297
교양교육 204, 241~244, 280, 281,
　297, 317, 335
교육원조 132, 136
구인환 178
구창환 178

국대안 82, 124, 340, 341, 343, 369,
　370, 373~376, 378, 379
『국사교본』 76
국학연구원 392, 396, 397, 399
권세원 115, 120~122, 133
권오돈 407
권중휘 300
극예술연구회 309, 310
근대의 초극 271, 272
근대화(론) 232, 239, 240, 268~271,
　273, 275
길현모 220
김건우 268, 269
김경탁 130, 133
김계숙 115, 122, 133, 439
김광진 106
김규영 122
김기림 145, 146, 148, 153, 154, 157~
　163, 166, 167
김기석 133
김남천 164, 166, 341, 342, 386
김덕환 172
김동리 145, 148, 153~156, 166, 171,
　173, 177, 183
김동욱 412
김두헌 105, 107, 121, 127, 128, 133

김법린 121
김병로 107
김병철 432
김보겸 129
김붕구 247
김사억 80
김상겸 307
김상기 77, 79, 81, 94, 96, 199, 405
김석득 412
김석목 133
김석수 235
김석형 82
김선기 412
김성근 82, 95, 199, 217, 218, 221
김성달 347
김성복 93
김성수 106, 130, 347, 354, 366, 369
김성식 67, 70, 83, 95, 199, 204, 217,
    221, 226
김성칠 96
김성한 261
김양하 364
김용민 129
김용배 122, 123, 133, 247
김용섭 364, 412
김유방 208~210, 215, 228
김윤경 71, 407
김윤식 150, 178
김일출 77, 96
김재현 235
김정록 300
김정학 83, 199
김준섭 133, 247, 249, 439

김준엽 220
김중세 103, 104
김지하 256
김진섭 148
김철준 220, 409, 412, 413
김태길 129, 132
김태준 42, 44, 153, 350
김형석 300, 307
김활란 347, 348, 354, 366, 433

| ㄴ |
나쓰메 소세키 152
네빈스, 앨런 441
노스럽, F. S. C. 214
뉴비, P. H. 441
뉴크리티시즘 162, 163, 166, 170,
    173, 175, 177~179
니시다 기타로 119

| ㄷ |
다나베 쥬우조우 112, 119
다나베 하지메 119
다나카 토요조우 112
다우너, A. S. 441
다카기 이치노스케 31
다카쿠와 고마키치 64
다카하시 토오루 37, 44, 45
『대동문화연구』 398
대동문화연구원 392, 393, 398
『대학 교양과정 철학』 242, 249
『대학신문』 288, 333
더너, L. D. 441
데이루이스, C. 441

도봉섭 364
도슨, C. 440, 450
도자, A. 442
동방학연구소 391, 396, 397, 399~
　403, 408, 409, 418, 419
『동방학지』 396~403, 408, 418
동양사학회 99
뒤르켐, 에밀 427
듀이, 존 128, 249, 427, 433, 455
딜타이, 빌헬름 439

|ㄹ|

라이샤워, 에드윈 445
랑케 82, 89, 90, 94
러셀 431, 435, 437, 438, 448, 453, 455
러퀴에, M. 444
록커드, E. N. 130, 365, 347
롤랑, 로맹 443
뢰비트, 카를 254
루소 427, 438
류홍렬 199
리버럴 아츠 381, 382
리영희 270
리처즈, I. A. 161
리터러시 22, 28, 35, 36, 39, 56
린드버그, 찰스 443

|ㅁ|

마르크스 230, 231, 447
　~주의 119, 153, 245, 254, 255
마츠키 히데오 112
메이시, J. 441
모리스, R. B. 441

몰턴, R. 152, 157
몸, 서머싯 442
문명 222, 224
문학의 과학 158, 159, 162
문헌고증사학 63, 85, 88, 92, 94, 97
문화사 70, 71, 215, 217, 222,
문효근 412
미공보원(USIS) 423, 425, 434, 435
미야모토 카즈요시 112
미키 기요시 118, 119
민석홍 221
민영규 77, 83, 409, 412, 417
민족문학 161, 170, 176
『민족문화연구』 399
민족문화연구원 392, 398
민족주의 학풍 71~74
『민주조선』 131
민태식 44, 123, 127, 133
밀, J. S. 427

|ㅂ|

박극채 106
박문규 350
박상현 107, 130
박성수 96
박승빈 107
박의현 122
박정희 196, 271, 273
박종홍 104, 107, 112, 116, 119, 121,
　122, 127, 128, 130, 132, 133, 236,
　245, 248, 250~252, 254, 255,
　258~266, 269~274, 347, 439
박창해 409, 412

박치우 116, 119~122, 131, 236
박홍규 127
박희성 104, 105, 130
반 룬, 헨드릭 W. 440, 450
방기중 354, 365, 366
방승환 129
방종현 405
배재학당 30, 102
백낙준 70, 79, 83, 199, 347, 348, 350, 352~354, 366, 372, 391, 403, 404, 414
백남운 73, 79, 88, 130, 347, 354, 355, 364, 365
백상규 107
백성욱 107
백종현 235
백철 145, 146, 148, 153, 154, 162~166, 168, 173, 177, 179, 181, 186
번역원조 423, 427, 431, 441, 454
베네트, 존 C. 304
베른하임, 에른스트 440, 450
보전학회 106
『보전학회논집』 107
보크, E. R. 211
분단체제 237, 245, 276
불트만, 루돌프 438
뷰스, 드 450
브린튼, C. 445
비노그라도프, 빅토르 V. 152, 161
비노그라도프, 폴 G. 426, 431
비트겐슈타인 448
빈델반트, 빌헬름 427

| ㅅ |

사르트르 249, 251, 254, 259, 260, 266, 270, 435, 437
『사상』 256
『사상계』 255~258, 261~264, 270, 275, 422
사토 우시지로 357
『사해』 78
3분과체제(제도) 61~63
서돈각 426, 431
서동익 129, 439
서재필 103
성균관 29, 30
손명현 106, 122, 133
손보기 72, 80, 412
손우성 148, 247, 264
손진태 44, 71, 79, 85~87, 89, 199
송기철 431
송석하 76
숭실학당 102
쉰들러, 안톤 443
슈바이처 439
스윈턴, 윌리엄 65
스타인버그, A. 444
시가타 히로시 97
시라이 시게타다 112
시라토리 구라키치 64, 65
신남철 115, 116, 119~122, 131, 236
신민족주의사학 85, 87~89
신석호 77, 83, 199
『신태양』 261
『신흥』 118~120
실존주의 245~253, 257~260, 263~

265, 268~271, 275
실학 72, 262, 414, 415
심인곤 300

| ㅇ |
아널드, 매슈 151
아베 요시시게 111, 112
아시아적 정체성 229~231
아카마쓰 지조 112
안동혁 364, 367
안병욱 264~266, 448
안재홍 72, 73, 86
안정모 220
안호상 106, 107, 121, 122, 124, 127,
    128, 247, 248, 255, 354, 372
알베레스, 르네 마릴 437
앤스테드, 해리 B. 377
야스퍼스 249, 250, 254, 272, 438
양연승 406
양주동 27, 299, 307
여석기 432
역사교육연구회 99
『역사학연구』 78
역사학회 77, 78, 97, 98
『연세춘추』(『연희춘추』) 284~286, 288,
    304, 305, 313, 317~319, 322~333
연희전문 367, 368
염은현 77, 83
오장환 212, 213
오천석 106, 348, 366, 372, 384, 433
오코너, 윌리엄 밴 441
오쿠라 신페이 27, 37, 41
오화섭 307, 310

오첼리, 피에를루이지 444
우에노 나오아키 112
운동으로서의 학문 117~119
운크라 425
워렌, 오스틴 146, 162, 173, 193
워싱턴, 부커 443
월뱅크, T. W. 211, 215
웰렉, 르네 146, 162, 173, 192
웰스, H. G. 212~214, 217, 221, 222,
    440, 453, 455
윌든, H. 124
유억겸 347, 348, 354, 366, 367, 369,
    372, 375, 379
유진오 71, 79, 106, 107, 130, 347,
    350, 353, 355, 364, 372, 387~389
유창돈 407, 409, 412
유홍렬 82, 96
윤사순 235
윤일선 130, 347, 350, 351
윤태동 105, 120, 121
윤형중 257
을유문화사 427, 428
이가원 407, 412
이강국 350
이관용 104, 121
이광래 235
이광린 407, 409, 412, 413
이광수 104, 144
이균 364
이극로 367
이근영 386, 387
이글턴, 테리 179
이기백 81

이남수 161
이능식 82, 89, 91, 208, 209
이명구 80
이묘묵 70
이병기 406
이병도 75, 77, 79, 85, 92, 93, 96,
　98, 199, 364, 405
이보형 220
『이상』 116
이상백 405
이상은 130, 133, 260
이순복 80
이숭녕 406
이승만 136, 196
이양하 148, 366
이영일 247
이원조 166
이윤재 71
이을호 412
이인기 106, 107, 127
이인수 372
이인영 71, 79, 80, 81, 83, 85, 88, 91
이재훈 105, 133
이종영 412, 417
이종우 106, 120~122, 130, 132, 133,
　264
이태준 153
이하윤 148
이헌구 148
이혜구 406
이홍직 83, 405
이휘영 300
이희승 300

일린, 미하일 440, 450
임건상 80
임학수 148
임한영 433, 455
임화 154, 162, 164, 166

| ㅈ |
자유교양 칼리지 103
『자유문학』 257
『자유세계』 261
『자주생활』 131
장덕순 407
장준하 258, 259, 263, 268
전무학 247
전시연합대학 252
전원배 106, 130, 439
전해종 96, 221
정대위 247, 427, 431
정병욱 178
정병학 220
정비석 423
정석해 104, 107, 130, 133, 372, 431
정약용 72
정인보 43, 44, 71~73, 91, 347
정인섭 148
정재각 83, 199
정전(正典) 53, 54
정진석 131
제국대학 344, 345, 380
제도로서의 학문 117
조가경 250, 252~254, 258, 269, 270,
　273
조규동 213, 214

조동일 142, 143, 145
조백현 347, 427
조병옥 130
조선교육심의회 197, 204, 347, 372
조선문화연구사 131
조선사연구회 77, 78
조선사편수회 69
조선사학 66, 68, 69
『조선학보』 97
조선학술원 364~366
조선학운동 72~75
조선학회 97
조소앙 86
조연현 145, 148, 153~156, 166, 173, 184, 246
조용만 145, 148, 155, 189
조용욱 123
조우현 302
조윤제 27, 42, 44, 45, 77~79, 364
조의설 80, 83, 95, 199, 217, 221, 431
조좌호 215~217, 220, 223, 226, 230
지동식 304
지명관 439
『진단학보』 75, 78, 79
진단학회 74~76, 78, 94

| ㅊ |
채필근 105
채희순 208, 209, 213~217, 223, 225, 227, 228, 230
천관우 414
『철학』 118~122, 133
철학담화회 122

『철학연구 50년』 236
철학연구회 121, 122
청구학회 69
최규남 350
최규동 347, 369
최두선 104, 107
최용달 106
최일수 269, 275
최재서 145, 146, 148, 153, 163, 166~173, 177, 189, 264, 304, 306, 325
최재희 116, 122, 130, 133, 300, 439
최정우 107
최현배 44, 104, 107, 121, 130, 407
최호진 409

| ㅋ |
카뮈 249, 254
카버, 조지 W. 443
카프 164, 166
칸트 435, 437, 439
켄트, 셔먼 440
켈러, 헬렌 452, 444
코메이저, 헨리 스틸 441
퀴리, 마리 444, 452
크로프트, A. 347, 352
클라크, M. W. 441, 451
탈식민(화) 339~341, 352
테일러, A. M. 211, 215

| ㅌ |
토인비 427, 431, 435, 437, 440, 445, 449, 450
톤, A. 444

트릴링, R. 442, 455

| ㅍ |

파커, T. H. L. 444
펄벅 443, 453
페어뱅크, 존 445
페이터, 월터 151
페터슨, W. 427
포시, 엘리사 444, 452
프래그머티즘 126, 128
프랭클린, 벤저민 443, 451
프레게, 고틀로프 448
프레이저, G. S. 441
프리체, 블라디미르 164, 165
플라톤 435, 437, 446
피구, A. C. 431
피바디 계획 132

| ㅎ |

하기락 133, 439
하르트만 439
하야미 히로시 112
하이데거 249, 250, 254, 272
한국고고학회 99
『한국사상』 260
한국사연구회 99
한국사학회 98
한국서양사학회 99

한수영 268
한우근 80, 220
한재홍 354
한철하 431
한치진 105, 107, 123, 131, 248
한태동 407, 409
함석헌 257, 453, 454
핫도리 우노키치 109
행동주의 448
허규 364
허드슨, W. H. 152, 155, 441
허무주의 264, 266
허웅 406
헤겔 229, 427, 439
『현대문학』 257
현상윤 106, 107, 347, 348, 350, 353
협의의 문화사 215
호프먼, F. J. 441
혼마 히사오 152
홀트, 랙햄 443
홍명희 350
홍순창 78, 220
홍순혁 83
홍이섭 73, 77, 199, 301, 409, 412
홍현설 304
황원구 409, 412, 417
훔볼트 243
휴머니즘 264, 265, 268

■ 이 책에 실린 논문의 최초 제목과 발표지면은 다음과 같다.
장절의 제목은 일부 바뀌었고 내용은 전체적으로 수정 보완되었다.

최기숙, 「1950년대 대학의 '국어국문학' 과목 편제와 '고전강독' 강좌의 탄생」, 『열상고전연구』 제32집, 2010. 12.

신주백, 「한국현대역사학의 3분과제도 형성과 역사인식 · 역사연구방법」, 『동방학지』 제149집, 2010. 3.

김재현, 「철학의 제도화, 해방 전후의 연속성과 단절」(학술지 미발표)

서은주, 「과학으로서의 문학개념의 형성과 '知'의 표준화」, 『동방학지』 제150집, 2010. 6.

신주백, 「대학에서 교양 역사 강좌로서 '문화사' 교재의 현황과 역사인식(1945-1960)」, 『한국근현대사연구』 제53집, 2010. 6.

나종석, 「1950년대 실존주의 수용사 연구— '교양'으로서의 실존주의를 중심으로」, 『헤겔연구』 제27집, 2010. 6.

최기숙, 「1950년대 대학생의 인문적 소양과 교양 '知'의 형성—1953~1960년간 『연희춘추』/『연세춘추』를 중심으로」, 『현대문학의 연구』 제42집, 2010. 10.

박광현, 「탈식민의 욕망과 상상력의 결여—해방기 '경성대학'을 중심으로」, 『한국문학연구』 제40집, 2011. 6.

김현주, 「『동방학지』를 통해 본 한국학 종합학술지의 궤적」, 『동방학지』 제151집, 2010. 9.

박지영, 「인문서의 출판과 번역정책」(학술지 미발표)

필자 소개

김재현 金載賢

서울대 철학과를 졸업하고 같은 학교 대학원에서 서양철학으로 석사와 박사학위를 받았다. 현재 경남대 철학과 교수이자 문과대 학장으로서 재직하고 있다. 주전공은 사회철학과 서양 철학수용사이며, 동아시아에서의 서양사상(철학) 수용과 한국근현대(철학)사상사에 대한 관심을 갖고 다양한 연구를 하고 있다. 지은 책으로는『한국 사회철학의 수용과 전개』『하버마스의 사상』(공저) 등이 있다.

김현주 金賢珠

연세대 국어국문학과를 졸업하고 같은 학교 대학원에서 국문학으로 석사와 박사학위를 받았다. 현재 연세대 국어국문학과 교수로 재직하며 지성사의 시각에서 근대적 산문 장르의 수사학적 특징과 계보를 연구해오고 있다. 최근에는 해방 후 인문적 지성의 담론과 제도화에도 관심을 두고 연구하고 있다. 지은 책으로는『이광수와 문화의 기획』『한국근대산문의 계보학』등이 있다.

나종석 羅鍾奭

연세대 철학과를 졸업하고 독일 에센(Essen)대학에서 철학박사 학위를 받았다. 현재 연세대 국학연구원 HK교수로 재직하며 서구적 근대성에 대한 성찰과 20세기 현대 한국 철학사상사의 정리에 관심을 두고 연구하고 있다. 지은 책으로『차이와 연대』가 있고, 최근 논문으로는「1950년대 한국에서의 실존주의 논쟁과 사회비평의 가능성」등이 있다.

박광현 朴光賢

동국대 국어국문학과를 졸업하고 같은 대학원에 진학한 후 교환학생으로 일본 유학을 떠났다. 이후 다이쇼(大正) 대학에서 일본문학으로 석사학위를 받고 나고야(名古屋) 대학에서 사회정보학으로 박사학위를 받았다. 현재 동국대 국어국문학과 조교수로 재직하고 있으며, 주전공은 한일비교문화문학이다. 주로 경성제국대학에 관한 연구를 바탕에 둔 학술제도사를 연구해왔으며, 최근에는 재조일본인과 재일조선인의 문학에 관한 연구를 수행하고 있다. 지은 책으로는『역사학의 세기』(공저)와『이동하는 텍스트 횡단하는 제국』(편저) 등이 있다.

박지영朴志英

덕성여대 국어국문학과를 졸업하고 성균관대에서 국어국문학으로 석사와 박사학위를 받았다. 현재 성균관대 동아시아학술원 연구원으로 재직하고 있으며, 주전공은 한국현대시와 번역사. 매체사이다. 김수영 문학 사상과 번역의 연관성을 연구하다가 이를 확대하여, 현재 한국현대문학사상(지식)사와 번역의 관련성에 관한 연구를 수행하고 있다. 지은 책으로『신여성: 매체로 본 근대 여성 풍속사』(공저),『작가의 탄생과 근대문학의 재생산 제도』(공저),『혁명과 여성』(공저)이 있고, 주요 논문으로는「김수영 문학과 번역」「'번역'의 시대, 번역의 문화 정치」등이 있다.

서은주徐銀珠

연세대 국문과를 졸업하고 같은 학교 대학원에서 문학으로 석사와 박사학위를 받았다. 현재 연세대 국학연구원 HK연구교수로 재직하고 있다. 서사양식과 인식론의 관련성을 (탈)근대성, (탈)식민성의 관점에서 연구해왔으며, 최근에는 인문학술사 및 제도사에 관심을 두고 연구하고 있다. 지은 책으로『탈식민의 역학』(공저),『제도로서의 한국 근대문학과 탈식민성』(공저) 등이 있고, 주요 논문으로는「1930년대 문학에 나타난 모던 상하이의 표상」「1950년대 대학과 '교양' 독자」등이 있다.

신주백辛珠柏

성균관대 산업심리학과를 졸업하고 같은 학교 대학원에서 사학으로 석사와 박사학위를 받았다. 현재 연세대 국학연구원 HK연구교수로 재직하고 있다. 주요 관심 분야는 동아시아 5개국의 역사교과서와 역사교육, 식민지기 민족운동사와 일본군사사이며, 최근에는 대학의 역사에 대해서도 재해석을 시도하고 있다. 한중일의 공동역사교재를 발간하는 작업에 동참하고 있다. 지은 책으로『만주지역 한인의 민족운동사』『1920~30년대 중국지역민족운동사』『1930년대 국내민족운동사』『분단의 두 얼굴』(공저),『식민주의 기억과 역사화해』(공저) 등이 있다.

최기숙崔基淑

연세대 국어국문과를 졸업하고 같은 학교 대학원에서 문학으로 박사학위를 받았다. 현재 연세대 국학연구원 HK교수로 재직하면서, 고전과 현대의 소통, 마이너리티 문화가 제기하는 상상력의 지평 확장에 대해 연구하고 있다. 지은 책으로『어린이 이야기, 그 거세된 꿈』『환상』『처녀귀신』『남원고사: 19세기 베스트셀러, 서울의 춘향전』(공저) 등이 있다